Wolfgang Bergem

Tradition und Transformation

AF154547

Wolfgang Bergem

Tradition und Transformation

Eine vergleichende Untersuchung
zur politischen Kultur in Deutschland

Mit einem Vorwort von Kurt Sontheimer

Westdeutscher Verlag

Die Deutsche Bibliothek – CIP-Einheitsaufnahme

Bergem, Wolfgang:
Tradition und Transformation: eine vergleichende
Untersuchung zur politischen Kultur in
Deutschland / Wolfgang Bergem. Mit einem Vorw.
von Kurt Sontheimer. – Opladen: Westdt. Verl., 1993
    ISBN 978-3-531-12495-7   ISBN 978-3-322-94246-3 (eBook)
    DOI 10.1007/978-3-322-94246-3

Der Westdeutsche Verlag ist ein Unternehmen der Verlagsgruppe Bertelsmann International.

Umschlaggestaltung: Horst Dieter Bürkle, Darmstadt

Gedruckt auf säurefreiem Papier

ISBN 978-3-531-12495-7

Inhalt

Vorwort

Die DDR ist als selbständiger deutscher Staat untergegangen, aber ihre politische Kultur wirkt auch im Rahmen der deutschen Vereinigung noch weiter, ist es doch die Eigentümlichkeit von politischen Kulturen, daß sie zwar durch die zu ihnen gehörigen politischen Systeme und die in und mit ihnen gemachten Erfahrungen geprägt und geformt werden, aber gleichwohl durch zahlreiche Elemente auch nach einem politischen Systemwechsel fortwirken. Für den weiteren Prozeß der deutschen Einigung ist es darum von nicht zu unterschätzender Bedeutung, inwieweit es gelingt, die jahrzehntelang getrennten politischen Kulturen West- und Ostdeutschlands miteinander zu verschmelzen und eine, das politische System ganz Deutschlands tragende und stützende, einheitliche politische Kultur hervorzubringen.

Um diesen Prozeß wissenschaftlich verfolgen und in seiner Entwicklung beurteilen zu können, ist eine verläßliche Kenntnis der politischen Kulturen beider deutschen Staaten eine notwendige Voraussetzung. Die Arbeit von Wolfgang Bergem zeichnet sich dadurch aus, daß sie eine wissenschaftlich fundierte, gut lesbare Darstellung der jeweiligen politischen Kulturen in der Bundesrepublik und der DDR bietet. Auf dieser Erkenntnisgrundlage ist es möglich, den Prozeß des Zusammenwachsens bzw. auch einer gewissen Konfrontation dieser beiden politischen Kulturen in der Gegenwart und Zukunft weiter zu verfolgen. Dr. Bergem gibt eine erste noch vorläufige Bewertung dieses Prozesses und seiner Probleme.

Dr. Bergems Untersuchung konzentriert sich bei ihrer Analyse der beiden politischen Kulturen Deutschlands vornehmlich auf die Prozesse der politischen Sozialisation, d. h. es wird ermittelt, was die staatlich formulierten Sozialisationsziele im einzelnen ausgezeichnet hat, und dann gezeigt, in welcher Weise, durch welche Mechanismen und Instanzen politischer Sozialisation die politischen Kulturen der beiden deutschen Staaten während des Zeitraums ihrer Trennung beeinflußt worden sind. In dieser Orientierung an den Einflußmöglichkeiten der Sozialisation auf die politische Kultur steckt ein origineller wissenschaftlicher Beitrag zur modernen politischen Kultur-Forschung.

Ein weiterer Vorzug dieser Arbeit ist darin zu sehen, daß sie sich nicht mit der Entwicklung der politischen Kulturen in den beiden deutschen Staaten nach 1949 begnügt, sondern auch historisch zurückgreift in die Zeit vor der deutschen Teilung, um genauer herauszuarbeiten, in welchem Maße die beiden politischen Kulturen in West und Ost noch mit der traditionellen deut-

schen politischen Kultur im Zeitalter des Obrigkeitsstaates verknüpft sind.
Hier zeigt sich, daß in der DDR, nicht zuletzt wegen der Fortsetzung der totalitären Struktur ihres politischen Regimes, mehr Bezüge zur alten deutschen
Tradition lebendig waren als in der Bundesrepublik. Dies ist der Grund,
warum einigen Beobachtern die DDR und das soziale Leben in ihr sehr viel
deutscher im konventionellen Sinne erschienen als die verwestlichte, stärker
amerikanisierte Bundesrepublik.

Ich halte die hier vorgelegte Untersuchung für einen substantiellen Beitrag zur deutschen politischen Kultur-Forschung. Auch die theoretische Fundierung der Arbeit ist bemerkenswert klar und überzeugend. Sie führt zu
einem wissenschaftlich brauchbaren, in der Untersuchung konsequent durch-
gehaltenen Begriff der politischen Kultur und entgeht so der oft anzutreffenden Unklarheit und Zweideutigkeit der modernen Begriffsbildung.

Im ganzen handelt es sich um eine informative, in klarer und verständli-
cher Sprache abgefaßte wissenschaftliche Untersuchung, die sowohl den
Ansprüchen der politischen Wissenschaft wie auch den Bedürfnissen der politischen Bildung gerecht wird.

München, im Juni 1993   Prof. Dr. Kurt Sontheimer

Vorbemerkung

Als die Vorarbeiten zu dieser Untersuchung begannen, war die Welt der deutschen Zweistaatlichkeit noch fest verfugt. Michail Gorbatschow hatte mit seiner Politik der Perestroika zwar das bipolare Blocksystem des Kalten Krieges ins Wanken gebracht, aber auf der deutsch-deutschen Ebene war eine bevorstehende Änderung des Status quo nicht in Sicht. Mit der Implosion der autoritären Herrschaft in der DDR und der deutschen Vereinigung, die in beispiellosem Tempo die Politik in Deutschland durcheinanderwirbelten, gewann die leitende Frage der Untersuchung nach den Gemeinsamkeiten und Unterschieden, die in den politischen Kulturen der beiden deutschen Staaten nach vierzig Jahren der Teilung erkennbar waren, unerwartete Aktualität; vor dem Hintergrund der Probleme beim Zusammenwachsen der zwei Gesellschaften bekommt sie auch politische Brisanz. Die Kenntnis der Einflüsse, denen die Deutschen in der Bundesrepublik und in der DDR ausgesetzt waren, auch die Kenntnis der Leitbilder, an denen die staatlichen Führungen ihre Politik orientierten, kann das gegenseitige Verstehen und Annehmen erleichtern helfen.

Die vorliegende Arbeit wurde im Sommer 1992 unter dem Haupttitel "Einflußmöglichkeiten staatlich motivierter Sozialisation" von den Philosophischen Fakultäten der Ludwig-Maximilians-Universität München als Inaugural-Dissertation zur Erlangung des Doktorgrades der Philosophie angenommen. "Tradition und Transformation" ist die geringfügig überarbeitete und aktualisierte Fassung meiner Dissertation.

Mein ganz besonderer Dank gilt Herrn Professor Dr. Dr. h. c. Kurt Sontheimer vom Münchner Geschwister-Scholl-Institut für Politische Wissenschaft für wertvolle Anregungen, Kritik und Motivation.

Die Friedrich-Ebert-Stiftung hat das Zustandekommen dieser Dissertation finanziell und studienbegleitend gefördert, wofür ich ihr ausdrücklich danken möchte.

Die DDR galt im Westen, was die Erforschung politischer Kultur anging, als schwer zugängliches Terrain. Im Herbst 1988 hatte ich als Stipendiat des Deutschen Akademischen Austauschdienstes im Rahmen des Kulturabkommens zwischen der Bundesrepublik Deutschland und der Deutschen Demokratischen Republik Gelegenheit zu einem einmonatigen Forschungsaufenthalt an der Humboldt-Universität zu Berlin /DDR. Nach der friedlichen Revolution des Herbstes 1989 und dem Zusammenbruch der geltenden Werteordnung in Ostdeutschland schien es sinnvoll, zwei Jahre nach dem ersten Studienaufenthält am selben Ort Bilanz zu ziehen und zu vergleichen: Im September und Oktober 1990 konnte ich in einem weiteren Forschungsaufenthalt an der Karl-Marx-Universität Leipzig und an der Humboldt-Universität Berlin arbeiten. Für das Zustandekommen und die Förderung dieser beiden lohnenden Projekte schulde ich dem Deutschen Akademischen Austauschdienst und den damals zuständigen Ministerien der DDR Dank.

Meine Anerkennung und mein Dank gelten weiter allen meinen Gesprächspartnern in Berlin und Leipzig, die mir geholfen haben, die politische Kultur der ostdeutschen Gesellschaft besser zu verstehen. Besonders danken möchte ich meinen Berliner Betreuern Frau Dr. Sieglinde Jänicke und Herrn Professor Dr. Dieter Segert von der früheren Sektion Philosophie und dem späteren Institut für interdisziplinäre Zivilisationsforschung, Herrn Dr. Günter Lange von dem inzwischen aufgelösten Zentralinstitut für Jugendforschung in Leipzig für wichtige Informationen über die Einstellungen unter den ostdeutschen Jugendlichen und nicht zuletzt meinen Gesprächspartnern vom Berliner Prenzlauer Berg, vor allem Herrn Reinhard Linde. Die Verantwortung für die aus den Interviews und Gesprächen gezogenen Schlußfolgerungen liegt gleichwohl bei mir.

Wuppertal, im Juni 1993   Wolfgang Bergem

Einleitung

Mit ihrer Vereinigung tun sich die Deutschen schwer. Wurde sie vor wenigen Jahren noch mit Zuversicht begrüßt, bestimmen heute zunehmend Skepsis und Enttäuschung ihre Beurteilung. Die Vereinigung Deutschlands, die damals nach weithin geteilter Einschätzung als außerordentlicher Glücksfall der Geschichte galt, wird inzwischen von vielen als Zumutung empfunden; Einheitsverdrossenheit macht sich breit. Nach der euphorisch gefeierten Öffnung des ostdeutschen Staates und dem Abbruch der Berliner Mauer durch Souvenirjäger stellen die Deutschen jetzt fest, wie fremd sie in den vierzig Jahren der Trennung einander geworden sind. Neue *querelles allemandes* werfen ihre Schatten und hemmen damit das Zusammenwachsen dessen, was nach Willy Brandts berühmt gewordenem Wort zusammengehört. Die Vollendung der Einheit und Freiheit Deutschlands in freier Selbstbestimmung, von der bundesdeutschen Verfassung vier Jahrzehnte hindurch gefordert und von den Politikern der Bonner Republik zumindest in der politischen Rhetorik als Ziel nicht preisgegeben, entwickelt sich in ihrer subjektiven Dimension zu einem der prekärsten Probleme der deutschen Politik in den neunziger Jahren. Die Vereinigung wird zur Nagelprobe für die politische Kultur des Landes. Ist die Mauer in den Köpfen, in den Herzen heute trennender als die frühere durch Berlin?

Ein großer Teil der aktuellen Mißstimmung beruht auf einer kollektiven Selbstverortung der Deutschen in Ost und West, die sich nach wie vor ganz überwiegend nur auf den jeweils eigenen Landesteil bezieht und den anderen weitgehend ausschließt. Fehlende Kenntnisse, Vorurteile und überzogene Erwartungen auf beiden Seiten verfestigen die geteilte Identität. Der Stand der Information über das tagespolitische Geschehen in der nun vergrößerten Bundesrepublik mag durchaus hoch sein; solange jedoch das Interesse an Neuigkeiten über die neuen Mitbürger, die dem Blockdenken des Kalten Krieges vor kurzem noch als Feinde galten, in erster Linie der Bestätigung liebgewordener Klischees und Voreingenommenheiten dient, solange die Pflege von Rechthaberei auf der einen und von Larmoyanz auf der anderen Seite wichtiger ist als der Wunsch nach Verständigung und die Bereitschaft zur Empathie, so lange bleibt die innere Vereinigung der Deutschen blockiert. Die Aufklärung über die Geschichte der beiden Gesellschaften in den vierzig Jahren der Teilung, über die Rahmenbedingungen, in denen sie existierten, über die Einflüsse, denen sie ausgesetzt waren, kann ein Beitrag zum Gelingen der Einheit sein.

Die vorliegende Untersuchung verfolgt das Ziel, den Gründen für die offenkundigen Unterschiede zwischen den politischen Kulturen der Westdeutschen und der Ostdeutschen nachzuspüren und dadurch Aufschluß über die Einflußmöglichkeiten staatlich motivierter Sozialisation zu erhalten. Eine grundlegende These ist dabei, daß die politischen Führungen in den beiden Systemen jeweils versucht haben, die tradierte politische Kultur, die sie nach den Staatsgründungen von 1949 in ihrem Land vorfanden, zu transformieren und daß diese Versuche einer staatlichen Steuerung politischer Kultur Wirkungen zeitigten. Um Erkenntnisse über die divergierenden Erfahrungen zu gewinnen, von denen die Deutschen in den vierzig Jahren der staatlichen Teilung geprägt wurden, sollen zum einen die politischen Zielkulturen, an denen die politischen Führungen in beiden Staaten ihre Transformationsversuche orientiert haben, und zum anderen die Art der Vermittlung dieser Zielkulturen vergleichend untersucht werden. Politische Kultur wird demnach im Rahmen dieser Untersuchung schwerpunktmäßig aus der Subjekt- oder 'Täter'-Perspektive betrachtet, die von der politischen Kultur-Forschung bislang zugunsten der Objekt- oder 'Opfer'-Perspektive vernachlässigt worden ist.

Spätestens jetzt, nach dem Ende der DDR, vermag ein deutsch-deutscher Vergleich in der Form einer systemimmanenten und wertfreien Analyse nicht mehr zu überzeugen. Die Gefahr einer "Neigung zu pro-domo-Urteilen", die immer mit im Spiel ist, wenn das eigene politische Bezugssystem zum Gegenstand eines politikwissenschaftlichen Vergleichs gewählt wird, der auf grundlegende Wertungen nicht verzichtet[1], ist in diesem Fall besonders groß, wo das eine der beiden untersuchten Systeme von seinen eigenen Bürgern gestürzt worden ist, die sich in einem überzeugenden Votum für die Übernahme des anderen Systems ausgesprochen haben. Es wäre auch verfehlt, den prinzipiellen Unterschied zwischen einer pluralistischen und einer monistischen staatlichen Struktur zu verwischen. Es geht in dieser Arbeit jedoch *nicht* darum, das politische System der DDR post festum an dem der Bundesrepublik normativ zu messen, moralisch zu beurteilen und in Grund und Boden zu verurteilen; das wäre politologische Leichenfledderei. Es geht hier vielmehr um die Analyse der Prägungen, die beide politischen Systeme den politischen Kulturen ihrer Gesellschaften als Profil eingedrückt haben und die neben anderen, teilweise älteren Prägungen die Werte, Einstellungen und Verhaltensmuster der Deutschen beeinflussen.

Der Begriff der politischen Kultur entwickelte im Sprachgebrauch der bundesdeutschen Politik und Publizistik in den achtziger Jahren eine normative Note in der Bedeutung von 'politischem Stil', 'politischem Klima' und 'politischer Hygiene'. In der Rhetorik der parteipolitischen Auseinandersetzung avancierte er zum beliebten Schlagwort einer moralischen Beurteilung

---

1   Vgl. Kurt Sontheimer: Vergleichende Politikwissenschaft, in: Leonhard Reinisch (Hg.): Politische Wissenschaft heute, München 1971, S. 111-120, hier S. 117f.

politischer Umgangsformen und Handlungen. Für die Politikwissenschaft bedeutete die Popularisierung eines ihrer Termini technici zum einen die Möglichkeit, das öffentliche Interesse an dem Symbolbegriff 'politische Kultur' auch auf das gleichnamige politologische Forschungsgebiet zu lenken, zum anderen verlor der Begriff durch seine umgangssprachliche Verwendung an analytischer Trennschärfe. Nun wäre es larmoyant, den Verlust der Prägnanz des Begriffes zu beklagen, und quijotesk, im Habitus normativer Dekretierung von Semantik gegen die Windmühlenflügel dieser Bedeutungserweiterung anzukämpfen: sie kann lediglich registriert werden. Um so notwendiger freilich ist es, die Bedeutung und die Funktion zu betonen, die das Konzept politische Kultur in der Politikwissenschaft im Unterschied zu dem Begriff politische Kultur in der allgemeinen Sprachverwendung hat. Das sozialwissenschaftliche Verständnis und die für diese Untersuchung zugrunde gelegte Definition politischer Kultur sind unter anderem Gegenstand des ersten Kapitels, das den theoretischen und konzeptuellen Prämissen der Arbeit gewidmet ist. In diesem Teil werden auch der Begriff der politischen Sozialisation sowie die wissenschaftliche Zielsetzung und die methodische Vorgehensweise der Untersuchung geklärt.

In dem kurzen zweiten Kapitel werden die Faktoren eruiert, die generell die Herausbildung einer spezifischen politischen Kultur in einer Gesellschaft bedingen. Mit Hilfe internationaler Exemplifizierung ist hier ein Blick zu werfen auf die Wirkung kollektiver historischer Erfahrungen wie Revolutionen oder Kriege und die prägende Kraft von politischen Strukturen und ökonomischen Faktoren, aber auch auf den Einfluß religiöser und ethischer Orientierungen sowie die Bedeutung äußerer Rahmenbedingungen wie die geographische Lage.

Die offizielle DDR gab sich revolutionär, der sozialistische deutsche Staat galt seinen Apologeten als ein Staat der lichten Zukunft. In merkwürdigem Kontrast dazu stand der Eindruck, der sich dem westdeutschen Besucher in dem Land zwischen Elbe und Oder förmlich aufdrängte, daß nämlich die DDR der konservativere, der 'deutschere' Staat war. Daß die Gesellschaft der DDR nicht nur *prima vista* die konservativere war, daß in ihrer politischen Kultur mehr von den deutschen Traditionen politischer Kultur bewahrt wurde als in der politischen Kultur der bundesdeutschen Gesellschaft: das ist eine These dieser Untersuchung. Diese impressionistisch gewonnene Ansicht hat vorläufig nur den Charakter einer Arbeitshypothese; ein Ziel der Untersuchung besteht darin, sie zu verifizieren. Da es darum geht, den konservativen Charakter einer politischen Kultur nachzuweisen, kommt dem, was da konserviert wurde: der politischen Kultur in Deutschland vor 1945, eine relativ große Bedeutung im Zusammenhang dieser Untersuchung zu. Die gemeinsame Ausgangslage, die für die politische Kultur im geteilten Deutschland nach dem Zweiten Weltkrieg gegeben war, wird im dritten Kapitel skizziert. Zunächst steht die Frage im Vordergrund, inwieweit überhaupt von gemeinsamen Tradi-

tionen deutscher politischer Kultur gesprochen werden kann: Die lange Zeit
für Deutschland kennzeichnende territoriale Zersplitterung, seine konfessionellen Konflikte, die politischen Brüche der deutschen Geschichte und anderes mehr schufen eine spannungsreiche, zum Teil disparate politische Kultur.
Über diese Unterschiede und Widersprüche hinaus sind aber doch Gemeinsamkeiten einer insgesamt eher unpolitischen und etatistischen politischen
Kultur in Deutschland vor 1945 auszumachen; diese Traditionen politischer
Kultur sind im zweiten Teil dieses Kapitels aufzuzeigen.

Das Konzept der politischen Kultur entstand in enger Verbindung mit der
Erforschung politischer Entwicklung. Stets wurde der Entwicklungscharakter
politischer Kultur betont, ihre Offenheit gegenüber Einflüssen und Veränderungen. Die Möglichkeiten einer staatlichen Steuerung, die sich aus dieser
Offenheit ergeben, sind das Thema der vorliegenden Untersuchung. Das vierte
Kapitel befaßt sich mit den Merkmalen politischer Kultur, die von den politischen Führungen in der Bundesrepublik und in der DDR als zur Systemstabilisierung notwendig erachtet und faktisch angestrebt wurden. Der erste, kurze
Teil führt in das prinzipiell bestehende Spannungsverhältnis zwischen der
- von der staatlichen Führung einer Gesellschaft als ideal angesehenen - politischen Zielkultur einerseits und der in dieser Gesellschaft tatsächlich vorhandenen politischen Realkultur andererseits ein. In einem nächsten Schritt
werden die den beiden politischen Zielkulturen zugrunde gelegten Sozialisationsideale einander gegenübergestellt: das Bild des mündigen Staatsbürgers,
der demokratischen Persönlichkeit für die Bundesrepublik und für die DDR
die wesentlich detaillierter konturierte Konzeption der allseitig entwickelten
sozialistischen Persönlichkeit. Hierbei werden die beiden Staaten beim Wort
genommen: Was in ihren Verfassungen und Gesetzestexten normiert und kodifiziert ist, auch was in anderen Texten von offiziellem oder offiziösem Charakter formuliert ist, kann nicht als leere und folgenlose Absichtsbekundung
abgetan werden. Vor allem in den letzten Jahren der DDR war in dem ostdeutschen Staat die Beteuerung, die sozialistischen Parolen gingen doch zum
einen Ohr hinein, zum anderen wieder hinaus, häufig zu hören, noch häufiger
retrospektiv nach dem Ende des sozialistischen Staates. Doch übten die politischen Zielkulturen in den beiden Staaten größere Wirkungen aus, als auf den
ersten Blick zu erkennen sein mag; dieser Einfluß vollzog sich über die direkten, primär kurz- und mittelfristige Einstellungen prägenden Wirkungen hinaus in indirekten und in nichtbeabsichtigten Wirkungen, die auch das
Gegenteil des ursprünglich Intendierten fördern konnten. Im dritten Teil dieses Kapitels wird untersucht, wie sich die politischen Zielkulturen in den beiden Staaten zu den oben skizzierten deutschen Traditionen politischer Kultur
verhielten, ob sie deren Elemente als systemfunktional integrierten oder als
systemdysfunktional verwarfen.

Im fünften, umfangreichsten Kapitel dieser Untersuchung wird analysiert,
auf welche Weise die staatlichen Führungen in der Bundesrepublik und in der

DDR die von ihnen definierten politischen Zielkulturen konkret gefördert haben. Zunächst wird verdeutlicht, daß Erziehung und die Steuerung von Werten, Einstellungen und Verhaltensweisen in den beiden Staaten einen ganz unterschiedlichen Stellenwert besaßen, daß der politischen Sozialisation von Struktur und Selbstverständnis der beiden politischen Systeme ganz verschiedene Funktionen zugewiesen wurden. Im zweiten Teil wird untersucht, wie die jeweiligen staatlichen Führungen durch die Normung der Ziele politischer Sozialisation direkten Einfluß auf die Entwicklung politischer Kultur zu nehmen versuchten, wobei der Schule als der wichtigsten Instanz staatlicher Sozialisation eine herausgehobene Bedeutung zukommt. Schließlich ist zu erforschen, wie sich die von den staatlichen Führungen geschaffenen Rahmenbedingungen der politischen Sozialisation auf die Entwicklung der politischen Kulturen auswirkten. Im Vordergrund steht dabei die Frage, ob und wie die staatlichen Führungen die Ausprägung von Merkmalen politischer Kultur in der Familie, in der sozialen Bezugsgruppe und in anderen nichtstaatlichen Sozialisationsagenturen unterstützten oder zu unterbinden versuchten, weiterhin, ob die Organisation der Gesellschaft, vor allem des Bildungswesens und der Massenmedien, strukturell auf eine möglichst große Reichweite der staatlichen Einflußnahme hin angelegt oder ob hier nichtstaatliche 'Konkurrenz' prinzipiell eingeräumt resp. erwünscht war.

Im sechsten Kapitel werden die beiden Staaten an ihren selbstdefinierten Zielen gemessen. Anhand einer knappen Darstellung der realen politischen Kulturen in der Bundesrepublik und in der DDR wird überprüft, wie die beiden Gesellschaften auf die Versuche einer staatlichen Steuerung politischer Kultur reagierten, ob sie ihnen eher zustimmend oder eher ablehnend begegneten, welches Profil diese Einwirkungen den Bewußtseinshaltungen der Deutschen in Ost und West eindrückten.

Die nach der staatlichen Vereinigung notwendige "mentale Integration der Deutschen"[2] gestaltet sich schwieriger, als viele erwartet haben. Das siebte und letzte Kapitel der Arbeit befaßt sich, ausgehend von einer Beurteilung der Möglichkeiten und Grenzen der staatlichen Einflußnahme auf die politische Kultur in der Bundesrepublik und in der DDR, mit der Frage, ob die in den beiden Staaten ausgebildeten politischen Kulturen sich alsbald amalgamieren werden oder ob der gegenwärtige duale Charakter der politischen Kultur im vereinigten Deutschland noch auf absehbare Zeit erkennbar bleiben wird. Die Analyse der staatlichen Versuche einer Transformation der tradierten politischen Kulturen in den beiden deutschen Staaten in der Epoche des Ost-West-Konfliktes ist somit der erkenntnisleitenden Frage der Untersuchung untergeordnet, inwieweit Art und Intensität der politisch-kulturellen Prägungen der Deutschen heute entweder die Perseveranz oder die Flexibilität ihrer politischen Kultur begünstigen.

---

2 Meier 1991, 53

Doch zunächst soll der schillernde Begriff politischer Kultur, der so leicht intuitive Verständigung[3] über disperse Themen ermöglicht, als politikwissenschaftliches Analysekonzept präzisiert, seine Entstehung, Entwicklung und Diskussion nachgezeichnet werden. Dabei wird ein Akzent auf die Aspekte gesetzt, die im Rahmen dieser Untersuchung von besonderer Bedeutung sind, so die Frage nach der Interdependenz von politischer Kultur und politischer Struktur, der Stellenwert der politischen Beteiligung in der Konzeption politischer Kultur und das Gewicht von politischer Symbolik.

3   Vgl. Pye 1968, 224

1. Konzeptualisierung und Intention

1.1 Der Begriff 'politische Kultur' in der Politikwissenschaft

1.1.1 Konzept und Typologie

> "Political culture is one of the most popular and seductive concepts in political science; it is also one of the most controversial and confused."[1]
>
> David Elkins / Richard Simeon

Um politisch-soziale Sachverhalte erklären zu können, befaßt sich das politische Denken seit seinen Ursprüngen in der griechischen Antike[2] mit den psychisch-mentalen Dispositionen, welche die "subjektive Dimension von Politik"[3] konstituieren. Die nationalen Besonderheiten dieser subjektiven Politikebene versuchte die im Jahr 1770 von David Hume ins Leben gerufene[4] Nationalcharakterforschung zu erkunden. Erstmals verwendet wurde die Wortpaarung 'politische Kultur' wahrscheinlich von Johann Gottfried Herder, bei dem der Begriff eine stark normative Komponente beinhaltete; in einem Text von 1787 schrieb er über die "alten griechischen Weisen", die als "Vormünder des Volks" über die Gesetze und Sitten ihres Stammes sannen: "... blos von diesen Edeln konnte die politische Cultur ausgehn, die weiter hinab aufs Volk wirkte."[5] Herder verstand politische Kultur als Postulat eines politischen Ethos, an dem sich die nationalen Charaktere unterscheiden lassen.

---

1 Elkins / Simeon 1979, 127
2 Sidney Verba (1965, 514) zählt die Arbeiten von Montesquieu, Tocqueville und Bagehot zur politischen Kultur-Forschung, deren Vorläufer er bei den Griechen sieht. Ausführlicher weist Gabriel A. Almond (1980, 2-6, 18-20) ideengeschichtliche Wurzeln des Political Culture-Konzeptes u. a. bei Platon, Aristoteles, Macchiavelli, Montesqieu, Rousseau, Tocqueville, Mill und Bagehot nach.
3 So paraphrasierte der Arbeitskreis Politische Kultur-Forschung der Deutschen Vereinigung für Politische Wissenschaft den Begriff der politischen Kultur (vgl. DVPW-Rundbrief Nr. 87, Frühjahr 1983; zit. in Berg-Schlosser / Schissler 1987b, 17).
4 Vgl. David Hume: Of National Character (1770). Wolf Michael Iwand (1983, 19) bezieht diesen Hinweis von J. Koty: Nationalcharakter, in: W. Bernsdorf (Hg.): Wörterbuch der Soziologie, Stuttgart 1969², S. 732.
5 Vgl. Johann Gottfried Herder: Ideen zur Philosophie der Geschichte der Menschheit, in: Herders Sämtliche Werke, hg. von Bernhard Suphan, Bd. XIV, Berlin 1909, S. 118f. Auf Herders Verwendung des Begriffs machte zuerst Barnard (1969, 390-392) aufmerksam.

In einer 1842 erschienenen Beschreibung eines Festzuges, den die Württemberger ihrem König zu seinem Regierungsjubiläum ausrichteten und in dem sie neben den agrarischen und handwerklichen Erzeugnissen des Landes auch die Gemeindeordnung und die Verfassungsurkunde mitführten und stolz präsentierten, begreift der anonyme Verfasser 'politische Kultur' als eine Angelegenheit nicht mehr einer Elite, sondern der gesamten Gesellschaft: "Die Haltung eines Volkes, da, wo es sich selbst vertritt, ist der Maßstab seiner politischen Kultur."[6] Der Text ist wohl der erste Beleg für den modernen Gebrauch des Begriffs mit seiner Idealvorstellung einer Bürgerkultur, in der sich bürgerliches Selbstbewußtsein und traditionale Bindungen vermischen. Eine weitere frühe Verwendung des Terminus findet sich bei Max Weber, der im Jahr 1904 in bezug auf eine - besonders für Deutschland festgestellte - Verweigerung der wissenschaftlichen Zusammenarbeit mit politischen Gegnern von einem "Zeichen parteifanatischer Beschränktheit und unentwickelter politischer Kultur"[7] sprach, den Begriff also wiederum in einem explizit wertenden Sinn gebrauchte. Unter dem Titel "Die politische Kultur der Deutschen" hielt der Professor für Staatswissenschaften Ludwig Bernhard im März 1913 die Festrede auf einem Bismarck-Kommers in Berlin. Er versuchte zu zeigen, "welche eigenartigen Formen die politische Kultur (oder Unkultur) im 'Volke der Denker' angenommen hat."[8] Der Redner, der den Begriff nicht weiter zu klären brauchte, konnte zu dieser Zeit bei seinen Zuhörern ein normatives Verständnis politischer Kultur voraussetzen; jedoch kann die von Bernhard in Klammern angebotene Präfigierung ins Negative schon als Indiz für Schwierigkeiten beim sprachlichen Zusammenfügen von 'Politik' und 'Kultur' im Deutschen aufgefaßt werden.

Zu den kulturanthropologisch orientierten Ansätzen der Nationalcharakterforschung traten seit der Jahrhundertwende die neuen Hypothesen der Psychoanalyse, die Charaktereigenschaften nicht mehr - wie die ältere Völkerpsychologie - als ererbt, sondern als in der frühen Kindheit erworben ansah und damit von der statischen Vorstellung kultureller Konstanten abrückte. Die um 1900 sich etablierende amerikanische Political Science bemühte sich, die Tendenz vieler Nationalcharakterstudien zur Simplifizierung und Stereotypenbildung zu vermeiden, und stützte sich im Zuge ihrer *scientification* stärker auf empirisch-quantifizierende Untersuchungsmethoden. Nach der raschen

---

6   Anonymer Verfasser: Erinnerungen an den Festzug der Württemberger und an die Grundsteinlegung d. Monuments zur Feier der fünfundzwanzigjährigen Regierung Sr. Maj. des Königs Wilhelm, Stuttgart 1842, S. 4; zit. n. Wehling 1991b, 13

7   Vgl. Max Weber: Die "Objektivität" sozialwissenschaftlicher und sozialpolitischer Erkenntnis (1904), in: Gesammelte Aufsätze zur Wissenschaftslehre, hg. von Johannes Winckelmann, Tübingen 1985⁶, S. 158. Auf die Begriffsverwendung durch Weber wies Hans Peter Thurn (1979, 440) hin.

8   Ludwig Bernhard: Die politische Kultur der Deutschen, Berlin 1913, S. 3; zit. n. vom Bruch 1986, 77

Abnabelung von der deutschen Staatslehre und ihren institutionellen und normativen Orientierungen richtete die von Pragmatismus geprägte Politikwissenschaft in den USA ihre Aufmerksamkeit primär auf das empirisch ermittelte und psychologisch interpretierte politische Individualverhalten. Die behavioralistische Revolution mit ihrer antinormativen und antiinstitutionellen Stoßrichtung wurde von Charles Merriam und seiner Chicago-Schule in den zwanziger und dreißiger Jahren ins Rollen gebracht; nach dem Zweiten Weltkrieg trat der Behavioralismus seinen Siegeszug durch alle Sozialwissenschaften an und gewann schließlich dominierenden Einfluß in der amerikanischen Politikwissenschaft.

In diesem paradigmatischen Milieu, das auch von der strukturell-funktionalen Theorie Gabriel A. Almonds, der von Max Weber und Talcott Parsons beeinflußten Systemtheorie David Eastons sowie dem Kybernetikansatz Karl W. Deutschs geprägt war[9], entstand in den fünfziger Jahren das politikwissenschaftliche Konzept politischer Kultur. Eine korrigierende "Revolte in der Revolte"[10] des methodologisch an den Naturwissenschaften orientierten Behavioralismus war der neue Begriff der politischen Kultur insofern, als er sich mit den empirisch exakt erfaßbaren Quantitäten der survey-Forschung nicht mehr begnügte, sondern nach der Qualität der kulturellen Prägungen fragte, die hinter diesen Zahlen stehen. Einen konkreten Anlaß für das wachsende Interesse an der subjektiven Dimension von Politik boten der Zusammenbruch der deutschen Demokratie in der Weimarer Republik und der Aufstieg des Nationalsozialismus[11]. Einen gewissen Vorläufer fand die politische Kultur-Forschung im psycho-kulturellen Erklärungsansatz der vierziger Jahre[12], der allerdings in seiner starken Fixierung auf Kindheitssozialisation und Familienstrukturen die politische Sozialisation von Erwachsenen sowie historische Determinanten zuwenig beachtet hatte.

Nach den inzwischen vergessenen früheren Verwendungen der attraktiven Wortverbindung wurde der Begriff 'politische Kultur' im Jahr 1956 von dem US-amerikanischen Politologen und Merriam-Schüler *Gabriel A. Almond*

---

9   Vgl. Reichel 1981b, 18
10   Kimminich 1987, 141
11   Diesen Aspekt der Entstehungsgeschichte der politischen Kultur-Forschung betonte Gabriel A. Almond (1987, 27) in seiner jüngsten Publikation zur Entwicklung des Konzeptes: "Die Sozial- und Politikwissenschaft der 1950er Jahre war besessen vom Zusammenbruch der demokratischen Institutionen in Deutschland und der offensichtlichen Widerstandsfähigkeit der Demokratien in Großbritannien und den Vereinigten Staaten. Diese eklatanten Unterschiede in der historischen Erfahrung und besonders die Widerlegung von liberalen und marxistischen Theorien angesichts des Zusammenbruchs der deutschen Demokratie schufen den Nährboden, auf dem die Politische Kultur-Forschung entstand."
12   Mit dem psycho-kulturellen Ansatz wurde Deutschland in folgenden Studien untersucht: R. Brickner: Is Germany Incurable?, Philadelphia 1943; H. V. Dicks: Personality Traits and National Socialist Ideology, in: Human Relations, Vol. III, 1950; David Rodnick: Postwar Germans, New Haven 1948; Bertrand Schaffner: Fatherland. A Study of Authoritarianism in the German Family, New York 1948 (vgl. Almond / Verba 1963, 13f.; Almond 1987, 29).

erneut in die sozialwissenschaftliche Diskussion eingeführt; er gebrauchte ihn erstmals in dem berühmt gewordenen Aufsatz "Comparative Political Systems":

"Every political system is embedded in a particular pattern of orientations to political action. I have found it useful to refer to this as the political culture."[13]

Wesentlich enger und deutlicher wertgebunden als in diesem umfassenden Verständnis definierte zwei Jahre später *Samuel H. Beer* politische Kultur mit Blick auf die Bewertung einer Regierungspraxis, wobei er eine Vorstellung davon, wie *government* aussehen sollte, implizit voraussetzte:

"Certain aspects of the general culture of a society are especially concerned with *how* government ought to be conducted and *what* it should try to do. This sector of culture we call political culture."[14]

In seiner Konzeptualisierung für eine 1960 erschienene Untersuchung, in der die Autoren die nun behavioralistisch orientierte Teildisziplin Comparative Politics auf die gerade dekolonisierten Entwicklungsländer anwandten, setzte Almond den Begriff der politischen Kultur mit dem der politischen Sozialisation folgendermaßen in Beziehung:

"Political socialization is the process of induction into the political culture. Its end product is a set of attitudes - cognitions, value standards, and feelings - toward the political system, its various roles, and role incumbents. It also includes knowledge of, values affecting, and feelings toward the inputs of demands and claims into the system, and its authoritative outputs."[15]

Almonds ambitiöse Hoffnung war, daß das Konzept der politischen Kultur ihn dem *"ultimate goal"* seiner wissenschaftlichen Forschung, einer probabilistischen Theorie der Politik[16], näherbringen werde. Zusammen mit Sidney Verba entwickelte Almond in der 1963 veröffentlichten Pionierstudie "The Civic Culture. Political Attitudes and Democracy in Five Nations" den neuen Terminus zu einem systematischen Konzept und wandte ihn auf die vergleichende Untersuchung der USA, Großbritanniens, Deutschlands, Italiens und Mexikos an. Die Auswahl gerade dieser fünf Länder kam nicht von ungefähr: Die Vereinigten Staaten und Britannien galten als Prototypen einer stabilen westlichen Demokratie, bei den anderen drei Staaten war offenbar, daß ihre politischen Systeme weniger erfolgreich funktioniert hatten. Das verhängnisvolle

---

13 Almond 1956, 396
14 Beer 1958, 12. In der 3. Ausgabe von 1973 ließ Beer diese Definition fallen zugunsten eines
    an Almond orientierten Verständnisses: "The political culture of a people gives them an
    orientation toward their polity and its processes." (S. 25)
15 Almond 1960, 27f.
16 Vgl. Almond 1960, 4

Scheitern der Demokratie in den Untersuchungsländern Italien und Deutschland in den zwanziger und dreißiger Jahren ließ die Frage nach der Beziehung zwischen demokratischer Stabilität und ihrer gesellschaftlichen Einbettung dringlich werden[17]. Ein weiteres Movens für das Interesse an den subjektiven Voraussetzungen einer stabilen Demokratie war das Entstehen zahlreicher neuer Staaten in der Dritten Welt im Prozeß der Dekolonisation, in die man, beeinflußt von modernisierungstheoretischer Gläubigkeit, Demokratie nach angloamerikanischem Vorbild einpflanzen zu können hoffte: Die Lehren, die aus der britischen und der amerikanischen Geschichte gezogen werden können, sollten den Politikern in den jungen Entwicklungsländern als Handlungsanleitung dienen[18]. Daß es in der Civic-Culture-Studie, dem Alten Testament der politischen Kultur-Forschung, vorrangig um die systemstabilisierende politische Kultur der westlichen Demokratie gehen sollte, machten Almond und Verba bereits im ersten Satz deutlich, in dem sie ihre Studie als "eine Untersuchung der politischen Kultur der Demokratie und der sozialen Strukturen und Prozesse, die sie stützen"[19], vorstellten.

In methodologischer Hinsicht wirkten die zur Entstehungszeit des neuen Ansatzes stark beachteten Theorien und Techniken der Umfrageforschung als *"catalytic agent"*[20] des politischen Kultur-Konzeptes; die Pionierstudie von 1963 basierte auf der empirischen Grundlage von strukturierten Interviews mit etwa tausend repräsentativ ausgewählten Befragten in jedem der fünf Untersuchungsländer. Die erste Definition politischer Kultur aus dem Jahr 1956 wurde nun von *Almond* und *Verba* konkretisiert:

"The political culture of a nation is the particular distribution of patterns of orientation toward political objects among the members of the nation."[21]

Die politisch relevanten Einstellungen in einer Gesellschaft unterteilten sie in verstandesmäßige, emotionale und wertende Haltungen[22]. Die Objektdimension, auf die sich diese kognitiven, affektiven und evaluativen Orientierungen richten, wurde differenziert in das politische System als Ganzes, seine Input-Strukturen, seine Output-Strukturen und die Rolle der eigenen Person im poli-

---

17 Es bleibt schwer verständlich, warum Almond den in späteren Retrospektiven (vgl. Almond 1980, 16; Almond 1987, 27) betonten Zusammenbruch der deutschen und der italienischen Demokratie als ein Grund für das Entstehen des Konzeptes der politischen Kultur nicht bereits in der Civic-Culture-Studie bei der Begründung für die Wahl Deutschlands und Italiens als Untersuchungsländer (vgl. Almond / Verba 1963, 38-40) angeführt hat.
18 Vgl. Almond / Verba 1963, 10: "Thus in our efforts to estimate the prospects of democracy in countries such as Germany and Italy, or in the developing areas of the non-Western world, we frequently try to draw 'lessons' from British and American history." Vgl. ebenso Almond / Verba 1963, 505: "We are only beginning to develop a theory of political systems and political change that might be of use to democratic statesmen in the new nations."
19 Almond / Verba 1963, 3 (Übersetzung W. B.)
20 Almond 1980, 15
21 Almond / Verba 1963, 14f.

tischen Prozeß. Aufgrund dieser forschungsstrategischen Verknüpfung von Individuum und politischem System sahen Almond und Verba im Konzept der politischen Kultur das *"connecting link"*[23] zwischen mikro- und makropolitischer Analyse. Entsprechend der Intensität der Orientierungen gegenüber jedem der vier Objektbereiche unterschieden sie drei Modelltypen politischer Kultur:

- erstens den Parochialtyp, in dem die Gesellschaftsmitglieder ein sehr schwaches politisches Bewußtsein entwickeln, über einen nur eng begrenzten politischen Horizont verfügen und weder kognitive noch emotionale oder wertende Orientierungen gegenüber ihrem politischen System ausbilden;

- zweitens den Untertanentyp, bei dem sich eine obrigkeitshörige Einstellung mit einer passiven Orientierung an Vorschriften und Dienstleistungen verbindet, während, bei einem hohen Stand an politischem Wissen, das Interesse an den Input-Möglichkeiten und einer eigenen aktiven Teilnahme am politischen Prozeß nur gering ist; und

- drittens den Partizipationstyp, bei dem die Bürger über viele Kenntnisse in bezug auf ihr politisches System verfügen, emotionale Bindungen zu ihm entwickelt haben und es selbständig beurteilen; in diesem Modellfall politischer Kultur nehmen die Gesellschaftsmitglieder aktiv und engagiert am politischen Leben teil und haben zu allen der genannten vier Objektbereiche ausgeprägte Orientierungen[24].

Eine politische Kultur weist ein bestimmtes Maß an Kongruenz zur Struktur des zugehörigen politischen Systems auf. Modelltypisch gedacht, koinzidieren die parochiale politische Kultur und eine traditionale politische Struktur, die Untertanenkultur und eine autoritär-hierarchische sowie die partizipative Kultur und eine demokratische Struktur. Aus der Kongruenz resp. Inkongruenz von politischer Kultur und Struktur, die sich aus der Intensität kognitiver, affektiver und evaluativer Orientierungen ergibt, resultiert ein für die betreffende Gesellschaft spezifisches Maß an Bindung, Apathie oder Entfremdung[25]. Die Stabilität eines politischen Systems ist somit um so größer, je höher der Grad an Übereinstimmung zwischen politischer Kultur und Struktur ist.

Die Einteilung in drei 'reine' Typen politischer Kultur war als Denkmodell intendiert; Almond und Verba betonten, daß sich in der politischen Realität

---

22   Vgl. Almond / Verba 1963, 15: "Orientation... includes (1) 'cognitive orientation,' that is, knowledge of and belief about the political system, its roles and the incumbents of these roles, its inputs, and its outputs; (2) 'affective orientation,' or feelings about the political system, its roles, personnel, and performance, and (3) 'evaluational orientation,' the judgments and opinions about political objects that typically involve the combination of value standards and criteria with information and feelings."

23   Almond / Verba 1963, 32

24   Almond und Verba (1963, 17-19) nannten diese drei Typen "Parochial Political Culture", "Subject Political Culture" und "Participant Political Culture".

25   Vgl. Almond / Verba 1963, 21f.

diese Modelltypen miteinander verbinden. Mit Ausnahme der einfachen Parochialkultur, die noch in afrikanischen Stammesgesellschaften vorkomme, seien alle politischen Kulturen in der Praxis gemischt; diese Mischung entstehe dadurch, daß zu der jeweils bereits vorhandenen Entwicklungsstufe einer politischen Kultur Elemente der Untertanen- bzw. der Beteiligungskultur hinzukämen. Folgende drei Mischformen unterschieden die Autoren der Civic-Culture-Studie:

- Die parochiale Untertanenkultur, der klassische Fall beim Aufbau von Königreichen aus relativ undifferenzierten Einheiten, ist typisch für Gesellschaften, die sich im Übergangsstadium von parochialen Orientierungen gegenüber der Stammes-, Dorf- oder feudalen Autorität zu *subject*-Orientierungen gegenüber einem schon komplexeren politischen System mit zentralisierter Herrschaftsstruktur befinden. Dieser Wandel kann sich auf sehr unterschiedliche Weise vollziehen: Während etwa im preußischen Absolutismus die Untertanen-Haltungen gegenüber den parochialen überwogen, herrschte im britischen Absolutismus eher eine Balance zwischen beiden.
- In der partizipativen Untertanenkultur zeigt ein gewichtiger Teil der Gesellschaft bereits politische Teilnahmebereitschaft und aktives Interesse, während die übrige Bevölkerung nach wie vor obrigkeitsstaatlich orientiert ist und sich politisch passiv verhält. Da längere Erfahrungen und Kompetenz in Sachen der Demokratie fehlen, können die an Partizipation interessierten Gesellschaftsteile kein bürgerliches Selbstbewußtsein entwickeln und bleiben Demokratie-Aspiranten. Für diese Mischform politischer Kultur, die Almond und Verba für Frankreich, Deutschland und Italien im 19. und 20. Jahrhundert konstatierten, ist eine strukturelle Instabilität mit einem Wechsel von demokratischen und autoritären Regierungsformen charakteristisch.
- Die parochiale Partizipationskultur taucht in vielen jungen Staaten der Dritten Welt auf, die zur Entstehungszeit der Studie gerade ihre politische Entkolonialisierung erreicht hatten und nun vor dem nicht einfach zu lösenden Problem standen, die große Kluft zwischen den in ihren Gesellschaften dominierenden parochialen Orientierungsmustern und den angestrebten partizipativen Einstellungen, die den bereits vorhandenen demokratischen Strukturen entsprechen, zu überwinden. Diese Aufgabe, die aufgrund des in den meisten Fällen völligen Fehlens einer bürgerlichen Tradition besonders schwierig war und ist, hat vor dem Hintergrund der Beziehung zwischen der Kongruenz von politischer Kultur und Struktur einerseits und der Stabilität des politischen Systems andererseits entscheidende Bedeutung für die nationale Existenz der neugegründeten Staaten.

Der Heterogenität der meisten existierenden politischen Kulturen wurde durch die Einführung weiterer differenzierender Kategorien Rechnung getragen: Man unterschied zum einen zwischen mehreren "Subkulturen" und zum andern zwischen nebeneinander bestehenden "Rollenkulturen" innerhalb einer politischen Kultur[26]. Den Idealtyp politischer Kultur, der für das Funktionie-

ren stabiler westlicher Demokratien am besten geeignet sei, sahen Almond
und Verba in der Mischform der Bürgerkultur ("civic culture"), die Elemente
der parochialen, der Untertanen- und der Beteiligungskultur verknüpft und
austariert. Der Erfolg der Civic Culture liegt in der Verbindung von Modernität und Tradition begründet; in ihr werden politische Aktivität, Engagement
und Rationalität - also die Merkmale der demokratischen Radikalversion eines
rationality-activist model - durch Passivität, Traditionsbewußtsein und noch
vorhandene parochiale Werte ausgeglichen[27]. Der Bürger der Civic Culture
nimmt in einer "gewissen heilsamen Apathie"[28] zwar am politischen Leben
teil, wird jedoch in seinem partizipativen Engagement stets von seinen parochialen und Untertanen-Einstellungen begrenzt. Keinesfalls überschreitet er
mit seiner Teilnahme die vom politischen System definierten Grenzen erlaub-
ter Partizipation; somit bleibt die Kongruenz der Civic Culture, dieser
Mischung aus Staatsbürgern, Untertanen und Parochialen[29], mit der politischen Struktur gewährleistet. Der typische Bürger der Civic Culture vereinigt
in seiner Person die Orientierungen der drei Modelltypen politischer Kultur
dergestalt, daß er einerseits auf der normativen Ebene seine subjektive politische Kompetenz zwar hoch einschätzt, andererseits auf der Verhaltensebene
jedoch in der Regel nicht konkret politisch handelt, sondern von seiner
"Reserve an Einfluß" nur bei Bedarf Gebrauch macht: "Er ist nicht der aktive
Bürger: er ist der potentiell aktive Bürger."[30] In einem späteren Aufsatz[31] sah
Almond einen frühen Vorläufer dieses effizienten Mischtyps einer ausbalancierten politischen Kultur in Aristoteles' Vorstellung von einer gemischten
Regierungsform mit einer dominierenden Mittelklasse.

Die gemäßigte Form der Civic Culture, die mit der Begrenzung einer
'ungesund' starken Beteiligung der Bürger die Stabilität demokratischer
Systeme garantiert, stellten die beiden Autoren der Fünfländerstudie für die
Gesellschaften der USA und Großbritanniens fest. Hiermit erhoben sie die
angloamerikanische Variante einer effizienten, integrierten und nichtentfrem-
deten politischen Kultur zum (implizit normativ gesetzten) Ideal, an dem nun
der politisch-demokratische Reifegrad anderer Gesellschaften gemessen
wurde. Die als deviante Fälle wahrgenommenen politischen Kulturen in
Deutschland, Italien und Mexiko wurden unter dem Aspekt ihrer Entfernung
vom Entwicklungsziel des idealisierten englisch/amerikanischen Vorbildes
untersucht und beurteilt. In den neugegründeten Staaten der südlichen Hemi-
sphäre, denen die Zeit - die sich Westeuropa und Nordamerika nahmen - für
eine allmähliche, schrittweise Entwicklung zur Civic Culture fehlt, sei dieser

---

26   Vgl. Almond / Verba 1963, 22-31
27   Vgl. Almond / Verba 1963, 31f. und 473-476
28   Von Beyme 1972, 204
29   Vgl. Almond / Verba 1963, 20: "a particular mix of citizens, subjects, and parochials"
30   Vgl. Almond / Verba 1963, 481 (Übersetzung W. B.)
31   Vgl. Almond 1980, 4

Umwandlungsprozeß zu dem angloamerikanischen Prototyp politischer Kultur durch entsprechende Erziehung und politische Sozialisation zu forcieren: ein Vorgang, der durch gleichzeitige Urbanisierung und Industrialisierung unterstützt werde[32]. Die kommende *"new world political culture"*, die im Verlauf einer weltweiten Vereinheitlichung durch Technologisierung und Rationalisierung erreicht werde, sei vor allem von Partizipation geprägt; Almond und Verba sagten eine globale "Partizipationsexplosion" voraus, bei der noch unklar sei, ob sie durch demokratische oder totalitäre Beteiligungsformen gekennzeichnet sei[33].

In einer weiteren Ausarbeitung des Konzeptes der politischen Kultur aus dem Jahr 1965 erweiterte *Sidney Verba* die in der Civic-Culture-Studie gegebene Definition; seine neuerliche Paraphrasierung politischer Kultur zielt auf das spezifische Ambiente des politischen Prozesses:

"The political culture of a society consists of the system of empirical beliefs, expressive symbols, and values which defines the situation in which political action takes place. It provides the subjective orientation to politics."[34]

Dabei betonte Verba die enge Beziehung zwischen grundlegenden Wertstrukturen und politischen Überzeugungen und damit die Verbindung von politischer Kultur mit anderen Aspekten des kulturellen Systems[35]. Im Hinblick auf politischen Wandel und Modernisierung unterschied er vier Dimensionen politischer Kultur: eine nationale Identität, deren Ausprägung konstitutiv für das Gelingen von *nation building* ist; die Identifikation der Bürger untereinander, vor allem das Maß an gegenseitigem Vertrauen; Erwartungen hinsichtlich des Outputs von staatlichem Handeln und Haltungen zur Erwünschtheit dieser Aktivitäten, die Aufschluß über Stabilität und Effizienz des politischen Systems geben; sowie schließlich Meinungen über die Art und Weise des praktizierten *decision making* und die eigene Partizipation am politischen Prozeß[36]. Wie schon bei der Pionierstudie von 1963 ist Verbas Ansatz auch in dieser Konzeptualisierung orientiert an Kohäsion und Homogenität einer politischen Kultur auf der Grundlage allgemein geteilter fundamentaler Wertüberzeugungen und damit an Integration und Stabilität des politischen Systems; deutlich wird das Interesse an Erkenntnisgewinn in bezug auf Krisenmanagement sowie Aufbau, Steuerung und Festigung stabiler demokratischer Systeme.

Neben Almond und Verba kann man einen weiteren Politikwissenschaftler aus den USA zu den Gründervätern des politischen Kultur-Konzeptes zäh-

---

32 Vgl. den Abschnitt "The Future of the Civic Culture" in Almond / Verba 1963, 501-505
33 Vgl. Almond / Verba 1963, 4f.
34 Verba 1965a, 513
35 Vgl. Verba 1965a, 521-523
36 Vgl. Verba 1965a, 526-543

len[37]: *Lucian W. Pye*, der bereits mit einer kulturanthropologisch orientierten Nationalcharakterstudie über Birma hervorgetreten war[38], leistete eine weitere Ausarbeitung des Ansatzes besonders im Hinblick auf dessen Anwendbarkeit und Erklärungskompetenz für Entwicklungsländer. Im Mittelpunkt seines Interesses stand die Herausbildung individueller und nationaler Identität in der politischen Sozialisation[39], die von entscheidender Bedeutung für die Entwicklung stabiler und integrierter politischer Systeme in den neu gegründeten südlichen Staaten war und ist. Pye unterschied zwischen den politischen Kulturen der Elite und der - selbst wiederum zu differenzierenden - Masse der Bevölkerung, die in den Ländern der Dritten Welt jeweils verschiedene Sozialisationsprozesse implizieren; weiter stellte er die politischen Kulturen von 'Modernen' und 'Traditionellen' innerhalb einer Gesellschaft einander gegenüber[40]. Seine für eine Enzyklopädie formulierte, gelungene Definierung umfaßt Gegenstand, Funktion und Entstehungsbedingungen politischer Kultur:

"Political culture is the set of attitudes, beliefs, and sentiments which give order and meaning to a political process and which provide the underlying assumptions and rules that govern behavior in the political system. It encompasses both the political ideals and the operating norms of a polity. Political culture is thus the manifestation in aggregate form of the psychological and subjective dimensions of politics. A political culture is the product of both the collective history of a political system and the life histories of the members of that system, and thus it is rooted equally in public events and private experiences."[41]

Eine Erweiterung des ursprünglichen Verständnisses politischer Kultur bei Almond und Verba stellt diese Lesart insoweit dar, als sie nicht nur nach den individuellen Orientierungen fragt, sondern auch die Auswirkungen dieser Dispositionen auf das politische System ins Blickfeld rückt. Als Resultat einer mit Sidney Verba herausgegebenen Zehnländerstudie hielt Pye vier als Gegensatzpaare angelegte Wertmuster fest, deren jeweilige Ausprägung Auskunft über den Prozeß politischer Entwicklung gibt; dazu gehören Vertrauen und Mißtrauen, Hierarchie und Gleichberechtigung, Freiheit und Zwangsherrschaft sowie loyale Bindung entweder an primäre bzw. partikulare Gruppen oder an die Nation als Ganzes[42]. Pye warnte vor der Gefahr tautologischer Erklärungen im Verhältnis von politischer Kultur und politischer Struktur, da politische Kultur einerseits Bedingung und Grundlage politischer Strukturen und Institutionen ist, andererseits aber auch selbst durch diese determiniert

---

37 Dies schlägt Wolf Michael Iwand (1985, 10) vor.
38 Vgl. Lucian W. Pye: Politics, Personality and Nation Building: Burma's Search for Identity, New Haven 1962
39 Vgl. Pye 1968, 222
40 Vgl. Pye 1965, 15-18
41 Pye 1968, 218. Ansatzweise war diese Definition schon enthalten in Pye 1965, 7f.
42 Vgl. Pye 1965, 22f.

wird[43]. In der Tat ähnelt die Frage nach Abhängigkeit oder Unabhängigkeit der Variablen politische Kultur der Frage nach der kausalen Beziehung zwischen Huhn und Ei.

1.1.2 Kritik und Neuansätze

> "If *The Civic Culture* had been more cautious, there would be... less to criticize, but also less to remember that was worth criticizing."[44]
>
> Sidney Verba

Das von Almond, Verba und Pye entwickelte Konzept politischer Kultur wurde in der Folge von zahlreichen Politikwissenschaftlern aufgenommen, kritisiert und weiterentwickelt; seine einzelnen Teilaspekte wurden getrennt untersucht, sein Methodenspektrum modifiziert und seiner Fragestellung unter anderen erkenntnisleitenden Interessen nachgegangen. Das Konzept hat Karriere gemacht, sein Stellenwert, seine Berechtigung und sein Forschungsgegenstand lieferten den Stoff für eine kaum zu überblickende[45] Fülle von Beiträgen zu einer sehr kontroversen Diskussion; gleichwohl gehört es heute zu den allgemein anerkannten Erklärungsansätzen der Disziplin.

Ein großer Teil der Einwände gegenüber dem Konzept bezog sich auf dessen Definitionsbereich. Vielen Autoren[46] erschien die systemtheoretisch bedingte Begrenzung des ursprünglichen Ansatzes allein auf die Einstellungen gegenüber dem politischen System als zu eng; plädiert wurde für eine Ausdehnung des Verständnisses politischer Kultur auf historische Erfahrungen, allgemeine Wertvorstellungen und Grundannahmen oder auch auf Identitäts- und Loyalitätsmuster, also auf kulturelle Prägungen, die nur indirekt politisch relevant sind. Verba und Pye hatten bereits 1965[47], in diesem Punkt die Kritiker antizipierend, eine umfassendere Auffassung des Begriffs begründet, die auch die Grundüberzeugungen und Wertmuster der allgemeinen Kultur als konstitutiv für eine politische Kultur berücksichtigte. In der Tat war die ursprüngliche Konzeptualisierung von Almond und Verba zu sehr systemtheo-

---

43 Vgl. Pye 1968, 224
44 Verba 1980, 409
45 Einen ausführlichen Überblick über den 1982 erreichten Diskussionsstand gab Wolf Michael Iwand (1985) in einem materialreichen Forschungsbericht, für den er (laut Literaturverzeichnis) 575 Beiträge auswertete. In dem seither vergangenen Jahrzehnt stiegen das Interesse am Forschungsgebiet und die Zahl der Veröffentlichungen zum Thema politische Kultur vor allem in der Bundesrepublik exponentiell an.
46 Vgl. zum Beispiel Pateman 1971, 293ff.; Dittmer 1977, 553ff.; Brown 1977, 1ff.; Elkins / Simeon 1979, 131ff.; Lijphart 1980, 38ff.; Pateman 1980, 66ff.; Reichel 1981b, 44ff.; Fenner 1983, 348f.; Chilton 1988, 420ff.; Rohe 1990, 331ff.
47 Vgl. Verba 1965a, 521f.; Pye 1965, 8f.

retisch geprägt; die Ausweitung des Definitionsbereichs politischer Kultur auch auf Einstellungen, die sich nicht direkt auf das politische System beziehen, erfolgte also berechtigt. Ein prägnantes Beispiel für die politische Relevanz außerpolitischer bzw. nur mittelbar politischer Orientierungen bietet der Nationalsozialismus in Deutschland: Ohne die seit der Zeit des Kaiserreichs in den deutschen Familien eingeübte und in Schule, Militär und Beruf gefestigte kritiklose Unterwerfung unter Autoritäten als wichtiges Erziehungsziel hätte sich die nationalsozialistische Herrschaft nicht auf die fast durchgängige Akzeptierung des Prinzips von Befehl und Gehorsam stützen können.

Umstritten war und ist weiterhin, ob das politische Verhalten zur politischen Kultur zu rechnen oder von dieser getrennt zu untersuchen sei. Während Almond und Verba die psychologischen Orientierungen gegenüber dem politischen System, auf die sich ihr Interesse konzentrierte, von politischem Verhalten analytisch abgrenzten, bezogen Almond und Powell 1966[48] die Verhaltensebene in ihre Untersuchung explizit ein, insofern sie Aufschluß über die ihr zugrunde liegenden Orientierungen gibt. Der psychologische Reduktionismus, der in der Trennung der Einstellungs- von der Verhaltensdimension zum Ausdruck komme, begünstige, so die Kritiker[49], ein konservatives *bias* des politischen Kultur-Ansatzes. Archie Brown gab zu bedenken[50], daß bei Subsumtion von *behaviour* unter politische Kultur leicht die Argumentation zirkulär werden könne, da politische Kultur dann nicht mehr eindeutig für die Erklärung von politischem Verhalten zur Verfügung stehe. In der Forschungspraxis wurde dieses Problem des Verhältnisses von politischer Kultur und politischem Verhalten unterschiedlich[51] gehandhabt. Karl Rohe machte schließlich den einleuchtenden Vorschlag[52], zwar nicht das Verhalten selbst, wohl aber die generalisierbaren Verhaltensmuster als Teil der politischen Kultur zu begreifen.

Ein ähnlicher Einwand gegenüber dem Konzept betraf die kausale Beziehung zwischen politischer Kultur und politischer Struktur. Einige Kritiker[53] warfen dem Ansatz einen deterministischen Charakter vor, da er impliziere,

---

48   Vgl. Almond / Powell 1966, 51. Allerdings verteidigte Almond (1987, 30) später wiederum die Trennung der Einstellungs- von der Verhaltensdimension.

49   Vgl. etwa Richard Fagen: The Transformation of Political Culture in Cuba, Stanford 1969, Kap. 1; nach: Almond 1980, 29

50   Vgl. Brown 1977, 9f. Ähnlich argumentierte auch Jack Gray (1977, 254).

51   So befürworten Kurt Sontheimer (1971/1991, 112f.), Klaus von Beyme (1979/1991, 61), die Sozialistische-Länder-Forscher Robert C. Tucker und Richard Fagen (vgl. Almond 1980, 29) sowie Peter Reichel (1981b, 53), Christian Fenner (1984, 37) und Dirk Berg-Schlosser (1985/1987, 747), politisches Verhalten zur politischen Kultur zu zählen. Hingegen plädieren Archie Brown (1977, 9f.), Lowell Dittmer (1977, 566), David J. Elkins und Richard E. B. Simeon (1979, 140f.), Max Kaase (1983, 158f.), Oscar W. Gabriel (1986, 37) und Hans-Georg Wehling (1991a, 326) für die analytische Trennung von politischer Kultur und politischem Verhalten.

52   Vgl. Rohe 1990, 326

daß politische Kultur einseitig auf die politische Struktur einwirke - indem die
politische Sozialisation politische Einstellungen präge, diese das politische
Verhalten bedingen, welches wiederum die politische Struktur beeinflusse -,
dabei jedoch außer acht lasse, daß die Gegebenheiten der politischen Struktur
umgekehrt auch Verhalten, Einstellungen und Sozialisation determinieren.
Carole Pateman warf Almond und Verba vor[54], sie vernachlässigten die Inter-
penetration von sozialem und Kultursystem, auf die Parsons - in dessen Tradition sie sich sahen - in seiner Theorie der Handlungsorientierungen großen
Wert gelegt hatte. Gabriel Almond wies diese Kritik an einem einseitigen kausalen Determinismus als ungerechtfertigt zurück und betonte[55], die Civic-
Culture-Studie habe die Interdependenz von politischer Kultur und Struktur
sehr wohl beachtet und weiterhin klargestellt, daß politische Kultur als eine
sowohl unabhängige als auch abhängige Variable einerseits politische Struktur verursacht, andererseits von dieser verursacht wird.

Mit diesem Problem der kausalen Eigenschaften von politischer Kultur
gegenüber politischer Struktur war die Frage nach dem generellen Erklä-
rungswert des Konzeptes angesprochen. Mit der Ausdehnung des Definitions-
bereiches stieg die Gefahr der Schwammigkeit des Begriffs politische Kultur,
der, wenn man ihn als beliebig handhabbaren *"catch-all term"* (Dittmer)[56]
verwendet, letztlich alles und damit nichts mehr 'erklären' kann. Sidney Verba
hatte bereits 1965 davor gewarnt[57], politische Kultur als bequeme Residual-
kategorie für alle nicht anders beantwortbaren Fragen zu gebrauchen. Nun
plädierten David Elkins und Richard Simeon dafür[58], politische Kultur explizit als komplementären Erklärungsansatz zweiter Ordnung zu verstehen, der
nur in Kombination mit oder im Anschluß an strukturelle und institutionelle
Erklärungsansätze - die einfacher zu erheben und leichter verständlich seien -,
also zur Erklärung des 'Restes' angewandt werden sollte. Indem sie politische
Kultur als "Annahmen über die politische Welt" definierten, die als unbewuß-
tes Wahrnehmungssieb bestimmen, wie man eine Situation sieht und beurteilt[59], gingen Elkins und Simeon weit über den Rahmen der ursprünglichen
Konzeptualisierung hinaus. Auch wenn es noch verfrüht für eine detaillierte

---

53 So Brian M. Barry: Sociologists, Economists and Democracy, London 1970, S. 48ff.;
    Richard Fagen: The Transformation of Political Culture in Cuba, Stanford 1969, Kap. 1; und
    Robert C. Tucker: Culture, Political Culture, and Communist Society, in: Political Science
    Quarterly, Juni 1973, S. 173-190 (vgl. Almond 1980, 29). In ähnlicher Weise argumentierten
    auch Arend Lijphart (1980, 47-49) und Carole Pateman (1971, 292-296 und 1980, 66-70).
54 Vgl. Pateman 1971, 294-296
55 Vgl. Almond 1980, 29f.; Almond 1987, 29f.
56 Lowell Dittmer (1977, 552) sprach an gleicher Stelle auch von der Funktion politischer Kul-
    tur als "a conceptual umbrella for a wide and apparently heterogeneous range of political
    issue areas."
57 Vgl. Verba 1965a, 518
58 Vgl. Elkins / Simeon 1979, 135f. und 139f.
59 Vgl. Elkins / Simeon 1979, 127 und 140 (Übersetzung W. B.)

Klassifikation dieser Dispositionen sei, wurde versuchsweise eine Reihe sehr grundlegender und allgemeiner Annahmen[60] als konstitutive Elemente einer politischen Kultur benannt. Gegen eine zu sehr auf das Individuum gerichtete psychologische Betrachtungsweise argumentierten Elkins und Simeon, politische Kultur sei immer die kollektive Eigenschaft einer Gruppe, sei diese nun eine Nation, Klasse, regionale oder ethnische Gemeinschaft oder sei sie eine formale Organisation wie eine Partei. Schließlich könne die politische Kultur einer Gruppe, deren Charakteristika erst in der Differenzierung von anderen Gruppen zutage treten, sinnvoll nur in vergleichender Perspektive untersucht werden[61].

In der deutschen Politikwissenschaft war die Etablierung des Almondschen Konzeptes nicht ganz einfach[62]; ein Grund dafür mag gewesen sein, daß die Begriffspaarung 'politische Kultur' zwei Ausdrücke kombiniert, die im Deutschen weniger leicht zusammenpassen als im Englischen oder Französischen: In Deutschland bezeichnet das Wort 'Kultur' primär geistig-ästhetische Lebensäußerungen - vergleichbar dem englischen *civilization* oder dem französischen *civilisation* - und wird im allgemeinen Wortverständnis als etwas eher Politikfernes begriffen. Mit diesen wertgebundenen Konnotationen ist 'Kultur' als politikwissenschaftlicher Analysebegriff problematischer als das englische wertneutrale *culture* und ging im Deutschen anfangs nur widerstrebend die sprachliche Verbindung mit 'politisch' ein. Andererseits ist dieser normative Hintergrund des deutschen Kulturbegriffs auch verantwortlich dafür, daß 'politische Kultur', nachdem der Terminus einmal Eingang in die Wörterbücher gefunden hatte und beliebt wurde, sich von seinem politikwissenschaftlichen Inhalt rasch entfernte und in unbewußter Anknüpfung an seine frühen Verwendungen bei Herder und Weber heute im öffentlichen Sprachgebrauch überwiegend in der normativen Bedeutung einer 'guten' oder 'hochentwickelten' demokratischen politischen Kultur gebraucht wird. Darüber hinaus lag die Disposition zur Mißverständlichkeit 'politischer Kultur' auch am deutschen Politikbegriff[63]: Die dualistische Sichtweise von Staat und Gesell-

---

60 1. Annahmen über die Ordnung des Universums; 2. Annahmen über die Natur der Kausalität: Vorbestimmtheit, Sinn und Unvermeidbarkeit von Ereignissen; 3. Annahmen über die prinzipiellen Ziele des politischen Lebens; 4. Annahmen über Gewinnmaximierung und Verlustminderung; Entscheidung für optimistische oder pessimistische Strategien; 5. Annahmen über das Ausmaß, die Art und den Charakter der Abgrenzungen der eigenen politischen Gemeinschaft; 6. Annahmen über die 'Politikhaftigkeit' von Ereignissen, Handlungen und Institutionen sowie über die Bewertung des Politischen; 7. Annahmen über andere und die eigenen Beziehungen zu ihnen (auf der Grundlage von Elkins / Simeon 1979, 132).

61 Vgl. Elkins / Simeon 1979, 129 und 140

62 Zum Teil wurde das Konzept auch einfach mißverstanden, so z. B. bei Peter Hüttenberger (1974, 27), der glaubte, Almonds und Verbas Ansatz sehe eine "politische Entwicklung in drei Phasen vom parochialen System zur 'civic culture' und auf der höchsten Stufe zur 'rational activist-culture'" vor.

63 Vgl. zum deutschen Politikbegriff Reichel 1981b, 11f.; Greiffenhagen 1979, 25.

schaft, von Macht und Geist hat in Deutschland Tradition, 'Politik' wurde lange Zeit auf die Bereiche Staat, Macht und Herrschaft reduziert und mehr institutionell als soziokulturell verstanden.

Nach ersten Rezeptionen des politischen Kultur-Konzeptes in Zeitschriftenaufsätzen von Ekkehart Krippendorff und Klaus von Beyme[64] legte Gerhard Lehmbruch 1967 den neuen Begriff seiner Untersuchung der Proporzsysteme der Schweiz und Österreichs zugrunde. Er verstand politische Kultur als ein bestimmtes Muster von Konfliktregelungsnormen, wobei er zwischen der Materie politischer Konflikte, also den Zielvorstellungen der beteiligten Gruppen, und den Modalitäten der Konfliktregulierung unterschied[65]. In einer wichtigen frühen Arbeit untersuchte Patrick V. Dias 1971 detailliert und kritisch die unterschiedlichen Verwendungen des politischen Kultur-Begriffs in der amerikanischen Politikwissenschaft[66], zeigte sich jedoch skeptisch, ob die Schwächen des Ansatzes in seiner weiteren Konzeptualisierung überwunden werden könnten. Mit Dirk Berg-Schlossers umfassender systematischer Analyse[67] wurde 1972 die erste deutschsprachige Monographie zu dem neuen Paradigma vorgelegt.

Neben der Spezifikation des politischen Kultur-Konzeptes und seinem kausalen Status geriet vor allem in der deutschen Politikwissenschaft immer wieder seine ideologisch-normative Dimension ins Blickfeld der Kritik. Verschiedene Autoren[68] warfen dem Ansatz aufgrund seiner impliziten Forderung nach einem bestimmten Maß an politischer Apathie in der Civic Culture eine restriktive Demokratievorstellung vor, kritisierten seine Status-quo-Fixierung, beanstandeten die Orientierung seiner geistigen Väter an Systemstabilität und Integration. Das strukturfunktionalistisch verengte Politikverständnis sei von tiefer Skepsis gegenüber allzu großer Partizipation geprägt, daher erfasse das Konzept politischen Wandel und politische Konflikte nicht adäquat. Die empirischen Merkmale der Civic Culture, die mit ihrer ausbalancierten Mischung aus Rationalität, Informiertheit, Traditionalismus und Passivität die gestellte Bedingung der Stabilisierung demokratischer Systeme

---

64 Vgl. Ekkehart Krippendorff: Politische Kultur, in: Neue Politische Literatur 1966/4, S. 398-404; Klaus von Beyme: Möglichkeiten und Grenzen der Vergleichenden Regierungslehre, in: PVS 1966/1, 63-96 mit einer knappen Erwähnung des Almondschen Ansatzes auf S. 92.

65 Vgl. Lehmbruch 1967, 13

66 Dias (1971) untersuchte die Beiträge von Beer, Macridis, Almond, Pye, Verba, Lipset, Easton und Nettl.

67 Vgl. Berg-Schlosser 1972

68 Die impliziten normativen Prämissen des Ansatzes und sein angloamerikanisches bias kritisierten zum Beispiel Bußhoff 1971, 79-81; von Beyme 1972, 204; Hüttenberger 1974, 25 und 28f.; Brown 1977, 3; Schissler 1978, 161f.; Pateman 1980, 58-61; Rausch 1980, 13; Wiatr 1980, 113-119; Reichel 1981b, 43-46; Kaase 1983, 154; Berg-Schlosser 1985/1987, 750. Es fällt auf, daß in der US-amerikanischen Politikwissenschaft diese (als selbstverständlich akzeptierten?) Prämissen eher weniger Gegenstand der Kritik waren. Wohl deshalb ging Almond in seinen beiden Stellungnahmen gegenüber der vorgebrachten Kritik (Almond 1980 und Almond 1987) auf diese Einwände nicht ein.

erfüllt, seien "der amerikanischen Demokratiegeschichte entnommen"[69]; eine Voreingenommenheit des Konzeptes zugunsten der in den USA und in Großbritannien entwickelten Form politischer Kultur sei nicht zu leugnen. Der Typ der Civic Culture, der unter spezifischen, heute nicht mehr zu rekonstruierenden historischen Konditionen in England und Amerika entstanden sei, könne nicht ohne weiteres als Maßstab für andere politische Systeme und deren politische Entwicklung herhalten; es sei denn, diese anderen politischen Strukturen und Kulturen sollten der angloamerikanischen politischen Struktur und Kultur angeglichen werden. All diese Einwände richteten sich nun gegen eine Intention des Ansatzes, die Almond und Verba in ihrer Pionierstudie ja ausdrücklich hervorgehoben hatten[70], daß sie nämlich zum einen untersuchen wollten, wie eine politische Kultur beschaffen sein muß, damit sie einem demokratischen System Stabilität verleiht, und zum anderen diese Bedingung politischer Kultur am ehesten in der Civic Culture Großbritanniens und der USA verwirklicht sahen. Jedoch ist mit dem Hinweis auf diese Antizipation die grundsätzliche Berechtigung der Kritik an den Vorbehalten des Konzeptes gegenüber Partizipation und an der Idealisierung der angloamerikanischen Civic Culture nicht aus der Welt geschafft.

Einen weiteren Aspekt brachte 1978 Jakob Schissler ins Spiel, indem er nicht nur die Erhebung der amerikanischen Civic Culture zum Vorbild für andere Gesellschaften, sondern auch die konkreten Merkmale dieser Civic Culture einer kritischen Überprüfung unterzog: Die von Almond und Verba positiv beurteilte schwache Output-Orientierung der amerikanischen Bevölkerung und die verabsolutierte starke "Orientierung an der demokratischen Folklore (input)" machten ein "Defizit der amerikanischen Gesellschaft an Sozialstaatlichkeit" deutlich, das in dieser Form etwa in Schweden oder der Bundesrepublik Deutschland unbekannt sei[71].

Abgesehen von den implizierten normativen Prämissen wurden auch Bedenken gegen die Methodologie der ursprünglichen Konzeptualisierung laut. Die Interviews, auf die sich die Civic-Culture-Studie vorwiegend gestützt hatte, vernachlässige das nonverbale Verhalten und überbewerte die in der spezifischen Umfragesituation geäußerten Meinungen; die Survey-Techniken, die damals den Wandel politischer Kultur nicht erfaßten, produzierten ein statisches *bias* des Ansatzes[72]. Ein weiteres Argument gegen ein ausschließliches Rekurrieren auf Ergebnisse der Umfrageforschung war der Hinweis[73], daß gerade die akzeptierten Normen als - teilweise unbewußt und unreflektiert - internalisierte Selbstverständlichkeiten für die Demoskopie varianz-irrelevant sind und somit in den Fragebögen nicht auftauchen.

---

69 Reichel 1981b, 45
70 Vgl. Almond / Verba 1963, VIIf. und 3
71 Vgl. Schissler 1978, 161f.
72 Vgl. von Beyme 1972, 204
73 Vgl. hierzu Pappi 1986, 290; Berg-Schlosser / Schissler 1987b, 19; Rohe 1990, 331

Der Hamburger Politikwissenschaftler Peter Reichel stellte Anfang der achtziger Jahre den Versuch einer Neubegründung des Konzeptes politischer Kultur vor. Nach einer Kritik der impliziten normativen Grundannahmen des Almond/Verbaschen Ansatzes nennt Reichel explizit und erläutert als normative Prämissen seiner konzeptionellen Neubegründung Selbst- und Mitbestimmung, womit er den Begriff der Partizipation paraphrasiert[74]. Besonders geeignet hierfür sei der Partizipationsbegriff dadurch, daß er die Bewußtseins- und die Verhaltensebene erfasse. Die partizipationstheoretische Neuformulierung des Konzeptes knüpfe, so Reichel, im Unterschied zum bisherigen Ansatz "mit Blick auf gesellschaftliche Minderheiten und Konflikte, auf soziale Bewegungen und sozialen Wandel bewußt an emanzipatorisch orientierten bedürfnis-, interessen-, konflikt- und sozialisationstheoretischen Konzepten an." Im übrigen erfasse dieser neue Begriff politischer Kultur "genau jene Innenseite der Macht in den Vergesellschaftungsformen innerhalb der Verfassungsordnung und des Herrschaftssystems, die die Individualpsychologie nicht erreicht und die politologische Makroanalyse verfehlt."[75] Politische Kultur als verbindendes Kontinuum zwischen Mikro- und Makroanalyse, zwischen Individuum und politischem System solle die politologische Erforschung von Sozialisation, Werten, Einstellungen und Verhalten zu einer Forschungsrichtung zusammenfassen[76].

Peter Reichel hat mit seiner partizipationstheoretischen Neubegründung politischer Kultur eine kontroverse Diskussion in der deutschen Politikwissenschaft ausgelöst. Heide Gerstenberger, die als einzige Reichel 'von links' kritisierte, hält das Almondsche Konzept für nicht mehr zu retten: Im Begriff der politischen Kultur komme "mehr an ideologischen Inhalten zum Ausdruck..., als sich durch dessen partizipationstheoretische Neuformulierung ausräumen ließe"; das Civic Culture-Konzept sei vor allem "die theoretische Fassung des Herrschaftscharakters der politischen Kultur in den Vereinigten Staaten." Eine kritische Analyse politischer Kultur müsse, so Gerstenberger, zunächst den "Zusammenhang der einzelnen politisch-kulturellen Denk- und Verhaltensformen mit den klassenmäßig strukturierten materiellen Lebensbedingungen" aufzeigen[77]. Dirk Berg-Schlosser kritisierte "Reichels Parteinahme für Partizipation als 'Wert an sich'", die ausschließliche Bezogenheit des Konzeptes auf diesen Wert erscheint ihm als zu eng; insgesamt bleibe Reichels Versuch "unzureichend"[78]. In den Augen von Kurt L. Shell vertiefte der Neuansatz "die begriffliche und methodische Verwirrung" im Bereich der politischen Kultur und sei "besser unterblieben"; Reichel mache 'politische Kultur' zu einem "Kampfbegriff", der schließlich "zur Spaltung und Isolie-

---

74 Vgl. Reichel 1980, 392; Reichel 1981a, 327; Reichel 1981b, 47
75 Reichel 1981b, 49
76 Vgl. Reichel 1981b, 51-58
77 Gerstenberger 1981, 117, 119 und 121
78 Berg-Schlosser 1981, 111 und 113

rung der deutschen Politikwissenschaften" beitrage[79]. Jakob Schissler konstatierte eine "Reichel'sche nationale Betriebsblindheit" und polemisierte gegen die "idealistisch-weltverändernde Dimension" des Partizipationsbegriffs; Reichel offeriere "Reizmaterial zur Politisierung der Profession..., nicht jedoch eine Forschungsperspektive."[80] Auch Oscar W. Gabriel lehnte die "unpräzise" Neuformulierung politischer Kultur ab, sah den Begriff "zum Schlagwort deformiert"[81].

Die - teilweise polemischen - Angriffe auf Reichels Versuch eines partizipationsorientierten Ansatzes politischer Kultur werfen unbeabsichtigt auch ein Schlaglicht auf deutsche politische Kultur, etwa wenn in den Vorwürfen einer "Spaltung" der deutschen Politikwissenschaft durch Verwendung des Konzeptes als "Kampfbegriff" eine tief wurzelnde und nicht mehr rational begründbare Ablehnung von Konfliktaustragung durchschimmert; man scheint zu glauben, Widersprüche, Kontroversen und Diskurs seien ein Hindernis und nicht das Kennzeichen einer freien und fruchtbaren Politikwissenschaft[82]. Berg-Schlossers Einwand, Partizipation sei als normative Grundlage des Versuchs einer Neubegründung des Konzeptes überbetont, hat jedoch einige Berechtigung. Peter Reichel selbst relativierte auch seinen zentralen Begriff: In seiner ersten Formulierung von 1980 faßte er Partizipation "als ein qualitatives Element *aller* Lebensbereiche" auf, in der zweiten Fassung von 1981 nur noch "als ein qualitatives Element *der einzelnen* Lebensbereiche"[83] (Hervorhebung W. B.), was einen deutlich geringeren Absolutheitsanspruch stellt. Die Kritik an Almonds und Verbas teleologischer Orientierung am Modelltyp der Civic Culture war zugleich eine Kritik am *mainstream* der etablierten Disziplin, da das an dem Konzept kritisierte normative *bias* zugunsten der angloamerikanischen Demokratie immer auch für den Großteil der Political Science in den USA zutraf, an der sich die deutsche Politikwissenschaft stärker als etwa die englische oder französische orientiert hat. Diese Verknüpfung mag die zum Teil überzogen heftigen Reaktionen auf Reichels Kritik an den normativen Prämissen des Ansatzes erklären helfen.

Das breite Echo auf Reichels Beitrag und die starke Resonanz, welche die PVS-Diskussion fand, legten es nahe, im März 1982 ein Symposion 'Politische Kultur' zu veranstalten. Das große Interesse an der Tagung und die lebhaften Diskussionen in Tutzing deuteten an, daß diese gründliche Aussprache über die Erforschung politischer Kultur in der deutschen Politikwissenschaft ebenso überfällig war wie ihre Institutionalisierung, die dann einige Monate

---

79 Shell 1981, 195 und 197f.
80 Schissler 1981, 201 und 203
81 Gabriel 1981, 207 und 204
82 Siehe hierzu auch Reichels Replik auf seine Kritiker: Reichel 1981c
83 Reichel 1980, 392; Reichel 1981b, 47. Diese Feststellung mag zunächst beckmesserisch erscheinen; jedoch handelt es sich um Reichels zentralen Begriff, so daß der geringfügigen Veränderung am Text mehr als nur geringfügige Bedeutung zukommt.

später im Rahmen eines Arbeitskreises der Deutschen Vereinigung für Politische Wissenschaft auch erfolgte. In den achtziger Jahren erlebte das Konzept der politischen Kultur, das bis zu den Veröffentlichungen über den "Mangel an politischer Kultur in Deutschland"[84] und ein "schwieriges Vaterland"[85] nur einem relativ kleinen Kreis Gelehrter vertraut war, in der Bundesrepublik eine ungewöhnliche Konjunktur mit einer wahren Flut von Publikationen. Die Disposition des Begriffs zu einer eklektischen inhaltlichen Bestimmung ad libitum und seine Neigung zur Diffusion ließen ihn in seiner extensiven Verwendung einiges von seiner analytischen Trennschärfe einbüßen. In der Diskussion um den engen oder weiten Gebrauch des Terminus politische Kultur plädierte Max Kaase auf dem erwähnten Symposion[86] für eine Konzentration auf die ursprüngliche Konzeptualisierung des Begriffs bei seinen Gründervätern und für seine Verwendung anhand einer konkreten Fragestellung, andernfalls solle man besser auf den Ansatz verzichten. In den letzten Jahren schälte sich bei politikwissenschaftlichen Arbeiten die Tendenz heraus, "im Rahmen des Großbegriffs" politische Kultur[87] die jeweilige theoretische und konzeptuelle Fundierung zu präzisieren und damit auch die fachsprachliche Bedeutung des popularisierten Terminus von seiner umgangssprachlichen, weiter gefaßten deutlich zu differenzieren.

Befruchtend hat der Ansatz der politischen Kultur auch auf die Sozialistische-Länder-Forschung gewirkt. Es ist leicht nachzuvollziehen, daß die Wissenschaftler um Archie Brown, welche die politischen Kulturen der sozialistischen Länder erforschten, in den siebziger Jahren, als die Preisgabe der kommunistischen Ideologie in allen Staaten Osteuropas noch ebenso jenseits des Horizontes denkbarer politischer Szenarien lag wie das Auseinanderbrechen der Sowjetunion, Kritik an der Parteinahme des ursprünglichen Konzeptes für das US-amerikanische politische System übten[88]. In den sozialistischen Staaten war die Kontinuität von Elementen der dominanten politischen Kultur, die sich in Abgrenzung zur offiziellen politischen Kultur entwickelt hatte, nur im Rückgriff auf geschichtliche Prägungen zu erklären; somit lag es für *Archie Brown* nahe, die historische Dimension, die von Almond und Verba kaum berücksichtigt worden war, in seine interessante Definition politischer Kultur zu integrieren:

"It will be understood as the subjective perception of history and politics, the fundamental beliefs and values, the foci of identification and loyalty, and the political knowledge and expectations which are the product of the specific historical experience of nations and groups."[89]

---

84 So im Titel von Brüggemann / Gerstenberger / Gottschalch / Preuß 1978
85 So im Titel von Greiffenhagen 1979
86 Vgl. Kaase 1983, 150f. und 167f. (Dieser Text entspricht im wesentlichen dem bei dem Tutzinger Symposion von 1982 vorgelegten Paper.)
87 Sontheimer 1990, 14
88 Vgl. Brown 1977, 3

Während Brown und seine Mitarbeiter politische Kultur in der Tradition der "subjektiven" Schule Almonds[90] untersuchten, erforschten andere Wissenschaftler[91] neben Werten und Einstellungen auch das politische Verhalten in den sozialistischen Ländern als Bestandteil der politischen Kultur. Der Aspekt der Loyalität, der zu Browns zitiertem Verständnis politischer Kultur gehörte, war bereits 1967 bei Peter Nettl aufgetaucht[92], der eine politische Kultur vor allem danach beurteilte, wie wirksam politische Autorität und die zu ihr gehörenden Prozesse von den Mitgliedern der Gesellschaft verinnerlicht worden sind. In die gleiche Richtung geht Franz Urban Pappis Definition politischer Kultur als "Legitimitätseinverständnis mit der Herrschaftsordnung eines sozialen Systems"[93]; allerdings eignet dieser Auffassung, die nur den *diffuse support* im Sinne Eastons registriert und damit systemkritische bzw. systemdysfunktionale Ausprägungen politischer Kultur nicht adäquat erfaßt, ein affirmatives *bias*. Wenn politische Kultur mit Legitimitätseinverständnis gleichgesetzt wird, müßte zum Beispiel den Gesellschaften der mittel- und osteuropäischen Staaten für die Zeit vor den demokratischen Revolutionen eine politische Kultur wohl abgesprochen und damit ein wichtiger Forschungsbereich der Sozialistische-Länder-Forschung nachträglich für gegenstandslos erklärt werden. Überzeugender erscheint daher der Ansatz von Christian Fenner[94], der in Anknüpfung an die frühe Studie von Lehmbruch mit dem politischen Kultur-Begriff die für eine Gesellschaft charakteristische Art der Konfliktregulierung erfaßt und dabei auch das konkurrierende oder 'abweichende' politische Wertesystem von Gegenkräften einbezieht. Ein tragfähiges Konzept politischer Kultur sollte die Berücksichtigung der anhand der *cleavages* entwickelten spezifischen Regelungsmuster mit der *Frage nach* dem diffusen Legitimitätseinverständnis verbinden. Diese prinzipielle Unterstützungsbereitschaft bildet die "Stabilitätsreserve"[95] für Krisenzeiten des politischen Systems, die Kurt Sontheimer für die pluralistische Demokratie in einer reifen und verläßlichen demokratischen politischen Kultur gesehen hat.

In der Politikwissenschaft der USA konnte sich das Konzept der politischen Kultur etablieren und ist dort nach wie vor im Gespräch, auch wenn es in seinem Herkunftsland nie so populär wurde wie in Deutschland. In seiner Präsidentenadresse vor der American Political Science Association von 1986 untersuchte etwa Aaron Wildavsky[96] die Bedeutung politischer Kultur für die

---

89   Brown 1977, 1; vgl. auch 16-20
90   Vgl. Rytlewski 1989, 23
91   So etwa Richard Fagen, Robert C. Tucker, Volker Gransow und Christiane Lemke (vgl. Rytlewski 1989, 23)
92   Vgl. Nettl 1967, 57
93   Pappi 1986, 282
94   Vgl. Fenner 1983, 348f., Fenner 1984, 50; Fenner 1991, 515f.
95   Sontheimer 1971/1991, 133; Sontheimer 1990, 19
96   Vgl. Wildavsky 1987, 3-21

Herausbildung politischer Präferenzen. David D. Laitin behauptete 1988, die politische Kultur-Forschung habe ihre *"hour upon the stage"* in den sechziger Jahren gehabt, und insinuierte damit eine gewisse Überlebtheit des Ansatzes; andererseits findet er die Bezeichnung offenbar doch so attraktiv, daß er im Titel desselben Aufsatzes[97], in dem er die Vorzüge der ethnographischen Analyse für die Untersuchung politischer Präferenzen hervorhebt, ohne dabei weiter auf Terminus oder Konzept politischer Kultur einzugehen, nicht auf sie verzichten mag. Ronald Inglehart, der in seiner einflußreichen Studie "The Silent Revolution" von 1977 den Begriff der politischen Kultur nicht verwandt hatte, bediente sich in den achtziger Jahren dieses Konzeptes, um die Bedingungen stabiler Demokratien zu erfassen. Unter dem Titel "The Renaissance of Political Culture"[98] und in Anknüpfung an das Civic-Culture-Modell von Almond und Verba - aber vorsichtiger argumentierend als diese - hielt Inglehart als Ergebnis seiner Untersuchung fest, daß längerfristig stabile politische Systeme mit funktionierenden demokratischen Institutionen in einem komplexen Beziehungsgeflecht mit wirtschaftlichem Wohlstand und einer Civic Culture korrelieren, die hohe Werte in persönlicher Lebenszufriedenheit, politischer Zufriedenheit, zwischenmenschlichem Vertrauen und Unterstützung für die bestehende soziale Ordnung aufweist. In der deutschen Wertewandeldiskussion wurde der politische Kultur-Ansatz außer in den Arbeiten von Helmut Klages[99] vor allem von Oscar W. Gabriel[100] rezipiert, der die Bedeutung der von Inglehart diagnostizierten Verschiebung von materialistischen hin zu postmaterialistischen Prioritäten für die politische Kultur der Bundesrepublik Deutschland in den siebziger Jahren untersucht hat.

Eine Verknüpfung des politischen Kultur-Begriffs mit dem der politischen Symbolik und der Kommunikationstheorie unternahm 1977 Lowell Dittmer[101]. In einem semiologischen Ansatz, der von dem individuenzentrierten Konzept bei Almond und Verba weit entfernt ist, verstand er unter politischer Kultur ein System von politischen Symbolen, das wiederum in ein umfassenderes System politischer Kommunikation eingebettet ist. Stephen Chilton machte in einer Weiterentwicklung von Dittmers Ansatz, in dem er die von ihm gestellten Bedingungen der Vergleichbarkeit und der objektiven Überprüfbarkeit nicht erfüllt sah, den Vorschlag, politische Kultur als *"publicly common ways of relating"*[102] zu definieren, wobei die kulturellen Symbole

---

97 Laitin (vgl. Laitin & Wildavsky 1988, 589) überschrieb seine Kritik an Wildavskys APSA-Präsidentenadresse mit "Political Culture and Political Preferences".

98 Vgl. Inglehart 1988b, 1203-1230. Für die gekürzte und leicht veränderte deutschsprachige Fassung (Inglehart 1988a, 369-387) hat man den Titel "Politische Kultur und stabile Demokratie" gewählt. Auch in seiner umfangreichen Untersuchung "Kultureller Umbruch" von 1989 bediente sich Inglehart des politischen Kultur-Begriffs.

99 Vgl. Wertwandel und gesellschaftlicher Wandel 1979; Klages / Herbert 1983; Klages / Franz / Herbert 1987

100 Vgl. Gabriel 1986

101 Vgl. Dittmer 1977, 552-583, hier vor allem 566

einer Gesellschaft über deren Art der öffentlichen Beziehungen Auskunft geben. In der deutschen Politikwissenschaft entwickelte Ulrich Sarcinelli eine Verbindung von politischer Kultur, politischer Symbolik und deren konkretem Gebrauch in der symbolischen Politik[103]. Er sieht in symbolischer Politik ein politisches Kommunikationsritual, das als Steuerungsinstrument zur Loyalitätsabsicherung eingesetzt wird, den Bürgern in seiner alltäglichen und vertrauten Inszenierung schließlich als die politische Wirklichkeit selbst erscheint und als solches Politiksurrogat wichtige Grundlage für die politische Kultur wird.

Um das Verhältnis zwischen realer und symbolischer Politik ging es auch Karl Rohe, als er die analytische Unterscheidung von politischer Sozialkultur und politischer Deutungskultur einführte[104]. Die in der Bevölkerung verankerten Vorstellungsmuster der politischen Soziokultur ergeben sich in dieser Sichtweise aus der überlieferten Tradition, eigenen Erfahrungen sowie den wahrgenommenen Sinn- und Deutungsangeboten und bilden in ihrer spezifischen Selektivität den - bewußt oder unbewußt verinnerlichten - Rahmen für politisches Handeln; die politische Deutungskultur hingegen bezeichnet die politischen Ideen und Interpretationsangebote, die als das "politische Design" eines Herrschaftssystems affektive Bindungen stiften. In funktionaler Hinsicht differenziert Rohe zwischen politischer Kultur als politischer Lebensweise, in der die fundamentalen politischen Vorstellungen quasi als ungeschriebene Verfassung einer Gesellschaft die politischen Beziehungen konditionieren, und politischer Kultur als politischem Weltbild, in dem Bilder, Theorien und Ideologien von politischer Organisation entworfen werden[105] In Rohes Verständnis von politischer Kultur als politischem "Sinn, der auch sinnenfällig werden muß"[106], wird symbolische Politik nicht in pauschaler Ideologiekritik als bloße Ersatzpolitik abgetan[107], sondern erhält als affektive und ästhetische Ausdrucksdimension politischer Kultur einen ähnlichen konstitutiven Stellenwert wie deren kognitive und normative Inhaltsdimension.

Mit dem *political-culture-approach* haben Almond und Verba ein Konzept begründet, das wie kaum ein anderes in der Politikwissenschaft kontrovers diskutiert und 'besetzt' wurde. Gut zwei Jahrzehnte nach seiner Entstehung veröffentlichten die Autoren der Pionierstudie den Band "The Civic Culture Revisited", in dem sie ihre Kritiker ausführlich zu Wort kommen und prominente Autoren die fünf Länder der klassischen Arbeit von 1963 aufs neue

---

102 Chilton 1988, 419-445 passim
103 Vgl. Sarcinelli 1989, 295, 299 und 305f.
104 Vgl. Rohe 1987, 41-44; Rohe 1990, 340f.
105 Vgl. Rohe 1987, 44-46
106 Rohe 1990, 337
107 Dies wirft Rohe (1987, 46 und 1990, 341) der Studie von Murray Edelman (1976) vor. Den gleichen Einwand kann man dann auch gegenüber Sarcinelli (1989, 305f.; siehe oben) erheben.

untersuchen ließen. In seinem Überblick über die Geistesgeschichte des Civic-Culture-Konzeptes machte Almond deutlich[108], wie der Ansatz in die Tradition politischer Theorie von Platon bis Parsons eingebettet ist, räumte aber auch ein, daß die Propagierung der angloamerikanischen Civic Culture von der Sorge um die Zukunftsperspektiven der westlichen Demokratien geprägt war. Sidney Verba sah in diesem Rückblick das in "The Civic Culture" entwickelte Konzept politischer Kultur insgesamt kritischer als Almond; der Juniorpartner der Fünfländerstudie, der bereits 1965 Zweifel am Vorbildcharakter der angloamerikanischen Civic Culture formuliert hatte[109] und in späteren Untersuchungen[110] nicht mehr mit dem Ansatz der politischen Kultur arbeitete, gestand einem Teil der vorgebrachten Kritik seine Berechtigung zu, so bezeichnete er den in der Civic-Culture-Studie unternommenen Rückschluß von individuellen Einstellungsmustern auf das Funktionieren stabiler und erfolgreicher Demokratien als "dürftig"[111].

So berechtigt die vielfach erhobenen und hier skizzierten Einwände gegenüber dem politikwissenschaftlichen Untersuchungskonzept 'politische Kultur' partiell auch waren - eine kreative und innovative Initialfunktion ist dem Almond/Verbaschen Ansatz nicht abzusprechen. Einer seiner großen Vorzüge liegt in seiner Offenheit für Weiterentwicklungen und Verbesserungen in viele Richtungen. So machte Gabriel Almond selbst, der das Konzept in die Sozialwissenschaften eingeführt hatte, jüngst den Vorschlag[112], in einem systemischen Ansatz politischer Kultur und in Entsprechung zur Untergliederung des politischen Systems in drei Ebenen eine System-, eine Prozeß- und eine Policy-Kultur zu unterscheiden, die Kenntnisse, Gefühle und Wertungen gegenüber der politischen Führung, den politischen Institutionen und der Nation (Systemkultur), gegenüber sich selbst und anderen als politischen Akteuren (Prozeßkultur) und gegenüber den Outputs des Systems (Policy-Kultur) umfassen.

Sidney Verba nannte 1980 "The Civic Culture" ein kühnes und unvorsichtiges Buch, und in der Tat war die Anwendung einer neuen Forschungsmethode auf ein so kompliziertes Sujet bei einer bis dahin beispiellosen Erstreckung der Untersuchung auf mehrere Länder *"foolhardy"*[113], wie Verba schreibt. Aber ohne diesen Mut zur Tollkühnheit eines großen Wurfes wäre die Politikwissenschaft um ein wichtiges und faszinierendes Konzept ärmer.

---

108 Vgl. Almond 1980, 16-22
109 Vgl. Verba 1965b, 133f.
110 Vgl. Norman H. Nie / Sidney Verba: Participation in America. Political Democracy and Social Equality, New York 1972; Norman H. Nie / Sidney Verba / John R. Petrocik: The Changing American Voter, Cambridge, Mass. 1976; Sidney Verba / Norman H. Nie / Jae-On Kim: Participation and Political Equality: A Seven Nation Comparison, New York 1978
111 Vgl. Verba 1980, 403
112 Vgl. Almond 1987, 37f.; ähnlich auch schon in Almond / Powell 1984, 37-40
113 Vgl. Verba 1980, 394f.

1.1.3 Rezeption in den Gesellschaftswissenschaften der DDR

> "Das Ziel der politischen Kultur, der politischen Bildung, besteht somit darin, echte Kommunisten zu erziehen, die fähig sind, die Lüge, die Vorurteile zu überwinden und den werktätigen Massen zu helfen, die alte Ordnung zu besiegen und den Aufbau des Staates ohne Kapitalisten, ohne Ausbeuter, ohne Gutsbesitzer durchzuführen."[114]
>
> Wladimir Iljitsch Lenin

Die Gesellschaftswissenschaften in den ehemaligen sozialistischen Ländern des sowjetischen Machtbereichs haben zum Teil schon sehr früh Interesse an dem Almondschen Begriff der politischen Kultur gezeigt und ihn übernommen; erste kritische Auseinandersetzungen mit dem westlichen Konzept und seinem ideologischen Gehalt gab es in den sechziger und frühen siebziger Jahren in Polen und in der Sowjetunion[115]. Als nur wenig marxistisch inspiriert fällt das Verständnis politischer Kultur bei dem sowjetischen Gesellschaftswissenschaftler Fedor Burlatskii auf, der im Jahr 1970 politische Kultur definierte als den Wissensstand und die Wahrnehmungen in bezug auf Macht und Politik bei verschiedenen Gesellschaftsmitgliedern und Individuen sowie die hierdurch bestimmte politische Aktivität[116]. Ebenso weit entfernt von ideologischem Dogmatismus war Jerzy Wiatrs Definition politischer Kultur als Gesamtheit der Einstellungen, Werte und Verhaltensmuster in einer Gesellschaft, die sich auf das wechselseitige Verhältnis zwischen Staatsmacht und Bürgern beziehen[117]. Der Pole Wiatr betonte bei aller Kritik an den normativen Prämissen des ursprünglichen Konzeptes[118], daß er in der Civic-Culture-Studie einen wichtigen Beitrag zur internationalen Sozialwissenschaft sieht.

Im Gegensatz zu diesen Rezeptionen des Begriffs in der UdSSR und in Polen orientierten sich die Gesellschaftswissenschaftler in der Deutschen Demokratischen Republik weniger am Stand der internationalen Diskussion als an Lenins im Motto zitiertem Verständnis politischer Kultur, als der Terminus dort im Jahr 1976 erstmals auftauchte: In einer Publikation des Instituts für Gesellschaftswissenschaften beim ZK der SED[119] war der Begriff vollständig in die ideologische Weltanschauung des Marxismus-Leninismus integriert, sein normativer Gehalt war auf das offizielle Erziehungsziel der sozia-

---

114 W. I. Lenin: Rede auf der Gesamtrussischen Konferenz der Ausschüsse für politisch-kulturelle Aufklärung bei den Gouvernements- und Kreisabteilungen für Volksbildung, 3. November 1920, in: Werke, Bd. 31, S. 362f.; zit.n. Ziermann / Drefenstedt / Jehser 1976, 12

115 Jerzy J. Wiatr führte den Begriff 1965 in die polnischen, Fedor M. Burlatskii 1970 in die sowjetischen Gesellschaftswissenschaften ein (vgl. Wiatr 1980, 104-106).

116 Vgl. Fedor M. Burlatskii: Lenin, gosudarstvo, politika, Moskau 1970, S. 55; zit. n. Wiatr 1980, 106

117 Vgl. Jerzy J. Wiatr: Spoleczenstwo, Warschau 1973⁵, S. 367; zit. n. Wiatr 1980, 106

118 Vgl. Wiatr 1980, 105 und 113

listischen Persönlichkeit und deren affirmative Partizipation hin ausgerichtet. In dieser Sichtweise umfaßte politische Kultur "in der entwickelten sozialistischen Gesellschaft sowohl ein Höchstmaß an politisch-ideologischer Bewußtheit und marxistisch-leninistischen Kenntnissen als auch die Fähigkeit, alle Erscheinungen des gesellschaftlichen Lebens politisch zu beurteilen, politisch zu erfassen, ein Gefühl für politische Entscheidungen auszubilden"; die Ausprägung einer "hohen politischen Kultur" gehöre "zu den Grundaufgaben des geistigen Lebens in der entwickelten sozialistischen Gesellschaft." Neben der "Entwicklung vielseitiger politisch-ideologischer Kenntnisse" handele es sich bei der politischen Kultur um eine

"ganze Skala von Fähigkeiten und Emotionen, die auf ihre besondere Weise helfen, Gefühl für politische Maßnahmen und Aufgaben, Einfühlungsvermögen in politische Situationen und Zusammenhänge zu entfalten... Ein qualitativ hoher Entwicklungsgrad politischer Kultur wird in der entwickelten sozialistischen Gesellschaft unter Führung der marxistisch-leninistischen Partei durch die schöpferische Rolle der Arbeiterklasse garantiert."[120]

Der von westlichen Kritikern gegenüber Almond und Verba erhobene Vorwurf der Orientierung ihres Konzeptes an übergeordneten Systemzielen traf in viel höherem Maße die in den Wissenschaften der DDR gültige Auffassung politischer Kultur - hier in einer Formulierung, die in dem erwähnten Lehrbuch von einem sowjetischen Autor übernommen wurde: "Hohes Bewußtsein und hohe Organisiertheit, ideologische Festigkeit und Disziplin, Klarheit hinsichtlich der Hauptziele und -mittel des Kampfes - alle diese Eigenschaften der Arbeiterklasse sind eben Merkmale einer hohen politischen Kultur."[121] Zum Beweis dieser erreichten 'hohen politischen Kultur' wurden die hohen Mitgliederzahlen in den gesellschaftlichen Organisationen der DDR angeführt, deren "politische(r) Kleinarbeit" man große Bedeutung zumaß. Hingegen waren

"Bürokratismus, Passivität, Gleichgültigkeit... Überreste kulturlosen Verhaltens und müssen entschieden ausgemerzt werden... Überreste von apolitischem Verhalten sind konsequent zu überwinden, da sie Ausdruck spießbürgerlicher Lebensgewohnheiten darstellen, zur Abkapselung von großen gesellschaftlichen Fragen und zur Ausbildung egoistischer Züge in der Lebensweise und im Verhalten zur Gesellschaft führen."[122]

---

119 Vgl. Ziermann / Drefenstedt / Jehser 1976, 12-18.
 Im offiziellen und wissenschaftlichen Sprachgebrauch der DDR gab es nur relativ wenige Verwendungen des politischen Kultur-Begriffs; "unbekannt", wie Klaus von Beyme und Helga Michalsky (1983/1988, 352) vermutet haben, war der Terminus in der DDR jedoch nicht.
120 Ziermann / Drefenstedt / Jehser 1976, 12 und 14
121 A. Arnoldow: Die geistige Kultur: ein Objekt der wissenschaftlichen Leitung, in: Presse der Sowjetunion 1974/11, 11; zit. in Ziermann / Drefenstedt / Jehser 1976, 14. Arnoldow vertrat hier eine orthodoxere Position als sein oben erwähnter sowjetischer Kollege Burlatskii.
122 Ziermann / Drefenstedt / Jehser 1976, 16-18

Es wird deutlich, daß dieses Verständnis in marxistischer Tradition politische Kultur als ein von der Basis der Produktionsverhältnisse determiniertes Überbauphänomen ansah und dadurch eng mit den Begriffen der 'sozialistischen Lebensweise' und der 'sozialistischen Demokratie' verknüpfte. Somit haben die DDR-Gesellschaftswissenschaftler kein Analysekonzept zur Erforschung politischer Kultur entwickelt oder übernommen; dies war aus ihrer Sicht auch gar nicht notwendig, da die Wissenschaftler in Ost-Berlin oder Leipzig, zumindest die tonangebenden, die Merkmale der anzustrebenden politischen Kultur selbst festlegten, eine andere als diese 'hohe' politische Kultur kaum in Betracht gezogen wurde und es nur noch darum ging, wie dieser Zustand der Gesellschaft erreicht und gefestigt werden konnte. Die real existierenden Abweichungen von der 'hohen' politischen Kultur wurden in dieser Sichtweise als 'Überreste' abgetan, die es noch zu überwinden galt.

In einer etwas wertneutraleren Auffassung als in der erwähnten von 1976 tauchte der politische Kultur-Begriff im Jahr 1982 in einem offiziellen Wörterbuch der DDR auf, das politische Kultur als "das verbreitete, anwendungsbereite Wissen über das Wesen, den Charakter und das Funktionieren von Politik und politischer Macht und eine dementsprechende gesellschaftliche Aktivität von Klassen, Schichten und Individuen"[123] definierte. Dieses Verständnis stellt den kognitiven Aspekt des Almondschen Ansatzes und das aus den Erkenntnissen resultierende politische Verhalten in den Vordergrund; die emotionale und die evaluative Dimension kommen darin nicht vor. Die Betonung des Wissens entspricht der enormen Bedeutung, die der politisch-ideologischen Bildung in der Erziehungsgesellschaft der DDR zukam, das Hervorheben der affirmativen politischen Aktivität zielte auf Systemlegitimierung durch Teilnahme, somit auf Systemstabilisierung. Das 'Unterschlagen' von individuellen Einstellungen, Gefühlen und Werthaltungen in dieser Konzeptualisierung politischer Kultur hatte seinen Grund zum einen wohl in der strengen Geheimhaltung der aggregierten Umfragedaten, zum anderen hatten die Ideologen der SED und die von ihnen angeleiteten Autoren mit ihrer 'wissenschaftlichen' Weltanschauung eine verständliche Scheu vor dieser subjektiven Dimension des Politischen.

In einem Zeitschriftenaufsatz verwandten die Ost-Berliner Gesellschaftswissenschaftler Rolf Schönefeld und Dieter Segert 1985, als der Begriff der politischen Kultur im westlichen Teil Deutschlands gerade seine Inflationierung erlebte, den Terminus eher nebenbei und ohne weitere Erläuterung, jedoch ein normatives Verständnis implizierend, indem sie von der "zuweilen mangelnden politischen Kultur" im Prozeß der gesellschaftlichen Interessenkoordination[124] sprachen. Richtig heimisch wurde der politische Kultur-Begriff aber weder im propagandistischen noch im wissenschaftlichen Vokabular der DDR. Ein Beitrag über "Politische Kultur des Sozialismus und Her-

---

123 Politische Kultur, in: Wörterbuch des wissenschaftlichen Kommunismus 1982, 298

ausbildung der Persönlichkeit" im DDR-Jahrbuch für Soziologie und Sozial-politik von 1988[125] war bezeichnenderweise von zwei Wissenschaftlern aus Prag verfaßt; eine kenntnisreiche und kritische Auseinandersetzung mit dem politischen Kultur-Konzept, die der sowjetische Forscher Alexander Galkin von einer marxistischen Position aus formuliert hatte[126] und die in der zwei-ten Hälfte der achtziger Jahre unter Gesellschaftswissenschaftlern in der DDR kursierte, war nicht auf dem üblichen Weg von Moskau nach Ost-Berlin gekommen, sondern vom Institut für Marxistische Studien und Forschungen in Frankfurt am Main herausgegeben worden: Die Leitungen der wissen-schaftlichen Institute und Akademien der DDR taten sich schwer mit politi-scher Kultur.

Die empirischen Merkmale der politischen Kultur von Jugendlichen in der DDR wurden, wenn auch nicht unter dem Etikett 'politische Kultur', vom Zen-tralinstitut für Jugendforschung in Leipzig unter der Leitung von Walter Friedrich untersucht. Die mehr und mehr alarmierenden Ergebnisse der demo-skopischen Erhebungen unterlagen strenger Geheimhaltung, die daraus gezo-genen weitreichenden Schlußfolgerungen und ausgearbeiteten Reformvor-schläge[127] konnten nicht an die Öffentlichkeit gebracht, sondern nur intern vorgetragen und diskutiert werden.

In einem speziellen Bedeutungszusammenhang wurde der Begriff der politischen Kultur etwas verbreiteter, nachdem SED und SPD im Sommer 1987 zusammen das Diskussionspapier "Der Streit der Ideologien und die gemeinsame Sicherheit" verabschiedet hatten, in dem nun ganz offiziell von der "Kultur des politischen Streits und des Dialogs" als einer zwischen Ost und West notwendigen Form der politischen Kultur die Rede war[128]; diese für die Einheitspartei riskante Formulierung wurde allerdings nachträglich von der SED-Führung wieder uminterpretiert. Im Mai 1989 veröffentlichte Uwe-

---

124 Rolf Schönefeld / Dieter Segert: Überlegungen zur Dynamik des politischen Systems bei der weiteren Gestaltung der entwickelten sozialistischen Gesellschaft, in: DZfPh 1985/10, 884–892, hier 891

125 Vgl. Filipec / Hrzal 1988, 150-163

126 Vgl. Galkin 1986, 134-170. Laut Galkin wurde zu dieser Zeit in der marxistischen Literatur ein Meinungsstreit um einzelne Aspekte des politischen Kultur-Begriffs geführt. Grundle-gende Übereinstimmung bestehe jedoch über folgendes Verständnis politischer Kultur: "Unter politischer Kultur wird die institutionalisierte und nichtinstitutionalisierte historische und soziale Erfahrung einer nationalen oder transnationalen Gemeinschaft verstanden, die einen mehr oder minder starken Einfluß auf die Formierung der politischen Orientierungen und schließlich des politischen Verhaltens der Individuen, kleinen und großen gesellschaftli-chen Gruppen ausübt." (S. 156)

127 Der Leiter der ZIJ-Abteilung 'Jugend und Politik', Dr. Günter Lange, trug in einem Gespräch mit dem Verfasser am 17. Oktober 1988 in Leipzig in ihrer Offenheit und Kritik verblüffende Thesen und Vorschläge vor, so plädierte Lange für eine dringend notwendige Enthierarchi-sierung und Demokratisierung der FDJ, wodurch der staatliche Jugendverband zum Experi-mentierfeld für weiterreichende Strukturreformen in Staat, Partei und Gesellschaft werden könnte.

Jens Heuer sein Buch "Marxismus und Demokratie", in dem er den politischen Kultur-Begriff, der "in der UdSSR zu einer der zentralen Kategorien der sich herausbildenden Wissenschaft von der Politik" geworden sei[129], in einem breiten Verständnis als "die subjektive Seite des politischen Systems"[130] in den Gesellschaftswissenschaften der DDR zu etablieren versuchte. Im Gegensatz zur oben zitierten Definition im Wörterbuch des wissenschaftlichen Kommunismus von 1982 betonte Heuer, es handele sich bei politischer Kultur nicht nur um Kenntnisse und Verhaltensweisen, sondern es gehe dabei auch um Gefühle im Verhältnis zwischen Staat und Bürgern[131]. Heuers Plädoyer für eine empirische Analyse der dem Sozialismus adäquaten politischen Kultur in Verbindung mit seinem Hinweis auf die Bedeutung der von Gorbatschow begonnenen Politik der Perestroika in der Sowjetunion und auf die Notwendigkeit innerparteilicher Demokratie[132] kam jedoch - ein halbes Jahr vor der Öffnung der Grenze, die das Ende des ostdeutschen Staates einleitete - zu spät für die sich entwickelnde[133] Politikwissenschaft der DDR.

---

128 Das damals mit vielen Hoffnungen befrachtete Grundsatzpapier wurde von der Akademie für Gesellschaftswissenschaften beim Zentralkomitee der SED und der Grundwerte-Kommission der SPD unter Federführung von Otto Reinhold und Erhard Eppler gemeinsam ausgearbeitet und ist abgedruckt in: DA 1988/1, 86-91.

129 Heuer (1989, 437) verweist außer auf den oben erwähnten Beitrag von Alexander A. Galkin auf J. A. Tichomirow: Die politische Kultur in der Gesellschaft des reifen Sozialismus, in: Sowjetwissenschaft. Gesellschaftswissenschaftliche Beiträge 1978/11, 1121ff.

130 Heuer 1989, 436. Heuers sich anschließende Formulierung erweckt den Eindruck, dieses sehr allgemeine Verständnis von politischer Kultur, seit den frühen Arbeiten von Almond und Verba der umfassendste gemeinsame Nenner aller (westlichen) politischen Kultur-Forscher, sei seine Erfindung: "Mir scheint es zweckmäßig, dafür - auch in der Tradition der Vorstellungen von Lenin und Gramsci - den Begriff der politischen Kultur zu verwenden."

131 Vgl. Heuer 1989, 439. Interessanterweise hielt Heuer bei der Wiedergabe der von Almond und Verba konstruierten Modelltypen politischer Kultur eine Umbenennung für erforderlich: Er nannte die subject political culture - wahrscheinlich, um den Begriff der Untertanenkultur zu vermeiden - einfach "staatsbürgerliche politische Kultur" (S. 440).

132 Vgl. Heuer 1989, 439f. und 445-448

133 Zu den Bemühungen einiger Gesellschaftswissenschaftler um den Aufbau einer Politikwissenschaft in der DDR, der von der Parteiführung letztlich immer wieder verhindert worden ist, siehe Wilhelm Bleek: Der Aufbau der Politikwissenschaft in der ehemaligen DDR, in: DA 1990/11, 1678-1688, besonders S. 1679-1682; Dieter Segert: Die langen Schatten der Vergangenheit. Warum es in der DDR doch eine Politologie gab, in: Experiment Vereinigung 1991, 111-122, vor allem 111-116; Frank Berg / Bärbel Möller / Rolf Reißig: Pro und contra politikwissenschaftliche Forschung in der DDR, in: PVS 1992/2, 256-277.

1.2 Der Begriff 'politische Sozialisation' in der Politikwissenschaft

"Political cultures are learned."[134]
Sidney Verba

Weniger schillernd, aber auch weniger kontrovers als der politische Kultur-Begriff ist der Begriff der politischen Sozialisation. Parallel zur Entwicklung des *political culture*-Konzeptes entstand die sozialwissenschaftliche Beschäftigung mit politischer Sozialisation in den fünfziger Jahren im Zuge der behavioralistischen Revolte[135], vor allem angeregt von der Nationalcharakterforschung sowie den kulturanthropologischen und psychoanalytischen Studien der dreißiger und vierziger Jahre; das Interesse an dem so bezeichneten Phänomen ist jedoch wesentlich älter und hat seine Wurzeln in der Antike. Der interdisziplinäre Terminus technicus hat fachsprachlichen Charakter und wird außerhalb wissenschaftlicher Kontexte nur selten verwandt. Politische Kulturen werden gelernt. 'Politische Sozialisation' bezeichnet nun die Prozesse, in denen eine politische Kultur vermittelt oder erworben wird und die entscheidende Bedeutung für deren Ausprägung haben. Eine politische Kultur kann somit kaum sinnvoll untersucht werden ohne eine Analyse der Sozialisationsprozesse, in denen die Elemente dieser politischen Kultur von Generation zu Generation tradiert werden, in denen sie aber auch ansatzweise durch eine gezielte Beeinflussung verändert werden können.

Der aus der Soziologie stammende Begriff der Sozialisation, den der Franzose Emile Durkheim im Jahr 1895 in die wissenschaftliche Diskussion eingeführt hat[136], steht für den Prozeß der Eingliederung, des Hineinwachsens des einzelnen in die Gesellschaft. Politische Sozialisation bezieht sich auf den Teilbereich dieser sozialen Einordnung, in dem die auf Politik gerichteten Orientierungen ausgebildet werden, oder anders: in dem das Individuum die seine Rolle als politische Persönlichkeit konstituierenden Kenntnisse, Werte, Einstellungen und Verhaltensweisen erwirbt. Dieser Prozeß der Aneignung der von der Gesellschaft für richtig und wichtig gehaltenen Normen, Ansichten und Handlungsmuster mit Bezug auf Politik beschränkt sich nicht auf die Phasen der Kindheit und Jugend, sondern findet im Verlauf des gesamten Lebens statt.

Politische Sozialisation kann somit definiert werden[137] *als die lebenslang ablaufenden Lernprozesse der Vermittlung sowie des Erwerbs derjenigen von der Gesellschaft normativ definierten Persönlichkeitsmerkmale, Wertüberzeu-*

---

134 Verba 1965a, 550
135 Bahnbrechend war die Arbeit von Herbert H. Hyman: Political Socialization - A Study in the Psychology of Political Behavior, New York 1959.
136 Vgl. Emile Durkheim: Les règles de la méthode sociologique, Paris 1895. Der Hinweis auf Durkheim findet sich bei Trommsdorff 1989, 9f.

gungen, Kenntnisse und Fähigkeiten, die politisches Bewußtsein und politisches Verhalten konditionieren. Die Inhalte der politischen Sozialisation werden in verschiedenen gesellschaftlichen Umfeldern vermittelt: solche komplementär und konkurrierend wirksamen 'Sozialisationsinstanzen' oder 'Sozialisationsagenturen' sind die Familie, die Schule, Peer-groups, die berufliche Sphäre, die soziale Schicht, der Wehr- oder Zivildienst, die Massenmedien, die Kirchen und schließlich politische Organisationen, soziale Bewegungen, Parteien und Verbände sowie der Staat selbst. Der Prozeß der politischen Sozialisation kann grob unterteilt werden in die primäre Sozialisation, die vor allem in den Instanzen Familie, Schule und Freundeskreis während der Kindheit und frühen Jugend erfolgt, und die sekundäre Sozialisation, die sich anschließende lebenslange Phase mit der Herausbildung differenzierterer Orientierungen gegenüber politischen Inhalten und Objekten. Der auf den Prämissen der Psychoanalyse beruhende Teil der politischen Sozialisationsforschung, der die gesamte Forschungsrichtung lange Zeit geprägt hat, fokussierte sein Interesse ganz überwiegend auf die primäre familiale Sozialisation in der frühen Kindheit, in der bereits diffuse affektive und evaluative Haltungen mit politischer Relevanz erworben werden. In den Untersuchungen dieser indirekten oder unbewußten politischen Sozialisation, die in den USA in den sechziger Jahren angestellt wurden, entstand die Kristallisationsthese[138], die einflußreichste und inzwischen wohl umstrittenste Annahme der politischen Sozialisationsforschung. Diese These besagt, daß die in der frühen Kindheit besonders unter dem Einfluß der Familie ausgebildeten psychisch-mentalen Merkmale als dauerhafte und

---

137 Vgl. zum Begriff der politischen Sozialisation Sylvia Greiffenhagen: Politische Sozialisation, in: Handwörterbuch zur politischen Kultur der Bundesrepublik Deutschland 1981, 334-344; Bernhard Claußen: Was ist und wie erforscht man politische Sozialisation?, in: Handbuch der politischen Sozialisation 1982, 1-22; Behrmann 1983, 26-59; Dorothee Dickenberger: Politische Sozialisation, in: Westliche Industriegesellschaften 1983, 351-357; Bernhard Claußen: Politische Sozialisation, in: Politikwissenschaft 1985/1987, 776-781; Gisela Behrmann: Politische Sozialisation, in: Handlexikon zur Politikwissenschaft 1986, 410-415; Bernhard Claußen: Politische Sozialisation Jugendlicher in Ost und West - Aspekte international vergleichender Studien, in: Politische Sozialisation Jugendlicher 1989, 13-23, hier 13; Dorothee Dickenberger: Politische Sozialisation, in: Wörterbuch Staat und Politik 1991, 533-539.

138 Vgl. zur Darstellung und Kritik der Kristallisationsthese Sylvia Greiffenhagen: Politische Sozialisation, in: Handwörterbuch zur politischen Kultur der Bundesrepublik Deutschland 1981, 334-344, hier 338-340; Günther Steinkamp: Politische Sozialisation: Familie, in: Handwörterbuch zur politischen Kultur der Bundesrepublik Deutschland 1981, 352-357; Klaus Wasmund: Ist der politische Einfluß der Familie ein Mythos oder eine Realität?, in: Handbuch der politischen Sozialisation 1982, 23-63; Behrmann 1983, 19-22; Bernhard Claußen: Politische Sozialisation, in: Politikwissenschaft 1985/1987, 776-781, hier 778; Gisela Behrmann: Politische Sozialisation, in: Handwörterbuch zur Politikwissenschaft 1986, 410-415, hier 413f.; Günter C. Behrmann: Wertwandel, Bildungsexpansion, Säkularisierung und politische Sozialisation in der Bundesrepublik, in: Politische Kultur in Deutschland 1987, 166-182, hier 166-182.

wenig veränderbare Dispositionen das spätere politische Bewußtsein und Verhalten determinieren. Diese Vorstellung eines Primats der frühen Sozialisation wurde zum Strukturierungsprinzip modifiziert, das ausdrückt, daß früher vermittelte Einstellungen den Erwerb neuer Anschauungen vorstrukturieren. In der jahrelangen Dominanz der psychoanalytisch orientierten Kristallisationsthese ist der Grund dafür zu sehen, daß im Vergleich zu den zahlreich vorgelegten Untersuchungen zur politischen Sozialisation in Kindheit und früher Jugend spätere Lebensphasen sowie andere als familiale und schulische Sozialisationsprozesse in der Forschungspraxis lange Zeit zuwenig berücksichtigt wurden. Als Reaktion auf die einseitige Überschätzung der Rolle der Familie bei der Herausbildung politischer Orientierungen und Verhaltensweisen erfolgte die ebenso einseitige totale Negierung einer Funktion der Familie als Instanz politischer Sozialisation[139], während nun die Bedeutung der Sozialisationseinflüsse durch Peer-groups zu hoch bewertet wurde.

Angemessen ist wohl eine vermittelnde Position, die von der Vorstellung linearer und monokausaler Ursache-Wirkung-Verhältnisse abrückt und annimmt, daß in der Familie bereits früh Prägungen erworben werden, die als latente Dispositionen bzw. als Ergebnis der allgemeinen Sozialisation in einem komplexen System von Variablen die Ausformung bestimmter politischer Haltungen und Handlungsmuster begünstigen können, die jedoch immer wieder überprüft, abgewandelt und unter dem Eindruck aktueller Erfahrungen auch völlig revidiert werden können. In den gegenwärtigen entwickelten Industriegesellschaften ist in diesem Zusammenhang zu beobachten, daß bei zunehmender Signifikanz der Sozialisationseinflüsse der öffentlichen Kommunikationssysteme die Bedeutung der traditionell wichtigen Sozialisationseinrichtungen Familie und Schule für die Entwicklung politischer Orientierungen abnimmt.

Von besonderer Relevanz für die Politikwissenschaft ist die Herausbildung politischer Generationen im Prozeß der politischen Sozialisation. Unter politischen Generationen[140] versteht man Alterskohorten, die unter dem Eindruck bestimmter Schlüsselereignisse in ihrer formativen Phase gemeinsame politische Werte und Einstellungen erworben haben. Die unter ähnlichen Lebensbedingungen und von gleichen Erfahrungen geprägten gemeinsamen Bewußtseins- und Verhaltensmuster einer politischen Generation sind im Verlauf der einzelnen Lebenszyklen Veränderungen unterworfen, insgesamt sind sie jedoch relativ stabil. Die politischen Orientierungen von Personen glei-

---

139 Vgl. zur Darstellung dieser extrem entgegengesetzten These Klaus Wasmund: Ist der politische Einfluß der Familie ein Mythos oder eine Realität?, in: Handbuch der politischen Sozialisation 1982, 23-63, hier 24 und 53f.

140 Vgl. zu diesem Begriff M. Rainer Lepsius: Generationen, in: Handwörterbuch zur politischen Kultur in der Bundesrepublik Deutschland 1981, 172-175; Behrmann 1983, 20-22; Suzanne S. Schüttemeyer: Politische Generationen, in: Politikwissenschaft 1985/ 1987, 737f.

chen Alters werden durchaus von individuellen Dispositionen, von sozialstrukturellen Faktoren wie Bildungsgrad, Schicht- oder Konfessionszugehörigkeit und von aktuellen politischen Erfahrungen mehr oder weniger überla-
gert, so daß nicht alle demographischen Generationen auch politische Generationen bilden und die Kennzeichen einer politischen Generation jeweils nur
für den mehrheitlichen oder typischen Teil der entsprechenden Alterskohorten
zutreffen.

In der Regel ist die im Zusammenhang der politischen Sozialisation
"besonders prägbare und prägende" Lebensphase[141] weniger, wie der psycho-
analytische Ansatz vermutet hat, die frühkindliche Phase als vielmehr die Zeit
der Adoleszenz, das Alter zwischen etwa 17 und 25 Jahren, in dem zum Beispiel in der Bundesrepublik Deutschland abgrenzbare Alterskohorten wie die
"skeptische Generation"[142] oder die in den Jahren um 1968 politisch sozial-
sierte Protestgeneration ihr spezifisches politisches Bewußtsein ausgebildet
haben. Für die Untersuchung einer politischen Kultur bedeutet die Feststellung generationsspezifischer Sozialisationserfahrungen die Notwendigkeit,
Aussagen über Träger politischer Werthaltungen und Einstellungsmuster nach
politischen Generationen zu differenzieren.

In Analogie zum wissenschaftlichen Ursprung des politischen Kultur-
Konzeptes war die im Rahmen der strukturfunktionalistischen Systemtheorie
geleistete Erforschung politischer Sozialisation an den Möglichkeiten zur
Steuerung der Sozialisationsprozesse interessiert, mit deren Hilfe Legitimität
und Stabilität des politischen Systems erzeugt oder gefestigt werden sollten[143]. Ähnlich der Konstruktion einer für die westlichen Demokratien opti-
malen Civic Culture wurden dabei Sozialisationsinhalte und -prozesse normiert, die den Maßstab für die Beurteilung 'abweichender' Sozialisationsmuster zur Verfügung stellten. Indem diese an Systemstabilität orientierte
Auffassung, die in politischer Sozialisation vor allem eine individuelle Anpassung an die in der Gesellschaft bestehenden und kaum veränderbaren Wertvorstellungen sah, kritisiert wurde, setzte sich inzwischen ein Verständnis politischer Sozialisation[144] durch, das die wechselseitigen Beeinflussungen von
Sozialisand und Sozialisationsagenturen stärker berücksichtigt und somit den
einzelnen weniger als passiven Rezipienten von Sozialisationseinflüssen denn
als aktiven Mitgestalter der Gesellschaft und ihrer Sozialisationsmuster

---

141 Sylvia Greiffenhagen: Politische Sozialisation, in: Handwörterbuch zur politischen Kultur
der Bundesrepublik Deutschland 1981, 334-344, hier 340
142 Die einflußreiche Begriffsprägung für die nüchterne und ideologieferne Jugend der fünfziger
Jahre geht zurück auf die Untersuchung von Helmut Schelsky: Die skeptische Generation.
Eine Soziologie der deutschen Jugend, Düsseldorf, Köln 1958.
143 Vgl. Sylvia Greiffenhagen: Politische Sozialisation, in: Handwörterbuch zur politischen Kultur der Bundesrepublik Deutschland 1981, 334-344, hier 337; Hurrelmann 1986, 44f. Greiffenhagen verweist hier auf die systemtheoretische Untersuchung von David Easton und Jack
Dennis: Children in the Political Systems. Origins of Political Legitimacy, New York 1969.
144 Vgl. etwa Hurrelmann 1986, 63-81

begreift. In diesem interaktionstheoretischen Ansatz rückte das lernende Subjekt, das sich relativ autonom und entsprechend seinen individuellen Dispositionen mit den unterschiedlichen Orientierungsangeboten der verschiedenen Sozialisationsinstanzen auseinandersetzt, wieder stärker ins Blickfeld der Forschung. Diese sinnvolle Sichtweise politischer Sozialisation entspricht einem dynamischen Verständnis politischer Kultur, das die Interdependenz von Individuum und Gesellschaft anerkennt und politische Kultur nicht als eine über Generationen hinweg tradierte statische Konstante, sondern als eine, wenn auch zähe, wandelfähige und damit beeinflußbare Variable auffaßt.

In den Gesellschaftswissenschaften der DDR waren der Begriff der politischen Sozialisation und die entsprechenden, in der westlichen Literatur entwickelten Konzepte tabuiert, stattdessen sprach man von politisch-ideologischer Erziehung[145]. Dieser spezifische Wortgebrauch hatte grundlegende Implikationen: Im Gegensatz zum Begriff der politischen Sozialisation erkannte der Begriff der politisch-ideologischen Erziehung andere als gezielte, das hieß von der Einheitspartei motivierte, Einflußnahmen auf die Entwicklung politischer Kultur nicht an.

1.3 Wissenschaftliche Zielsetzung und methodische Vorgehensweise

Gegenstand dieser Untersuchung ist die duale Entwicklung der politischen Kultur in Deutschland in den vierzig Jahren der Teilung. Indem analysiert wird, welche Faktoren die politischen Wertüberzeugungen und Einstellungen in den Gesellschaften der Bundesrepublik und der DDR bedingt und wie die staatlichen Stellen in den beiden Systemen auf diese Faktoren gestalterischen Einfluß genommen haben, indem also untersucht wird, auf welche Weise und mit welchen Mitteln die jeweiligen politischen Führungen der zwei getrennten Staaten versucht haben, die Entwicklung der politischen Kultur in ihrem Lande zu beeinflussen, und wie tief diese Einwirkungen die Bewußtseinsformen der beiden Gesellschaften durchdringen konnten, sollen die Beschaffenheit und die Wandelbarkeit der heute existierenden unterschiedlichen politischen Kulturen im vereinigten Deutschland beurteilt werden. Eine Einschätzung, ob und in welchen zeitlichen Dimensionen sich diese ausgeprägte Heterogenität homogenisieren kann, soll somit ermöglicht werden.

Das generelle Interesse in staatlichen Institutionen an einer Einflußnahme auf die politische Kultur gründet in dem verständlichen und auch legitimen Interesse von politischen Führungen an Systemstabilisierung durch eine affir-

---

145 Der allgemeinere Begriff der Sozialisation wurde in der DDR zwar verwandt, verstärkt in den achtziger Jahren, jedoch war auch dieser Terminus umstritten. Die "marxistische Sozialisationstheorie", die die "gesellschaftliche Bestimmtheit" des Individuums betonte, grenzte sich von den "bürgerlichen" Sozialisationstheorien deutlich ab (vgl. Lemke 1991, 67-71).

mative, mit dem System möglichst kongruente und somit für das System funktionale politische Kultur. Die spezifischen Merkmale einer politischen Kultur bilden sich in den vielfältigen Prozessen der politischen Sozialisation der Gesellschaftsmitglieder aus; im Rahmen ihres jeweiligen Einflusses auf die Gestaltung der politischen Sozialisation haben die staatlichen Führungen nun die Möglichkeit, eine Entwicklung der politischen Kultur in die gewünschte Richtung zu betreiben. Aufgrund dieser Einflußmöglichkeiten nehmen die Inhalte und Instanzen politischer Sozialisation, mittels derer die staatlichen Institutionen in beiden Systemen die verbreiteten Einstellungs- und Verhaltensweisen in ihrem Sinne zu lenken versucht haben, einen zentralen Stellenwert in dieser Untersuchung ein.

Der Glaube an eine gleichsam leviathanische Steuerungskapazität des Staates und an die kaum begrenzte Steuerbarkeit politischer Systeme, der von der strukturfunktionalistischen Systemtheorie und der politischen Kybernetik wichtige Impulse erhalten hat und in der Planungs- und Machbarkeitseuphorie der frühen siebziger Jahre kulminierte, bevor er, auch im Zuge der Diskussion über 'Unregierbarkeit' und 'Staatsversagen' in modernen Demokratien, seine scheinbare Plausibilität und seine Anhänger mehr und mehr verlor, wurde völlig zu Recht in Frage gestellt: Die Fähigkeit staatlicher Institutionen zur gezielten Steuerung politischer Orientierungen in der Bevölkerung darf noch weniger überschätzt werden als deren Fähigkeit, in gesellschafts- oder wirtschaftspolitische Konflikte regulierend und steuernd einzugreifen.

Intention der vorliegenden Arbeit ist nun gerade nicht, die Möglichkeiten einer Systemstabilisierung und -legitimation durch eine genügend stringent konzipierte staatliche Steuerung politischer Kultur nachzuweisen, was einer voluntaristischen Verkürzung gleichkäme; vielmehr besteht sie darin, auszuloten, welche beabsichtigten und unbeabsichtigten Auswirkungen die Versuche einer Einflußnahme staatlicher Instanzen auf die Prozesse der politischen Sozialisation für die tatsächliche Entwicklung der politischen Kulturen in der Bundesrepublik und in der DDR hatten. Das impliziert, daß die staatlichen Versuche der Steuerung politischer Kultur auch andere als die intendierten Ergebnisse zeitigten. Gezeigt werden soll, auf welche Weise und mit welchem Erfolg sich die Implementation der Gestaltungsabsichten des Staates, präziser: des politisch-administrativen Systems auf dem Gebiet der politischen Kultur jeweils vollzog. Es geht also um die Frage, mit welchen Mitteln und in welchem Ausmaß die beiden politischen Systeme die von ihnen definierten ideologischen Ziele erreicht haben.

Dabei trifft die Vorstellung einer monolithischen Staatstätigkeit mit einheitlicher Zielsetzung im Rahmen dieser Untersuchung lediglich für den zentralistisch organisierten totalitären Staat der DDR zu, für das freiheitlich und pluralistisch angelegte demokratische System der Bundesrepublik ist sie Fiktion. Somit sind die Erscheinungsformen staatlich motivierter Sozialisation in den beiden Systemen fundamental verschieden voneinander. Jedoch soll - in

Orientierung am Erkenntnisinteresse der Arbeit, den Gründen für die festgestellte Unterschiedlichkeit der politischen Kulturen in den ehemals zwei deutschen Staaten nachzuspüren - der vorhandene Konsensus unter den einzelnen
Einrichtungen des Bundes, der Länder und der Gemeinden in der Bundesrepublik über die grundlegenden Werte und Einstellungen einer politischen Kultur,
die dem freiheitlichen demokratischen System korrespondiert und es stützt, zu
einer gemeinsamen Überzeugung von den Zielen eines staatlichen Einflusses
auf die politische Sozialisation gebündelt werden, um die Vergleichbarkeit
mit der im autoritären Regime der DDR viel stringenter und exklusiver propagierten Zielvorstellung politischer Kultur zu ermöglichen und so Aussagen
über die Folgen dieser grundverschiedenen Einwirkungen treffen zu können.
Durchaus lassen sich sowohl in Längsschnitt- als auch in Querschnittperspek-
tive evidente Unterschiede in den Gestaltungsabsichten öffentlicher Institutionen der Bundesrepublik gegenüber der politischen Kultur feststellen. Doch
bedeutet im Zusammenhang dieser Untersuchung die Annahme einer von den
bundesdeutschen staatlichen Einrichtungen über alle regionalen, parteipolitischen, funktionalen und zeitlichen Differenzierungen hinweg geteilten Vorstellung einer anzustrebenden politischen Kultur keine unzulässige Reduktion; der Mitbegründer des politischen Kultur-Konzeptes Sidney Verba sah in
dem westdeutschen Staat geradezu ein Fallbeispiel für die Möglichkeiten
einer bewußt gesteuerten Veränderung fundamentaler politischer Werthaltungen[146], was die Existenz eines Akteurs dieses gelenkten Wandels und das Vorhandensein einer allen Teilen des Akteurs gemeinsamen Auffassung vom Ziel
dieser gesteuerten Veränderung impliziert.

Die für die Politik wichtigen Werte, Bewußtseinsformen und Handlungs-
motivationen werden in den Prozessen politischer Sozialisation primär zwischen verschiedenen Generationen vermittelt, daher ist die Kenntnis früherer
Entwicklungsstufen einer politischen Kultur notwendige Voraussetzung für
das Verständnis ihrer aktuellen Qualität. Dieser historische Aspekt wird in der
Konzeption der Arbeit in einer Charakterisierung der deutschen Traditionen
politischer Kultur berücksichtigt, die der Untersuchung der Transformation
politischer Kultur in der Bundesrepublik und in der DDR vorangestellt wird;
anschließend ist zu analysieren, wieweit sich die von den jeweiligen staatlichen Führungen favorisierten Zielvorstellungen politischer Kultur von diesen
Traditionen und voneinander unterscheiden. In einem nächsten Schritt soll
erkundet werden, mit welchen Instrumenten und Mechanismen die Institutionen des Staates in den beiden Systemen versucht haben, die Ausformung politischer Kultur zu beeinflussen. Anhand einer knappen Darstellung der empirischen politischen Kulturen in der Bundesrepublik und in der DDR ist dann zu
überprüfen, welche Spuren die einzelnen Elemente der staatlichen Einflußnahmen im kollektiven Bewußtsein der beiden Gesellschaften hinterlassen

---

146 Vgl. Verba 1965b, 132f.

haben. In einer Bilanz der heute, nach vier Jahrzehnten staatlicher Trennung und ideologischer Divergenz, bestehenden Gemeinsamkeiten und Unterschiede der beiden politischen Kulturen im vereinigten Deutschland sollen schließlich deren Entwicklungsmöglichkeiten aufgezeigt werden.

Die vergleichende Perspektive der Untersuchung hat somit zunächst drei Dimensionen: eine diachrone Dimension mit dem Vergleich zwischen traditioneller und aktueller politischer Kultur, eine normative Dimension mit dem Vergleich zwischen politischer Zielkultur und politischer Realkultur sowie eine intersystemische Dimension mit dem Vergleich der politischen Kulturen der beiden Staaten. Wenn die politische Kultur in Deutschland vor 1945 mit den angestrebten Zielvorstellungen und den empirischen Erscheinungsformen politischer Kultur in den beiden Systemen sowie die intendierten und die realen politischen Kulturen jeweils miteinander und mit ihrem Pendant aus dem jeweils anderen deutschen Staat verglichen werden, ergeben sich vier bzw. acht Vergleichsebenen, die schematisch folgendermaßen dargestellt werden können:

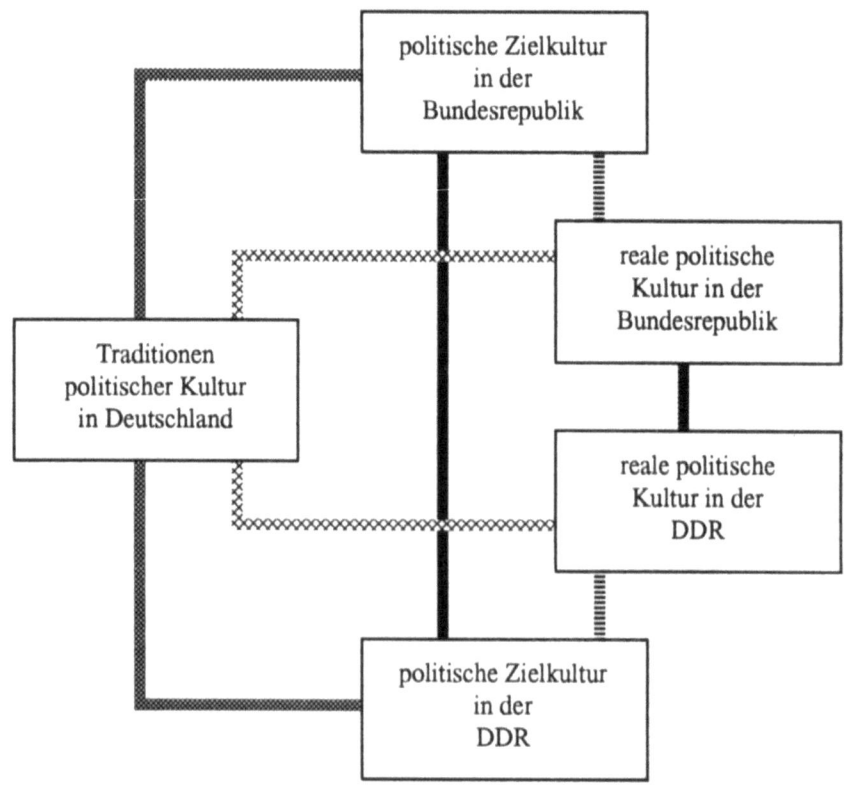

Schematische Darstellung der Vergleichsebenen der Untersuchung

Aus dieser Anlage der Arbeit als einer auf mehreren Ebenen vergleichenden Untersuchung ergibt sich die Zugrundelegung eines spezifischen Verständnisses von politischer Kultur, das nicht mit den Werten der westlich-liberalen Demokratie verknüpft ist[147]. Je nach Analyseobjekt und Fragestellung kann es unter Umständen vertretbar sein, dem Begriff der politischen Kultur die normative Komponente, die er im deutschen politischen und publizistischen Sprachgebrauch ohnehin besitzt, auch für seine politikwissenschaftliche Verwendung zuzusprechen, doch soll im Rahmen dieser Untersuchung eine empirisch-deskriptive und dabei interpretativ angelegte Sichtweise politischer Kultur im Vordergrund stehen. Bei einer inhaltlichen Füllung des Terminus mit den Werten der westlichen Demokratie müßte dem politischen System der DDR *eine* politische Kultur a priori abgesprochen werden, was nicht die Absicht dieser vergleichenden Arbeit sein kann. Die hier vorgenommene Trennung des Begriffs der politischen Kultur von normativen Implikationen ist notwendig, um die politische Kultur des ostdeutschen Staates überhaupt untersuchen zu können; diese Trennung bedeutet nicht, daß die gesamte Untersuchung als "systemimmanente Analyse"[148] angelegt ist und auf Wertungen völlig verzichtet.

Zu klären bleibt noch die Frage, ob nicht nur Bewußtseins- und Einstellungsformen, sondern auch die Muster konkreten politischen Verhaltens dem Bereich der politischen Kultur zugerechnet werden sollen: Nachdem neuere Untersuchungen des politischen Verhaltens gezeigt haben[149], daß die kausalen Beziehungen von politischen Attitüden zu politischem Verhalten nicht so eng sind wie in der älteren Forschung angenommen, daß vielmehr Attitüden eher eine nachträgliche Rechtfertigung von Verhalten sein können als Verhalten der determinierte Ausfluß von Attitüden, erübrigt sich der Einwand einer zirkulären Argumentation[150] bei Subsumtion von politischem Verhalten unter politische Kultur.

Politische Kultur wird somit im Zusammenhang dieser Untersuchung verstanden als die sich in den Prozessen der politischen Sozialisation ausprägende, auf historische und aktuelle Erfahrungen reagierende spezifische Verteilung von politisch relevanten Wertüberzeugungen, Kenntnissen, Einstellungen, Symbolen und Verhaltensmustern in einer Gesellschaft zu einem bestimmten Zeitpunkt, die als die subjektive Dimension eines politischen Systems in einem wechselseitigen Wirkungsverhältnis einerseits von politisch-historischen, systemischen, sozialstrukturellen, wirtschaftlichen und anderen

---

147 Vgl. zur Problematik von Wertungen bei deutsch-deutschen Vergleichen: Wilhelm Bleek: Zwischendeutsche Vergleiche. Politische Probleme und politikwissenschaftliche Möglichkeiten, in: DA 1982/7, 717-739
148 Als erster hat Wolfgang Behr (1979/1985, hier 13) die systemimmanente Analyse zur Grundlage eines deutsch-deutschen Systemvergleichs gemacht.
149 Vgl. von Beyme 1988, 292f.
150 Vgl. etwa Brown 1977, 9f.; Gray 1977, 254

Faktoren beeinflußt wird, andererseits jedoch diese objektiven Faktoren selbst konditioniert. Die Analyse politischer Kultur soll Aufschluß darüber geben, wie die nebeneinander existierenden, teilweise verquickten und teilweise konkurrierenden politischen Kulturen von verschiedenen Gruppen in einer Gesellschaft auf die vorgeschlagenen Identifikationsangebote für politische Kultur reagieren, inwiefern sie sich in bestimmten Mustern der Konfliktregulierung widerspiegeln und eine Unterstützungsbereitschaft gegenüber dem politischen System begünstigen.

Politische Kultur, die zum einen politische Struktur verursacht, zum anderen von dieser verursacht wird, kann als abhängige und als unabhängige Variable aufgefaßt werden. Im Rahmen der vorliegenden Untersuchung, in der es um Entstehungsbedingungen und Versuche der Steuerung politischer Kultur geht, steht das Verständnis politischer Kultur als einer abhängigen Variablen im Vordergrund.

Der Begriff der politischen Sozialisation wird in dieser Arbeit dem Begriff der politischen Kultur konzeptuell nachgeordnet. Die Auffassung politischer Sozialisation gibt dabei dem generationstheoretischen Ansatz gegen über dem rein psychoanalytisch orientierten und dem interaktionstheoretischen Ansatz gegenüber dem systemtheoretischen den Vorzug.

Die Methoden, mit denen eine politische Kultur untersucht werden kann[151], sind sehr vielfältig. Seit der Pionierstudie von Almond und Verba gilt die sozialwissenschaftliche Umfrageforschung als das klassische Verfahren der politischen Kultur-Forschung. Nun kann diese Untersuchungsmethode, die ihr anfangs recht simples Instrumentarium inzwischen differenziert und verbessert hat, nur für die Analyse westlich-demokratischer Staaten und nur für den Zeitraum nach dem Zweiten Weltkrieg angewandt werden. Der historischen politischen Kultur-Forschung und der Untersuchung von totalitären Gesell-

---

151 Vgl. zu den Methoden der politischen Kultur-Forschung Almond / Powell 1966, 51; von Beyme 1972, 204; Jürgen Friedrichs: Methoden empirischer Sozialforschung, Opladen 1973, 1984[12], S. 189-375; Brown 1977, 10f.; Dittmer 1977, 554-581; Elkins / Simeon 1979, 135-139; Manfred Küchler: Demoskopie, in: Handwörterbuch zur politischen Kultur der Bundesrepublik Deutschland 1981, 133-137; Lutz Niethammer: Einführung (S. 7-26) und Postscript. Über Forschungstrends unter Verwendung diachroner Interviews in der Bundesrepublik (S. 349-353), in: Lutz Niethammer (Hg. unter Mitarbeit von Werner Trapp): Lebenserfahrung und kollektives Gedächtnis. Die Praxis der "Oral History", Frankfurt a. M. 1980; Berg-Schlosser 1985/1987, 749; Max Kaase: Demoskopie (S. 145-148) und Umfrageforschung (S. 1043-1045), in: Politikwissenschaft 1985/1987; Jürgen Kriz: Methodenprobleme in der empirischen Sozialforschung, in: Politikwissenschaft 1985/1987, 563-566; Dieter Nohlen: Vergleichende Methode, in: Politikwissenschaft 1985/1987, 1079-1085; Manfred G. Schmidt: Beobachtung (S. 79f.), Empirische Politikforschung, (S. 188-190), Inhaltsanalyse (S. 367f.) und Interview (S. 405f.), in: Politikwissenschaft 1985/1987; Rainer-Olaf Schultze: Erhebungstechniken, in: Politikwissenschaft 1985/1987, 208; Galkin 1986, 156; Pappi 1986, 289f.; Berg-Schlosser / Schissler 1987b, 18-21; von Beyme 1987, 84f.; Rohe 1990, 324-332; Wehling 1991a, 328.

schaften oder von Staaten der Dritten Welt stehen Ergebnisse von standardisierten und systematisierten repräsentativen Stichprobenerhebungen entweder gar nicht oder nur in sehr begrenztem Umfang zur Verfügung; in diesen Fällen müssen daher andere, eher indirekt erschließende Analyseverfahren zur Geltung kommen. Jedoch hat es sich auch bei der Untersuchung gegenwärtiger westlich-demokratischer Systeme als sinnvoll und heuristisch fruchtbar erwiesen, die 'objektiven' Methoden der Demoskopie mit weiteren, teilweise stärker subjektiv-interpretativ angelegten Vorgehensweisen zu kombinieren. Die Erforschung politischer Kultur bedient sich dabei in einem jeweils spezifizierten Methoden-Mix neben der Umfrageforschung der inhaltlichen und hermeneutischen Analyse offizieller oder historischer Dokumente, literarischer Texte, journalistischer Produkte, öffentlicher Stellungnahmen sowie wissenschaftlicher Publikationen, des strukturierten oder offenen Interviews, der teilnehmenden oder nichtteilnehmenden Beobachtung des politischen Verhaltens, der Oral History, des diachronen oder synchronen Vergleichs und der Analyse von Symbolen, Ritualen und Zeremonien, auch von Mythen und Legenden einer Gesellschaft.

Die Methodenkombination in dieser Arbeit, in der metamethodisch diachrone und synchrone Vergleiche miteinander verknüpft sind, richtet sich nach der jeweils zu untersuchenden politischen Kultur. Die politische Kultur in Deutschland vor 1945 wird in hermeneutischer Vorgehensweise analysiert. Im Mittelpunkt stehen dabei die Auswertung historischer Quellen und Darstellungen sowie literarischer Texte; auch die geschichts- und politikwissenschaftlichen Untersuchungen der deutschen Traditionen politischer Kultur, die für diese Arbeit herangezogen werden, verfahren vorwiegend hermeneutisch. Die Analyse der politischen Zielkulturen, an denen die staatlichen Einflußnahmen auf die Prozesse politischer Sozialisation in der Bundesrepublik und in der DDR orientiert waren, und die Analyse der direkten und indirekten Versuche staatlicher Steuerung der politischen Kulturen in den beiden Staaten stützen sich auf die Auswertung von Verfassungs- und Gesetzestexten, von offiziellem und offiziösem Schrifttum zur politischen Bildung bzw. zur sozialistischen Bildung und Erziehung, auf die Auswertung von Richtlinien für Lehrer, Erzieher und andere Agenten der politischen Sozialisation, die von staatlichen Behörden verfaßt oder herausgegeben wurden, weiter auf Interviews und Gespräche mit Schul- und Hochschullehrern, Schülern, Studenten und Sozialwissenschaftlern in den beiden Staaten, auf die Auswertung von Presseerklärungen, Informationsschriften, Ausstellungen sowie symbolischen Handlungen und Gegenständen, die Aussagen über staatliche Selbstdarstellung ermöglichen, auf die Auswertung von Massenmedien und von wissenschaftlichen Publikationen, vor allem, wenn sie von oder in Zusammenarbeit mit staatlichen Institutionen ediert wurden, und schließlich auf die teilnehmende Beobachtung in beiden Systemen.

Die Voraussetzungen für die Untersuchung der realen politischen Kulturen in der Bundesrepublik und in der DDR unterscheiden sich aufgrund der ungleichen Verfügbarkeit von demoskopischem Material. Während für die bundesdeutsche politische Kultur die Ergebnisse kontinuierlich und systematisch durchgeführter repräsentativer Erhebungen vorliegen, war die in geringerem Umfang betriebene Umfrageforschung in der DDR bis zu deren Ende tabuiert. Ein gewisser Einblick in die empirische Erforschung der DDR-Gesellschaft öffnete sich gleichwohl schon vor dem Umbruch des Herbstes 1989 in verschiedenen Interviews und Gesprächen mit Umfrageforschern in der DDR, vor allem im Zentralinstitut für Jugendforschung in Leipzig. Inzwischen sind die von diesem Institut in den fast 25 Jahren seines Bestehens erhobenen demoskopischen Daten allgemein zugänglich, zum Teil veröffentlicht und werden in der vorliegenden Arbeit berücksichtigt. Weitere Methoden, die für die Untersuchung der politischen Realkulturen in den beiden Staaten in Kombination mit der Auswertung von Umfrageergebnissen verwandt werden, sind die teilnehmende Beobachtung des politischen Verhaltens, zentrierte und offene Interviews, zahlreiche informelle Gespräche, die Auswertung der Aufzeichnungen der Oral History (nur für die Gesellschaft der DDR), die Auswertung von Presseerzeugnissen und sozialwissenschaftlichen Untersuchungen und schließlich von literarischen Quellen.

Im geschlossenen System der DDR, in dem eine parlamentarische Opposition nicht erlaubt war und die Medien zentral gelenkt wurden, setzte sich die Literatur als Ersatzopposition und Ersatzöffentlichkeit viel stärker mit gesellschaftlichen und politischen Fragen, mit den Problemen und Lebensbedingungen der Menschen ihres Landes auseinander als die Literatur der Bundesrepublik. Dadurch bietet die Literatur der DDR oft sehr anschaulich wertvolle Hinweise auf Bewußtseinsformen, Selbstverständnis und Normsetzungen in der ostdeutschen Gesellschaft und erschließt somit Erkenntnisse über politische Kultur.

Bei den dieser Untersuchung zugrundeliegenden Methoden vermischen sich somit 'harte' empirische Erhebungstechniken mit 'weichen', teilweise impressionistisch gefärbten Verfahren. Diese Kombination soll die Einseitigkeiten, die ein Rekurrieren auf nur einen Methodentypus bedeutete, vermeiden helfen und eine angemessene, aussagekräftige Beurteilung der politischen Kulturen in der Bundesrepublik und in der DDR ermöglichen.

Bevor nun die historischen Wurzeln des gegenwärtigen Konglomerats an politischer Kultur in Deutschland Gegenstand der Analyse sind, sollen zunächst die Faktoren eruiert werden, die generell die Herausbildung einer bestimmten politischen Kultur bedingen.

2. Determinanten politischer Kultur

Die feststellbare Unterschiedlichkeit zwischen den politischen Kulturen mehrerer Länder rührt nicht von Zufällen her; sie hat Gründe. Unter den Bedingungsfaktoren politischer Kultur sind zunächst diejenigen Umstände von den anderen abzugrenzen, die von Menschen nicht zu verändern oder zu beeinflussen sind: Gemeint sind die natürlichen Voraussetzungen einer Gesellschaft wie die geographische Lage, das Klima, die Fruchtbarkeit des Landes oder die Existenz von Bodenschätzen, die in einem weiter gefaßten Sinn und indirekt die Herausbildung bestimmter Merkmale politischer Kultur mitbedingen. So können eine Insel-, Küsten- oder Binnenlage, eine unzugängliche oder eine Verkehrswege begünstigende geographische Lage und die davon abhängigen Austauschmöglichkeiten eine Rolle bei der Frage spielen, welches Ausmaß an Offenheit, Vertrauen und Kooperationsbereitschaft die Bevölkerung eines Landstriches gegenüber ihren Nachbarn entwickelt. Von den natürlichen Ressourcen eines Staates hängt zu einem großen Teil - das galt in früheren Jahrhunderten stärker als heute - der relative Wohlstand der in ihm lebenden Gesellschaft ab, der, wie noch zu zeigen sein wird, wichtige politische Implikationen hat.

Alle übrigen, nicht natürlichen Bedingungsfaktoren befinden sich in dem bereits beschriebenen komplexen wechselseitigen Wirkungsverhältnis mit politischer Kultur, die sie verursachen und von der sie verursacht werden, so daß nie exakt nachgewiesen werden kann, bis zu welchem Grad das eine jeweils Folge oder Voraussetzung des anderen ist. Da politische Kulturen immer nur auf dem Wege der politischen Sozialisation ausgebildet werden können, zielt die Frage nach den Determinanten einer politischen Kultur auf die Einflußgrößen, welche die Inhalte, die Formen und die Art der Vermittlung der politischen Sozialisation bedingen. Deshalb greift eine Argumentation, in der die Sozialisation selbst und ihre Instanzen wie Familie, Schule oder Massenmedien als die Verursacher einer bestimmten politischen Kultur angesehen werden[1], ins Leere; sie läßt außer acht, durch welche Faktoren die Inhalte, Formen und Instanzen der politischen Sozialisation determiniert wur-

---

[1] Gabriel Almond (1987,29) argumentiert auf diese Weise: "Der Inhalt von Politischer Kultur ist das Ergebnis von Kindheitssozialisation, Erziehung, Medieneinfluß und Erfahrungen im Erwachsenenleben mit den Leistungen von Regierung, Gesellschaft und Wirtschaft." Dabei wird verkannt, daß Kindheitssozialisation, Erziehung und Medieneinfluß an sich nicht den Inhalt von politischer Kultur determinieren, sondern lediglich die Prozesse bzw. eine Instanz bezeichnen, in denen die Inhalte von politischer Kultur vermittelt werden.

den. Ebenso fragwürdig erscheint die Unterscheidung von "Prozesse(n) individueller Sozialisation" und "kollektive(n) Erfahrungen von Gesellschaften
und Gruppen" als den "prägende(n) Faktoren"[2] politischer Kultur: die kollektiven Erfahrungen können schließlich nicht anders als in Prozessen einer
jeweils individuellen Sozialisation erworben bzw. tradiert werden.

Die gemeinsamen historischen Erfahrungen einer Gesellschaft werden
von vielen Autoren[3] als einflußreich für die Herausbildung einer bestimmten
politischen Kultur gehalten. In der Tat prägen die geschichtlichen Erfahrungen eines Volkes wie Kriege, lange Friedenszeiten, Revolutionen, autoritäre
Diktaturen, republikanische Staatsformen, Unterdrückung anderer oder durch
andere Völker, generell die Erfahrungen mit politischen Konflikten die Einstellungen der Bürger gegenüber der Politik, ihren Institutionen und Akteuren
sowie gegenüber den Möglichkeiten und Erfolgsaussichten einer eigenen politischen Beteiligung. So hat eine Republik, die gegen den Widerstand einer
absolutistischen Obrigkeit in einer politischen Revolution erkämpft wurde,
wie es in England und Frankreich der Fall war, von vornherein mehr Chancen,
in der Gesellschaft Identität und Loyalität zu stiften, als eine Republik, deren
Gründung mehr oder weniger auf den Einfluß ausländischer Kräfte zurückgeht
und die von vielen als fremd empfunden wird.

Die Auswirkungen einer lange währenden Fremdherrschaft auf die politische Kultur eines Landes können am Beispiel Irlands studiert werden: Die
Kolonialherrschaft Großbritanniens mit ihrer wirtschaftlichen Ausbeutung
und konfessionellen Unterdrückung stärkte im 19. Jahrhundert die einflußreiche Position der katholischen Kirche in Gesellschaft und Politik, einen ausgeprägten irischen Traditionalismus und einen konservativ ausgerichteten
Nationalismus[4], die, den Unabhängigkeitskrieg und den Beschluß der Teilung
Irlands überdauernd, eine im Vergleich zu anderen Staaten langsamere
Geschwindigkeit im Wandlungsprozeß der politischen Kultur in Richtung Pluralisierung und Säkularisierung bewirkten (die außerdem von der insularen
Isolation und der peripheren Lage in Europa verursacht wurde).

---

2   Berg-Schlosser / Schissler 1987b, 12f.
3   Vgl. zum Beispiel Sontheimer 1971/1991, 119-122; Brown 1977, 4 und 16; Greiffenhagen
    1979, 25-28; Martin Greiffenhagen: Politische Tradition, in: Handwörterbuch zur politischen
    Kultur der Bundesrepublik Deutschland 1981, 370-375; Jörn Rüsen / Ursula A. J. Becher:
    Geschichtsbewußtsein, in: Handwörterbuch zur politischen Kultur der Bundesrepublik
    Deutschland 1981, 180-183; Fenner 1983, 348f.; Karl Rohe: Großbritannien: Krise einer
    Zivilkultur, in: Peter Reichel(Hg.): Politische Kultur in Westeuropa. Bürger und Staaten in
    der Europäischen Gemeinschaft, Bonn 1984, S. 167-193, hier S. 170-175; Berg-Schlosser
    1985/1987, 749; Galkin 1986, 157 und 161-163; Almond 1987, 32; Berg-Schlosser / Schiss-
    ler 1987b, 12f.; Weede 1989, 27-35; Sontheimer 1990, 14f.; Wehling 1991a, 327-330
4   Vgl. Detlef Murphy: Von der Agrarkolonie zur Industriegesellschaft. Die langsame Moderni-
    sierung der politischen Kultur Irlands, in: Peter Reichel (Hg.): Politische Kultur in Westeu-
    ropa. Bürger und Staaten in der Europäischen Gemeinschaft, Bonn 1984, S. 194-219

Auch die geltenden Erbsitten können eine politische Kultur prägen, worauf Hans-Georg Wehling anhand der Entwicklung in Baden und Württemberg hinwies[5]: In den (überwiegend katholischen) Anerbengebieten, in denen die langfristige Erhaltung der Hofgröße zu agrarischem Wohlstand, zu bäuerlichem Selbstbewußtsein und der Entfaltung einer gewissen großzügigen Liberalität führte, bildeten sich andere Kennzeichen sozialer Verhaltensweisen heraus als in den (vorwiegend protestantischen) Realteilungsgebieten mit ihrer Besitzzersplitterung, in denen das dichte Zusammenleben und die oft strittigen Eigentumsverhältnisse ein prinzipielles Mißtrauen der Menschen untereinander, mangelnde Solidarität und einen hohen Regelungsbedarf durch engmaschige soziale Kontrollinstanzen förderten. Für die Frage nach der politischen Kultur ist dies nun insofern wichtig, als seit der Pionierstudie von Almond und Verba[6] einem hohen Maß an interpersonalem Vertrauen grundlegende Bedeutung für die Anerkennung der demokratischen Spielregeln und die Bereitschaft zu politischer Partizipation zugesprochen wird.

Schon mehrfach war die Rede vom Einfluß verschiedener Konfessionen; zu den wichtigsten Determinanten politischer Kultur gehören religiöse und ethische Orientierungen sowie konfessionelle Bindungen. Damit sind nicht solche religiösen *cleavages* gemeint, die unmittelbar politisch wirksam sind und zu Staatsgründungen, wie im indisch-pakistanischen Konflikt, führen können; gedacht ist vielmehr an die Auswirkungen religiöser Faktoren auf politisch bedeutsame Einstellungen und Verhaltensmuster in der Bevölkerung. Ein markantes Beispiel dafür bietet der starke Einfluß des Katholizismus in Italien, der es ermöglichte, daß die päpstliche Weisung *Non expedit* von 1868 - in welcher der Vatikan den Katholiken verbot, am politischen Leben des neugegründeten italienischen Nationalstaates aktiv teilzunehmen - eine tief verwurzelte antinationale katholische Subkultur zur Folge hatte, eine Demokratisierung lange Zeit verhinderte und zu der nur schwachen Integration des politischen Systems in Italien beitrug[7]. Im Zuge des Säkularisierungsprozesses in allen modernen Industriegesellschaften nimmt das Gewicht religiöser Prägungen sicherlich ab, doch stellt die konfessionelle Bindung in der Bundesrepublik Deutschland nach wie vor die wichtigste Determinante des Wahlverhaltens dar[8]; darüber hinaus wirken viele originär religiös motivierte Normen und Anschauungsmuster heute als ethische Orientierungen fort, ohne daß der religiöse Ursprung den Trägern dieser Orientierungen bewußt ist.

---

5   Vgl. Wehling 1991a, 333-336; Wehling 1991b, 17-21
6   Vgl. Almond / Verba 1963, 284-288 und 490-494
7   Vgl. etwa Carmine Chiellino: Das Risorgimento und die parlamentarische Tradition Italiens, in: ders. / Fernando Marchio / Giocondo Rongoni: Italien, München 1981, 1989[2], S. 25-140, hier S. 66 und 76-80; Günter Trautmann: Italien - Eine Gesellschaft mit gespaltener politischer Kultur, in: Peter Reichel (Hg.): Politische Kultur in Westeuropa. Bürger und Staaten in der Europäischen Gemeinschaft, Bonn 1984, S. 220-260, hier S. 232f.; Peter Fritzsche: Die politische Kultur Italiens, Frankfurt a. M., New York 1987, S. 46-51

Die kausale Verknüpfung von religiöser Prägung und ökonomischer Entwicklung stellte Max Weber in seiner einflußreichen Untersuchung "Die protestantische Ethik und der Geist des Kapitalismus" von 1904 her: Calvinismus und Puritanismus bereiteten, so Weber, besonders günstige Voraussetzungen für Wirtschaftswachstum, indem sie einerseits durch ein religiös überhöhtes Leistungsprinzip, andererseits durch die Grundsätze der Sparsamkeit und der aufgeschobenen Befriedigung die Akkumulation und Reinvestition von Kapital geradezu herausforderten. Weber zeigte die Folgen dieser Verzichtsethik für die moderne Wirtschaft, nicht die Konsequenzen für die politische Kultur. Jedoch sind auch ökonomische Faktoren eine Bedingungsgröße für politische Kultur: Der relative Wohlstand eines Staates korreliert, wie eine neuere Untersuchung[9] gezeigt hat, mit dem in der betreffenden Gesellschaft verbreiteten Gefühl einer generellen Lebenszufriedenheit, das wiederum langfristig stabile demokratische Institutionen stützt. Die Aussichten für ein politisches System, von seinen Bürgern als legitim anerkannt und unterstützt zu werden, sind begründeter, wenn es einen leidlichen Lebensstandard zu ermöglichen vermag. Die These von dieser indirekten, über Wohlstand sich herstellenden Akzeptanz eines politischen Systems trifft für die Bundesrepublik der fünfziger Jahre zu, und sie trifft in geringerem Maße für die DDR der siebziger Jahre zu. Zu den ökonomischen Bedingungen eines Landes gehört auch sein Industrialisierungsgrad; für die politische Kultur, die ein demokratisches System tragen soll, so folgerten Almond und Verba aus ihrer Civic-Culture-Studie[10], stellen neben sozialem Vertrauen und einer emotionalen Bindung an die Nation und ihre Symbole vor allem ein hoher formaler Bildungsstand und eine fortgeschrittene Industrialisierung als Motor des Modernisierungsprozesses eine wichtige Voraussetzung dar.

Die Einstellungen gegenüber der Politik und dem Staat werden weiterhin von Theoremen, Denkbildern und Ideologemen geprägt, die in einer Gesellschaft wirksam sind. Die Vorstellungen der englischen und französischen Vertragstheoretiker sowie die von Locke und Montesquieu entwickelte Idee der Gewaltenteilung spiegeln sich eben nicht nur in Verfassungstexten, sondern auch in konkreten Erscheinungsformen einer demokratischen politischen Kultur wider, die älter als die ihnen korrespondierende Kodifizierung sind. Im deutschen Kontext ist die Idee des nationalen Machtstaates ohne den Rückgriff auf Schopenhauers "Welt als Wille und Vorstellung" und die (häufig verfälschende) Rezeption der philosophischen Schriften Nietzsches ebensowenig

---

8   Vgl. Jürgen Falter: Konfessionelle Bindung, in: Politikwissenschaft 1985/1987, 448f. Ronald Inglehart (1988a, 370) stellte für hochentwickelte Industrienationen sogar eine zunehmende Bedeutung der Religionszugehörigkeit gegenüber der Schichtzugehörigkeit für das Wahlverhalten fest.

9   Vgl. Inglehart 1988a, 379-386; Inglehart 1988b, 1207-1220 und 1228f. Inglehart stützt seine Untersuchung vor allem auf Umfragedaten von Euro-Barometer und World Values Survey.

10 Vgl. Almond / Verba 1963, 501-505

zu begreifen wie die obrigkeitsstaatliche Orientierung in der tradierten politischen Kultur ohne den Bezug auf die metaphysische Überhöhung des Staates bei Hegel zu verstehen ist. Auf der Suche nach den geistigen Wegbereitern der politischen Kultur, in der das nationalsozialistische Regime die Macht ergreifen und behalten konnte, stößt man auf die Autoren des Kulturpessimismus[11] und des antidemokratischen Denkens[12], die in zunehmender Intensität von der Mitte des 19. Jahrhunderts bis zu dem von ihnen mitzuverantwortenden Zusammenbruch der Weimarer Republik das politische Denken in Deutschland bestimmt haben.

Die Determinante politischer Kultur, die am meisten von der Wechselseitigkeit des Bedingungsverhältnisses zu politischer Kultur gekennzeichnet ist, stellt das politische System selbst dar. Die Struktur und die Leistungen von Regierung und Politik[13] können politische Einstellungen und Verhaltensweisen entscheidend beeinflussen. Dem politischen System, seiner verfassungsmäßigen Ordnung spricht Kurt Sontheimer "die stärkste Wirkung auf die politische Kultur einer Gesellschaft"[14] zu; und in der Tat konstituiert der aktuelle strukturelle und institutionelle Rahmen eines politischen Systems, der seinerseits wiederum historische Erfahrungen, ethische Orientierungen und Einflüsse der politischen Ideengeschichte reflektiert, den wichtigsten Bedingungsfaktor einer politischen Kultur. Dabei kann unterschieden werden, inwieweit die eintretenden Wirkungen im Bereich der politischen Kultur den beabsichtigten Wirkungen, also den ideologischen Zielen des politischen Systems korrespondieren: Die politische Realität hat gezeigt, daß freiheitliche und von den Bürgern als legitim empfundene demokratische Systeme eher formierend im Sinne ihrer Intention wirken konnten als autoritäre oder totalitäre Diktaturen, die vor allem durch die von ihnen hervorgerufenen Reaktionen der Abwehr oder des notgedrungenen Arrangements deformierend wirkten, weniger formierend in der beabsichtigten Weise.

Das Fundament, auf dem jedes politische System steht, ist seine konstitutionelle Ordnung; die grundlegenden Orientierungen der Gesellschaftsmitglieder gegenüber der Politik und den Einrichtungen ihres Staates werden somit entscheidend von dessen verfassungsmäßigem Rahmen geprägt. Eine wichtige Ursache für den Wandel der politischen Kultur in der Bundesrepublik Deutschland, der zu einer Zunahme an demokratischer Legitimität und politischer Partizipation geführt hat, sieht Gabriel Almond - neben den Erfahrungen des Zweiten Weltkriegs und der Nachkriegszeit sowie der ökonomischen Effizienz des neuen Staates - mit Recht in einer "geschickte(n) Verfas-

---

11 Vgl. hierzu Fritz Stern: Kulturpessimismus als politische Gefahr. Eine Analyse nationaler Ideologie in Deutschland, Bern, Stuttgart 1963, München 1986, amerikanische Originalausgabe: The Politics of Cultural Despair, Berkeley 1961
12 Vgl. hierzu Sontheimer 1962/1983
13 Vgl. Almond 1987, 32
14 Sontheimer 1990, 15

sungsgebung"[15] mit der Verankerung des konstruktiven Mißtrauensvotums und der föderativen Ordnung und in einem Wahlsystem, das größeren politischen Parteien den Vorzug gibt. Die Vorgaben der Verfassung begrenzten die Macht einzelner Organe und ermöglichten stabile Regierungsverhältnisse im Bund, wodurch, vor allem vor dem Hintergrund der Weimarer Erfahrungen, die Akzeptanz des demokratischen Staates gestärkt wurde.

Ein neues politisches System, präziser: die Verankerung einer neuen politischen Ordnung in den politischen Überzeugungen der Bürger kann als Determinante politischer Kultur auch in Gesellschaften mit noch bestehenden traditionalen sozialen Strukturen stärkere Wirkung entfalten als die tradierten und tief wurzelnden religiös-ethischen Orientierungen. Als Beispiel dafür mag Indien dienen: Das auf dem Hinduismus und seiner transzendentalen Ausrichtung fußende Kastensystem beeinflußt zwar bis heute die indische Gesellschaftsordnung und begrenzt soziale Mobilität, jedoch konnte sich in dem westlich geprägten parlamentarisch-demokratischen System eine partizipatorische politische Kultur entwickeln, in der politisch-säkulare Orientierungen und das verbreitete Gefühl einer hohen subjektiven politischen Kompetenz die Dominanz einer spezifisch indischen Staatsbürgerkultur und damit die Legitimationsbasis des demokratischen Systems begründen[16].

Einen großen Einfluß auf die Herausbildung politischer Kultur nehmen auch die Zeitungen und Zeitschriften, Hörfunk und Fernsehen. In totalitären Diktaturen mit gelenkter Presse und staatlichem Rundfunk sind die Massenmedien eine unmittelbare Funktion des politischen Systems, in freiheitlichen Demokratien mit der verfassungsmäßigen Garantie der Meinungs- und Pressefreiheit sind sie ein Teil des politischen Systems. Weiterhin tragen die Politiker als die Repräsentanten des politischen Systems dazu bei, die Einstellungen der Bürger gegenüber Politik und Staat zu prägen[17]. Aufgrund ihrer faktischen Rolle als Vorbild im öffentlichen Bereich, eine in ihrer Bedeutung kaum zu überschätzende Funktion, die Politiker zumal in der durch das Fernsehen stark personalisierten Vermittlung politischer Auseinandersetzungen nolens volens ausüben, sind an das Gebaren und an die Lauterkeit der politischen Führungselite besonders hohe Maßstäbe anzulegen.

Eine Vorbildfunktion bei der Ausformung der politischen Kultur eines Staates können auch die Modelle anderer Staaten besitzen[18]. Hier sind weniger die Strukturen und ideologischen Ziele gemeint, die ein neues politisches System in Orientierung an anderen Systemen gestaltet und definiert und die dann als wichtige Determinante politische Kultur bedingen; es geht vielmehr

---

15   Almond 1987, 34
16   Vgl. Dirk Berg-Schlosser: Politische Kulturen, in: Dieter Nohlen / Peter Waldmann (Hg.): Dritte Welt. Gesellschaft - Kultur - Entwicklung (Pipers Wörterbuch zur Politik, hg. von Dieter Nohlen, Bd. 6), München 1987, S. 398-409, hier S. 404-406
17   Vgl. Sontheimer 1971/1991, 115f.; Sontheimer 1990, 16-18 und 129-146
18   Sidney Verba (1965a, 551) erwähnte diesen Aspekt am Rande in einer Fußnote.

um die Einflüsse, die 'von außen' direkt auf die Bevölkerung eines Staates ein-
wirken. Die Bedeutung dieser Präsenz eines anderen Systems als eines
Modells zur Orientierung wuchs im Zuge des Aufbaus weltweit vernetzter
Informations- und Kommunikationssysteme. Eine Rolle spielte diese externe
Determinante politischer Kultur bei den dekolonisierten Staaten der Dritten
Welt gegenüber den Industrienationen, bei der Bundesrepublik Deutschland
und Japan gegenüber den westlichen Alliierten, vor allem den USA, und im
Fall der Gesellschaft der DDR mit ihrem intensiven Blick auf den westlichen
Nachbarn.

3. Politische Kultur in Deutschland vor 1945

3.1 Kontinuitäten und Brüche in der historischen Entwicklung

> "Das Vergangene ist nicht tot; es ist nicht einmal ver-
> gangen. Wir trennen es von uns ab und stellen uns
> fremd."[1]
>
> Christa Wolf, Kindheitsmuster

Die politische Kultur einer Gesellschaft steht nicht im luftleeren Raum, sie ist vielmehr eingebettet in überlieferte Wertmaßstäbe und sedimentierte Denkgewohnheiten, die als kollektives Gut historischer Erfahrungen von Generation zu Generation weitergegeben werden. Dabei ist dieses tradierte Erbe nicht die einzige, noch nicht einmal die wichtigste Determinante der politischen Orientierungen, aber es vermag die Merkmale und Besonderheiten einer Gesellschaft erklären zu helfen. Politische Kulturen sind nicht statisch, aber träge. Sie verändern sich wohl, doch vollziehen sich die Wandlungen, denen sie unterworfen sind, langsam und schwerfällig; diese Veränderungen lassen sich nicht von heute auf morgen bewerkstelligen.

Daher konnte es nach dem Ende des Zweiten Weltkriegs in der sowjetischen Besatzungszone so wenig wie im westlichen Deutschland die oft behauptete[2] 'Stunde Null' geben. Zwar entsprach die in dieser Metapher zum Ausdruck gebrachte Vorstellung eines völligen Neuanfangs auf einer Tabula rasa, des Aufbaus einer ganz neuen Gesellschaft, die anders, die besser sein sollte als die alte, einer verständlichen und wohl auch notwendigen Bewußtseinshaltung in dieser Übergangszeit; jedoch konnten mit den Trümmern der zerstörten Städte eben nicht die Muttermale der deutschen Gesellschaft beseitigt werden: Zumal die politische Kultur zeigte Kontinuitätslinien, die in die Zeit vor 1945, auch in die Zeit vor 1933 und vor 1918 zurückreichten. Es bestand und es besteht in schwächerer Form noch heute eine Fortdauer von - adaptierten, modifizierten - Elementen der deutschen Traditionen politischer Kultur in vielfältiger Hinsicht.

---

1   Christa Wolf: Kindheitsmuster, Berlin und Weimar 1976, 1990¹², S. 9
2   Die einprägsame Formel von der 'Stunde Null', die der politisch-kulturellen Wirklichkeit im Nachkriegsdeutschland nicht entsprochen hat, wird auch in neueren Veröffentlichungen noch unreflektiert übernommen, so bei Hermann Rudolph 1972, 19; Röhrich 1988, 9 und 12-15; Hermann Glaser: Kultur und Kulturpolitik in der Bundesrepublik Deutschland, in: Deutschland-Handbuch 1989, 413-430, hier 413 und 420; Glaser 1991, 38 und 71.

Nun ist es nicht unproblematisch, eine traditionelle politische Kultur in Deutschland ohne weiteres vorauszusetzen: Im Unterschied zur Entwicklung in anderen Ländern, besonders in England und Frankreich, hat ein homogener Traditionsstrang deutscher politischer Kultur nie existiert; allenfalls können einzelne "Traditionselemente, die zu verschiedenen Zeiten, je nach den äußeren Bedingungen, verschieden stark"[3] waren, festgehalten werden. Diese Traditionselemente haben sich in mehreren Phasen seit Beginn der Neuzeit herauskristallisiert, Johannes Gross machte drei auf diese Weise formative Zeiträume aus: "Die Epochen, welche die Deutschen am stärksten prägten, und auch ihren Begriff von sich selbst am meisten bestimmten, sind der Ausgang des Mittelalters bis zum Ende der Glaubenskämpfe, das Biedermeier (die Romantik) und die Wilhelminische Gründerzeit."[4] Es fällt auf, daß bei dieser Auflistung der historischen Phasen, die der politischen Kultur in Deutschland das Profil besonders tief eingeprägt haben, die Zeitspanne zwischen dem Westfälischen Frieden und der Blauen Blume - im wesentlichen das 18. Jahrhundert: die Aufklärung - und die Jahre des Vormärzes und der Achtundvierziger Revolution ausgespart bleiben, also die Zeiträume, in denen die Chancen für einen Fortschritt in Richtung Republik und Demokratie verpaßt wurden. Eine Dialektik von Kontinuität und Diskontinuität kennzeichnet die Entwicklung der deutschen politischen Kultur. Die Gründe für ihre Fragmentierung können in sieben Punkten zusammengefaßt werden:

Erstens verhinderte die landsmannschaftliche Vielfalt in Deutschland die Herausbildung einer einheitlichen nationalen politischen Kultur. Die Spezifika politischer Kulturen entwickeln sich "innerhalb gemeinsamer Grenzen"[5], und somit stand der mit Bismarcks Reichsgründung erst relativ spät erreichte nationalstaatliche Rahmen als Determinante politisch-kultureller Orientierungen von Anfang an in einem Spannungsverhältnis zum regionalen und auch lokalen Rahmen der historisch gewachsenen Landschaften und Städte. Rheinländer und Sachsen, Badener und Pommern, Hannoveraner und Bayern mit ihrer jeweils eigenen territorialen Geschichte hatten unterschiedliche Einstellungen und Werte gegenüber Staat und Politik sowie verschiedene Konfliktregelungsmuster und Beteiligungsformen ausgeprägt. Diese Fragmentierung wurde verstärkt durch die Kleinstaaterei in Deutschland seit dem späten Mittelalter, von der noch die Rede sein wird. Die Erforschung regionaler politischer Kulturen, für die in der Bundesrepublik besonders Hans-Georg Wehling plädiert hat[6], ist daher sinnvoll und auch notwendig; doch sollten bei der Beachtung aller interessanten Modifizierungen und Variationen einzelner

---

3   Sontheimer 1971/1991, 119f.
4   Johannes Gross: Die Deutschen, Frankfurt a. M. 1967, S. 278; zit. n. Sontheimer 1971/ 1991, 120
5   Wehling 1991a, 330

Regionen die vorhandenen Gemeinsamkeiten der konkurrierenden oder über-
lagernden nationalen politischen Kultur nicht aus dem Blick verloren werden.
Zweitens bewirkte die konfessionelle Teilung im Zuge der Reformation
tiefe Brüche und Verwerfungen in Deutschlands politischer Kultur. Die Spaltung der Bevölkerung in Katholiken und Protestanten, die gemäß dem im *Ius
reformandi* des Augsburger Religionsfriedens von 1555 begründeten und nach
dem Dreißigjährigen Krieg bekräftigten Territorialprinzip *"cuius regio, eius
religio"* erzwungen wurde, war mit der Frage des deutschen Partikularismus
eng verknüpft. Während der lutherische Protestantismus in Preußen und später im Deutschen Reich eine besonders enge Bindung an die staatliche Autorität entwickelte, blieb der Staat dem Katholizismus nach der Aufhebung der
Reichskirche und dem Ende des Heiligen Römischen Reiches deutscher
Nation im Jahr 1806 mindestens für die Dauer eines Jahrhunderts fremd[7].
Diese Unterschiedlichkeit in der Identifikation von Protestanten und Katholiken mit dem deutschen Staat wurde im Kulturkampf zwischen Bismarck als
dem Vertreter der dominanten preußisch-protestantischen Kultur und dem
politischen Katholizismus, der eine eigene staatskritische Subkultur begründet hatte, in den siebziger Jahren des 19. Jahrhunderts noch erhärtet[8]. Eine
stärkere emotionale Bindung des katholischen Milieus an den Staat des Deutschen Kaiserreiches stellte sich erst im Ersten Weltkrieg ein, den die katholischen Bischöfe nun mit demselben Hurrapatriotismus begrüßten[9] wie die Vertreter der dominanten Nationalkultur. Trotz dieser Angleichung unter dem
Schirm des Nationalismus sind Spuren der unterschiedlichen Geschichte der
politischen Kulturen von Protestanten und Katholiken noch heute wahrnehmbar.

Drittens förderte die territoriale Zersplitterung Deutschlands die Fragmentierung der politischen Kultur. Waren bereits im Mittelalter die einzelnen
Länder des Heiligen Römischen Reiches lediglich locker zusammengehalten
und nicht nationalstaatlich integriert, so führten die Ergebnisse des verheeren-

---

6   Hans-Georg Wehling: Regionale politische Kultur in der Bundesrepublik Deutschland. Eine
    Einführung, in: Regionale politische Kultur 1985, 7-14; ders.: Die Bedeutung regionaler
    Politischer Kultur-Forschung unter besonderer Berücksichtigung Württembergs, in: Politi-
    sche Kultur in Deutschland 1987, 259-266; Wehling 1991a; Wehling 1991b
7   Vgl. Thomas Gauly: Konfessionalismus und politische Kultur in Deutschland, in: APuZ
    1991/20, 45-53, hier 45-48
8   Vgl. Manfred Görtemaker: Deutschland im 19. Jahrhundert. Entwicklungslinien, Bonn
    1989³, S. 274-282; Rohe 1991, 224f.
9   Vgl. den Hirtenbrief der katholischen Bischöfe vom 1. November 1917: "Mit unerschütterli-
    cher Treue und opferfreudiger Hingabe stehen wir daher zu unseren Herrschern von Gottes
    Gnaden, dem Kaiser und den Landesfürsten... Seiner ganzen Vergangenheit treu, wird das
    katholische Volk alles zurückweisen, was auf einen Angriff gegen unsere Herrscherhäuser
    und unsere monarchische Staatsverfassung hinausläuft." In: M. Meinert / H. Sacher (Hg.):
    Deutschland und der Katholizismus, Bd. 1: Das Geistesleben, Freiburg i. Br. 1918, S. 431ff.;
    zit. n. Thomas Gauly: Konfessionalismus und politische Kultur in Deutschland, in: APuZ
    1991/20, 45-53, hier 48

den Dreißigjährigen Krieges, besiegelt im Westfälischen Frieden, vollends zur Zerstückelung Deutschlands in über 300 souveräne Staaten, darunter viele Klein- und Kleinststaaten (wodurch das europäische Machtgleichgewicht gewahrt bleiben sollte)[10]. Das lange Fehlen der Sicherheit, die der stabile Rahmen einer gefestigten Staatsordnung gibt, hatte zur Folge, daß Konflikte von den Deutschen "als bedrückender und bedrohlicher empfunden"[11] wurden als von anderen Nationen. Politische Kulturen entwickeln sich, wie bereits erwähnt, innerhalb gemeinsamer Grenzen, das bedeutet, daß sich in dem zersplitterten Gebiet der deutschen Staaten, in dem erst relativ spät die nationale Einheit erreicht werden sollte, eine homogene politische Kultur nicht entfalten konnte. Jedoch wuchs dem Staat, der die nationale Einigung verwirklicht und den Einheitsstaat dominiert hat, entscheidende Prägekraft bei der Überlagerung der regionalen politischen Kulturen und der Formierung einer nationalen politischen Kultur zu: Preußen.

Viertens verursachte die "Ungleichzeitigkeit von Industrialisierung und Demokratisierung"[12] massive Verunsicherungen in der deutschen Gesellschaft. Mit den Prozessen der rapide fortschreitenden Industrialisierung, begleitet von Migration und Verstädterung, konnte die Entwicklung in den Köpfen, das Verstehen dieser tiefgreifenden Umwälzungen nicht Schritt halten. In Jahrhunderten gewachsene "Lebensordnungen und Bewußtseinsstrukturen" wurden erschüttert[13], ohne daß ein in ähnlicher Weise Halt und Orientierung gebendes Äquivalent an ihre Stelle getreten ist. Der technologischen und sozioökonomischen Modernisierung entsprach im 19. Jahrhundert keine gesellschaftlich-politische Modernisierung im Sinne einer Demokratisierung. Die industrielle Revolution fand in einer im Grunde noch feudalen Gesellschaft mit einer vorindustriellen politischen Elite statt; das Drängen des Trägers dieser Revolution, des Bürgertums, nach stärkerer politischer Beteiligung ist mit der bürgerlichen Revolution von 1848 gescheitert.

Fünftens führte die Aufteilung in unterschiedliche sozialmoralische Milieus[14] im Deutschen Kaiserreich zu Disparitäten der politischen Kultur: Zwischen dem katholischen Sozialmilieu, dem sozialistischen Arbeitermilieu, dem liberalen bürgerlich-protestantischen Milieu und dem der Konservativen, das sich wiederum in ein feudal-agrarisches und ein bürgerliches aufteilte, gab es nur wenig geistigen Austausch. Diese 'Lager' bildeten, weitgehend iso-

---

10 Vgl. Craig 1982/1985, 20-26
11 Weidenfeld 1990, 10
12 Reichel 1981b, 60
13 Reichel 1981b, 62. Vgl. auch Reichel 1982,19f.; Hagen Schulze: Die Versuchung des Absoluten. Zur deutschen politischen Kultur im 19. und 20. Jahrhundert, in: APuZ 1984/7, 3-10, hier 7
14 Vgl. M. Rainer Lepsius: Parteiensystem und Sozialstruktur: Zum Problem der Demokratisierung der deutschen Gesellschaft, in: Wilhelm Abel u. a. (Hg.): Wirtschaft, Geschichte und Wirtschaftsgeschichte. Festschrift zum 65. Geburtstag von Friedrich Lütge, Stuttgart 1966, S. 371-393, hier S. 382-392

liert voneinander und mit eigenen "Haus-Intellektuellen"[15] ausgestattet, jeweils spezifische Merkmale politischer Kultur aus.

Sechstens gründet die Widersprüchlichkeit deutscher politischer Kultur in dem Spannungsverhältnis, das hierzulande als Gegensatz von Geist und Macht[16] wahrgenommen wurde. Die Gesinnungsethik vieler Intellektueller, deren Forderungen an das politische Handeln von idealen Maßstäben bestimmt waren, kontrastierte mit einer "einseitig herrschaftsbetonten Realpolitik"[17]. Das politische Scheitern der Ideen der Aufklärung, die 'der Geist' an 'die Macht' in Deutschland nach der Französischen Revolution herangetragen hatte, verstärkte den Hang - die Flucht - zu utopischen Verheißungen. *Heinrich Mann*, der sich in diesem "Kampf" auf der Seite des Geistes, des Guten, sah, personifizierte die Macht, in seiner Sicht das Böse, und denunzierte a priori und pauschal jeden aus seinem Lager, der es versuchen mochte, zum Lager der Mächtigen Brücken zu schlagen:

> "Die Zeit verlangt und ihre Ehre will, daß sie endlich, endlich auch in diesem Lande, dem Geist die Erfüllung seiner Forderungen sichern, daß sie Agitatoren werden, sich dem Volk verbünden gegen die Macht, daß sie die ganze Macht des Wortes seinem Kampfe schenken, der auch der Kampf des Geistes ist... Der Faust- und Autoritätsmensch muß der Feind sein. Ein Intellektueller, der sich an die Herrscherkaste heranmacht, begeht Verrat am Geist."[18]

Voraussetzung und Folge dieses fundamentalen Konfliktes zwischen Macht und Geist war, daß ein Konsensus über die Werte, die für alle bindend sein könnten, nicht zustande kam und das Bewußtsein von einer Besonderheit des 'deutschen Geistes' heranwuchs und wucherte, so daß am Ende die Vertreter der Intelligenz den ersten Versuch der Deutschen mit der Staatsform der Demokratie in der Weimarer Republik nicht nur mit der notwendigen Entschiedenheit gegen seine Gegner zu verteidigen versäumten, sondern sich in ihrer Mehrheit sogar an seiner folgenreichen Zerstörung beteiligten[19].

Siebtens schließlich förderten die Brüche in der historischen Entwicklung die Fragmentierung der politischen Kultur in Deutschland. Der rasche Wech-

---

15 Rohe 1991, 224

16 Thomas Mann schrieb von "der spezifisch deutschen Antithese von Macht und Geist", weiter von der "deutsche(n) Trennung von Geist und Politik, von radikaler Theorie und Leben, von 'reinem' und 'praktischem' Denken" (Betrachtungen eines Unpolitischen, in: Gesammelte Werke, Bd. 12, Frankfurt a. M. 1960, S. 254 und 277; vgl. auch dort S. 289 und 324).

17 Pappi 1986, 286. Pappi bezieht sich auf Richard Münch: Basale Soziologie. Soziologie der Politik, Opladen 1982.

18 Heinrich Mann: Geist und Tat, in: Essays, Berlin /DDR, Hamburg 1960, S. 7-14, hier S. 14. Der Essay stammt aus dem Jahr 1910.

19 Vgl. zu dieser Mitverantwortung der rechten und auch der linken Intelligenz für den Untergang der Weimarer Republik die grundlegende Untersuchung von Kurt Sontheimer (1962/ 1983); vgl. auch Sontheimer 1990, 98-117; Sontheimer 1991b, 220-226. Vgl. zum Sonderbewußtsein des 'deutschen Geistes' Sontheimer 1990, 89-103; Weidenfeld 1990, 53-94; Sontheimer 1991b, 169-172 und 201-213.

sel von vier politischen Systemen innerhalb von nur 31 Jahren, die bewegte Zeit zwischen 1918 und 1949, erschwerte es den betroffenen Generationen, sich mit einem politischen System zu identifizieren, und machte emotionale Orientierungen gegenüber Staat und Politik, überhaupt ein nationales Selbstverständnis kompliziert.

"Jedes politische System war der Feind des anderen und bezog wesentliche Kräfte seiner politischen Aktivität aus dem Kampf gegen das vorhergehende, an dem es sich abarbeitete. Das letzte Jahrhundert deutscher Geschichte zeigt eine politisch stark zerklüftete Landschaft, von Umbrüchen und Verwerfungen gezeichnet. Deutschland ist durch ein geschichtliches Wechselbad gegangen, das seinesgleichen sucht."[20]

Auch die Verunsicherungen in der politischen Kultur der Bundesrepublik nach dem Zweiten Weltkrieg rührten zum Teil von den Zäsuren der Jahre 1918, 1933 und 1945 her, welche die deutsche Geschichte der ersten Jahrhunderthälfte interpunktiert haben; vor allem jedoch waren sie eine Folge der politischen und moralischen Katastrophe des Nationalsozialismus.

Angesichts dieser von mehreren *cleavages* durchzogenen Heterogenität kann von einer einheitlichen deutschen politischen Kultur nicht gesprochen werden. Jedoch ist über die skizzierten Disparitäten und Brüche hinaus eine Gemengelage von Tradierungen und weltanschaulichen Konstanten zu erkennen, die in den vergangenen hundertfünfzig Jahren den *Basso ostinato* der verschiedenen politischen Systeme in Deutschland gespielt haben. Diese transgrediente politische Kultur ist vor allem im 19. Jahrhundert und primär durch Preußen geprägt worden. Warum das 19. Jahrhundert und wieso gerade Preußen? Erst nach der Auflösung der staatlichen Ordnung des alten Reiches im Jahr 1806 und während der sich anschließenden napoleonischen Fremdherrschaft, besonders in den Befreiungskriegen verbreitete sich in Deutschland ein Nationalgefühl, das als moderne nationale Bewegung den staatlichen Rahmen anstrebte, der für eine nationale politische Kultur notwendig ist. Bereits um die Mitte des 18. Jahrhunderts war das Bewußtsein von einer Kulturnation aufgekommen, das im 19. Jahrhundert fester Bestandteil der nationalen Ideologie wurde. Im Vormärz sind nationale Symbole wie die schwarz-rot-goldene Fahne oder "Das Lied der Deutschen" entstanden. In den siebziger Jahren des 19. Jahrhunderts wurde schließlich die nationale Einigung erreicht, wobei ein "ethisch inhaltsleerer Nationalismus"[21] als Klammer für die unterschiedlichen sozialmoralischen Milieus, die Parteien und die einzelnen Länder fungierte.

---

20 Greiffenhagen 1979, 34
21 Pappi 1986, 286. Zur Funktion eines inhaltlich unbestimmten Nationalismus als "Integrationsfaktor" im Kaiserreich vgl. auch Eley 1991, 50f.

Die besondere Bedeutung Preußens bei der Herausbildung einer transgredienten nationalen politischen Kultur liegt darin begründet, daß eben der preußische Staat unter Bismarcks Führung, mit den von Moltke erfochtenen militärischen Siegen als Geburtshelfer, die staatliche Einheit geschaffen hat und, nachdem es zu einer kleindeutschen Lösung ohne das katholisch-habsburgische Österreich gekommen war, das ein Gegengewicht gegen das protestantisch-hohenzollerische Preußen hätte sein können, das Deutsche Kaiserreich politisch dominierte. Die politische Kultur Preußens überlagerte entweder die verschiedenen regionalen politischen Kulturen des Reiches oder verschmolz mit ihnen dergestalt, daß sie schließlich als regional oder konfessionell modifizierte Spielarten der nationalen, preußisch geprägten deutschen politischen Kultur erschienen.

Wie war nun diese politische Kultur beschaffen? Thomas Mann hat in seinen "Betrachtungen" den Begriff und den Topos des "Unpolitischen" geprägt. Kurt Sontheimer nannte als nachwirkende Traditionen der politischen Kultur in Deutschland die "etatistische" und die "unpolitische Tradition" sowie die Traditionen des "deutschen Idealismus", der "Konfliktscheu" und des "Formalismus"[22]. Diese Typologie wurde in der Politikwissenschaft breit rezipiert, sie gehört seitdem zu den Standards vieler Untersuchungen der deutschen politischen Kultur und wurde verschiedentlich ergänzt[23]. Einen anderen Schwerpunkt setzte Peter Reichel, indem er nicht nur tradierte Denkgewohnheiten und Einstellungsmuster, sondern auch ideologische Strömungen, die sich in Deutschland als besonders folgenreich erweisen sollten, in seinen Katalog von politischen Orientierungen in der wilhelminischen Gesellschaft aufnahm: Zu den Inhalten dieser politischen Kultur, die in der Republik von Weimar noch weiter radikalisiert wurden, zählte er den illiberalen "Nationalismus", der sich zu einem "Sozialimperialismus" gesteigert habe, die "obrigkeitsstaatliche Orientierung", die "protektionistische Erwartungshaltung", also eine ausgeprägte Output-Orientierung, den traditionellen "Militarismus" mit entsprechendem Tugendkanon, die "antiaufklärerischen, antiwestlichen, antimodernistischen Einstellungen", weiter die "Krisenideologie des Antisemitismus" und schließlich den "Antikommunismus"[24]. Auch in anderen Charakterisierungen der deutschen politischen Kultur vor 1945 griffen die Auto-

---

22   Sontheimer 1971/1991, 123-128. In der ersten Auflage von 1971 (S. 76-80) war die Tradition des deutschen Idealismus noch nicht aufgenommen.

23   Vgl. Carl Böhret / Werner Jann / Marie Therese Junkers / Eva Kronenwett: Innenpolitik und politische Theorie. Ein Studienbuch, Opladen 1979, 1982[2], S. 86-88 (wobei die "reduktionistische Tradition" hinzugefügt wird); Eckhard Jesse: Die Demokratie der Bundesrepublik Deutschland. Eine Einführung in das politische System, Berlin 1986[7], S. 142f.; Rausch 1980, 18-28 (wobei als weitere Tradition "Kommunikationsverweigerung und Sprachveränderung" genannt wird); Iwand 1985, 166-176; Backes / Jesse 1989/1990, 227; Weidenfeld / Korte 1991, 116-120 (hinzu kommt hier als weiteres von "sechs politisch-kulturellen Strömungen einer Wertekontinuität" das "Sicherheitsbedürfnis")

24   Reichel 1982, 20f.

ren[25] immer wieder auf die genannten Topoi zurück; es ergibt sich das Bild einer insgesamt eher unpolitischen und etatistischen politischen Kultur, deren Kennzeichen namentlich vor dem Hintergrund der Erfahrung, daß in dieser politischen Kultur die Katastrophe des Nationalsozialismus möglich war, negativ beurteilt werden. Die Feststellung dieser vom historischen Verlauf in Deutschland diskreditierten politischen Kultur bedeutet nicht, daß es im 19. und frühen 20. Jahrhundert keine anderen Merkmale und Tendenzen im Bereich der politischen Kultur gegeben hätte, im Gegenteil: Es muß betont werden. daß die auch in dieser Untersuchung vorgenommene Hervorhebung der eine demokratische Entwicklung verhindernden Traditionen nur einen - den dominierenden - Teil der komplexen Vielfalt der historischen Strömungen und Phänomene erfaßt. Sicherlich existierten demokratische und liberale Ansätze in diversen Parteien des Deutschen Kaiserreiches, gewiß entfalteten sich Partizipation und Formen rationaler Konfliktregelung, etwa in der Arbeiterbewegung. Doch wurde dieses demokratische Potential, das über den Leisten der unpolitischen Tradition nicht geschlagen werden kann, bis zum Ende des Zweiten Weltkriegs in Deutschland nie dominant, es entschied eben nicht über das Schicksal der ersten deutschen Demokratie in den zwanziger und frühen dreißiger Jahren, auf seiner Basis konnte die Barbarei des Dritten Reiches nicht verhindert werden. Somit ist die Darstellung der 'belasteten' politischen Kultur in Deutschland vor 1945, deren einzelne Traditionen im zweiten Teil dieses Kapitels skizziert werden, keine Einseitigkeit in der Auswahl, sondern Ausdruck der Absicht, verschiedene und widersprüchliche Ansätze und Elemente politischer Kultur zu gewichten, ihre konkreten historischen Folgen abzuwägen.

Die Spezifika der deutschen politischen Kultur, das, was sie von den politischen Kulturen anderer Staaten unterscheidet, werden seit der traumatischen Erfahrung der nationalsozialistischen Diktatur, für deren Erklärung sie herangezogen werden, in negativem Licht gesehen und verurteilt. Das Bewußtsein von einer besonderen deutschen Entwicklung, die sich von der vergleichbarer Nationen deutlich abhebt[26], existierte als Kind des Historismus und der Romantik bereits seit dem frühen 19. Jahrhundert. Allerdings tat man sich im Kaiserreich viel darauf zugute, als Nation einen anderen Weg als den liberaldemokratischen der westlichen Nachbarländer zu beschreiten; man empfand

---

25 Vgl. etwa Greiffenhagen 1979, 65-75; Reichel 1981b, 68-83; Röhrich 1983, 26-33 und 46-53; Krisch 1984, 7; Hagen Schulze: Die Versuchung des Absoluten. Zur deutschen politischen Kultur im 19. und 20. Jahrhundert, in: APuZ 1984/7, 3-10, hier 4 und 8; Berg-Schlosser / Schissler 1987b, 22f.; Irma Hanke: Die politische Kultur, in: DDR. Das politische, wirtschaftliche und soziale System 1988, 121-171, hier 123; Dirk Berg-Schlosser: Entwicklung der Politischen Kultur in der Bundesrepublik Deutschland, in: APuZ 1990/7, 30-46, hier 35f.; Weidenfeld 1990, 19-21 und 27-35; Martin Greiffenhagen: Die Bundesrepublik Deutschland 1945-1990. Reformen und Defizite der politischen Kultur, in: APuZ 1991/1-2, 16-26, hier 23f.

einen krassen Kontrast zwischen dem 'deutschen Wesen' und dem Charakter westlicher Zivilisationen. Der in Deutschland verbreiteten Überzeugung von einem eigenen Sonderweg sowohl in politisch-historischer als auch in geistig-kultureller Hinsicht gab *Thomas Mann* gegen Ende des Ersten Weltkriegs Ausdruck:

> "Im Jahre 1914 hatte es (Deutschland, W. B.) den Glauben, daß die westlichen Ideen noch die führenden, sieghaften, revolutionären seien, als Aberglauben erkannt; es war durchdrungen davon, daß Fortschritt, Modernität, Jugend, Genie, Neuheit auf deutscher Seite seien; es glaubte mit Händen zu greifen, daß, im Vergleich mit dem Konservatismus der 'unsterblichen Prinzipien', sein eigener seelischer Konservatismus etwas wahrhaft Revolutionäres bedeute."[27]

Die Wahrnehmung einer nationalen deutschen Identität bekam ihre antiwestliche, vor allem antifranzösische Stoßrichtung, wie Hagen Schulze überzeugend argumentiert hat[28], bereits zur Zeit ihrer Herausbildung, nämlich in der Abwehrhaltung gegen das napoleonische Okkupationsregime und während der Befreiungskriege. Die Theorie des deutschen Sonderweges wurde Bestandteil der nationalen Ideologie in Deutschland und richtete sich gegen alles, was man, da es aus Frankreich, überhaupt aus dem Westen, auch aus England, kam, als dem deutschen Geist fremd ansah und ablehnte: gegen die universalen Prinzipien der Aufklärung und des Humanismus, gegen die Ideen des Liberalismus und der Demokratie, gegen den Rationalismus und die Moderne. Somit lag es nahe, daß das deutsche Sonderwegbewußtsein, das sich mit der Idee der deutschen Sendung in der Welt verband und in den "Ideen von 1914"[29] kulminierte, als Antiideologie zur Weimarer Republik[30] in dem

---

26 Aus der Fülle von Beiträgen zur Diskussion um den deutschen Sonderweg vgl. zum Beispiel Plessner 1935/1982; Ralf Dahrendorf: Gesellschaft und Demokratie in Deutschland, München 1965; David Calleo: The German Problem Reconsidered. Germany and the World Order, 1870 to the Present, Cambridge u. a. 1978; David Blackbourn: Wie es eigentlich nicht gewesen, in: Blackbourn / Eley 1980, 71-139; Geoff Eley: Deutscher Sonderweg und englisches Vorbild, in: Blackbourn / Eley 1980, 7-70; Bernd Faulenbach: "Deutscher Sonderweg". Zur Geschichte und Problematik einer zentralen Kategorie des deutschen geschichtlichen Bewußtseins, in: APuZ 1981/33, 3-21; Deutscher Sonderweg - Mythos oder Realität? (Kolloquien des Instituts für Zeitgeschichte), München, Wien 1982, mit Referaten von Horst Möller, Thomas Nipperdey, Kurt Sontheimer, Ernst Nolte, Michael Stürmer und Karl Dietrich Bracher; Kurt Sontheimer: Ein deutscher Sonderweg?, in: Die Identität der Deutschen 1983, 324-335; Werner Weidenfeld: Die Bundesrepublik Deutschland: kein Provisorium - aber was sonst?, in: APuZ 1983/11, 3-13, hier 5-8; Hagen Schulze: Die Versuchung des Absoluten. Zur deutschen politischen Kultur im 19. und 20. Jahrhundert, in: APuZ 1984/7, 3-10; Eder 1985, 321-325, 367-394 und 480-491; Weidenfeld 1990, 8-66 und 183-186; Sontheimer 1991b, 55-70.

27 Thomas Mann: Betrachtungen eines Unpolitischen, in: Gesammelte Werke, Bd. 12, Frankfurt a. M. 1960, S. 352

28 Vgl. Hagen Schulze: Die Versuchung des Absoluten. Zur deutschen politischen Kultur im 19. und 20. Jahrhundert, in: APuZ 1984/7, 3-10, hier 4f. Zu der Gewinnung einer deutschen "Identität durch Abgrenzung" im Protest gegen Frankreich vgl. auch Weidenfeld 1990, 16f.

Staat seinen Feind erblickte, in dem mit einiger Verspätung nun die westlichen Ideen der Demokratie und des Liberalismus verwirklicht wurden. Die von Helmuth Plessner begründete Auffassung von Deutschland als einer "verspätete(n) Nation"[31] bezog sich zum einen auf die Zeitpunkte des Erreichens der Nationalstaatlichkeit und der Errichtung einer Republik, zum anderen auf den Prozeß der Industrialisierung; darüber hinaus interpretierte nach dem Zweiten Weltkrieg die These von einer deutschen Sonderentwicklung das Fehlen einer erfolgreichen bürgerlichen Revolution als verhängnisvolle Abweichung von der westlichen 'Norm'. Das geschichtswissenschaftliche Stereotyp der Sonderwegthese, das seit den Tagen Heinrich von Treitschkes - mit einem Vorzeichenwechsel nach 1945 - die Interpretation der historischen Entwicklung Deutschlands dominiert hat, wird zunehmend in Frage gestellt. Die breite Diskussion, die anfangs der achtziger Jahre um den Mythos oder die Realität des deutschen Sonderweges geführt wurde, hatten die beiden britischen Historiker David Blackbourn und Geoff Eley mit zwei provokanten Aufsätzen ausgelöst, in denen sie unter anderem die Vorbildhaftigkeit des englischen und französischen Typs der Revolution eines liberalen Bürgertums (der selbst wiederum eine idealtypische Reduktion sei) für den Modernisierungsprozeß aller industriellen Gesellschaften bezweifelten[32]. Auch in seiner jüngsten Publikation plädiert Eley für "das Aufgeben des normativen liberaldemokratischen Bezugsrahmens, an dem gewöhnlich die deutschen Abweichungen gemessen werden, und die Neubewertung der Authentizität und Stabilität der deutschen Entwicklung vor 1914"[33], damit für ein Abrücken von der Vorstellung einer besonderen deutschen Entwicklung. In der Kontroverse um die Berechtigung der Sonderwegthese machte Karl Dietrich Bracher den überzeugenden Vorschlag, von der Annahme und Betonung eines historisch-politischen Sonderweges in Deutschland, den es bis zum Jahr 1933 nicht gegeben habe, abzusehen und stattdessen die Bedeutung der ideologischen Herausbildung eines deutschen Sonderbewußtseins hervorzuheben[34]. Die reale geschichtliche Entwicklung Deutschlands im 19. und frühen 20. Jahrhundert war demnach viel weniger unterschieden von der anderer

---

29 Die "Ideen von 1914" kontrastierte Klaus von See (1975) mit den "Ideen von 1789".

30 Vgl. Bernd Faulenbach: "Deutscher Sonderweg". Zur Geschichte und Problematik einer zentralen Kategorie des deutschen geschichtlichen Bewußtseins, in: APuZ 1981/33, 3-21, hier 9-12

31 So bereits im programmatischen Titel von Plessner 1935/1982

32 Vgl. Geoff Eley in Blackbourn / Eley 1980, 11-14 und 54. David Blackbourn sah die Vertreter der Sonderwegthese das Konzept der historischen Besonderheit im Falle Deutschlands nach dem - in Orientierung an Orwell formulierten - Motto anwenden: "alle nationalen Historien sind besonders, aber einige sind besondrer als die anderen" (Blackbourn / Eley 1980, 124).

33 Eley 1991, 25

34 Vgl. Brachers Beitrag in: Deutscher Sonderweg - Mythos oder Realität? (Kolloquien des Instituts für Zeitgeschichte), München, Wien 1982, S. 46-53

Nationen, als es in der deutschen Interpretation dieses historischen Verlaufs behauptet wurde; jedoch beeinflußte das die Realität im Grunde verfehlende Bewußtsein einer deutschen Besonderheit die reale Entwicklung der deutschen Politik so stark, daß es mit der Diktatur des Nationalsozialismus tatsächlich zu einem deutschen Sonderweg kam. Für das Festhalten an der "Theorie vom deutschen historischen Sonderweg in ihrer negativen Version" tritt Kurt Sontheimer "aus politischen und pädagogischen Gründen" ein, weil dann eher "die moralische Kraft" gegeben sei, den nach dem Zweiten Weltkrieg beschrittenen "Weg der Umkehr und Erneuerung" weiterzugehen[35]. Die politische und pädagogische Notwendigkeit dieses Sonderwegbewußtseins war dem politischen Bewußtsein der Bundesdeutschen in den siebziger und achtziger Jahren immer schwieriger zu vermitteln, da die Bonner Republik in ihrer Selbstdarstellung und in den Augen ihrer Bürger zunehmend als 'normal'[36] empfunden wurde; jedoch ist diese Notwendigkeit gerade für das vereinigte Deutschland gegeben: Das zeigen die aktuellen, von rechtsextremen Ideologemen motivierten Mordanschläge auf ausländische Mitbürger mit dramatischer Deutlichkeit.

Vor dem Hintergrund der Erfahrung des Dritten Reiches war es verständlich, daß nach 1945 sämtliche Traditionen und Elemente der politischen Kultur in Deutschland, die mit der Theorie des deutschen Sonderweges in Verbindung gebracht werden konnten, einem negativen Verdikt verfielen. Jakob Schissler hat nun den Versuch unternommen, "der Rekonstruktion rein negativer Kontinuitätslinien in der deutschen Politischen Kultur zu entrinnen"[37] und einige der von der historischen Entwicklung diskreditierten Traditionen des deutschen Weges zu rehabilitieren. Er plädiert für relativierende Vergleiche mit anderen Gesellschaften und eine positivere Sichtweise vor allem der "Ausprägung des deutschen Rechtsstaates und - damit verbunden - legalistischer Haltungen in der Bevölkerung", die eine vergleichsweise effiziente neutrale Verwaltung und Justiz ermöglicht hätten; die heute meistens denunzierten und karikierten traditionellen preußischen Tugenden und das Pflichtenethos der Beamten hätten sich in der Weimarer Republik durchaus "bei entsprechender Umorientierung"[38] mit den Institutionen eines demokratischen Systems verbinden lassen. Auch wenn die von Schissler geforderte objektivere, nicht ex post facto rekonstruierende Betrachtung der Traditionen deutscher politischer Kultur dadurch erschwert wird, daß niemand sein Wissen um den tatsächlichen Verlauf der deutschen Geschichte verleugnen kann, erscheint sein Plädoyer, verstanden als Forderung nach etwas mehr Differen-

---

35   Sontheimer 1991b, 62f. Vgl. in ähnlicher Formulierung bereits Sontheimers Beitrag in: Deutscher Sonderweg - Mythos oder Realität? (Kolloquien des Instituts für Zeitgeschichte), München, Wien 1982, S. 27-33, hier S. 32.

36   Vgl. die Beiträge in: Ein ganz normaler Staat? 1989

37   Schissler 1978, 159

38   Schissler 1978, 160

zierung und Relativierung bei der Beurteilung der traditionellen politischen Kultur, berechtigt: Nicht in jedem Einstellungs- oder Verhaltensmuster, das sich in Deutschland im 19. Jahrhundert gezeigt hat, kann ein Wegbereiter der Katastrophe von 1933 gesehen werden.

Die Überzeugung, daß die Deutschen so anders als die übrigen westlichen Völker seien, war ansonsten nicht auf den deutschen Raum beschränkt, sondern ein europäisches Allgemeingut. In ihrem zwischen 1800 und 1814 entstandenen berühmten und einflußreichen Buch über Deutschland hielt *Madame de Staël* als auffällige Kennzeichen der Deutschen eine metaphysisch geprägte Apathie und Schwerfälligkeit fest:

"On a beaucoup de peine à s'accoutumer, en sortant de France, à la lenteur et à l'inertie du peuple allemand; il ne se presse jamais, il trouve des obstacles à tout; vous entendez dire, en Allemagne, *c'est impossible*, cent fois contre une en France. Quand il est question d'agir, les Allemands ne savent pas lutter avec les difficultés; et leur respect pour la puissance vient plus encore de ce qu'elle ressemble à la destinée, que d'aucun motif intéressé."[39]

3.2 Dominante Traditionen der deutschen politischen Kultur

3.2.1 Ablehnung von aufklärerischen Ideen

"Aufklärung ist der Ausgang des Menschen aus seiner selbstverschuldeten Unmündigkeit. Unmündigkeit ist das Unvermögen, sich seines Verstandes ohne Leitung eines anderen zu bedienen. Selbstverschuldet ist diese Unmündigkeit, wenn die Ursache derselben nicht am Mangel des Verstandes, sondern der Entschließung und des Mutes liegt, sich seiner ohne Leitung eines andern zu bedienen. *Sapere aude!* Habe Mut, dich deines eigenen Verstandes zu bedienen! ist also der Wahlspruch der Aufklärung."[40]
Immanuel Kant, Beantwortung der Frage:
Was ist Aufklärung?

Aufklärung war in Deutschland immer ein schwieriges Geschäft. Das zitierte Plädoyer des Ostpreußen Immanuel Kant für geistige Freiheit und den Mut zu selbständiger Kritik aus dem Jahr 1784 konnte im Bewußtsein der Deutschen nie richtig Fuß fassen. Der antifranzösische, antiwestliche und damit auch antiaufklärerische Impetus der nationalen deutschen Identität im 19. Jahrhun-

---

39 Mme de Staël: De l'Allemagne (1814). Nouvelle édition, Paris 1958, S. 43f. Der Topos des Metaphysischen findet sich dort auf S. 38, 187 und 306. Eine von Öfen, Bier und Tabakrauch gebildete lähmende Schwere, die sich über das ganze Land legt und die Aktivität erstickt, wird auf S. 53 anschaulich geschildert.

40 Immanuel Kant: Beantwortung der Frage: Was ist Aufklärung? (1784), in: Immanuel Kants Werke, Bd. 4, Berlin 1922, S. 169-176, hier S. 169

dert verhinderte, daß die Gedanken der englischen und französischen Aufklärer John Locke, Montesquieu und Jean-Jacques Rousseau, die der Aufklärung mit den Ideen der Vertragslehre und der Gewaltenteilung ihre politische Dimension gegeben haben, im Lande Leibniz' und Lessings angemessen rezipiert wurden. Letztlich sind alle in den folgenden Abschnitten behandelten Traditionen der politischen Kultur in Deutschland als die Folgen einer versäumten Aufklärung zu verstehen.

Wesentlichen Anteil an der Trübung der Aufklärung in Deutschland hatten die Dichter der Romantik, die Apologeten des Gefühls der Innerlichkeit und der Wirklichkeitsferne, deren Literatur zwiespältige Reaktionen in der Welt hervorgerufen hat: bewundert als faszinierende Kunstwerke und beargwöhnt als Chiffre für das, was die Franzosen *"le malaise allemand"* nennen. Gegen die starke Betonung des Intellektes[41] und den optimistischen Glauben an steten Fortschritt, gegen das logische und systematische Denken des 18. Jahrhunderts setzten seit der Jahrhundertwende junge Autoren wie Tieck, Eichendorff, Clemens Brentano, Achim und Bettina von Arnim oder E. T. A. Hoffmann in ihren Texten emotionale Spontaneität und intensiv erlebte Individualität, sie suchten die im Rationalismus verlorengegangene Beziehung des Menschen zur Natur und zu Gott wiederzufinden. Novalis warf den Vertretern der Aufkärung, "dieses neuen Glaubens..., der aus lauter Wissen zusammengeklebt war", in einem engagierten Essayfragment vor, "die Natur, den Erdboden, die menschlichen Seelen und die Wissenschaften von der Poesie zu säubern, - jede Spur des Heiligen zu vertilgen, das Andenken an alle erhabenen Vorfälle und Menschen durch Sarkasmen zu verleiden, und die Welt alles bunten Schmucks zu entkleiden." Gegen diese "Wüsten des Verstandes" wünschte Novalis die Auferstehung einer neuen, nicht mehr gespaltenen, einigen und universalistischen Kirche, die "ächte Freiheit seyn" und keinen Anlaß "zu protestiren" mehr geben werde; dann müsse "kommen die heilige Zeit des ewigen Friedens, wo das neue Jerusalem die Hauptstadt der Welt seyn wird".[42] Die Gedichte und Novellen der Romantiker sind erfüllt von einer tief empfundenen Sehnsucht nach dem fernen Wunderland, nach der blauen Blume, die nicht zu finden ist, nach dem Tode. Ihre Sehnsucht auch nach der Vergangenheit, die sie alte volkstümliche Lieder, Sagen und Märchen sammeln und literarisch festhalten ließ, war das künstlerische Komplement zu einer Flucht vor der Gegenwart, die eine anfangs unpolitische und später konservative politische Haltung zeugte und sich in der Ablehnung der Modernisierungsschübe im Gefolge der Französischen Revolution zeigte.

---

41 Einige Politik- und Geschichtswissenschaftler schreiben sogar von einer "Vergötterung des Intellekts" in der Aufklärung, womit sie die Betrachtungsweise der Romantiker übernehmen (vgl. Craig 1982/1985, 217; und wortgleich Weidenfeld 1990, 29).

42 Novalis: Die Christenheit oder Europa. Ein Fragment (Geschrieben im Jahre 1799), in: Schriften. Die Werke Friedrich von Hardenbergs, Bd. 3: Das philosophische Werk II, Stuttgart u. a. 1960, Darmstadt 1983³, S. 507-524, hier S. 515f., 520 und 524

Der Hang zu Mystischem und Mythischem begründete einen Irrationalismus, der sich in Antihaltungen gegenüber allem, was man mit der Aufklärung des Westens in Verbindung brachte, äußerte; verschiedentlich wurde sogar an den Universitäten der Vernunft der Kampf angesagt. Seit der Romantik konsolidierten sich in Deutschland Denkgewohnheiten, die gegen Rationalismus, Intellektualismus und Moderne gerichtet waren; im politischen Bereich prägten sie ein antiliberales und "antidemokratisches Denken"[43], das der realen Kompliziertheit von Politik und Gesellschaft nicht die gebührende Differenzierungs- und Kompromißbereitschaft entgegenbringen mochte. So sahen die Romantiker im Staat nicht das rational begründete und auf einen Gesellschaftsvertrag gestützte Ergebnis eines menschlichen Schöpfungsaktes, sondern die organisch gewachsene und natürliche Verwirklichung einer göttlichen Idee[44]. Die Vorbehalte der Romantik als einer europäischen Protestbewegung gegenüber der Industrialisierung und dem aufkommenden Kapitalismus unterstützten in Frankreich, Italien und England die sozialreformerischen Strömungen[45]; in Deutschland kam dieses Potential hingegen kaum zur Entfaltung, da die deutschen Romantiker cum grano salis lieber am Mythos einer mittelalterlichen christlichen Reichsgemeinschaft sponnen, als sich in die Niederungen von konkreten Plänen zu Sozialreformen hinabzubegeben.

Eine besondere Rolle hat in Deutschland das apokalyptische Denken gespielt; in einer kenntnisreichen Untersuchung wies Klaus Vondung nach, wie verschiedene heilsgeschichtliche Deutungen von Geschichte[46] mit der Vision von Erlösung durch Vernichtung eine auffallend stabile deutsche Tradition der Apokalypse begründet haben. Es liegt auf der Hand, daß die bei der Rechten wie bei der Linken ausgeprägte apokalyptische Hoffnung auf Untergang und Wiedergeburt eine weitere antiaufklärerische Besonderheit der deutschen Geistesgeschichte bezeichnet.

Die deutsche Abneigung gegenüber dem Westen und seinen Ideen, die nach der Französischen Revolution und der sehr kurzen Phase einer euphorischen Begeisterung für sie eben als die Ideen des Kriegsgegners ins Land gekommen waren, erfuhr gleich zweimal eine Intensivierung im Zusammenhang mit militärischer Konfrontation: Nach dem Sieg bei Sedan im September 1870 wurde in Deutschland gerne aus der militärischen Überlegenheit gegenüber Frankreich auf eine Überlegenheit der deutschen Kultur geschlossen[47];

---

43 So im Titel der Untersuchung von Sontheimer 1962/1983
44 So schrieb der romantische Staatstheoretiker Adam H. Müller: "Der Staat ruhet ganz in sich; unabhängig von menschlicher Willkür und Erfindung, kommt er unmittelbar und mit dem Menschen eben daher, woher der Mensch kommt: aus der Natur: - aus Gott." (Zit. n. Weidenfeld 1990, 32)
45 Vgl. Kühnl 1989, 110
46 Vgl. Vondung 1988, 85
47 Friedrich Nietzsche nannte diesen "Irrthum" einen "höchst verderblich(en)" Wahn. In: Unzeitgemäße Betrachtungen. Erstes Stück. David Strauss, der Bekenner und der Schriftsteller (1873), in: Gesammelte Werke, Bd. 6, München 1922, S. 131

nach der Niederlage bei Amiens im August 1918 wurde die Erfahrung der militärischen Unterlegenheit mit tiefen Zweifeln am Geist, der Kultur und den Werten der Sieger kompensiert[48]. Die Abwendung der Deutschen von der ratio, die mit der Romantik begonnen hatte, ließ das Irrationale über das Rationale die Oberhand gewinnen. Durchdrungen vom Irrationalismus, der seit der Wende zum 20. Jahrhundert die Lebensphilosophie Nietzsches vulgarisiert hatte, stellten die Vertreter des deutschen Geistes "das Leben über den Geist"[49]. Dem Fühlen und dem Erleben des heroischen Menschen wurde nun ein höherer Rang als dem Denken und der Reflexion des kritischen Analytikers zugesprochen. Somit stellte die "Zerstörung der Vernunft"[50] im Nationalsozialismus kein Novum dar, sondern die totalitäre Folgerung der irrationalen Geisteshaltung.

3.2.2 Distanz zur Politik und Eskapismus

"Abgesondert von dem politischen hat der Deutsche sich einen eigenen Wert gegründet, und wenn auch das Imperium unterginge, so bliebe die deutsche Würde unangefochten. Sie ist eine sittliche Größe, sie wohnt in der Kultur und im Charakter der Nation, der von ihren politischen Schicksalen unabhängig ist... Indem das politische Reich wankt, hat sich das geistige immer fester und vollkommener gebildet."[51]

Friedrich Schiller, Deutsche Größe

Politik war den Deutschen immer etwas suspekt. Der Hang, vor der komplizierten Realität in eine schönere Scheinwelt, in das Reich der unverfälschten Ideen und Ideale zu entfliehen, begründete die traditionell apolitische Einstellung des deutschen Bürgertums. Dieser Eskapismus wurde im wesentlichen im späten 18. und der ersten Hälfte des 19. Jahrhunderts, besonders unter dem Einfluß des Pietismus und der Romantik, ausgeformt. Die sprichwörtliche häusliche Biedermeier-Idylle steht als Symbol für die Politikfremdheit weiter Bevölkerungskreise in der Zeit der Restauration. Nachdem im Vormärz liberale, nationale und demokratische Hoffnungen immer drängender politisch artikuliert worden waren, stellte die Enttäuschung über das Scheitern der Revolution von 1848 für das deutsche Bürgertum in seiner Mehrheit endgültig den Anlaß dar, sich von der Politik ab- und stärker der Wirtschaft zuzuwenden, zumal die rasche Industrialisierung das Interesse an ökonomischer Lei-

---

48 Vgl. Weidenfeld 1984, 18
49 Sontheimer 1962/1983, 43
50 Vgl. Georg Lukács: Die Zerstörung der Vernunft (1954), Neuwied, Berlin Spandau 1962
51 Friedrich Schiller: Deutsche Größe, in: Schillers Werke. Nationalausgabe, Bd. 2,I, Weimar 1983, S. 431

stung begünstigte. Das Heil wurde in der privaten, nichtöffentlichen Sphäre gesucht; der deutsche Idealismus und die Romantik stellten das Arsenal von Möglichkeiten zur Wirklichkeitsflucht bereit. Der pragmatische Kompromiß, der alltägliche und in der Tat nicht erhebende Interessenausgleich, von dem die demokratische Politik lebt, wird in dieser Überlieferung leicht als "faul" angesehen und in die Nähe von "Kuhhandel" oder gar "Verrat" an den hehren Prinzipien gerückt[52]. Man hielt "politisch Lied" für "garstig Lied" und "leidig Lied"[53] und sah Politik mehrheitlich als ein schmutziges Geschäft an, von dem man besser die Finger lasse.

Auf der Ebene des politischen Verhaltens zeigte sich die politische Apathie darin, daß man die Politik denen überließ, die man dafür zuständig hielt: Regierung und Beamtentum. In dieser Distanz der Masse der Bevölkerung zur Politik, die als Angelegenheit des Staates, nicht der Gesellschaft betrachtet wurde, entwickelte sich kein partizipativ-engagiertes, sondern lediglich eine passiv-rezeptive Erwartungshaltung gegenüber dem politischen System. Durch den Mangel an Partizipation entstand auch kein Gefühl einer eigenen Verantwortung[54] für den Staat, in dem man lebte; wo man sich für die Pflege der *res publica* nicht zuständig fühlte wie in der Weimarer Republik, gab es auch keine Bereitschaft, für den Staat einzutreten und ihn gegen seine geistigen Zerstörer zu verteidigen.

Die Schriftsteller und Intellektuellen bestärkten das Bürgertum in seiner unpolitischen Haltung, auch unter den Vertretern des Geistes dominierte das Unbehagen an der grauen, gewöhnlichen Politik, welche die reinen Ideen nur verschmutze. Einen gewissen Soupçon gegen die moderne Massendemokratie, der für die geistige Elite in Deutschland bereits im frühen 19. Jahrhundert charakteristisch war, hat *Johann Wolfgang Goethe* in seinen "Maximen und Reflexionen" geäußert:

> "Nichts ist widerwärtiger als die Majorität; denn sie besteht aus wenigen kräftigen Vorgängern, aus Schelmen, die sich akkomodieren, aus Schwachen, die sich assimilieren, und der Masse, die nachtrollt, ohne nur im mindesten zu wissen, was sie will."[55]

Noch expliziter faßte ein Jahrhundert später *Thomas Mann* die Aversionen gegen die Politik, vor allem gegen ihre konkrete Erscheinungsform: die Institutionen, zusammen:

---

52 Vgl. Hagen Schulze: Die Versuchung des Absoluten. Zur deutschen politischen Kultur im 19. und 20. Jahrhundert, in: APuZ 1984/7, 3-10, hier 4

53 So der Zecher Brander in Auerbachs Keller in: Johann Wolfgang Goethe: Faust. Eine Tragödie, in: Goethes Werke. Hamburger Ausgabe, Bd. 3, München 1986, S. 68

54 Vgl. Verba 1965a, 557: "Participation tends to produce responsibility."

55 Johann Wolfgang Goethe: Maximen und Reflexionen. Gesellschaft und Geschichte, in: Goethes Werke. Hamburger Ausgabe, Bd. 12, München 1981, S. 382

"Die Politik macht roh, pöbelhaft und stupid. Neid, Frechheit, Begehrlichkeit ist alles was sie lehrt. Nur seelische Bildung befreit. An Institutionen ist wenig, an den Gesinnungen alles gelegen."[56]

Wie der Irrationalismus insgesamt erfuhr auch der Widerwille gegen die Politik seine Radikalisierung in der Republik von Weimar. Politische Parteien, die "in Deutschland nie wirklich populär" waren, wurden mitsamt ihren Funktionären in dieser Zeit besonders tief verachtet und diskreditiert[57]. Die moralische Abwertung der Politik kann außer mit der kulturellen Arroganz des Idealismus auch damit erklärt werden, daß das Bürgertum in Deutschland durch den autoritären Obrigkeitsstaat des Kaiserreiches von der Politik ausgeschlossen wurde, eine politische Identität nicht herausbilden konnte und schließlich "aus der Not bürgerlicher Politikferne die Tugend einer 'deutschen Kultur' zu machen suchte"[58]. Fritz Stern wies auf die Ambivalenz von "Idealisierung der Macht" einerseits und einer gewissen "Vergötterung des Idealismus in der Politik" andererseits hin, wodurch die Kluft zwischen einer kaum kaschierten autoritären Macht und einer völlig realitätsfremden Geistigkeit überbrückt wurde[59]. Martin und Sylvia Greiffenhagen betonen, daß "die politische Ohnmacht" dem deutschen Bürgertum vom "Obrigkeitsstaat auferlegt wurde"[60]; diese Beobachtung trifft sicherlich zu, jedoch konnte sich darüber hinaus der Staat des Deutschen Kaiserreiches bei seiner implizit erhobenen Forderung nach politischer Enthaltsamkeit auf bereits vorhandene, nicht staatlich erzwungene unpolitische Einstellungen und den Rückzug in die private Innerlichkeit stützen. Das Verhältnis zwischen Eskapismus und Obrigkeitsstaat war somit ein wechselseitig sich bedingendes und verstärkendes: Der Staat konnte autoritärer Obrigkeitsstaat sein, weil sich das Bürgertum, kulturell geprägt von der Romantik und ihrer Ablehnung von Rationalismus und Aufklärung, nur wenig für politische Partizipation, für die Ideen des Westens interessierte; und das unpolitische Bürgertum wurde immer unpolitischer, weil ihm der Staat die Partizipation faktisch verweigerte.

Ein positiver Aspekt, den man der deutschen Distanz zur Politik im 19. Jahrhundert abgewinnen kann, sind die beachtlichen Erfolge in Wissenschaft und Kunst, die auch aus dem Grund erzielt werden konnten, daß geistige Kapazitäten dank der Politikferne des Geistes in Deutschland freigesetzt waren.

---

56 Thomas Mann: Betrachtungen eines Unpolitischen, in: Gesammelte Werke, Bd. 12, Frankfurt a. M. 1960, S. 259

57 Sontheimer 1962/1983, 155

58 Greiffenhagen 1986, 111

59 Stern 1963/1986, 17

60 Greiffenhagen 1979, 66

3.2.3 Obrigkeitsstaatliche Orientierungen

> "Als Knabe personifizierte ich mir den Staat gern in meiner Einbildung, stellte ihn mir als eine strenge, hölzerne Frackfigur mit schwarzem Vollbart vor, einen Stern auf der Brust und ausgestattet mit einem militärisch-akademischen Titelgemisch, das seine Macht und Regelmäßigkeit auszudrücken geeignet war: als General Dr. von Staat."[61]
>
> Thomas Mann, Betrachtungen eines Unpolitischen

Der Staat galt den Deutschen immer besonders viel. Das für die deutsche politische Kultur charakteristische Hochschätzen des Staates als eines Wertes an sich, auf das auch Thomas Manns zitierte Personifikation hinweist, hat eine wichtige Wurzel in der Auslegung[62] der Lehre Martin Luthers von der Gehorsamspflicht gegenüber der staatlichen Obrigkeit, eine weitere Wurzel in Hegels Staatsidealismus. Der schwäbische Philosoph Georg Wilhelm Friedrich Hegel sah im Staat die "vollendete Realität" des Geistes, die "Wirklichkeit der sittlichen Idee" und die "Wirklichkeit des substantiellen *Willens*"[63]. Sein Staatsidealismus war weltfremd, unpolitisch, er schuf keine Staatsidee, nannte keine Staatsziele. Die deutsche Staatsauffassung, präziser: diejenige Variante, die gegenüber den anderen dominierte, sah im Staat ein eigenständiges, neutral und geschlossen über der zerrissenen Gesellschaft stehendes Wesen aus eigenem Recht, dem Ehre gebührte, kurz: den Obrigkeitsstaat, und nicht, wie die westliche Überlieferung nahelegt, die von Menschen geschaffene Organisation der Gesellschaft[64]. Das etatistische Verständnis ist ambivalent: der Staat gilt ihm einerseits als der "Zuchtmeister der sonst ungeordneten Gesellschaft", andererseits aber auch als "Inkarnation des Gemeinwohls" dieser Gesellschaft[65]. Daß sich in der Distanz der meisten Deutschen zu dem verehrten und gleichzeitig gefürchteten Staat kein staatsbürgerliches Bewußtsein entwickeln konnte, leuchtet ein.

In der obrigkeitsstaatlichen Tradition der deutschen politischen Kultur kommt dem Ganzen, der Gemeinschaft stets Vorrang vor dem Einzelnen, dem Individuellen zu; der vom Ethos der Pflichterfüllung, des Dienstes und Ver-

---

61 Thomas Mann: Betrachtungen eines Unpolitischen, in: Gesammelte Werke, Bd. 12, Frankfurt a. M. 1960, S. 247

62 Auf die Komplexität und auch Widersprüchlichkeit der Äußerungen Luthers zu den Fragen von Obrigkeit, Gehorsam und Widerstand hat Karl Dietrich Erdmann (1983, 28-59) hingewiesen.

63 Georg Wilhelm Friedrich Hegel: Die Vernunft in der Geschichte, hg. von Johannes Hoffmeister, Hamburg 1955⁵, S. 54, Anm. a); ders.: Grundlinien der Philosophie des Rechts. Mit Hegels eigenhändigen Randbemerkungen in seinem Handexemplar der Rechtsphilosophie, hg. von Johannes Hoffmeister, Hamburg 1955⁴, S. 207f. (Hervorhebung im Original)

64 Vgl. hierzu Sontheimer 1971/1991, 123; Greiffenhagen 1979, 65f.; Reichel 1981b, 72-75

65 Sontheimer 1971/1991, 123

zichtes durchdrungene Bürger des Obrigkeitsstaates hat sich gemäß dieser Auffassung dem größeren Ganzen, der staatlichen Autorität ergeben unterzuordnen. In Deutschland, das ein Papst des Mittelalters die *"terra oboedientiae"* genannt hat[66], erhielt daher der Gehorsam, die kritiklose Unterwerfung unter Obrigkeiten als ein wichtiges Erziehungsziel zentrale Bedeutung. Der Typ des Untertanen wurde nirgendwo treffender gezeichnet als in der Figur des Diederich Heßling in *Heinrich Manns* Roman "Der Untertan", aus dem folgende Passage stammt:

> "'Hurra!' schrie Diederich, denn alle schrien es; und inmitten eines mächtigen Stoßes von Menschen, der schrie, gelangte er jäh bis unter das Brandenburger Tor. Zwei Schritte vor ihm ritt der Kaiser hindurch. Diederich konnte ihm ins Gesicht sehen, in den steinernen Ernst und das Blitzen; aber ihm verschwamm es vor den Augen, so sehr schrie er. Ein Rausch, höher und herrlicher als der, den das Bier vermittelt, hob ihn auf die Fußspitzen, trug ihn durch die Luft. Er schwenkte den Hut hoch über allen Köpfen, in einer Sphäre der begeisterten Raserei, durch einen Himmel, wo unsere äußersten Gefühle kreisen. Auf dem Pferd dort, unter dem Tor der siegreichen Einmärsche, und mit Zügen steinern und blitzend, ritt die Macht! Die Macht, die über uns hingeht und deren Hufe wir küssen! Die über Hunger, Trotz und Hohn hingeht! Gegen die wir nichts können, weil wir alle sie lieben! Die wir im Blut haben, weil wir die Unterwerfung darin haben!... Leben in ihr, haben teil an ihr, unerbittlich gegen die, die ihr ferner sind, und triumphierend, noch wenn sie uns zerschmettert: denn so rechtfertigt sie unsere Liebe!"[67]

Die Frage drängt sich auf, wie die auffällige Untertanenmentalität sich in Deutschland so verbreiten konnte. In einer historisch-hermeneutischen Argumentation kommt der traumatischen Erfahrung der Grausamkeit des Dreißigjährigen Krieges, wie Gordon A. Craig überzeugend anführt, grundlegende Bedeutung für die Bereitschaft der Deutschen zu, sich jeder staatlichen Autorität willig zu unterwerfen, sofern sie nur die Sicherheit und Ordnung zu schützen vermochte und "stark genug schien, eine Wiederkehr solcher Schrekken zu verhindern"[68]. Der ausgeprägte Wunsch nach einem starken, ordnenden, schützenden Staat hatte ein eigenes Gewicht gewonnen und existierte weiter, auch als die Erinnerung an die Greuel jenes Krieges allmählich verblaßte. Entscheidend für die Ausbildung einer etatistischen Haltung war weiterhin die Tatsache, daß den Deutschen (im Grunde genommen bis zum Herbst 1989) die Erfahrung eines erfolgreichen Aufstandes gegen eine staatliche Obrigkeit fehlte[69]. Obrigkeitsstaatliche Orientierungen konsolidierten sich in Deutschland auch dadurch, daß der deutsche Nationalstaat nicht, wie es 1848 vergebens versucht worden war, durch eine demokratische Revolution vom Volk gegen die staatliche Autorität erkämpft, sondern 1871 vom preußischen Obrigkeitsstaat als Ergebnis militärischer Siege, gewissermaßen von oben,

---

66   In der Schreibweise "terra obedientiae" zit. in: Craig 1982/1985, 27.
67   Heinrich Mann: Der Untertan. Roman, München 1964, 1984[26], S. 46f.
68   Craig 1982/1985, 27

herbeigeführt wurde. Auf einer geistesgeschichtlichen Ebene kann als Grund für die deutsche etatistische Tradition - neben den genannten Wurzeln bei Luther und Hegel - der von Johan Galtung für die deutschsprachigen Länder konstruierte[70] deduktive 'teutonische Denkstil' mit seiner Neigung, Institutionen zu verdinglichen und magisch zu überhöhen, angeführt werden. In einer sozialpsychologischen Argumentation wurde die Form der von einem autoritären Vater dominierten Familie[71] als Grund für eine spezifisch deutsche Bereitschaft zur Unterwerfung unter Autoritäten und daraus folgende Schwierigkeiten im Umgang mit der Demokratie genannt. Die Einschränkung der Freiheit, die mit der prinzipiell gültigen Loyalität gegenüber staatlicher Macht als solcher verbunden war, hat bereits *Madame de Staël* in Deutschland deutlich erkannt:

"L' amour de la liberté n'est point développé chez les Allemands; ils n'ont appris ni par la jouissance, ni par la privation, le prix qu'on peut y attacher."[72]

Dieses Defizit versuchten deutsche Denker Anfang des 20. Jahrhunderts vom Ruch des Defizitären zu befreien, indem sie zwei Arten von Freiheit unterschieden: der äußeren Freiheit des westlichen Liberalen stellten sie die innere Freiheit des Deutschen gegenüber[73]. Diese Konstruktion konnte an die lutherische Forderung nach äußerem Gehorsam gegenüber der staatlichen Autorität bei Freiheit der inneren Stimme des Gewissens anknüpfen. Richard Löwenthal sah aufgrund dieses durch die Romantik hergestellten Konnexes speziell die Lutheraner im Prozeß der geistigen Säkularisierung, der sich in der zweiten Hälfte des 19. Jahrhunderts beschleunigte, "in starker Versuchung, aus dem Staat, aus der Obrigkeit einen Ersatzgott zu machen"[74]. Auch aus diesem Grund war die Bindung des Protestantismus an den Staat des Deutschen Kaiserreiches enger als die des Katholizismus, wodurch dessen Bindung an die römische Kirche und die päpstliche Obrigkeit wiederum gefestigt wurde. Charakteristisch für den Wunsch nach einem starken, anbetungswürdigen Staat ist

---

69 So beklagte Ernst Robert Curtius im Juli 1945 gegenüber Stephen Spender: "Der Jammer mit den Deutschen ist, daß sie keine Erfahrung haben mit politischer Freiheit. Sie haben sich niemals von ihrer Untergebenen-Mentalität befreit. Ihr Engländer habt vor einigen hundert Jahren einen König geköpft. Die Grundlage eurer Freiheit ist das Bewußtsein, daß man sich gegen Tyrannen auflehnen kann. Die Deutschen dagegen haben sich immer geduckt." (Zit. n. Stephen Spender: Einfaches Leben. Notizen aus dem Deutschen Tagebuch 1945, in: SZ am Wochenende vom 6./7.12.1986)

70 Vgl. Johan Galtung: Struktur, Kultur und intellektueller Stil, in: Leviathan 1983/3, S. 303-338; ders.: Methodology and Ideology, Kopenhagen 1977. Auf Galtungs Unterscheidung von vier dominanten intellektuellen Stilen hat Klaus von Beyme (1988, 11-15 und 76) hingewiesen.

71 Vgl. Verba 1965b, 136

72 Mme de Staël: De l'Allemagne (1814). Nouvelle édition, Paris 1958, S. 58

73 Vgl. Stern 1963/1986, 21

74 Löwenthal 1970, 20

eine Äußerung von Wilhelm Stapel aus dem Jahr 1927: "Ein Staat, der nicht durchzugreifen wagt, ist uns ein Gespött."[75] Wie Kurt Sontheimer überzeugend dargelegt hat[76], trug die etatistische Auffassung von einem aus eigener Machtvollkommenheit autoritär lenkenden Staat entscheidende Mitverantwortung für das Scheitern der ersten deutschen Demokratie in der Republik von Weimar.

3.2.4 Harmoniebedürfnis und idealische Weltsicht

> "Franzosen und Russen gehört das Land,
> Das Meer gehört den Briten,
> Wir aber besitzen im Luftreich des Traums
> Die Herrschaft unbestritten.
>
> Hier üben wir die Hegemonie,
> Hier sind wir unzerstückelt;
> Die andern Völker haben sich
> Auf platter Erde entwickelt."[77]
> Heinrich Heine, Deutschland, ein Wintermärchen

Die Deutschen taten sich oft schwer, ihre Konflikte nüchtern auszutragen. Entweder hob man sie, wenn eine generelle Abgrenzung vom Gegenüber möglich und erwünscht war, in den Rang grundsätzlicher Auseinandersetzung, oder man verdrängte sie um eines Scheinfriedens willen aus der Wahrnehmung. Einigkeit gilt in dieser Auffassung als ein hoher Wert, wird fast absolut gesetzt. Die Sehnsucht nach Harmonie zeigte sich in der deutschen Klassik auch in der Besinnung auf das ästhetische Ideal der griechischen Antike, das Johann Joachim Winckelmann als "eine edle Einfalt und eine stille Größe"[78] beschrieben hat. In dieser Auffassung erscheinen Konflikte prinzipiell als negative, dem menschlichen Zusammenleben zuwiderlaufende Vorgänge, was sich mit dem politischen Prinzip der liberalen Demokratie, die auf geregelte Austragung gesellschaftlicher Konflikte, auf immer wieder neu zu schließende Kompromisse hin angelegt ist, nicht vereinbaren läßt. Kurt Sontheimer definierte diese "Tradition der Konfliktscheu" als das "Unvermögen der meisten Deutschen, im begrenzten und geregelten Konflikt ein Mittel produktiver Gesellschaftsgestaltung zu erblicken"[79]. Die Orientierung an dem

---

75 Wilhelm Stapel in einem Offenen Brief an den Ministerpräsidenten Otto Braun, in: Deutsche Volkstum, 1927, S. 472 (zit. n. Sontheimer 1962/1983, 186)
76 Vgl. Sontheimer 1962/1983, 192-214
77 Heinrich Heine: Deutschland, ein Wintermärchen. Caput VII, in: Buch der Lieder. Deutschland, ein Wintermärchen, München, Wien 1971, 1984, S. 232f.
78 Johann Joachim Winckelmann: Gedanken über die Nachahmung der griechischen Werke in der Malerei und Bildhauerkunst, in: Kleine Schriften und Briefe, Weimar 1960, S. 29-61, hier S. 44

Ideal der Konfliktlosigkeit verhinderte die Entwicklung der Fähigkeit zum Kompromiß. In dieser Denktradition wurden Konflikte als störende Ausnahmen empfunden und abgelehnt. Um nicht mißverstanden zu werden: Das Bedürfnis nach einem bestimmten Maß an Konsensus über grundlegende Fragen ist für jede Gesellschaft langfristig unverzichtbar; jedoch war die deutsche Sehnsucht nach Harmonisierung und Konfliktlosigkeit mythisch überhöht und irrational. Einigkeit und (Volks-)Gemeinschaft wurden ebenso ins Metaphysische gehoben wie das Individuum und die Nation in folgender Textpassage von *Thomas Mann*, in der aus diesem Gedanken heraus die (als deutsch gedachte) Kultur mit der (als westlich gedachten) Zivilisation kontrastiert wird:

> "Es ist wahr: nicht das ist eigentlich schätzenswert am Menschen, was ihn als gesellschaftliches Wesen kennzeichnet. Der Mensch ist nicht nur ein soziales, sondern auch ein metaphysisches Wesen; mit anderen Worten, er ist nicht nur Individuum, sondern auch Persönlichkeit... Auch die Nation ist nicht nur ein soziales, sondern auch ein metaphysisches Wesen, Trägerin des Allgemeinen, des Menschheitlichen ist nicht 'die Menschheit' als Addition von Individuen, sondern die Nation; und der Wert jenes durch wissenschaftliche Methoden nicht zu begreifenden, aus der organischen Tiefe des nationalen Lebens sich entwickelnden geistig-künstlerisch-religiösen Produkts, das man Nationalkultur nennt, - Wert, Würde und Reiz aller Nationalkultur liegt ausgemacht in dem, was sie von anderen unterscheidet, denn nur dies eben ist daran Kultur, zum Unterschiede von dem, was allen Nationen gemeinsam und nur Zivilisation ist."[80]

Die Vorstellung einer Gemeinschaft, in der es eine Harmonie aller und die Freiheit von Streit und Zwist gab, war weltfremd, sie war eine idealische Weltsicht, eine soziale Utopie. Dieser Maßstab war so hoch gesetzt, daß ihm gegenüber keine Realität zu bestehen vermochte. Somit war das gedankliche Entwerfen idealer Verhältnisse in Deutschland immer mit der Verdammung der Wirklichkeit, der Verachtung der gewöhnlichen Politik, vor allem der Parteipolitik als etwas Trennendem, verbunden. Ein Zug ins Fundamentale, Absolute, ins Irreale war der Philosophie des Idealismus in Deutschland eigen, da ihr - im Gegensatz zur französischen und englischen Entwicklung - jede "Möglichkeit praktischer Umsetzung in Politik" fehlte[81]. Daß die Deutschen auch aus der Sicht ihrer europäischen Nachbarn in einer Welt der Ideen lebten, machte Gustave Flaubert deutlich, als er gegen Ende des 19. Jahrhunderts in einem Inventar der Vorurteile seiner Zeit knapp festhielt: *"Allemand: poète et rêveur"*[82].

---

79   Sontheimer 1971/1991, 126

80   Thomas Mann: Betrachtungen eines Unpolitischen, in: Gesammelte Werke, Bd. 12, Frankfurt a. M. 1960, S. 248

81   Kühnl 1989, 118

82   Gustave Flaubert: Dictionnaire des idées reçues (zit. n. Brigitte Sauzay: Keine Liebe, aber Bewunderung. Warum Franzosen sich so schwer tun, ihren deutschen Nachbarn zu verstehen, in: Die Zeit vom 12.12.1986)

Die Harmonie, die um den Preis geklärter Standpunkte äußerlich aufrechterhalten wurde, erwies sich als hohle Attrappe; Konflikte wurden kaschiert,
nicht aus der Welt geschafft. Die Unfähigkeit, Konfliktzustände aushalten zu
können, zeigte sich im wilhelminischen Obrigkeitsstaat im entschiedenen
Vorgehen gegen ihr Auftreten: in der Ausgrenzung von Systemopposition und
dem Ausweichen auf eine polizeilich-gerichtliche Konfliktregulierung bzw.
-unterdrückung[83]. Idealische, von der Wirklichkeit absehende Weltsicht kann
nicht nur zur Radikalisierung und Dogmatisierung theoretischer Positionen
führen, sondern auch zu einer individuellen Reduktion der Komplexität des
politischen Systems, um dessen interdependente Strukturen und Implikationen als überschaubar, eindeutig und monokausal erklärbar wahrnehmen zu
können - was Jürgen Weber unter dem Begriff "politischer Idyllismus"[84]
untersucht hat. Die Sehnsucht nach Harmonie begünstigte in Deutschland
immer wieder und auf beiden Seiten des politischen Spektrums die Empfäng-
lichkeit für soziale Utopien, die eine Gemeinschaft in Eintracht und Konfliktlosigkeit versprachen: Diese Topoi finden sich sowohl in der marxistischen
Vorstellung einer kommunistischen Gesellschaft als Endziel der Geschichte
als auch im Mythos der Volksgemeinschaft bei den Denkern der konservativen
Revolution.

3.2.5 Sekundärtugenden als Verhaltensleitbilder

> "Ich will nicht die Parlaments- und Parteiwirtschaft,
> welche die Verpestung des gesamten nationalen Lebens
> mit Politik bewirkt... Ich will nicht Politik. Ich will
> Sachlichkeit, Ordnung und Anstand."[85]
>
> Thomas Mann, Betrachtungen eines Unpolitischen

Den Deutschen werden bestimmte Eigenschaften nachgesagt. Es ist nun nicht
unproblematisch, von 'typisch deutschen' Tugenden oder von spezifisch deutschen Verhaltensleitbildern zu sprechen; leicht gerät man dabei in die Nähe
der Nationalcharakterforschung und ihrer sich verselbständigenden Klischees.
Konstatiert werden kann jedoch, daß in Deutschland und im Ausland eine
communis opinio hinsichtlich eines spezifisch deutschen traditionellen
Tugendkatalogs existiert, der in der Figur des korrekten preußischen Untertanen immer wieder karikiert wurde.

---

83 Vgl. Reichel 1981b, 100
84 Vgl. Jürgen Weber: Politischer Idyllismus. Formen, Folgen und Ursachen eines politischen
    Einstellungsmusters, in: APuZ 1973/26, 3-30
85 Thomas Mann: Betrachtungen eines Unpolitischen, in: Gesammelte Werke, Bd. 12,
    Frankfurt a. M. 1960, S. 261

Eines der erhärtetsten Stereotype, die über diesen vermuteten deutschen Nationalcharakter kursieren, ist der Wunsch nach Ordnung und Ordentlichkeit. Bei dem Versuch, diese Annahme, die gewiß einen wahren Kern in sich birgt, zu belegen, wird nun oft und gerne auf eine Textstelle bei Goethe verwiesen, die sich unter den autobiographischen Schriften in der "Belagerung von Mainz" findet und in der es heißt: "Es liegt nun einmal in meiner Natur, ich will lieber eine Ungerechtigkeit begehen, als Unordnung ertragen."[86] In der klischeebildenden Reduktion, Goethe sei eine Ungerechtigkeit lieber als eine Unordnung gewesen, wird dann unterschlagen, wie erstens aktive und passive Haltung in dem Satz verteilt sind, daß zweitens Goethe mit seiner 'Ungerechtigkeit' einen Jakobiner in Mainz vor der Lynchjustiz einer aufgebrachten Menge rettete, die nach der rächenden 'Gerechtigkeit' schrie, und ihn damit vor dem sicheren Tod bewahrte und daß drittens Goethe mit diesem Satz keine für das deutsche Volk in seiner Gesamtheit geltende Maxime aufgestellt hat, sondern eine von ihm zuvor als "scherzhaft" und "ungeduldig" charakterisierte persönliche Äußerung in einer konkreten Situation gegenüber einem Kritiker seiner gewagten Rettungsaktion wiedergibt. Selbst ein so belesener Mann wie Stefan Zweig[87] betrieb diese ärgerliche Verkürzung, offenbar, ohne in Goethes Autobiographie nachgelesen zu haben.

Ein weiteres der überlieferten deutschen Verhaltensleitbilder, die kritiklose Unterwerfung unter Autoritäten, hängt mit der Tradition des obrigkeitsstaatlichen Denkens eng zusammen. Während des Ersten Weltkriegs sah Thomas Mann im "stolze(n) Gehorsam... etwas spezifisch Deutsches"[88]. Als traditionelle deutsche Verhaltensleitbilder, denen ein eher puritanischer Moralkodex entspricht und die häufig als 'Sekundärtugenden' qualifiziert werden, tauchen immer wieder[89] das tief verinnerlichte Ethos von Pflicht, Diszi-

---

86 Johann Wolfgang Goethe: Belagerung von Mainz, in: Goethes Werke. Hamburger Ausgabe, Bd. 10, München 1981, S. 391.
   Teilweise wird der Satz auch einfach falsch wiedergegeben: So tauchte er bei Freya von Moltke in ihrem Beitrag zu der Reihe "Reden über Deutschland" in den Münchner Kammerspielen im Herbst 1991 in der Fassung auf: "Die Deutschen lieben die Ordnung mehr als die Gerechtigkeit." (Nachgedruckt in: Reden über Deutschland 2, München 1991, S. 76)

87 In "Die Welt von gestern. Erinnerungen eines Europäers", Stockholm 1944, Ludwigsburg 1949, schrieb Stefan Zweig im Kapitel "Incipit Hitler" auf S. 399f.: "ein ungeheures Verlangen nach Ordnung war in allen Kreisen des deutschen Volkes, dem Ordnung von je mehr galt als Freiheit und Recht. Und wer Ordnung versprach - selbst Goethe hat gesagt, daß Unordnung ihm unlieber wäre als eine Ungerechtigkeit -, der hatte von Anbeginn Hunderttausende hinter sich."

88 Thomas Mann: Betrachtungen eines Unpolitischen, in: Gesammelte Werke, Bd. 12, Frankfurt a. M. 1960, S. 482

89 Vgl. (mit Nennung jeweils einzelner der folgenden Tugenden) Sontheimer 1962/1983, 215; Hermann Rudolph 1972, 40f., 43 und 64; Sontheimer / Bleek 1972/1979, 143, 148 und 213; Greiffenhagen 1979, 18; Reichel 1982, 20; Rogalla von Bieberstein 1982, 235f. und 239; Bölling 1983, 70; Gaus 1983/1986, 135 und 153; Klinger 1984, 26; Münch 1984, 11-26; Weidenfeld 1984, 12; Luchterhandt 1985, 23f., 103 und 284; Irma Hanke: Die Sozialstruktur, in: DDR. Das politische, wirtschaftliche und soziale System 1988, 83-119, hier 108

plin, Gehorsam und Treue gegenüber einem Führer, der ausgeprägte Sinn für Ordnung, Ordentlichkeit, Sauberkeit und das damit verbundene Faible für Zuverlässigkeit, Gründlichkeit und Korrektheit, das Hochschätzen von Fleiß, Pünktlichkeit, Sparsamkeit und nicht zuletzt der auch zu größeren Opfern bereite Leistungswille auf. Als instrumentell kann dieser Kanon von Verhaltensleitbildern, der als Erziehungsziel in der Sozialisation vermittelt wurde, deshalb bezeichnet werden, weil einerseits Tugenden wie Anpassung, Unterordnung und Konformismus den Erwartungen eines autoritären Obrigkeitsstaates an die Bürger entgegenkommen, andererseits Werte und Verhaltensmuster wie Disziplin, Fleiß und Gründlichkeit ökonomische Effizienz begünstigen.

Wann sind diese Leitbilder in Deutschland dominant geworden? Noch um das Jahr 1600 registrierte der zeitgenössische, nur grob gezeichnete Moralvergleich der Nationen "exzessive Trunkenheit, überbordende Lebensfreude und eine generelle Maßlosigkeit als hervorstechendste Merkmale des deutschen Lebensstils"[90]. Die Wandlung dieses Wertekanons von der Maßlosigkeit hin zum Maßhalten, zur Ordnung, die in den sich anschließenden zwei Jahrhunderten erfolgte, wurde entscheidend vom Dreißigjährigen Krieg initiiert, der katexochen prägenden Katastrophe in der deutschen Geschichte. Der Sehnsucht nach geordneten politischen Verhältnissen korrespondierte nun Ordnung als privates Tugendideal. Johann Wolfgang Goethe ließ den Protagonisten seines Romans "Wilhelm Meisters Lehrjahre", den er zwischen 1777 und 1796 verfaßte, in einem "feinen Bürgerhause" aufwachsen, in dem "Ordnung und Reinlichkeit das Element (war), worin er atmete"[91]. Etwa zur selben Zeit bescheinigte Immanuel Kant seinen Landsleuten als auffälligste Kennzeichen "Fleiß, Reinlichkeit und Sparsamkeit"; der Deutsche, so Kant weiter, "diszipliniert seine Kinder zur Sittsamkeit mit Strenge, wie er dann auch seinem Hange zur Ordnung und Regel gemäß, sich eher despotisieren als sich auf Neuerungen (zumal eigenmächtige Formen in der Regierung) einlassen wird"[92]. In den Jahren um 1800 waren die skizzierten bürgerlichen Verhaltensleitbilder bereits so fest etabliert, daß sie zur Zielscheibe der Kritik der Romantiker wurden, die ihnen "das Lob des Müßiggangs, der Unordnung und des Rausches"[93] entgegensetzten und sie damit der Lächerlichkeit preiszugeben suchten.

---

90   Münch 1984, 14. Münch verweist auf eine Studie von E. W. Zeeden: Deutsche Kultur in der Frühen Neuzeit, Frankfurt a. M. 1968

91   Johann Wolfgang Goethe: Wilhelm Meisters Lehrjahre, in: Goethes Werke. Hamburger Ausgabe, Bd. 7, München 1981, S. 58

92   Immanuel Kant: Der Charakter der Deutschen (1798), aus: Anthropologie in pragmatischer Hinsicht, in: Werke in zwölf Bänden, Bd. 12, Frankfurt a. M. 1964, S. 136 (zit. n. Münch 1984, 12)

93   Münch 1984, 25

Der Historiker Paul Münch hat in einer Untersuchung von Texten und Dokumenten aus der Zeit vom späten 15. bis zum frühen 19. Jahrhundert nachgezeichnet, wie sich die "bürgerlichen Tugenden" Ordnung, Fleiß und Sparsamkeit aus den "ökonomischen Tugenden" entwickelten, die seit der frühen Neuzeit das Zusammenleben der Mitglieder der Familie und des Gesindes im Gefüge der "Hauswirtschaft" funktional regelten[94]: So war das Verhältnis zwischen Herr und Dienerschaft auf der einen Seite von Strenge, die durch ein menschliches Verhalten gemildert wurde, und auf der anderen Seite von Gehorsam, Achtung und Treue geprägt. Die Verwaltung der Hauswirtschaft erforderte vom Haushaltungsvorstand Sparsamkeit, Ordnung, Vorsicht und Wachsamkeit. Die dem Hausherrn und seiner Frau zugeordneten Verhaltensweisen waren geschlechtsspezifisch differenziert: Von der Frau wurden Treue, Keuschheit, Gehorsam und Anpassung an den Mann gefordert, weiterhin Friedfertigkeit, Geduld, Häuslichkeit, Ordnungssinn, Sparsamkeit und Fleiß; von dem Mann wurde erwartet, daß er mit fleißigem Gewinnen und Erwerben, also mit unternehmerischen Fähigkeiten für seine Hausgemeinschaft sorgte. Aufschluß über die dominierenden Erziehungsziele, die speziell für Frauen galten, geben auch die platten gereimten Sprüche, die man schon im 19. Jahrhundert jungen Mädchen ins Poesiealbum schrieb[95]: Außer Anstand, Sittsamkeit und Moral standen hier Bescheidenheit, Gehorsam, Ordnungsliebe, Pflichterfüllung und eine bis zur Selbstverleugnung reichende Anpassung im Mittelpunkt des pädagogischen Appells.

Zu den Spezifika des deutschen Katalogs von Erziehungszielen gehört die Dominanz privater, persönlicher Tugenden, die sich vor allem im Vergleich mit dem angelsächsischen Raum zeigt, wo öffentlichen Tugenden ein stärkeres Gewicht zukommt[96]. Die Gründe für dieses Vorherrschen der nichtöffentlichen Verhaltensleitbilder liegen wohl zum einen in dem oben beschriebenen häuslichen Kontext der Entstehung der bürgerlichen Tugenden, zum anderen in der zentralen Bedeutung einer Haltung der Innerlichkeit in der traditionellen deutschen politischen Kultur. Auf die besondere Ausprägung einer gemüthaften Innerlichkeit, einer Hochschätzung des inneren, seelischen Lebens im lutherischen Protestantismus hat Thomas Nipperdey hingewiesen[97]. Die Eigenart des nach innen gerichteten Blicks, der sich mit der Liebe zur Gemütlichkeit - ein in keine andere Sprache zu übersetzendes deutsches Wort -

---

94 Vgl. Münch 1984, 22-26. Zur Rollenteilung zwischen Mann und Frau im bürgerlichen Tugendkanon vgl. dort auch S. 32, wo Münch Schillers "Lied von der Glocke" als Beispiel für diese Rollenteilung anführt.
95 Vgl. Ingo Fessmann: Die letzte Idylle. Poesiealben und die Abgründe der deutschen Seele, in: SZ an Ostern vom 2./3./4.4.1988
96 Vgl. Pappi 1986, 288. Pappi bezieht sich hier auf eine "Vermutung" von Ralf Dahrendorf: Gesellschaft und Demokratie in Deutschland, München 1965.
97 Vgl. Nipperdey 1983, 23

paarte, ließ sich mit den Leitbildern der Anpassung und der Unterordnung trefflich vereinbaren.

3.2.6 Juridifizierung von Politik

> "Was aber helfen die edelsten Rechte dem, der sie nicht handhaben kann?"[98]
>
> Jacob Grimm

Juristen stehen in Deutschland seit jeher in hohem Ansehen. Sie besetzen Positionen auch in Berufen, die eine Ausbildung in Jurisprudenz im Grunde genommen nicht erfordern; sie bilden "das Rückgrat der deutschen Bürokratie"[99] und vieler politischer Organisationen und geben dem öffentlichen Leben in Deutschland seine Prägung. Man muß sich Thomas Manns oben zitierte Personifikation des deutschen Staates als einen Doktor beider Rechte vorstellen. Selbst der wohl größte Dichter der Deutschen, der Geheime Rat Johann Wolfgang Goethe, war gelernter Jurist.

Juristisches Denken neigt zur Bevorzugung formaler Gesichtspunkte vor inhaltlichen. Die deutsche Tradition des Formalismus, die starke Beachtung formaler Aspekte in möglichst allen Lebensbereichen, hängt mit dem Verhaltensleitbild des Wunsches nach Ordnung, mit der Neigung zur Reduktion komplexer Sachverhalte auf ein geordnetes und überschaubares Maß eng zusammen.

Der Vorrang der Form vor der Idee, der Substanz einer Sache zeigt sich in dem Hang, juristisches Denken und juristische Vorgehensweisen bei der Lösung von Problemen auch in Politik und Gesellschaft zu übertragen. Der Verfassungsrichter Roman Herzog warnte einmal vor der "deutschen Unart", politische Fragen als juristische Probleme zu behandeln und dadurch den politisch Andersdenkenden zumindest der Tendenz nach in die Nähe des Gesetzesbrechers zu rücken[100]. Die Neigung, ein politisches Problem in einen Kasus des formalen Rechtes umzumünzen, wird auch deutlich in der Delegation politischer Entscheidungen durch Politiker an die Gerichte, was sich in Deutschland immer dann großer Beliebtheit erfreut, wenn die zuständigen parlamentarischen und exekutiven Organe eine eigene Klärung der anstehenden Fragen scheuen. So hatte das Bundesverfassungsgericht in Karlsruhe allein im Frühjahr und Sommer 1993 viermal über wichtige politische Streit-

98 Zit. n. Christian Greiff (Hg.): Zitate. Eine Sammlung. 9.000 Zitate aus drei Jahrtausenden, Herrsching o. J., S. 367
99 Sontheimer 1971/1991, 127
100 Vgl. Stephan Wehowsky: Roman Herzog warnt vor "deutscher Unart". Verfassungsrichter fordert in der Evangelischen Akademie Tutzing zur Achtung Andersdenkender auf, in: SZ vom 18./19.7.1987

fragen zu richten, deren Entscheidung vor allem in den Bundestag gehört: über die Neufassung des § 218 Ende Mai, in grundlegenden Fragen der Außenpolitik über den AWACS-Einsatz deutscher Soldaten über Bosnien im April, über den Somalia-Einsatz der Bundeswehr im Juni und über die deutsche Zustimmung zu den Maastricht-Verträgen ab Juli 1993.

Der Formalismus der Juristen, den Nichtjuristen häufig nachahmen und sogar übertreffen[101], begünstigt einen starren Legalismus, dem vorgeworfen wurde[102], Legalitätsprinzipien auf Kosten einer Reflexion über Legitimitätspostulate zu stark zu gewichten. Wahrscheinlich hat die "legalistische Tradition"[103] der politischen Kultur in Deutschland ihre Wurzel in der "speziell deutsche(n) Erfindung" des Rechtsstaates, der im 18. Jahrhundert als "eine Form des aufgeklärten Obrigkeitsstaates" entstanden ist[104]. Der deutsche Rechtsstaat mit seinem Ideal einer unabhängigen Justiz und einer neutralen Verwaltung garantierte den Bürgern Rechtssicherheit und den als unparteiisch geltenden Beamten ein hohes Ansehen. Die vom Rechtsstaat geschaffene und geschützte Möglichkeit, vor Gericht mit Aussicht auf Erfolg sein Recht einzuklagen, erfüllte ansatzweise auch die Funktion, die Forderungen nach demokratischer Partizipation, die leicht zu revolutionären Bestrebungen führen können, zu begrenzen.

Eine Folge der rechtsstaatlichen Tradition kann man darin sehen, daß die Zahl der Richter[105] im Verhältnis zur Bevölkerung in der Bundesrepublik die entsprechenden Zahlen in vergleichbaren Staaten um ein Vielfaches übertrifft.

---

101 Vgl. Sontheimer 1971/1991, 127
102 Vgl. Claußen 1985, 33
103 Von Beyme 1988, 372
104 Greiffenhagen 1979, 85
105 In den siebziger Jahren gab es in der Bundesrepublik mehr als doppelt so viele Richter pro 1.000 Einwohner als in Italien, Frankreich und Schweden und mehr als viermal so viele als in den USA, Kanada und England (vgl. Erhard Blankenburg: Rechtskultur, in: Handwörterbuch zur politischen Kultur der Bundesrepublik Deutschland 1981, 401-407, hier 405).

3.2.7 Freund-Feind-Schematisierungen

"Sechsjähriger

Er durchbohrt Spielzeugsoldaten mit Stecknadeln. Er
stößt sie ihnen in den Bauch, bis die Spitze aus dem
Rücken tritt. Er stößt sie ihnen in den Rücken, bis die
Spitze aus der Brust tritt.
Sie fallen.
'Und warum gerade diese?'
'Das sind doch die andern.'"[106]

Reiner Kunze, Die wunderbaren Jahre

In Deutschland wurde gern schwarzweißgemalt. Der deutsche Idealismus hat
eine Denktradition hervorgebracht, die der Orientierung am Absoluten, man
könnte auch sagen: am Totalen, am Fundamentalen, immer den Vorzug gibt
vor dem pragmatischen Versuch, das Machbare zu erreichen. Aus dem Festhalten an reinen, unverfälschten Ideen wurde im politischen Weltbild der religiös geprägten Romantiker die chiliastische Hoffnung, das Reich Gottes auf
Erden, das Neue Jerusalem errichten zu können. Dieser Chiliasmus entwik-
kelte sich nach der Abschwächung der religiösen Motivation, die mit der
Historisierung der Erlösungshoffnung in der Geschichtsphilososphie von
Hegel und Marx Hand in Hand ging, im fanatischen Fundamentalismus des
apokalyptischen Denkens zur prinzipiellen Scheidung der Welt in Gut und
Böse. Der Kriegsausbruch von 1914 wurde in Deutschland apokalyptisch
gedeutet[107], das endzeitliche Weltgericht mit der Vernichtung der alten, ver-
dorbenen und dem Aufsteigen der neuen, nun vollkommenen Welt schien
nahe:

"Es ist entschieden, ja! und nun ist's gut,
nun sind die Masken alle rings gefallen,
nun ist entlarvt die falsche Heuchlerbrut,
nun gilt's, umstelltes Deutschland, Kampf mit allen.
Ein tiefer Atemzug - dann hoch das Schwert!
Zum Todeskampf die Stirne froh erhoben,
glaub's: nur ein Volk, das Gott vor allen wert,
stellt er auf diese schwerste aller Proben.
Wir wollen sie bestehen! Trotz Not und Tod!
Wir zagen nicht, bricht auch die Welt zusammen,
ein Phönix steigt, so schön wie Morgenrot,
der deutsche Geist aus dieses Weltbrands Flammen."[108]

---

106 Reiner Kunze: Die wunderbaren Jahre. Prosa, Frankfurt a. M. 1976, 1979, S. 10
107 Vgl. Vondung 1988, 133-136 und 189-207
108 Karl Strecker: Die Kriegserklärung Englands, in: Walther Eggert Windegg (Hg.): Der Deutsche Krieg in Dichtungen, München 1915, S. 36 (zit. n. Vondung 1988, 328f.)

Das Lagerdenken, das Denken in Freund-Feind-Schablonen widerspricht dem deutschen Harmoniebedürfnis keineswegs, vielmehr erfordert ein auf die eigene, identitätstiftende Gruppe gerichtetes Gemeinschaftsgefühl gerade ein scharf umrissenes Feindbild. Die Wahrnehmung der Welt in den Kategorien von Schwarz und Weiß schuf eine "reduktionistische Tradition"[109]: Diese bipolare Realitätsperzeption zog simple, möglichst monokausale Erklärungen komplexen Sichtweisen vor, das kategoriale Entweder-Oder lag ihr näher als das abwägende Sowohl-als-Auch, eine eindeutige Entscheidung wurde verlangt, Toleranz war hier nicht gefragt. Der Grundsatz der Toleranz wurde im aufgeklärten Absolutismus des preußischen Staates von der Obrigkeit den Untertanen verordnet, eben nicht von unten erkämpft und konnte in Preußen sowie später im Deutschen Reich nie so recht heimisch werden. Toleranz zu üben widersprach dem "binäre(n) Schematisieren"[110], der Aufspaltung der Welt in die zwei Pole von Gut und Schlecht, Freund und Feind, Wahr und Falsch. Dieses geschlossene Denken bot einen fruchtbaren Boden für Ideologien, die den Anspruch auf ein Monopol an absoluter Wahrheit erhoben, den für ein dichotomisches Weltbild benötigten Sündenbock - 'die Juden' oder 'die Kapitalisten' oder 'die Kommunisten' - aus sich selbst herleiten und dadurch Bedrohungsvorstellungen forcieren konnten.

Das stark vereinfachende, zu Differenzierungen und Problematisierungen nicht fähige Denken in Freund-Feind-Schemata bezog sich in Deutschland auf wechselnde Feindbilder: Das waren im 19. Jahrhundert die Franzosen, besonders ausgeprägt während der Befreiungskriege und im Deutsch-Französischen Krieg; im Deutschen Kaiserreich wurden innenpolitisch 'Reichsfeinde' angenommen, die den 'Reichsfreunden' gegenüberstünden; in der Weimarer Republik galt die Abgrenzung generell dem Westen und seinen Ideen; in der nationalsozialistischen Diktatur wurde die Freund-Feind-Schematisierung vor allem gegenüber Juden, Slawen und Kommunisten bis zum Exzeß getrieben; die Bundesrepublik grenzte sich, mit abnehmender Intensität, von den Kommunisten im Ostblock ab, zu dem auch der andere deutsche Staat gehörte; die DDR warnte ihre Bürger bis zuletzt vor dem 'imperialistischen Aggressor' im Westen. Das Bedürfnis nach Ausgrenzung des Anderen, des als bedrohlich empfundenen Fremden, der Andersdenkenden begünstigte in Deutschland die Entstehung von Antiideologien: Neben den antiwestlichen, antiaufklärerischen und antiintellektualistischen Einstellungen, die der deutschen politischen Kultur bereits im frühen 19. Jahrhundert eigen waren, bildeten sich im Kaiserreich zusammen mit den völkischen und sozialdarwinistischen Ideen

---

109 Carl Böhret / Werner Jann / Marie Therese Junkers / Eva Kronenwett: Innenpolitik und politische Theorie. Ein Studienbuch, Opladen 1979, 1982², S. 87

110 Klaus Podak: Spiegel des Unheils. Hitlers "Mein Kampf": Annäherung an ein Buch, das es nicht gibt, in: SZ am Wochenende vom 5./6./7.1.1990

der Antisemitismus und die Ideologie des Antikommunismus heraus, die sich pauschal auch gegen Sozialisten und Sozialdemokraten richtete. In Verbindung mit der etatistischen Tradition zeigte sich bei den Deutschen Autoren der konservativen Revolution eine besondere Ausprägung der Freund-Feind-Schematisierung in der Wahrnehmung eines Kampfes zwischen dem Staat und seinen Gegnern. Dieses Ringen wurde von Wilhelm Stapel Anfang der dreißiger Jahre ins Theologische gehoben, indem er es unter Anspielung auf die christliche Mythologie mit dem Kampf zwischen Himmel und Hölle verglich: So "wie Gott mit seinen himmlischen Heerscharen gegen Lucifer und dessen Gesellen kämpft, so kämpft der Staat mit seinen Feinden"[111]. Wo das politische Geschäft als ein solcher Kampf wahrgenommen wurde, war das Klima für eine Auseinandersetzung zwischen den unterschiedlichen Standpunkten von vornherein vergiftet. Die theoretische Begründung des binären Denkens in Freund-Feind-Schablonen hat am pointiertesten *Carl Schmitt* in seiner Schrift "Der Begriff des Politischen" von 1927 formuliert:

"Die spezifisch politische Unterscheidung, auf welche sich die politischen Handlungen und Motive zurückführen lassen, ist die Unterscheidung von Freund und Feind. Sie gibt eine Begriffsbestimmung im Sinne eines Kriteriums, nicht als erschöpfende Definition oder Inhaltsangabe... Der politische Gegensatz ist der intensivste und äußerste Gegensatz und jede konkrete Gegensätzlichkeit ist um so politischer, je mehr sie sich dem äußersten Punkte, der Freund-Feindgruppierung, nähert."[112]

Carl Schmitt verwies dabei auf das pessimistische Menschenbild bei Thomas Hobbes, dessen anthropologische Grundauffassung *'homo homini lupus'* seiner These vom *bellum omnium contra omnes* zugrundelag. Die eindeutige Unterscheidung von Freund und Feind impliziert die klare und überzeugte Entscheidung für 'den Richtigen' und 'den richtigen' Standpunkt. Der Dezisionismus, der im wesentlichen auf Carl Schmitt zurückgeht, war ein zentrales Moment des antidemokratischen Denkens[113], das der Weimarer Republik das Rückgrat gebrochen und Hitlers Weltanschauung geprägt hat.

Die These, daß durch die Pflege von Feindbildern Identitätsdefekte überspielt werden können[114], vermag zu erklären, warum in Deutschland, das es aufgrund seiner Prägung durch territoriale Zersplitterung und konfessionelle Spaltung schwieriger als andere Länder hatte, seine nationale Identität zu finden, die Freund-Feind-Schematisierungen in besonderer Schärfe auftraten.

---

111 Wilhelm Stapel: Der Christliche Staatsmann. Eine Theologie des Nationalismus, Hamburg 1932, S. 170 (zit. n. Sontheimer 1962/1983, 266)

112 Carl Schmitt: Der Begriff des Politischen. Text von 1932 mit einem Vorwort und drei Corollarien, Berlin 1963, S. 26 und 30 (zuerst erschienen im Heidelberger Archiv für Sozialwissenschaft und Sozialpolitik, 1927/1, S. 1-33); Hervorhebung im Original. Schmitts Bezugnahme auf Thomas Hobbes findet sich dort auf S. 64f.

113 Vgl. Sontheimer 1962/1983, 259-263

114 Vgl. Weidenfeld 1984, 18; Weidenfeld 1990, 11

Das Denken in den Schablonen von Freund und Feind gibt es in unterschiedlicher Intensität in jeder Gesellschaft; auch anderswo werden die Herstellung und Pflege eines Feindbildes zum Zwecke der Systemstabilisierung bewußt instrumentalisiert: So gelang es der britischen Regierung unter Margaret Thatcher 1982 im Krieg um die Malvinen, Haßgefühle der Briten gegenüber Argentinien zu schüren und in einer Welle patriotischer Kriegsbegeisterung die immensen innenpolitischen Probleme in den Hintergrund treten zu lassen; die Weltmacht USA versuchte nach dem Ende des Kalten Krieges und der Auflösung des langjährigen ideologischen Gegenspielers Sowjetunion, die wachsenden sozialen Spannungen im Inland durch die Abgrenzung von einem gemeinsamen Feind zu entschärfen, dieses Phänomen zeigte sich in der Art, in der den Amerikanern das Bild des Diktators und Kriegsgegners Saddam Hussein und auch das der islamischen Welt insgesamt dargeboten wurde, sowie tendenziell in der amerikanischen Berichterstattung über die Wirtschaftsmacht Japan. Von den hier behandelten acht Traditionen erscheinen die Freund-Feind-Schematisierungen am wenigsten als ein Charakteristikum speziell der deutschen politischen Kultur.

3.2.8 Militaristische Orientierungen

> "Ich ward Soldat aus Parteilichkeit, ich weiß selbst nicht für welche politische Grundsätze, und aus der Grille, daß es für jeden ehrlichen Mann gut sei, sich in diesem Stande eine Zeitlang zu versuchen, um sich mit allem, was Gefahr heißt, vertraulich zu machen und Kälte und Entschlossenheit zu lernen."[115] (von Tellheim)
>
> Gotthold Ephraim Lessing, Minna von Barnhelm

Die Deutschen hatten ein Faible für alles Militärische. Das kann bei Kenntnis der bisher genannten Traditionen politischer Kultur in Deutschland nicht weiter verwundern: Die Verhaltensleitbilder Ordnung, Disziplin, Gehorsam und Subordination, denen im deutschen Tugendkatalog eine zentrale Bedeutung zukam, finden in der hierarchischen Struktur des Militärs in exemplarischer Weise ihre Verwirklichung; außerdem konnte sich die obrigkeitsstaatliche Orientierung in Deutschland in der Hochschätzung des Militärs, das die staatliche Macht nach außen hin verkörperte, ausdrücken; darüber hinaus verlangte der Dezisionismus der Freund-Feind-Schematisierungen, der den Appell zum Kampf bereits in sich trug, unabhängig von der realen außenpolitischen Lage nach einer starken Armee, die sich allen Feinden entgegenstellen konnte.

---

115 Gotthold Ephraim Lessing: Minna von Barnhelm oder das Soldatenglück. Ein Lustspiel in fünf Aufzügen (1763), Stuttgart 1976, S. 92

In der Gesellschaft des Deutschen Kaiserreiches gaben Militärs den Ton an, ihre Uniformen, Etiketten und Paraden spielten im Alltag eine große Rolle, ihr Berufsstand hatte ein hohes Prestige, und sie setzten insofern soziale Normen, als soldatische Tugenden und militärische Befehl-Gehorsam-Strukturen durch weite Teile der Gesellschaft übernommen wurden. Die soziale Militarisierung im späten 19. Jahrhundert

"konnte sich auf zahlreiche Institutionen stützen und ist von ihnen maßgeblich geprägt worden: von Schule, Universität und Kirche, besonders den protestantischen Landeskirchen, nicht weniger als vom Offizierskorps selbst, vor allem der Institution des Reserveoffiziers, aber auch durch die Wehrpflicht."[116]

Schließlich hat der letzte deutsche Kaiser, Wilhelm II., der es liebte, in phantasievollen Uniformen aufzutreten[117] und dessen Regentschaft nicht ohne Grund als Inbegriff des deutschen Militarismus gilt, dem Militär zu einem Platz an der Spitze der gesellschaftlichen Hierarchie verholfen.

Wie war es nun zu der Bewunderung des Militärischen gekommen? Wichtig für die Ausprägung dieser Haltung war der Umstand, daß die nationale Einheit Deutschlands von Bismarck durch drei militärische Siege zwischen 1864 und 1871 herbeigeführt worden war und sich in der Folge die nationale Identität mit dem Stolz auf das Militär verband. Der Verehrung der Armee kam es entgegen, daß nach dem preußischen Sieg von Königgrätz über Österreich das Militär in Deutschland bis zum Jahr 1918 einer Kontrolle durch das Parlament entzogen war[118]; die Volksvertretung wurde als 'Schwatzbude' diffamiert und stand in keinem hohen Ansehen, in Militärfragen konnte der Monarch weiterhin allein entscheiden. Die einschlägigen Darstellungen[119] beziehen das Phänomen des deutschen Militarismus auf die Zeit des deutschen Kaiserreiches; das kann man vertreten, denn in dieser Phase trat der deutsche Militarismus besonders auffällig in Erscheinung, am markantesten in der Epoche des Wilhelminismus zwischen 1890 und 1918. Es ist jedoch die Frage, ob, wie Jürgen Busche urteilt, der Militarismus als "erklärbare(s) Modernitätssyndrom" wirklich nur in einer "Episode", also in einem kurzen Zeitabschnitt mit Ausnahmecharakter, in der deutschen Geschichte aufgetaucht ist[120]. Diese zeitlich begrenzende Sichtweise vermag nicht zu erklären,

---

116 Reichel 1981b, 79
117 Vgl. John C. G. Röhl: Aus dem Leben eines Fabeltiers. Parvenu, Diktator, Psychopath: Wilhelm II. - eine Charakterskizze des letzten deutschen Kaisers, in: Die Zeit vom 4.9.1987
118 Vgl. etwa: Der preußische Weg zum deutschen Nationalstaat, in: "Neue Illustrirte Nachrichten". Eine Zeitung des Deutschen Historischen Museums zur Ausstellung "Bismarck - Preußen, Deutschland und Europa" im Martin-Gropius-Bau Berlin, 26.8.-25.11.1990
119 Vgl. zum Beispiel Guy Palmade: Das bürgerliche Zeitalter, Frankfurt a. M. 1974, S. 316; Reichel 1981b, 78-82; Craig 1982/1985, 268f.; Helmut M. Müller: Schlaglichter der deutschen Geschichte, Mannheim 1986, S. 203f.; Manfred Görtemaker: Deutschland im 19. Jahrhundert. Entwicklungslinien, Bonn 1989³, S. 377f.
120 Jürgen Busche: Die Zukunft der Bundeswehr, in: SZ vom 11./12.1.1992

wieso es bereits wesentlich früher Anzeichen für militaristische Orientierungen in Deutschland gegeben hat. Goethe etwa begegnete im Jahr 1786 in Italien der allgemeinen Einschätzung: "in Deutschland ist alles Militär"[121]. Bereits im frühen 18. Jahrhundert war der preußische Staat unter Friedrich Wilhelm I., der sich als 'Soldatenkönig' einen Namen machte, militarisiert worden; seitdem war die Verehrung der Armee, ihrer Zucht, Disziplin und Ordnung in Preußen ausgeprägter als in den anderen deutschen Ländern[122]. Der entscheidende Grund für die Militarisierung Deutschlands im 19. Jahrhundert ist somit darin zu sehen, daß der preußische Staat, in dem der Militarismus eine besondere Tradition hatte, im Formationsprozeß der deutschen nationalen Einigung die zentrale Rolle spielte.

Die militaristischen Orientierungen in der deutschen politischen Kultur wurden auch darin sichtbar, daß der Krieg als eine historische Notwendigkeit mythisch überhöht wurde. "Die Idee des Krieges als einer Fügung des Schicksals, der man sich zu stellen hatte, war in Deutschland trotz Kant viel verbreiteter als die Idee des Ewigen Friedens, die man gern verächtlich als Humanitätsduselei abtat."[123] Daher konnte das Erlebnis des Ersten Weltkrieges, literarisch gefeiert vor allem von Ernst Jünger, zu einem entscheidenden ideologischen Faktor[124] in der Politik der Weimarer Republik werden.

---

121 Die Zitation im Kontext: Goethe notierte am 21.10.1786 in Lojano: "Nun bin ich hier in einem elenden Wirtshause in Gesellschaft eines päpstlichen Offiziers, der nach Perugia, seiner Vaterstadt, geht. Als ich mich zu ihm in den zweirädrigen Wagen setzte, machte ich ihm, um etwas zu reden, das Kompliment, daß ich als ein Deutscher, der gewohnt sei, mit Soldaten umzugehen, sehr angenehm finde, nun mit einem päpstlichen Offizier in Gesellschaft zu reisen. - 'Nehmt mir nicht übel', versetzte er darauf, 'Ihr könnt wohl eine Neigung zum Soldatenstande haben, denn ich höre, in Deutschland ist alles Militär; aber was mich betrifft, obgleich unser Dienst sehr läßlich ist, und ich in Bologna, wo ich in Garnison stehe, meiner Bequemlichkeit vollkommen pflegen kann, so wollte ich doch, daß ich diese Jacke los wäre und das Gütchen meines Vaters verwaltete. Ich bin aber der jüngere Sohn, und so muß ich mir's gefallen lassen.'" In: Johann Wolfgang Goethe: Italienische Reise, in: Goethes Werke, Bd. 11, München 1981, S. 111f.

122 Der Kölner Katholik Konrad Adenauer bezeichnete Preußen einmal als den "Hort des kulturfeindlichen, angriffslustigen Militarismus", als den "böse(n) Geist Europas". Das Zitat stammt aus einer Rede vor den Abgeordneten des besetzten Rheinlandes für die verfassunggebende Nationalversammlung in Weimar und den rheinischen Oberbürgermeistern (vgl. Peter Koch: Konrad Adenauer. Eine politische Biographie, Reinbek bei Hamburg 1988, S. 43).

123 Sontheimer 1962/1983, 109

124 Vgl. Sontheimer 1962/1983, 110

4. Die politischen Zielkulturen in der Bundesrepublik und in der DDR

4.1 Das Spannungsfeld zwischen intendierter und realer politischer Kultur

"mut

'wenn ich meine eigene
meinung äußern darf',
begann er ungewohnt kraß,
'so hat schon Karl Marx gesagt, daß...'"[1]
Kurt Bartsch, Kaderakte

Die politischen Führungen aller Staaten sind daran interessiert, das politische System, dessen Regierung ihnen obliegt, zu stabilisieren. Ein wichtiges Ziel bei dieser Konsolidierung ist die Kongruenz von politischem System und politischer Kultur. Aus dem begreiflichen Interesse der staatlichen Führungen an Systemstabilisierung wird somit der Wille, die vorgefundene politische Kultur weitestgehend dem Typus politischer Kultur anzunähern, der dem politischen System die größtmögliche Stabilität zu geben verspricht. Zwar haben die staatlichen Führungen in Abhängigkeit von den ihnen jeweils gegebenen Möglichkeiten, auf die Gestaltung der politischen Sozialisation - in der sich die Merkmale einer politischen Kultur herausbilden - Einfluß zu nehmen, unterschiedliche Potenzen zur Einwirkung auf die politische Kultur: aber die beschriebene Konstellation ist in allen politischen Systemen grundsätzlich gleich.

Das prinzipiell bestehende Spannungsverhältnis zwischen der von der politischen Führung eines Staates als ideal angesehenen und angestrebten politischen Zielkultur auf der einen Seite und der in der Gesellschaft dieses Staates tatsächlich vorhandenen politischen Realkultur auf der anderen Seite kam im Rahmen der Sozialistische-Länder-Forschung zur Sprache. Das kann nicht wundernehmen, denn in den vier Jahrzehnten nach dem Ende des Zweiten Weltkriegs war in den kommunistischen Staates des Ostblocks die staatliche Bemühung um eine affirmative und systemfunktionale politische Kultur am ausgeprägtesten. Und so sind es Wissenschaftler aus der Sozialistische-Länder-Forschung, welche die Terminologie zu diesem Spannungsverhältnis

---

1 Kurt Bartsch: Kaderakte, Reinbek bei Hamburg 1979, S. 88

eingeführt haben: Bereits 1961 beschrieb Anthony Wallace die Diskrepanz zwischen *"goal culture"* und *"transfer culture"*[2]. Archie Brown und Jack Gray unterschieden 1977 mit Blick auf die kommunistischen Staaten zwischen *"official political culture"* und *"dominant political culture"*[3]. Ebenfalls 1977 untersuchte Frederic Fleron, Jr. Konflikte zwischen *"communist goal culture"* und *"national traditional culture"*, wobei auch die Einflüsse der *"imported foreign culture"* berücksichtigt wurden[4]. Im selben Jahr differenzierte Georg Brunner in einer Studie über die Sowjetunion zwischen "politischer Idealkultur" und "politischer Realkultur"[5]; diese Begriffsbildung war innovativ, aber mißverständlich, da sie nicht genügend zum Ausdruck brachte, daß die Idealkultur nur aus der Sicht eines bestimmten Akteurs, nicht aus der des beobachtenden Forschers und Wortbenutzers, ideal sein sollte. Mary McAuly gebrauchte 1982 in einem Aufsatz über die UdSSR die Formulierungen "offizielle politische Kultur" und "tatsächliche Kultur"[6]. Im Zusammenhang mit dem 'teutonischen Stil', der sich in der Dominanz des deduktiven Denkens in Deutschland und in der Sowjetunion gezeigt habe, unterschied Klaus von Beyme für die sozialistischen Staaten zwischen einer "politischen *Zielkultur*" und einer "*'Transfer'-Kultur* für den täglichen Bedarf"[7]. Die Gegenüberstellung von offizieller und dominanter politischer Kultur impliziert, daß die politische Kultur des dominierenden Teils der Bevölkerung sich von der staatlich angestrebten Form politischer Kultur erheblich unterscheidet; nun trifft dieser Umstand für die DDR in sehr viel stärkerem Ausmaß zu als für die Bundesrepublik, deshalb ist die Verwendung des Begriffes 'dominante politische Kultur' in der Terminologie dieser Untersuchung nicht sinnvoll. Der Begriff der Transferkultur betont den auf ein Ziel hin ausgerichteten Übergangscharakter einer Gesellschaft, von dem mit Bezug auf die Bundesrepublik zu sprechen wenig Sinn hat. Am meisten werden den beiden untersuchten Systemen die Begriffe der intendierten politischen Kultur oder politischen Zielkultur und der realen oder tatsächlichen politischen Kultur gerecht.

Die Funktion des Staates als einer Instanz der politischen Sozialisation, die spezifische Vorstellungen von einer dem System korrespondierenden poli-

---

2   Anthony Wallace: Culture and Personality, New York 1961; zit. n. Rytlewski 1989, 19
3   Vgl. Brown 1977, 5-8 und 14; Gray 1977, 257
4   Frederic Fleron, Jr.: Technology and Communist Culture, in: Technology and Culture 1977/
    4; zit. n. Gransow 1981, 3
5   Vgl. Georg Brunner: Politische Soziologie der UdSSR. Teil I, Wiesbaden 1977, S. 47-58 und
    80-113
6   Mary McAuly: Politische Kultur und Politik in der Sowjetunion: Ein Schritt vorwärts, zwei
    Schritte zurück, in: Georg Brunner / Horst Herlemann (Hg.): Politische Kultur, Nationalitä-
    ten und Dissidenten in der Sowjetunion. Ausgewählte Beiträge zum Zweiten Weltkongress
    für Sowjet- und Osteuropastudien, Berlin 1982, S. 38-64, hier S. 60f.
7   Von Beyme 1988, 13 (Hervorhebung im Original). Der Aufsatz "Neuere Tendenzen der Ent-
    wicklung von Theorien der Politik" war mit ähnlichem Titel zuvor in: APuZ 1984/38
    erschienen.

tischen Kultur zu verwirklichen versucht, wurde in sozialistischen Ländern nicht geleugnet, sie wurde sogar betont. So findet sich in einem pädagogischen Wörterbuch aus der DDR eine Definition von "Erziehung" als "gesellschaftliche Tätigkeit zur bewußten und zielgerichteten Entwicklung von Persönlichkeiten, zu ihrer Befähigung für ihre Lebenstätigkeit insgesamt und für spezielle ihrer Betätigungsweisen"[8]. Die zentrale Bedeutung der Erziehung im sozialistischen deutschen Staat wurde darin deutlich, daß die SED sich der Jugendpolitik mit besonderer Aufmerksamkeit zuwandte und die soziologische Jugendforschung innerhalb der empirischen Sozialforschung seit den sechziger Jahren am weitesten entwickelt wurde. Die Aufgabe des Staates der DDR bei der Erziehung seiner Bürger hat *Artur Meier* auf den Punkt gebracht:

> "Der sozialistische Staat hat neben seiner politischen und wirtschaftlichen auch eine kulturell-erzieherische Funktion. Diese kulturell-erzieherische Funktion ist ein integraler Bestandteil der Herrschaft der Arbeiterklasse."[9]

Mit Bezug auf die westlichen demokratischen Systeme wurde die Unterscheidung zwischen staatlich intendierter und realer politischer Kultur bislang noch nicht thematisiert. Den Staaten des Westens wird die Existenz einer Zielkultur sogar explizit abgesprochen[10]. Allenfalls könnte man in Karl Rohes genereller Differenzierung zwischen politischer Soziokultur und politischer Deutungskultur[11] einen Hinweis auf die Vermutung einer staatlichen Gestaltungsabsicht gegenüber politischer Kultur in allen politischen Systemen sehen, da die Institutionen des Staates ja zu den Produzenten und Vermittlern von politischen Deutungsangeboten gehören. Die Annahme von einem "Fehlen bestimmender Ziele in den pluralistischen Gesellschaften"[12] ist blauäugig und reproduziert nur das ideologische Selbstverständnis dieser Gesellschaften. Daß diese These die Realität verfehlt, daß vielmehr auch in den westlichen demokratischen Systemen - weniger rigide, weniger total als in den ehe-

---

8   Pädagogisches Wörterbuch 1987, 108. In der Fachsprache der Gesellschaftswissenschaften der DDR bedeutete 'gesellschaftliche Tätigkeit' in der Regel eine Tätigkeit der Gesellschaft 'unter Führung der Arbeiterklasse und ihrer Partei', ergo eine staatliche Tätigkeit.

9   Artur Meier: Erziehung als gesellschaftliche Funktion, in: Hauptabteilung Lehrerbildung des Ministeriums für Volksbildung 1986, 21-24, hier 23 (gekürzte Fassung von Artur Meier: Soziologie des Bildungswesens, Berlin /DDR 1974, S. 17-52)

10 Vgl. Gert-Joachim Glaeßner: Systemvergleich, in: Politikwissenschaft 1985/1987, 1014-1016, hier 1016: "Im Gegensatz zu westlichen Systemen werden die sozialistischen Staaten als Zielkulturen (goal culture) begriffen, die eine utopische, von der kommunistischen Partei formulierte Vorstellung von zukünftiger Gesellschaft haben und unter Berufung darauf Herrschaft legitimieren. Dieser Zielkultur wird eine Transferkultur gegenübergestellt. Sie stellt die Normen zur Verfügung, die die politischen Wege bestimmen, auf denen die letzten Ziele der Gesellschaft erreicht werden sollen."

11 Vgl. Rohe 1987, 41-44; Rohe 1990, 339f.

12 Vgl. Gert-Joachim Glaeßner: Systemvergleich, in: Politikwissenschaft 1985/1987, 1014-1016, hier 1016. Glaeßner beschreibt hier den politikwissenschaftlichen Systemvergleich, hinter dessen Annahmen er sich selbst nicht ausdrücklich stellt.

maligen kommunistischen Einparteidiktaturen - bestimmte Ziele im Bereich
der politischen Kultur für erstrebenswert erachtet werden und als Leitfaden
des staatlichen Einflusses auf die Prozesse politischer Sozialisation fungieren:
auch das soll in dieser Untersuchung am Beispiel der Bundesrepublik gezeigt
werden.

Der Versuch, Vorstellungen von einer als ideal angesehenen politischen
Kultur in die Praxis umzusetzen, hat um so mehr Chancen auf Erfolg, je weniger die Inhalte der politischen Zielkultur im Kontrast zur realen politischen
Kultur stehen. Offiziell propagierte und wirkliche politische Kultur befinden
sich daher nie in einem rein antagonistischen, sondern eher in einem dualistischen oder dichotomischen Verhältnis zueinander; sie existieren eher neben-
als gegeneinander. Das Ausmaß an Gegensätzlichkeit zwischen intendierter
und tatsächlicher politischer Kultur gibt Auskunft über den Grad an Fragmentierung und Integration der betreffenden politischen Kultur. In der Regel weisen beide Formen politischer Kultur, die offizielle und die reale, Einflüsse der
Traditionen politischer Kultur des entsprechenden Landes auf; daraus folgt,
daß das Ziel der staatlichen Einflußnahme auf die Prozesse der Sozialisation
desto leichter verwirklicht werden kann, je mehr es an Überliefertes, an seit
Generationen Geschätztes anknüpft. Dieser Bezug auf traditionelle Elemente
zeigte sich besonders deutlich in der politischen Zielkultur der DDR: Daher
ist Henry Krischs Verständnis von "Politik in der DDR" als dem Versuch, "die
neue Staats- und Gesellschaftsordnung dadurch zu stützen, daß traditionelle
Werte durch eine neue, 'sozialistische', offizielle politische Kultur ersetzt werden"[13], unzutreffend. Ihm kann nur hinsichtlich des propagierten Ziels dieser
Umwandlung, der Schaffung einer sozialistischen Gesellschaft, zugestimmt
werden; auf dem Weg dorthin wollte die SED jedoch nicht, wie Krisch
annimmt, die traditionellen Werte durch neue ersetzen, vielmehr sollten die
als brauchbar erkannten und positiv interpretierten traditionellen Werte übernommen, integriert und für die offizielle politische Kultur fruchtbar gemacht
werden. Wie bestimmte Traditionen der deutschen politischen Kultur dabei in
sozialistische Ziele umgemünzt wurden, ist in den folgenden Kapiteln im einzelnen zu zeigen.

Die Überlappungen zwischen intendierter und realer politischer Kultur
liegen darüber hinaus darin begründet, daß eine politische Zielkultur im Zuge
ihrer Vermittlung auf verschiedene Weise das alltägliche Leben der Bürger
mitbestimmt, in den Versuchen ihrer Konkretion im Grunde genommen also
ein Teil der realen politischen Kultur ist. Diesen Überschneidungsbereich gab
es auch in den fragmentierten politischen Kulturen der kommunistischen Ein-
parteisysteme; er konnte jedoch nicht verhindern, daß die Menschen in den
sozialistischen Ländern ihren Alltag als eine Existenz auf doppeltem Boden
erlebten. Der ausgeübte Druck, die von der führenden Partei vorgegebenen

---

13 Krisch 1984, 7

ideologischen Überzeugungen als die eigenen anzuerkennen, führte zu einer Äußerlichkeit dieses Bekenntnisses, zu einer Scheinidentität, die sich von der privaten, öffentlich nicht gezeigten Identität deutlich abhob. Die Spaltung des Bewußtseins in ein öffentliches und ein privates, die in der Gesellschaft der DDR Züge einer kollektiven Schizophrenie annahm, schlug sich in der Bildung zweier unterschiedlicher Sprachebenen nieder: Der formelhafte Sprachgebrauch im offiziellen Rahmen und der spontane in der privaten Sphäre klafften im östlichen deutschen Staat weit auseinander. Den allzu offensichtlichen Widerspruch zwischen Anspruch und Wirklichkeit im Alltag der DDR wußten die Ideologen der Partei wohl zu parieren: Mit dem heuristischen Trick der Hegelschen/Marxschen Dialektik ließen sich viele Antithesen unter Hinweis auf bevorstehende Synthesen aufheben.

4.2 Die angestrebten Sozialisationsziele

4.2.1 Demokratische Persönlichkeit in der Bundesrepublik

Den politischen Zielkulturen, die in der Bundesrepublik und in der DDR von den Institutionen des Staates als systemfunktional angesehen und, in unterschiedlicher Intensität, angestrebt wurden, lagen bestimmte Sozialisationsideale zugrunde. In der Bundesrepublik Deutschland war und ist das Bild des mündigen Staatsbürgers, der demokratischen Persönlichkeit, ein solches Ziel. Der Begriff der Persönlichkeit[14], der in Deutschland seinen Weg von der Mystik über die Romantik zur Psychologie des 19. und 20. Jahrhunderts gefunden hatte, erfuhr seine Verbindung mit dem Feld der Politik vor allem durch die berühmte Studie von Theodor W. Adorno u. a. über die "autoritäre Persönlichkeit"[15] von 1950, deren Verbreitung mit differenzierten Skalen demoskopisch ermittelt wurde. In der folgenden Zeit, als die grundlegenden Veröffentlichungen zur Totalitarismustheorie erschienen, wuchs das Interesse an den Merkmalen der demokratischen Persönlichkeit als einem Gegenmodell zur autoritären Persönlichkeit. In der Nachkriegszeit war offensichtlich, daß die in Deutschland vorhandenen dominanten Traditionen politischer Kultur die demokratische Ordnung des neuen parlamentarischen Repräsentativsystems nicht würden stützen können. Die Erfahrungen mit dem ersten Versuch

---

14   Vgl. ausführlicher zum Begriff der Persönlichkeit Dirk Berg-Schlosser: Demokratische Persönlichkeit, in: Handwörterbuch zur politischen Kultur der Bundesrepublik Deutschland 1981, 123-130; Heinz E. Wolf: Persönlichkeit, in: Handbuch zur deutsch-deutschen Wirklichkeit 1983/1988, 551-555.
     Vgl. zum Begriff der politischen Persönlichkeit Claußen 1988, 35-43.
15   Vgl. Theodor W. Adorno / Else Frenkel-Brunswik / Daniel J. Levinson / R. Nevitt Sanford: The Authoritarian Personality, New York, London 1950

der Deutschen mit der Demokratie in der Republik von Weimar waren eine Warnung.

Es hat vielfältige Versuche gegeben, die individuellen Eigenschaften, die einem demokratischen politischen System angemessen wären, zu bestimmen. An den vier Kennzeichen, die Harold D. Lasswell der demokratischen Persönlichkeit zuschrieb, wird deren Charakter als Negation der autoritären Persönlichkeit besonders deutlich: Lasswell nannte ein offenes im Gegensatz zu einem geschlossenen Wesen, das eine Voraussetzung für möglichst viele und intensive Kontakte zu den Mitmenschen ist, ein pluralistisches Wertesystem, in dem kein Wert verabsolutiert wird, ein prinzipielles interpersonales Vertrauen und eine insgesamt ausgeglichene psychische Struktur, in der nicht starke Ängste oder Aggressionen das Verhalten bestimmen[16]. In die gleiche Richtung zielten die Vorstellungen, die der Politik der 'reeducation' zugrunde lagen, mit der vor allem die amerikanische Militärregierung nach dem Zusammenbruch des Dritten Reiches die Deutschen zur Demokratie des Westens umzuerziehen begann. Im Juli 1946 nannte General Lucius Clay als Ziele der Besatzungspolitik der USA unter anderem "die Umerziehung der Deutschen zu einem liberalen Lebens- und Regierungsverständnis" und "die Wiederherstellung der Selbstverwaltung nach demokratischen Grundsätzen"[17]. Ein knappes Jahr später beschloß der Alliierte Kontrollrat zehn Grundsätze zur Demokratisierung des Schulunterrichts in Deutschland, darin wurde gefordert:

"- Alle Schulen müssen es sich besonders angelegen sein lassen, den Sinn für staatsbürgerliche Verantwortlichkeit zu entwickeln und das Schwergewicht auf die demokratische Weltanschauung zu legen, und zwar durch die Auswahl der Schulbücherprogramme und des Unterrichtsmaterials sowie durch die Schulorganisation selbst.
- Die Schulprogramme müssen sich zum Ziele setzen, Achtung und Verständnis gegenüber anderen Nationen zu entwickeln."[18]

Neben den Schulen sollten auch die Universitäten, Presse, Rundfunk, Theater und Film zur Umerziehung der Deutschen beitragen. Als problematisch emp-

---

16　Vgl. Harold D. Lasswell: Democratic Character, in: The Political Writings of Harold D. Lasswell, Glencoe /Ill. 1951, S. 465-525. Diese vier Aspekte sind wiedergegeben in: Dirk Berg-Schlosser: Demokratische Persönlichkeit, in: Handwörterbuch zur politischen Kultur der Bundesrepublik Deutschland 1981, 123-130, hier 125.

17　Denkschrift General Clays vom 19. Juli 1946 in der Zusammenfassung von J. Gimbel, in: J. Gimbel: Amerikanische Besatzungspolitik in Deutschland 1945-1949, Frankfurt a. M. 1971, S. 109ff. (zit. n. Kleßmann 1986, 381)

18　Kontollratsdirektive über die Demokratisierung des Schulunterrichts vom 25. Juni 1947, in: Johannes Hohlfeld (Hg.): Dokumente der Deutschen Politik und Geschichte von 1848 bis zur Gegenwart. Ein Quellenbuch für die Politische Bildung und Staatsbürgerliche Erziehung, Bd. 6, Berlin 1953, S. 247f.; zit. n. Ansgar Diller: Kultur nach dem Ungeist. Auf der Suche nach einem neuen Standort, in: Jürgen Weber u. a.: Geschichte der Bundesrepublik Deutschland, Bd. 2: Das Entscheidungsjahr 1948, München 1986³, S. 317-340, hier S. 336f.

fanden viele deutsche Schriftsteller und Journalisten mit der Zeit die Zensur, die in der amerikanischen und auch in der französischen Besatzungszone rigider gehandhabt wurde als in der britischen[19]; und in der Tat bestand zwischen den demokratischen und liberalen Zielen der *reeducation* und einer Politik strenger Überwachung, Kontrolle und Zensur ein Widerspruch. Die Besatzungspolitik der Briten und der Franzosen ging die Aufgabe der Umerziehung der Deutschen mit "weit weniger missionarischem Eifer" an als die der USA[20], obschon England und Frankreich im Vergleich zu Nordamerika viel unmittelbarer der deutschen Hybris, die zum nationalsozialistischen Expansionsdrang und zum Zweiten Weltkrieg geführt hatte, preisgegeben gewesen waren. Die amerikanische Militärregierung, die in der ersten Nachkriegszeit zur Verbreitung der neuen Werteordnung Reeducation-Teams auf die Reise, zu Vorträgen und Diskussionsveranstaltungen geschickt[21] und große Hoffnungen in die Wirksamkeit der Umerziehungspolitik gesetzt hatte, mußte einsehen, als die Möglichkeiten einer deutschen Obstruktion in dem wenig erfolgreichen Versuch der Reformierung des Schulsystems[22] sichtbar wurden, daß die Vorstellungen der Alliierten nur gemeinsam mit den Deutschen und unter Beachtung der Voraussetzungen in Deutschland verwirklicht werden konnten. Ein Hinweis auf eine realistischere Sicht dieser Notwendigkeit bei der britischen Besatzungsmacht kann darin gesehen werden, daß dort der Begriff der *reeducation* als Bezeichnung für ein umfassendes bildungs-, kultur- und medienpolitisches Konzept immer mehr in den Hintergrund rückte und durch die Begriffe *'reorientation'* und *'reconstruction'* ersetzt wurde[23].

Die deutschen Länder, die von den drei westlichen Besatzungsmächten errichtet worden waren, gaben sich in den vierziger und frühen fünfziger Jahren Verfassungen. Im Unterschied zur Staatsordnung der Weimarer Republik lag die Kulturhoheit nun bei den Ländern, und in den meisten Landesverfassungen wurden die Ziele und Aufgaben von Erziehung und Bildung genannt. Diese Bestimmungen von Sozialisationszielen entsprachen auf der einen Seite den Grundsätzen der Umerziehung zur Demokratie und konnten auf der ande-

---

19 Vgl. Ansgar Diller: Die lizensierte Meinung. Neue Aufgaben für Presse und Rundfunk, in: Jürgen Weber u. a.: Geschichte der Bundesrepublik Deutschland, Bd. 1: Auf dem Wege zur Republik 1945-1947, München 1985³, S. 237-268, hier S. 249; Ansgar Diller: Kultur nach dem Ungeist. Auf der Suche nach einem neuen Standort, in: Jürgen Weber u. a.: Geschichte der Bundesrepublik Deutschland, Bd. 2: Das Entscheidungsjahr 1948, München 1986³, S. 317-340, hier S. 325-328

20 Vgl. Gaus 1986/1988, 79. Wolfgang Benz (1986, 193) wies darauf hin, daß sich die Amerikaner bei der Wiederbelebung der kulturellen Szene in den ersten Nachkriegsjahren "puritanischer" als die sowjetische Besatzungsmacht zeigten und sich "auf das Erziehen und Belehren" konzentrierten.

21 Vgl. K. E. Bungenstab: Umerziehung zur Demokratie? Reeducation-Politik im Bildungswesen der US-Zone 1945-1949, Düsseldorf 1970, S. 70-78; nach Kleßmann 1986, 92

22 Vgl. Benz 1986, 183-191; Kleßmann 1986, 94f.

23 Vgl. G. Pakschies: Umerziehung in der britischen Zone 1945-1949, Weinheim 1979, S. 269; nach Kleßmann 1986, 94

ren Seite zum Teil an die Weimarer Reichsverfassung anknüpfen, die als
nationalstaatliche Verfassung folgende Erziehungsziele postuliert hatte:

> "Art. 148. In allen Schulen ist sittliche Bildung, staatsbürgerliche Gesinnung, persönliche
> und berufliche Tüchtigkeit im Geiste des deutschen Volkstums und der Völkerversöhnung zu
> erstreben.
> Beim Unterricht in öffentlichen Schulen ist Bedacht zu nehmen, daß die Empfindungen
> Andersdenkender nicht verletzt werden.
> Staatsbürgerkunde und Arbeitsunterricht sind Lehrfächer der Schulen. Jeder Schüler erhält
> bei Beendigung der Schulpflicht einen Abdruck der Verfassung. ..."[24]

Vom Geist des deutschen Volkstums war in den neuen Verfassungen der Länder nach den Erfahrungen des Dritten Reiches keine Rede mehr, dafür um so
mehr von der Notwendigkeit der Versöhnung zwischen den Völkern. In unterschiedlicher Formulierung taucht der Wille zum Frieden und zur Völkerversöhnung als staatliches Erziehungsziel in den Konstitutionen von Bayern,
Rheinland-Pfalz, Bremen, des Saarlandes, von Nordrhein-Westfalen und
Baden-Württemberg auf. Wie die Verfassung des Deutschen Reichs vom 11.
August 1919 zählen die hessische und die Bremer Verfassung die Herausbildung persönlicher Beziehungen zu Gott und zur Heimat nicht zu den Aufgaben der schulischen Erziehung; hingegen werden in Bayern, Rheinland-Pfalz,
im Saarland, in Nordrhein-Westfalen und Baden-Württemberg die Ehrfurcht
vor Gott und die Liebe zu Volk und Heimat verfassungsmäßig als Erziehungsziele postuliert. Auch sind es die zuletzt genannten fünf Länder, in deren Verfassungen - im Gegensatz zu den Konstitutionen der Weimarer Republik
sowie der Länder Hessen und Bremen - die Erziehung zu einer demokratischen Gesinnung explizit gefordert wird.

Die erste konstitutionelle Ordnung unter den neu errichteten Ländern war
die Verfassung des Landes Hessen vom 1. Dezember 1946. Im Mittelpunkt der
dort genannten Erziehungsziele steht das Prinzip der Toleranz bzw. der Duldsamkeit, das sich auch in organisatorischer Hinsicht in der Verankerung des
Grundsatzes der Gemeinschaftsschule ausdrückt:

> "Art. 56. ... An allen hessischen Schulen werden die Kinder aller religiösen Bekenntnisse
> und Weltanschauungen in der Regel gemeinsam erzogen (Gemeinschaftsschule).
> Grundsatz eines jeden Unterrichts muß die Duldsamkeit sein. Der Lehrer hat in jedem Fach
> auf die religiösen und weltanschaulichen Empfindungen aller Schüler Rücksicht zu nehmen
> und die religiösen und weltanschaulichen Auffassungen sachlich darzulegen.
> Ziel der Erziehung ist, den jungen Menschen zur sittlichen Persönlichkeit zu bilden, seine
> berufliche Tüchtigkeit und die politische Verantwortung vorzubereiten zum selbständigen
> und verantwortlichen Dienst am Volk und der Menschheit durch Ehrfurcht und Nächsten-
> liebe, Achtung und Duldsamkeit, Rechtlichkeit und Wahrhaftigkeit.
> Der Geschichtsunterricht muß auf getreue, unverfälschte Darstellung der Vergangenheit
> gerichtet sein. Dabei sind in den Vordergrund zu stellen die großen Wohltäter der Mensch-

---

24 Die Verfassung des Deutschen Reichs 1919/1960, 685

heit, die Entwicklung von Staat, Wirtschaft, Zivilisation und Kultur, nicht aber Feldherren, Kriege und Schlachten. Nicht zu dulden sind Auffassungen, welche die Grundlagen des demokratischen Staates gefährden. ..."[25]

Ebenfalls im Dezember 1946 trat die Verfassung des Freistaates Bayern in Kraft. Sie ist die einzige Landesverfassung der Bundesrepublik Deutschland, in der die Bildungsziele geschlechtsspezifisch differenziert sind; exzeptionell ist auch die Aufnahme des Erziehungsziels Selbstbeherrschung:

"Art 131. (1) Die Schulen sollen nicht nur Wissen und Können vermitteln, sondern auch Herz und Charakter bilden.
(2) Oberste Bildungsziele sind Ehrfurcht vor Gott, Achtung vor religiöser Überzeugung und vor der Würde des Menschen, Selbstbeherrschung, Verantwortungsgefühl und Verantwortungsfreudigkeit, Hilfsbereitschaft und Aufgeschlossenheit für alles Wahre, Gute und Schöne.
(3) Die Schüler sind im Geiste der Demokratie, in der Liebe zur bayerischen Heimat und zum deutschen Volk und im Sinne der Völkerversöhnung zu erziehen.
(4) Die Mädchen sind außerdem in der Säuglingspflege, Kindererziehung und Hauswirtschaft besonders zu unterweisen."[26]

Knapper äußert sich die Verfassung für Rheinland-Pfalz zu den staatlichen Erziehungszielen:

"Art. 33. Die Schule hat die Jugend zur Gottesfurcht und Nächstenliebe, Achtung und Duldsamkeit, Rechtlichkeit und Wahrhaftigkeit, zur Liebe zu Volk und Heimat, zu sittlicher Haltung und beruflicher Tüchtigkeit und in freier, demokratischer Gesinnung im Geiste der Völkerversöhnung zu erziehen."[27]

Der rheinland-pfälzischen schloß sich zeitlich die Landesverfassung der Freien Hansestadt Bremen vom 21. Oktober 1947 an. Die Bremer Hanseaten verankerten als einziger Verfassunggeber in der Bundesrepublik die Erziehungsziele Sachlichkeit und Fähigkeit zum eigenen Denken in ihrer Konstitution:

"Art. 26. Die Erziehung und Bildung der Jugend hat im wesentlichen folgende Aufgaben:
1. Die Erziehung zu einer Gemeinschaftsgesinnung, die auf der Achtung vor der Würde jedes Menschen und auf dem Willen zu sozialer Gerechtigkeit und politischer Verantwortung beruht, zur Sachlichkeit und Duldsamkeit gegenüber den Meinungen anderer führt und zur friedlichen Zusammenarbeit mit anderen Menschen und Völkern aufruft.
2. Die Erziehung zu einem Arbeitswillen, der sich dem allgemeinen Wohl einordnet, sowie die Ausrüstung mit den für den Eintritt ins Berufsleben erforderlichen Kenntnissen und

---

25   Verfassung des Landes Hessen vom 1. Dezember 1946. Zuletzt geändert durch Gesetz vom 23. März 1970, in: Verfassungen der deutschen Bundesländer 1981, 162-187, hier 170

26   Verfassung des Freistaates Bayern vom 2. Dezember 1946. Zuletzt geändert durch Ges. vom 19.7.1973, in: Verfassungen der deutschen Bundesländer 1981, 40-72, hier 63

27   Verfassung für Rheinland-Pfalz vom 18. Mai 1947. Zuletzt geändert durch Gesetz vom 23. Februar 1979, in: Verfassungen der deutschen Bundesländer 1981, 261-288, hier 266

Fähigkeiten.

3. Die Erziehung zum eigenen Denken, zur Achtung vor der Wahrheit, zum Mut, sie zu bekennen und das als richtig und notwendig Erkannte zu tun.

4. Die Erziehung zur Teilnahme am kulturellen Leben des eigenen Volkes und fremder Völker."[28]

Als nächste wurde die Verfassung des Saarlandes verabschiedet; sie gibt in zwei getrennten Artikeln zunächst das allgemeine Ziel von Unterricht und Erziehung und dann das Ziel der Jugenderziehung an. Die freiheitliche Gesinnung, die in der saarländischen Konstitution als Erziehungsziel postuliert wird, findet sich als Forderung auch in der rheinland-pfälzischen, der nordrhein-westfälischen und in der baden-württembergischen Verfassung, nicht jedoch in den Konstitutionen von Hessen, Bayern und Bremen:

"Art. 26. (1) Unterricht und Erziehung haben das Ziel, den jungen Menschen so heranzubilden, daß er seine Aufgabe in Familie und Gesellschaft erfüllen kann. Auf der Grundlage des natürlichen und christlichen Sittengesetzes haben die Eltern das Recht, die Bildung und Erziehung ihrer Kinder zu bestimmen. ..."

"Art. 30. Die Jugend ist in der Ehrfurcht vor Gott, im Geiste der christlichen Nächstenliebe und der Völkerversöhnung, in der Liebe zu Heimat, Volk und Vaterland, zu sittlicher und politischer Verantwortlichkeit, zu beruflicher und sozialer Bewährung und zu freiheitlicher demokratischer Gesinnung zu erziehen."[29]

Nach der Verabschiedung des Grundgesetzes und der Gründung der Bundesrepublik Deutschland trat die Verfassung für das Land Nordrhein-Westfalen in Kraft; sie nennt als Grundsätze der staatlichen Erziehung:

"Art. 7. (1) Ehrfurcht vor Gott, Achtung vor der Würde des Menschen und Bereitschaft zum sozialen Handeln zu wecken, ist vornehmstes Ziel der Erziehung.

(2) Die Jugend soll erzogen werden im Geiste der Menschlichkeit, der Demokratie und der Freiheit, zur Duldsamkeit und zur Achtung vor der Überzeugung des anderen, in Liebe zu Volk und Heimat, zur Völkergemeinschaft und Friedensgesinnung."[30]

Die als nächste beschlossene Verfassung von Berlin enthält ebenso wie die Verfassungen der Länder der ehemaligen britischen Besatzungszone mit Ausnahme von Nordrhein-Westfalen - die Vorläufige Niedersächsische Verfassung, die Verfassung der Freien und Hansestadt Hamburg[31] und die Landessatzung für Schleswig-Holstein - keine Angaben über die Ziele staatlicher

---

28 Landesverfassung der Freien Hansestadt Bremen vom 21. Oktober 1947. Zuletzt geändert durch Gesetz vom 13.3.1973, in: Verfassungen der deutschen Bundesländer 1981, 101-128, hier 105

29 Verfassung des Saarlandes vom 15. Dezember 1947. In der Fassung des Gesetzes Nr. 1102 vom 4. Juli 1979, in: Verfassungen der deutschen Bundesländer 1981, 302-321, hier 305f.

30 Verfassung für das Land Nordrhein-Westfalen vom 28. Juni 1950. Zuletzt geändert durch Gesetz vom 19. Dezember 1978, in: Verfassungen der deutschen Bundesländer 1981, 227-248, hier 228

Erziehung und Bildung. In der schleswig-holsteinischen Verfassung heißt es lediglich in Art. 6 über die Organisation des Schulwesens, daß die öffentlichen Schulen "als Gemeinschaftsschulen die Schüler ohne Unterschied des Bekenntnisses und der Weltanschauung" zusammenfassen[32], woraus auf das Erziehungsziel Toleranz geschlossen werden kann. Dagegen fordert die im November 1953 in Kraft getretene Verfassung des Landes Baden-Württemberg die Verwirklichung konkreter Erziehungsziele, zu denen - wie in Hessen, Rheinland-Pfalz, Bremen sowie im Saarland und anders als in Bayern und Nordrhein-Westfalen - die berufliche Tüchtigkeit gehört:

"Art. 12. (1) Die Jugend ist in der Ehrfurcht vor Gott, im Geiste der christlichen Nächstenliebe, zur Brüderlichkeit aller Menschen und zur Friedensliebe, in der Liebe zu Volk und Heimat, zu sittlicher und politischer Verantwortlichkeit, zu beruflicher und sozialer Bewährung und zu freiheitlicher demokratischer Gesinnung zu erziehen. ..."[33]

Die deutschen Bundesländer setzen bei der konstitutionellen Verankerung von Erziehungszielen unterschiedliche Schwerpunkte, betonen, was besonders wichtig scheint; der Föderalismus ermöglicht im Bildungsbereich jeweils eigene Nuancierungen. Allen verfassungsmäßigen Bestimmungen auf diesem Gebiet gemeinsam ist jedoch ein Grundstock von unverzichtbaren Zielen, an denen sich die Bildung und die Erziehung zu orientieren haben. Zu diesem von allen Bundesländern anerkannten Fundus gehören *eine humane und soziale Grundeinstellung, Toleranz, sittliche und politische Verantwortlichkeit, Selbständigkeit, demokratische Gesinnung und mit Einschränkung berufliche Tüchtigkeit.*

Zur Verwirklichung dieser Ziele trägt die politische Bildung bei, die zum einen in einem System von pädagogischen Einrichtungen institutionalisiert wurde, zum anderen in den meisten Bundesländern als übergreifendes Prinzip aller Schulfächer den Unterricht prägen soll. Die politische Bildung in der Bundesrepublik Deutschland hat die Aufgabe, in der Schule "einen politisch denkenden und verantwortlich handelnden Bürger heranzubilden" und in der Erwachsenenbildung "ihn in seinem politischen Handeln zu unterstützen"; die Aufklärung des Bürgers über seine Rechte und Pflichten soll ihm die reale Möglichkeit zur Artikulation seines Willens und zur Teilnahme am politi-

---

31   Vgl. Verfassung von Berlin vom 1. September 1950. Zuletzt geändert durch 20. Änderungsgesetz vom 26. Februar 1981; Vorläufige Niedersächsische Verfassung vom 13. April 1951, i. d. F. des Gesetzes vom 23. Dezember 1958; Verfassung der Freien und Hansestadt Hamburg vom 6. Juni 1952. Zuletzt geändert durch Gesetz vom 14. Januar 1972; in: Verfassungen der deutschen Bundesländer 1981, 85-100, 202-216 und 133-149

32   Landessatzung für Schleswig-Holstein in der Fassung vom 15. März 1962. Zuletzt geändert durch Gesetz vom 29. Juni 1979, in: Verfassungen der deutschen Bundesländer 1981, 338-347, hier 339

33   Verfassung des Landes Baden-Württemberg vom 11. November 1953. Zuletzt geändert durch Ges. vom 6.2.1979, in: Verfassungen der deutschen Bundesländer 1981, 1-24, hier 3

schen Prozeß geben[34]. In einem einflußreichen Buch plädierte Friedrich Oetinger 1951 für eine Partnerschaftspädagogik, welche die Erziehungsziele Toleranz und Kompromißbereitschaft in den Mittelpunkt stellt und sich am Vorbild des sportlichen Spiels, bei dem bestimmte Spielregeln einzuhalten sind, orientiert[35]. Vor dem Hintergrund der Erfahrungen mit der deutschen Tradition des Irrationalismus und in den siebziger Jahren verstärkt auch als eine Reaktion auf die Tendenzen zur Ideologisierung und Dogmatisierung im Gefolge der Studentenbewegung wurde Rationalität als ein zentrales Ziel der politischen Bildung[36] angesehen. Der "kleine, einfache Mann von der Straße" geriet, wie Günter Gaus formuliert hat[37], zum "Schlüsselwort" für die Bestrebungen in der Nachkriegszeit, in einem bescheidenen, vernünftigen, pragmatischen, friedfertigen und zivilen Zeitgenossen ein Gegenbild zu den Heroen der Zeit vor 1945 zu entwerfen.

Seit den ersten Bemühungen um die Etablierung politischer Bildung in der Bundesrepublik sollte Demokratie nicht nur erlernbar, sie sollte auch 'studierbar' sein. Als eigenständiges Fach wurde zu Beginn der fünfziger Jahre die Politikwissenschaft an den bundesdeutschen Universitäten begründet, der als "Demokratiewissenschaft" ein allgemeiner Bildungsauftrag gegeben wurde[38]. Entscheidend für die Durchsetzung der neuen Disziplin gegen restaurative Tendenzen und Widerstand an den Hochschulen war das Engagement zurückgekehrter ehemaliger Emigranten, die im Exil konkrete Vorstellungen von den Inhalten und Methoden der amerikanischen Political Science gewonnen hatten[39]. Diese Begleitumstände der Institutionalisierung des Faches in der Bundesrepublik mögen neben dem Wunsch nach Identifikation mit dem Sieger von 1945 auch ein Grund dafür gewesen sein, daß, wie Klaus von Beyme festgestellt hat[40], die "Amerikanisierung" der deutschen Politikwissenschaft "stärker fortgeschritten als in Ländern vergleichbarer Größe" ist, etwa in Großbritannien oder in Frankreich.

---

34 So Franklin Schultheiß, bis zum 31.7.1992 einer von drei Direktoren der Bundeszentrale für politische Bildung: 40 Jahre politische Bildung. Geschichte, Entwicklung, Perspektiven, in: Vierzig Jahre politische Bildung 1990, 19-24, hier 23

35 Vgl. Friedrich Oetinger (Pseudonym für Theodor Wilhelm): Wendepunkt der politischen Erziehung, Stuttgart 1951; nach Manfred Hättich: Anspruch und Wirkung politischer Bildung 1919-1989, in: Vierzig Jahre politische Bildung 1990, 27-33, hier 30. Vgl. dort auch zur Kritik an der Partnerschaftspädagogik.

36 Vgl. Manfred Hättich: Rationalität als Ziel politischer Bildung. Eine Einführung, München 1977

37 Gaus 1986/1988, 79f.

38 Vgl. Günter C. Behrmann: Politische Bildung, in: Handwörterbuch zur politischen Kultur der Bundesrepublik Deutschland 1981, 312-319, hier 312

39 Vgl. Alfons Söllner: Vom Staatsrecht zur "political science"? Die Emigration deutscher Wissenschaftler nach 1933, ihr Einfluß auf die Transformation einer Disziplin, in: PVS 1990/4, 627-654, hier vor allem 646f.

40 Von Beyme 1988, 43

An der staatlichen politischen Bildung in der Bundesrepublik sind viele Institutionen beteiligt. Vor den Landeszentralen für politische Bildung ist die Bundeszentrale für politische Bildung in Bonn die größte Einrichtung dieser Art. Unter dem Namen "Bundeszentrale für Heimatdienst" im Herbst 1952 als eine nachgeordnete Behörde im Geschäftsbereich des Bundesinnenministeriums gegründet, verwendet die Bundeszentrale die zur Verfügung gestellten Sachmittel - im Haushaltsjahr 1992 insgesamt 72,9 Millionen Mark - für Buch- und Zeitschriftenpublikationen, die Förderung der Angebote anderer Bildungseinrichtungen sowie für Seminare und Reisen für die traditionellen Multiplikatoren politischer Bildung wie Lehrer, Dozenten, Journalisten und Politiker[41]. Im Selbstverständnis der verschiedenen Vermittler politischer Bildung ist der Konsens über ein anzustrebendes Erziehungsziel nicht sehr ausgeprägt. So betonte der damalige Geschäftsführende Direktor der Bundeszentrale für politische Bildung, Franklin Schultheiß, auf einem Kongreß im November 1989, die dieser Einrichtung bei ihrer Gründung im Jahre 1952 gestellte Aufgabe, "den demokratischen und europäischen Gedanken im deutschen Volk zu festigen und zu verbreiten", habe die "einzige Parteilichkeit staatlicher politischer Bildung im Sinne der ständigen Auseinandersetzung für den Bestand der Demokratie, wie sie in unserer Verfassung verankert ist", begründet[42]. Allerdings machte Schultheiß an gleicher Stelle auch deutlich, in welcher Weise die staatliche politische Bildung von der jeweiligen Regierungspolitik abhängt[43]. Am ausgeprägtesten war dieser Einfluß in der ersten Dekade der Bundesrepublik: Als sich der westdeutsche Staat in den fünfziger Jahren in die Frontstellung des Kalten Krieges einfügte, gab sich die politische Bildung strikt antikommunistisch und vertrat dezidiert die von der Regierung Adenauer verfolgte Politik der Westbindung. Außer Frage steht, daß diese Inhaltsbestimmung politischer Bildung auch von der zeitgenössischen politikwissenschaftlichen Entwicklung beeinflußt wurde, im konkreten Fall vom Siegeszug der Totalitarismustheorie. Die Politik der europäischen Integration wurde mit der Verbreitung des Europagedankens begleitet. Anstoß für die inhaltliche Bestimmung der politischen Bildung können auch politische Ereignisse sein, die nicht direkt auf staatliches Handeln zurückzuführen sind; dafür stehen die Hakenkreuzschmiereien auf jüdischen Grabsteinen vom

---

41   Vgl. Tätigkeitsbericht 1992 der Bundeszentrale für politische Bildung, Bonn 1993, S. 9-44
42   Franklin Schultheiß: 40 Jahre politische Bildung. Geschichte, Entwicklung, Perspektiven, in: Vierzig Jahre politische Bildung 1990, 19-24, hier 19
43   Die bis zum 31.7.1992 amtierende Führungsriege der Bundeszentrale mit drei Direktoren - Franklin Schultheiß (SPD), Horst Dahlhaus (FDP) und Wolfgang Maurus (CSU) - war, um diese Abhängigkeit zu umgehen, nach Parteiproporz austariert, jedoch hatte sie sich sich am Ende selbst völlig blockiert. Die neue Führungsstruktur mit einem Präsidenten - Günter Reichert (CDU) - und zwei Vizepräsidenten - Wolfgang Arnold (SPD) und Hans-Jürgen Beerfeltz (FDP) - soll diese Selbstlähmung überwinden helfen (vgl. Martin Thurau: Nicht nur PR-Maschine für die jeweilige Bundesregierung. Grabenkämpfe und Parteiproporz haben in den vergangenen Jahren den Bonner "Think Tank" blockiert, in: SZ vom 29./30.8.1992).

Januar 1959 als Beispiel. Dieses Ereignis und weitere antisemitische Aktionen führten die Dringlichkeit einer Auseinandersetzung mit dem Nationalsozialismus und seinen geistigen Wurzeln für die politische Bildung vor Augen. Die Versuche einer 'Bewältigung der Vergangenheit' wurden intensiviert: Schulfächer wurden reformiert und finanzielle Mittel aufgestockt, neue Einrichtungen wurden gegründet und Stellen geschaffen[44].

In den sechziger Jahren reagierte die politische Bildung mehr und mehr auf die kulturellen Veränderungen, sie entwickelte große "Sensibilität für die gesellschaftspolitische Unruhe" dieser Umbruchszeit und modifizierte in ihrer "vitalsten, fruchtbarsten" Phase, im Jahrzehnt zwischen 1965 und 1975[45], das Erziehungsziel der demokratischen Persönlichkeit dahingehend, daß sie der Partizipation des Bürgers an politischen Prozessen, seiner kritischen Aufmerksamkeit und Konfliktbereitschaft größeres Gewicht beimaß. Interessen, Werte und Herrschaft wurden kritisch überprüft, Gesellschaft, Demokratisierung und Emanzipation bildeten thematische Schwerpunkte[46]. Mit dieser Akzentverlagerung entfernte sich die politische Bildung von den ihr urprünglich gesetzten Zielen; als sich abzeichnete, daß die politische Bildung von einem wachsenden Teil ihrer Vermittler für eine "Veränderung der Gesellschaft"[47] instrumentalisiert werden sollte, kam es zum Konflikt mit den Trägern der staatlichen Macht, der in einem wenig fruchtbaren Richtlinienstreit ausgetragen wurde. "Der kurze Zügel, der in dieser Zeit der Inhaltsbestimmung politischer Bildung in den Bundesländern angelegt wurde, ist seitdem erhalten geblieben."[48] Heute ist das Interesse der Politik an der politischen Bildung nicht mehr sehr ausgeprägt. Zudem scheint politische Bildung eher ein Sujet der Oppositionsparteien zu sein; bei dem öffentlichen Hearing zweier Ausschüsse des Deutschen Bundestages zur politischen Bildung im Mai 1989, der ersten parlamentarischen Veranstaltung auf Bundesebene zu diesem Thema seit fast zwanzig Jahren, war die Beteiligung der Regierungsparteien sehr gering: Laut Protokoll[49] erschienen zehn Abgeordnete von der SPD und jeweils zwei von den Grünen, der CDU/CSU und der F.D.P.

---

44 Vgl. Hans-Hermann Hartwich: Die wechselseitige Beeinflussung von Politik und staatlicher politischer Bildung, in: Vierzig Jahre politische Bildung 1990, 34-50, hier 36-38

45 Vgl. Hans-Hermann Hartwich: Die wechselseitige Beeinflussung von Politik und staatlicher politischer Bildung, in: Vierzig Jahre politische Bildung 1990, 34-50, hier 39

46 Vgl. Günter C. Behrmann: Politische Bildung, in: Handwörterbuch zur politischen Kultur der Bundesrepublik Deutschland 1981, 312-319, hier 316

47 So zum Beispiel unter der Überschrift "Aufgabenverständnis der Erwachsenenbildung" in: Die Volkshochschule - Handbuch für die Praxis der VHS-Leiter und -Mitarbeiter. Loseblattsammlung DIN A4, hg. von der Pädagogischen Arbeitsstelle des Deutschen Volkshochschul-Verbandes, 5. Lieferung, Frankfurt a. M. 1972, Blatt 41.515. Dort heißt es auch: "Was immer im einzelnen getan wird, es soll auf eine gesellschaftskritische politische Bildung abzielen und damit emanzipatorisch wirken."

48 Vgl. Hans-Hermann Hartwich: Die wechselseitige Beeinflussung von Politik und staatlicher politischer Bildung, in: Vierzig Jahre politische Bildung 1990, 34-50, hier 41

Immerhin hat die seit den späten sechziger Jahren verstärkte Thematisierung von politischer Partizipation als einem zentralen Erziehungsziel insofern Erfolg gezeitigt, als die staatliche Führung der Bundesrepublik heute deutlicher als in den fünfziger und sechziger Jahren die Bereitschaft der Bürger zur politischen Beteiligung als ein Wesensmerkmal der demokratischen Persönlichkeit auffaßt. In einem Erlaß des Bundesinnenministers - der Regierungskoalition von CDU/CSU und F.D.P. - vom Dezember 1987 wird als Aufgabe politischer Bildung angegeben, "im deutschen Volk Verständnis für politische Sachverhalte zu fördern, das demokratische Bewußtsein zu festigen und die Bereitschaft zur politischen Mitarbeit zu stärken"[50]. Fast zwanzig Jahre zuvor, im unruhigen Jahr 1968, sind in einem Bericht der Bundesregierung - der Großen Koalition - kognitive und evaluative Fähigkeiten stärker und politische Partizipation als Erziehungsziele schwächer gewichtet worden; politische Bildung, so hieß es dort, habe

"möglichst objektive Informationen über Faktoren und Funktionszusammenhänge politischer Prozesse zu geben; das politische Problembewußtsein, die politische Urteilsfähigkeit und die Urteilsbereitschaft auszubilden; die Erkenntnisse des eigenen Standortes im Rahmen der Gesamtgesellschaft zu fördern; zur Bejahung der Grundwerte der freiheitlichen Demokratie zu führen; die Fähigkeit zu politischem Handeln zu entwickeln; das Wesen demokratischer Spielregeln bewußt zu machen und demokratische Verfahrensweisen einzuüben"[51].

Im Zuge des in den späten siebziger Jahren aufgekommenen neuen Konservatismus wurde in Teilen der politischen Bildung der Schwerpunkt wieder stärker auf die Verbindlichkeit von Werten und Moral, die Betonung privater Tugenden wie Pflichtbewußtsein, Anpassungs- und Leistungsbereitschaft und die Zuwendung zur Geschichte, zur Heimat und zur nationalen Identität gelegt. Über alle Unterschiedlichkeiten hinweg, die in der Zielsetzung politischer Sozialisation von Bundesland zu Bundesland, nach ideologischer und parteipolitischer Färbung sowie nach den Funktionen der jeweiligen Sozialisationsinstanz festgestellt werden können, hat sich inzwischen doch ein Kern von Merkmalen herauskristallisiert[52], über deren Zugehörigkeit zu den Eigenschaften der demokratischen Persönlichkeit bei den Vermittlern der politischen Bildung weitestgehend Übereinstimmung besteht: Zu diesem Minimalkonsens über die Ziele politischer Sozialisation in der Bundesrepublik gehören *Rationalität, Selbständigkeit, ein demokratisches Bewußtsein, das*

49   Vgl. Das Parlament vom 18.8.1989; nach Hans-Hermann Hartwich: Die wechselseitige Beeinflussung von Politik und staatlicher politischer Bildung, in: Vierzig Jahre politische Bildung 1990, 34-50, hier 43
50   Erlaß des Bundesministers des Innern über die Bundeszentrale für politische Bildung vom Dezember 1987; zit. n. Peter Lösche: Kooperation zwischen staatlichen Bildungsträgern und Verlagen, in: Vierzig Jahre politische Bildung 1990, 133-135, hier 133
51   Zit. n. Franz Kroppenstedt: Die Weiterentwicklung staatlich geförderter politischer Bildung, in: Vierzig Jahre politische Bildung 1990, 270-275, hier 271f.

Verständnis für politische Sachverhalte, Mündigkeit, politische Urteilsfähigkeit (oder anders: politische "Wertungssicherheit"[53]) sowie die Bereitschaft zu verantwortlichem Handeln und aktiver Teilnahme an politischen Prozessen. Der Erziehungszielkonsens in der politischen Bildung geht seit den späten sechziger Jahren also in den Merkmalen politisches Problembewußtsein und Partizipationsbereitschaft über den in den meisten Landesverfassungen - aus der Gründungsphase der Bundesrepublik - verankerten Kanon an Erziehungszielen hinaus.

Bei einem Vergleich all dieser Annäherungen an das Erziehungsziel einer demokratischen Persönlichkeit mit den von Almond und Verba unterschiedenen und im ersten Kapitel erläuterten Typen politischer Kultur fällt auf, daß sie eher an das *rationality-activist model* politischer Kultur erinnern als an die Civic Culture. Almond und Verba haben selbst deutlich gemacht, daß eine von Rationalität, politischem Engagement, Informiertheit und Aktivität geprägte politische Kultur am ehesten in den Normen der meisten *"civics textbooks"* vorkomme[54], während in der Praxis der für die Stabilität von demokratischen Systemen idealen Civic Culture die Elemente der *rationality-activist culture* durch Passivität, Traditionalität und politische Indifferenz ausbalanciert werde. Die bereits erwähnte "gewisse heilsame Apathie"[55] der demokratischen Persönlichkeit in der moderaten Civic Culture brachte *Sidney Verba* auf den Punkt:

---

52 Vgl. über die bislang genannten Zielbestimmungen hinaus auch Gerhart Rudolf Baum: Politische Bildung in der Demokratie. Rede des Bundesministers des Innern auf dem 1. Bundeskongreß für politische Bildung in Gießen am 19. Februar 1982, in: Zur Situation der politischen Bildung 1982, 11-23, hier 17-21; Wolfgang W. Mickel: Politische Bildung, in: Politikwissenschaft 1985/1987, 730-732; Wolfgang Hilligen: Politische Bildung, in: Handlexikon zur Politikwissenschaft 1986, 363-369; Lothar Döhn: Aufklärung und Ideologiekritik, in: Handbuch zur politischen Bildung 1988, 86-92; Hermann Giesecke: Parteinahme, Parteilichkeit und Toleranzgebot, in: Handbuch zur politischen Bildung 1988, 69-72; Wolfgang Hilligen: Optionen und Überwältigungsverbot, in: Handbuch zur politischen Bildung 1988, 43-48; Klaus Keil: Kontroverses Denken, in: Handbuch zur politischen Bildung 1988, 56-60; Wolfgang W. Mickel: Kritikfähigkeit, Urteils- und Bewußtseinsbildung, ders.: Werte in der politischen Bildung, in: Handbuch zur politischen Bildung 1988, 61-66 und 92-99; Hans-Jürgen Pandel: Alltagsorientierung, in: Handbuch zur politischen Bildung 1988, 66-69; Siegfried Schiele: Konsens und Konflikt, in: Handbuch zur politischen Bildung 1988, 72-76; Gerd Stein: Demokratie und Partizipation, ders.: Mündigkeit und Emanzipation, in: Handbuch zur politischen Bildung 1988, 48-52 und 52-56; Thomas Ellwein: Politische Bildung und Politische Wissenschaft, in: Vierzig Jahre politische Bildung 1990, 257-269, hier 258-260; Wolfgang Maurus: Konsens und Konflikt in Politik und politischer Bildung, in: Vierzig Jahre politische Bildung 1990, 276-279

53 Ulrich Sarcinelli: "Prinzip Verantwortung" als politische und pädagogische Bezugsgröße. Überlegungen zum Verhältnis von Politikwissenschaft und politischer Bildung, in: Zur Theorie und Praxis der politischen Bildung 1990, 367-378, hier 375

54 Bei Verba 1965b, 133 wird der Unterschied noch deutlicher als bei Almond / Verba 1963, 498-501

55 Von Beyme 1972, 204

"The citizen is neither so deeply involved and active in politics as to destroy the ability of
the government to make authoritative decisions nor so inactive and indifferent as to give
political elites complete free rein in making decisions."[56]

Aus Verbas Ausführungen spricht das Mißtrauen gegenüber einer starken
Teilnahme der Bürger am politischen Leben, das in der Sorge um die Stabilität
von demokratischen Systemen wurzelt; es könne sein, so fährt er fort, daß die
Faktoren, welche die Überlebenschancen einer Demokratie vergrößern, sich
von den Faktoren unterscheiden, die das Ausmaß an Demokratie vergrößern;
die politischen Einstellungen der 'letzten Gruppen', die sich für politische
Beteiligung mobilisieren lassen, könnten für den Erhalt der Demokratie am
wenigsten förderlich sein[57]. Diese Skepsis gegenüber der Partizipation der
demokratischen Persönlichkeit in der Demokratie liegt auch den amerikanischen Untersuchungen zugrunde, in denen selbst so harmlose Beteiligungsformen wie Demonstrationen, Petitionen und friedliche Protestversammlungen,
die in den Grundrechten verbürgt sind und auf die durchaus auch führende
Vertreter der etablierten Parteien zurückgreifen, zu den 'unkonventionellen'
oder 'unorthodoxen' politischen Verhaltensweisen gezählt werden[58]. Die von
Almond und Verba zugunsten demokratischer Stabilität konzedierte Diskrepanz zwischen dem demokratischen Leitbild einer politischen Kultur, die von
einem rationalen, pragmatischen und aktiven Persönlichkeitstypus geprägt ist,
und der gemischten Civic Culture in der politischen Wirklichkeit fällt heute in
den USA noch krasser aus als zur Zeit der Pionierstudie: In der amerikanischen politischen Kultur häuften sich in den späten achtziger und frühen
neunziger Jahren die Anzeichen für einen wachsenden Widerwillen gegen die
Politik[59]; die verbreitete Haltung der Abwendung von der amerikanischen
Demokratie, die einen Buchtitel wie "Why Americans Hate Politics"[60] entstehen ließ, gründet vor allem in dem Ärger über opportunistische und karrieri-
stische Politiker und dem Gefühl eigener Einflußlosigkeit.

Bei dem Blick auf die über vierzigjährige Geschichte staatlich motivierter
politischer Sozialisation in der Bundesrepublik Deutschland verdichtet sich
der Eindruck, daß die führenden Repräsentanten dieses Staates ähnlich wie
Almond und Verba stabile Verhältnisse im Zweifelsfall höher bewertet haben
als demokratische Beteiligung. Da hier die Stellungnahmen in öffentlicher
Rede und in der offiziellen Programmatik auf der einen Seite und die vermu-

---

56   Verba 1965b, 133
57   Vgl. Verba 1965b, 135
58   Vgl. zum Beispiel Almond / Powell 1984, 42f.; oder A. Marsh: Exploration in Unorthodoxe
     political Behavior. A Scale to Measure 'Protest Potential', in: European Journal of Political
     Science 1974/2, S. 107ff.; die letztere Untersuchung nach: von Beyme 1988, 271
59   Vgl. Leslie H. Gelb : To Reenergize Democracy, Reengage the Elites, in: International Her-
     ald Tribune vom 7.4.1991
60   Vgl. E. J. Dionne, Jr.: The War Against Public Life: Why Americans Hate Politics, New
     York 1991

tete tatsächliche Intention auf der anderen Seite differieren, da weiterhin das legitime Interesse an Systemstabilität sich hier mit einer weniger legitimen Bequemlichkeit der Politiker verbinden kann, ist der Beweis schwer zu führen. Einen Hinweis für die Stichhaltigkeit des geschilderten Eindrucks lieferte der höchste Repräsentant der Republik: In einer Veröffentlichung von 1982 setzte der damalige Bundespräsident Karl Carstens der politischen Bildung "die gefühlsmäßige Identifikation mit der Republik... und mit ihren Symbolen" zum Ziel; als Voraussetzung für gewaltfreie Konfliktlösungen wurde "das Vertrauen in den demokratischen Prozeß, seine Institutionen und nicht zuletzt in diejenigen, die in den verschiedenen Institutionen Verantwortung tragen", empfohlen[61]. So wichtig eine kollektive Identität, die sich auch über Symbole herstellt, und das Vertrauen in Prozesse und Personen auch sein mögen, hier scheinen doch Merkmale wie Selbständigkeit, politisches Problembewußtsein, Kritikfähigkeit und Teilnahmebereitschaft, die zum Kernbestand der Zielbestimmung staatlicher politischer Bildung gehören, zu kurz zu kommen. Man geht wohl nicht zu weit mit der Annahme, daß das Verständnis des damaligen höchsten Repräsentanten von den Aufgaben der politischen Bildung höchst repräsentativ für einen großen Teil der *classe politica* ist und daß das Ziel politischer Sozialisation und damit die Form politischer Kultur, die in den konstitutionellen Bekundungen in der Bundesrepublik genannt und in der politischen Bildung überwiegend angestrebt werden, nicht ganz dem Ziel entsprechen, das viele Politiker selbst, die Träger der staatlichen Macht, de facto für wichtig erachten. Für die Konzeption dieser Untersuchung ist diese Diskrepanz jedoch nur von begrenzter Bedeutung, da den Sozialisanden das Ziel der Versuche einer staatlichen Steuerung politischer Kultur in der Regel eher in den professionellen Vermittlern politischer Sozialisation als in den führenden Vertretern der staatlichen Macht begegnet.

4.2.2 Sozialistische Persönlichkeit in der DDR

In der Deutschen Demokratischen Republik war das Sozialisationsziel, das den staatlichen Steuerungsversuchen gegenüber politischer Kultur als Leitbild diente, wesentlich detaillierter und umfassender konturiert als in der Bundesrepublik; es gab eine mit viel Aufwand ausgearbeitete Konzeption der sozialistischen Persönlichkeit, an der sich die staatliche Erziehung viel stärker orientierte als die bundesdeutsche staatliche politische Bildung am Bild der demokratischen Persönlichkeit[62]. In Abgrenzung von dem Minimalkonsens, der in der Bundesrepublik über das Sozialisationsziel besteht, und in Anbe-

---

61 Karl Carstens: Aufgaben der politischen Bildung, Bonn 1982, S. 12 und 10 (zit. n. Claußen 1988, 12)
62 Vgl. zur offiziellen politischen Kultur der DDR auch Sontheimer / Bergem 1990, 61-67.

tracht der Gleichförmigkeit der Formulierungen, mit denen die sozialistische
Persönlichkeit in der DDR beschrieben wurde, könnte man für den ehemali-
gen ostdeutschen Staat von einem Maximalkonsens über das anzustrebende
Erziehungsziel sprechen.

Das Bemühen in den Gesellschaftswissenschaften der DDR, möglichst
alle Bereiche der Wirklichkeit mit der Ideologie des Marxismus-Leninismus
sowjetischer Prägung zu erfassen, richtete sich seit Ende der sechziger Jahre
auch auf den 'subjektiven Faktor', das Individuum. Gemäß dem dialektischen
Prinzip des marxistisch-leninistischen Denkens wurden "Widersprüche als
Triebkräfte der Persönlichkeitsentwicklung" ausgemacht; die Persönlichkeit
entwickle sich, so Alfred Arnold, "als ein Prozeß der Entstehung, Entfaltung
und Lösung dialektischer Widersprüche". Eine besondere Rolle spiele dabei
der Bereich der Arbeit in seinem gesellschaftlichen Zusammenhang: Gelöst
würden die Widersprüche nämlich "durch materiell-gegenständliche und geistige Tätigkeit, wobei die bewußte, weltverändernde Tätigkeit... die grundlegende und bestimmende Triebkraft der Persönlichkeitsentwicklung" sei[63]. Die
Determination des Individuums durch die gesellschaftlichen Verhältnisse
wurde immer wieder betont, Persönlichkeit eben als "angeeignete Gesellschaft"[64] verstanden. Ein Indiz für die zentrale Bedeutung der Produktionsverhältnisse, die sich auch für die Persönlichkeitstheorie in Ostdeutschland
aus der Orientierung an der 'Leitwissenschaft' des Marxismus-Leninismus
ergab, ist die Definition von Persönlichkeit in einem philosophischen Wörterbuch aus der DDR, die vor den intellektuellen und emotionalen Kennzeichen
des Menschen dessen produktive Fähigkeiten nennt:

"Persönlichkeit: 1. der Mensch mit seinen sozial bedingten, aber individuell ausgeprägten
produktiven, intellektuellen, politischen, moralischen, ästhetischen und emotionalen Fähigkeiten und Eigenschaften als eine besondere, unwiederholbare Qualität, wie er im gesellschaftlichen Leben wirkt; in diesem Sinne ist jedes Individuum auch eine Persönlichkeit. ...
Da der Mensch kein abstraktes Wesen, sondern stets ein 'ensemble der gesellschaftlichen
Verhältnisse' ist (Marx; W. B.), kann jede Persönlichkeit nur im Zusammenhang mit den
sozialen, politischen sowie den geistigen und kulturellen Bedingungen verstanden werden,
unter denen sie sich entwickelt. Die Persönlichkeit wird weitgehend durch diese Bedingun-
gen, vor allem durch die Klasseninteressen und die psychische Eigenart der betreffenden
Klasse, geprägt, nicht aber durch die Entwicklung einer vom materiellen gesellschaftlichen
Leben und von der natürlichen Existenz des Menschen unabhängigen 'geistigen Natur' des
Menschen."[65]

---

63 Arnold 1976, 141 und 145
64 Walter Friedrich / Werner Hennig: Theoretische Probleme der Entwicklung, Struktur und
    Erforschung der Persönlichkeit. Thesen zum Forschungsgegenstand, in: dies. (Hg.): Der
    sozialwissenschaftliche Forschungsprozeß. Zur Methodologie, Methodik und Organisation
    der marxistisch-leninistischen Sozialforschung, Berlin /DDR 1975, S. 99-140, hier S. 102
65 Wörterbuch der marxistisch-leninistischen Philosophie 1985, 397

Das Bedingungsverhältnis zwischen Gesellschaft und Persönlichkeit wurde in der marxistisch-leninistischen Sichtweise als wesentlich enger angesehen denn in westlichen Theorien. In ihrem politisch-ideologischen Selbstverständnis sah sich die DDR als "entwickelte sozialistische Gesellschaft"[66]; im Zentrum der offiziellen politischen Kultur, die alle Lebensbereiche dieser Gesellschaft durchdringen sollte, stand der Begriff der "sozialistischen Lebensweise"[67], personifiziert wurde sie in der "allseitig entwickelten sozialistischen Persönlichkeit"[68]. Der Topos der Allseitigkeit, der in fast allen Zielbestimmungen der politischen Bildung in der DDR zu finden ist, kann über Lenin auf Karl Marx zurückgeführt werden, der in der Verbindung des Schulunterrichts mit produktiver Arbeit und Gymnastik die "einzige Methode zur Produktion vollseitig entwickelter Menschen"[69] gesehen hat; die Klassiker des Marxismus-Leninismus wiederum haben an die Vorstellungen von der Erziehung eines neuen Menschentyps bei den Frühsozialisten Saint-Simon, Charles Fourier und Robert Owen angeknüpft[70]. Die Ansicht, daß der Staat die Menschen zu einem ideal definierten Ziel erziehen soll, kann über Rousseau letztlich bis zu Platon zurückverfolgt werden. (Jedoch tut man der Philosophie Platons Gewalt an, wenn man, wie etwa Karl Popper[71], ihr Erziehungsprogramm in eine bruchlose geistige Verbindung zu den totalitären Erziehungsdiktaturen des 20. Jahrhunderts rückt: Platon ging es um die *individuellen* geistigen Fähigkeiten des Menschen, die eine Erziehung ermöglichen, und eben nicht um eine zwingende Determination des Menschen durch die Gesellschaft oder durch Produktionsverhältnisse und eine daraus abgeleitete Erziehung.) Die Idee der Notwendigkeit einer staatlichen Erziehung zeigte sich in der DDR in der herausgehobenen Bedeutung einer zielgerichteten Sozialisation: In einer lebenslangen, ideologisch geprägten und staatlich angeleiteten Erziehung war der Neue sozialistische Mensch heranzubilden, der sich aktiv und engagiert für die Belange der sozialistischen Gesellschaft einsetzte.

---

66 Programm der SED 1976, 25-29
67 Programm der SED 1976, 73-77
68 Vgl. als Beispiele für diesen immer wieder auftauchenden Begriff Pädagogisches Wörterbuch 1987, 18f.; Wolfgang Rudolph 1987, 79; oder Günther 1989, 14. In anderen Texten hieß es mit gleicher Bedeutung lediglich "allseitig entwickelte Persönlichkeit", etwa in: Wissenschaftlicher Kommunismus 1973, 535; Programm der SED 1976, 66; Gottfried Schneider 1988, 60; oder Wissenschatlicher Sozialismus 1988, 279.
69 Karl Marx: Das Kapital, Bd. 1, in: ders. / Friedrich Engels: Werke, Bd. 23, hg. vom Institut für Marxismus-Leninismus beim ZK der SED, Berlin /DDR 1962, S. S. 508. Wladimir I. Lenin hat gefordert, der Kommunismus müsse dahin gelangen, "allseitig entwickelte und allseitig geschulte Menschen, die alles machen können, zu erziehen, zu unterweisen und heranzubilden"; dorthin werde er aber "erst nach einer langen Reihe von Jahren" gelangen (Wladimir I. Lenin: Der "linke Radikalismus", die Kinderkrankheit im Kommunismus, in: Werke, Bd. 31, S. 35; zit. n. Sauermann 1985, 249).
70 Vgl. Sauermann 1985, 238
71 Vgl. Karl Popper: Die offene Gesellschaft und ihre Feinde. Bd. 1: Der Zauber Platons, Tübingen 1969[2].

Der Wunsch, mit der 'alten' Gesellschaft der unguten deutschen Vergangenheit zu brechen und eine neue, bessere Gesellschaft zu schaffen, war in den Jahren nach dem Zweiten Weltkrieg auch in Westdeutschland vorhanden; bei der Aufbaugeneration des sozialistischen deutschen Staates war diese Absicht jedoch von weitaus weniger Skepsis getrübt als im Westen. Mit ihr verbanden sich in dem Teil Deutschlands, in den Bertolt Brecht, Anna Seghers, Ernst Bloch und Arnold Zweig aus dem Exil zurückkehrten, viel Hoffnung und Optimismus, die von dem ideologischen Impetus der zukunftsgläubigen, siegessicheren Utopie einer kommunistischen Gesellschaft noch verstärkt wurden. Diese Hinwendung zur neuen Lehre wirkte als "eine Art Ablaßhandel mit deutschen Schuld- und Minderwertigkeitsgefühlen", die betont antifaschistische DDR "wollte partout als Jungfrau gelten"[72]. Der Bruch mit der Vergangenheit wurde in Ostdeutschland auch deshalb stärker empfunden als in den westlichen Besatzungszonen und später in der Bundesrepublik, da die deutschen Kommunisten, die sich nun an den Aufbau des neuen Staates machten, während der nationalsozialistischen Diktatur verfolgt, inhaftiert oder emigriert waren und sich somit außer mit ihrer Ideologie auch mit ihrer Biographie legitimieren konnten.

Die Entwicklung von einer in der Nachkriegszeit humanistisch geprägten Bildungskonzeption zu einer betont sozialistischen läßt sich anhand der Verfassungsentwicklung nachweisen. In der Verfassung der DDR von 1949 wurden als Erziehungsziele der Schule noch selbständiges Denken und verantwortungsbewußtes Handeln verankert:

"Art. 37. Die Schule erzieht die Jugend im Geiste der Verfassung zu selbständig denkenden, verantwortungsbewußt handelnden Menschen, die fähig und bereit sind, sich in das Leben der Gemeinschaft einzuordnen. Als Mittlerin der Kultur hat die Schule die Aufgabe, die Jugend im Geiste des friedlichen und freundlichen Zusammenlebens der Völker und einer echten Demokratie zu wahrer Humanität zu erziehen. ..."[73]

Im Unterschied dazu war die Verfassung von 1968 in der Fassung von 1974 bei der Bestimmung der Ziele des Bildungssystems weniger konkret und zog sich auf die ideologischen Floskeln der Gestaltung der sozialistischen Gesellschaft und der allseitigen Bildung sowie der harmonischen Entwicklung der Menschen zurück:

"Art. 17. ... (2) Mit dem einheitlichen sozialistischen Bildungssystem sichert die Deutsche Demokratische Republik allen Bürgern eine den ständig steigenden gesellschaftlichen Erfordernissen entsprechende hohe Bildung. Sie befähigt die Bürger, die sozialistische Gesellschaft zu gestalten und an der Entwicklung der sozialistischen Demokratie schöpferisch mitzuwirken."

---

72   Martin Ahrend: Die Macht der Angst. Ein anderes, ein neues Deutschland? Wie die DDR mit
      der deutschen Vergangenheit fertig wird, in: Die Zeit vom 31.5.1985
73   Die Verfassung der Deutschen Demokratischen Republik, Berlin /DDR o. J. (1949), S. 18

"Art. 25 (1) ... Das einheitliche sozialistische Bildungssystem gewährleistet jedem Bürger eine kontinuierliche sozialistische Erziehung, Bildung und Weiterbildung.

(2) Die Deutsche Demokratische Republik sichert das Voranschreiten des Volkes zur sozialistischen Gemeinschaft allseitig gebildeter und harmonisch entwickelter Menschen, die vom Geist des sozialistischen Patriotismus und Internationalismus durchdrungen sind und über eine hohe Allgemeinbildung und Spezialbildung verfügen."[74]

Expliziter als auf der konstitutionellen, staatlichen Ebene waren die Forderungen, die direkt von der führenden Einheitspartei an den Neuen Menschen in der DDR herangetragen wurden. Auf dem V. Parteitag der SED von 1958 verkündete *Walter Ulbricht* die zehn "Grundsätze der sozialistischen Ethik und Moral" als sittlichen Leitfaden für das Verhalten der sozialistischen Persönlichkeit:

"Das moralische Gesicht des neuen, sozialistischen Menschen, der sich in diesem edlen Kampf um den Sieg des Sozialismus entwickelt, wird bestimmt durch die Einhaltung der grundlegenden Moralgesetze:
1. Du sollst Dich stets für die internationale Solidarität der Arbeiterklasse und aller Werktätigen sowie für die unverbrüchliche Verbundenheit aller sozialistischen Länder einsetzen.
2. Du sollst Dein Vaterland lieben und stets bereit sein, Deine ganze Kraft und Fähigkeit für die Verteidigung der Arbeiter-und-Bauern-Macht einzusetzen.
3. Du sollst helfen, die Ausbeutung des Menschen durch den Menschen zu beseitigen.
4. Du sollst gute Taten für den Sozialismus vollbringen, denn der Sozialismus führt zu einem besseren Leben für alle Werktätigen.
5. Du sollst beim Aufbau des Sozialismus im Geiste der gegenseitigen Hilfe und der kameradschaftlichen Zusammenarbeit handeln, das Kollektiv achten und seine Kritik beherzigen.
6. Du sollst das Volkseigentum schützen und mehren.
7. Du sollst stets nach Verbesserung Deiner Leistungen streben, sparsam sein und die sozialistische Arbeitsdisziplin festigen.
8. Du sollst Deine Kinder im Geiste des Friedens und des Sozialismus zu allseitig gebildeten, charakterfesten und körperlich gestählten Menschen erziehen.
9. Du sollst sauber und anständig leben und Deine Familie achten.
10. Du sollst Solidarität mit den um ihre nationale Befreiung kämpfenden und den ihre Unabhängigkeit verteidigenden Völkern üben."[75]

Diese Postulate an den sozialistischen Menschen, die sich in der Geschichte der DDR in zahlreichen Zielbestimmungen und pädagogischen Richtlinien niederschlugen, wurden insofern zum Kampfinstrument der Einheitspartei, als alle ethischen Werte mit Sozialismus gleichgesetzt und eine Sittlichkeit außerhalb der offiziellen Ideologie a priori negiert wurden: "Nur der handelt sittlich und wahrhaft menschlich, der sich aktiv für den Sieg des Sozialismus einsetzt", hieß es in der Einleitung zum Dekalog des SED-Generalsekretärs aus Leipzig. Von der ethischen Diskriminierung aller Gegner der auf diese Weise überhöhten Weltanschauung war es nur noch ein Schritt zu ihrer Krimi-

---

74 Verfassung der DDR 1986, 61f. und 75 (im folgenden bezeichnet als Verfassung von 1968/ 1974)
75 Protokoll der Verhandlungen des V. Parteitages der SED 1959, Bd. 1, 160f.

nalisierung. In der Ära Ulbricht erfuhren der Begriff und die Vorstellung der Gemeinschaft eine starke Aufwertung im sozialistischen Katechismus. Das Programm der SED von 1963 knüpfte an die klassische deutsche Bildungskonzeption an: "Mit dem Sozialismus beginnt die Gemeinschaft freier Menschen Wirklichkeit zu werden, die durch gemeinsame, freie und schöpferische Arbeit verbunden sind."[76] Diese Zeilen erinnern an das Ideal der menschlichen Existenz im letzten Akt von Faust II, an die Vision vom "freien Volke", das tüchtig oder, wie Goethe schreibt, "tätig-frei" und "auf freiem Grund" in "solch hohem Glück" lebt[77]. Ende der sechziger Jahre prägte Walter Ulbricht den Begriff der "sozialistischen Menschengemeinschaft"[78] und betonte damit die Eigenständigkeit dieser in der DDR angeblich erreichten Gesellschaftsstufe gegenüber der Sowjetunion, die sich in ihrem ideologischen Selbstverständnis bereits auf dem Weg vom Sozialismus zum Kommunismus befand. Nach der Ablösung Ulbrichts durch Erich Honecker im Mai 1971 hat die SED den harmonisierenden Begriff der sozialistischen Menschengemeinschaft wieder fallenlassen[79] und den ideologischen Schulterschluß mit der UdSSR restituiert.

In "Staat und Revolution" hat Lenin den Neuen sozialistischen Menschen beschrieben; dessen Kennzeichen sind die volle Überzeugung davon, daß seine individuellen Interessen am besten durch die Verfolgung der kollektiven Interessen gewahrt würden, die Akzeptanz einer egalitären Ethik, ein hohes Maß an freiwilliger Partizipation an allen wirtschaftlichen und politischen Entscheidungsprozessen sowie eine sozialistische Sicht der Vergangenheit und der Zukunft[80]. In einem offiziellen Lehrbuch der DDR aus den frühen siebziger Jahren, der übersetzten Fassung eines sowjetischen Werkes, wurden als Merkmale der sozialistischen Persönlichkeit "die Ergebenheit gegenüber den Idealen des Kommunismus, das Streben nach ihrer Verwirklichung, das entwickelte Bewußtsein, Herr des Landes und seiner Reichtümer zu sein, das Bewußtsein der Würde des arbeitenden Menschen, Optimismus und Zielstrebigkeit, das Bewußtsein einer sicheren Zukunft, Diszipliniertheit, Organisiertheit und eine hohe politische und Arbeitsaktivität" genannt; diese Persönlichkeit setze "das gesellschaftliche Interesse an die erste Stelle" und vertrete "die

---

76 Protokoll der Verhandlungen des VI. Parteitages der SED 1963, Bd. 4, 301. In diesem Parteiprogramm von 1963 (S. 384) wurde auch die "sozialistische Nationalkultur als die Erfüllung der humanistischen Kultur des deutschen Volkes" interpretiert.

77 Johann Wolfgang Goethe: Faust. Eine Tragödie, in: Goethes Werke. Hamburger Ausgabe, Bd. 3, S. 348

78 Walter Ulbricht: Unser guter Weg zur sozialistischen Menschengemeinschaft, in: Das System der sozialistischen Gesellschafts- und Staatsordnung in der DDR. Dokumente, Berlin /DDR 1969, S. 245; zit. n. DDR. Dokumente 1986, 306

79 So zum Beispiel durch ihren Chefideologen Kurt Hager: Die entwickelte sozialistische Gesellschaft, 14. Oktober 1971, in: ders.: Zur Theorie und Politik des Sozialismus. Reden und Aufsätze, Berlin /DDR 1972, S. 162 und 173; zit. in DDR. Dokumente 1986, 323f.

80 nach Gray 1977, 260f.

Ziele und Grundsätze der kommunistischen Ideologie", als den "höchsten Sinn des Lebens" fasse sie "die Arbeit im sozialistischen Betrieb" auf[81]. An einer anderen Stelle betonte das aus dem Russischen übersetzte Lehrwerk über diese mentalen Eigenschaften und weltanschaulichen Überzeugungen hinaus auch moralische und ästhetische Aspekte sowie körperliche Fähigkeiten:

> "Die kommunistische Erziehung ist die zielstrebige und systematische Herausbildung bewußter, disziplinierter, von Überresten der Vergangenheit freier, allseitig entwickelter Menschen, die Prinzipienfestigkeit, Arbeitsliebe, Organisiertheit, geistigen Reichtum, moralische Sauberkeit und physische Vollkommenheit harmonisch in sich vereinigen. Der kommunistisch erzogene Mensch verfügt über eine wissenschaftliche Weltanschauung und eine feste Überzeugung, er ist allseitig gebildet, weist eine hohe Kultur, einen entwickelten ästhetischen Geschmack auf und ist physisch gestählt. Für den kommunistisch erzogenen Menschen ist die Arbeit das erste Lebensbedürfnis. Sein Charakter und sein Verhalten sind durch hohe moralische Qualitäten gekennzeichnet."[82]

In den Gesellschaftswissenschaften der DDR wurde der von den sowjetischen Autoren aufgestellte Eigenschaftskatalog der sozialistischen Persönlichkeit weitgehend übernommen; so hieß es im "Wörterbuch der marxistisch-leninistischen Philosophie" von *Alfred Kosing*:

> "Die sozialistische Persönlichkeit zeichnet sich durch aktive und bewußte Tätigkeit für die Erhaltung des Friedens und den Aufbau des Sozialismus, durch die Aneignung der marxistischen Weltanschauung, durch das Streben nach allseitiger Bildung und hohem fachlichen Wissen und Können, durch die Ausbildung ihrer körperlichen und geistigen Tätigkeiten, durch die Aneignung und Verwirklichung der Grundsätze der sozialistischen Moral, durch eine optimistische Lebensauffassung, durch schöpferische Selbständigkeit und Aufgeschlossenheit gegenüber dem Neuen aus."[83]

Diese Zielbestimmung der sozialistischen Erziehung, die in zahlreichen Publikationen[84] in gleicher oder geringfügig modifizierter Form wiederholt, ausführlich hergeleitet und begründet wurde, setzte die auf dem Bekenntnis zur marxistisch-leninistischen Ideologie basierende aktive Teilnahme an der sozialistischen Gesellschaft an die erste Stelle. In der DDR hatte die affirmative Partizipation am Aufbau und an der Gestaltung des Sozialismus konstitutionellen Rang; in Artikel 21 der Verfassung von 1968/1974 wurde der Grundsatz "Arbeite mit, plane mit, regiere mit!" als eine "hohe moralische Verpflichtung für jeden Bürger"[85] bindend gemacht. Neben dieser Pflicht zur

---

81 Wissenschaftlicher Kommunismus 1973, 525f.
82 Wissenschaftlicher Kommunismus 1973, 535
83 Wörterbuch der marxistisch-leninistischen Philosophie 1985, 398
84 Vgl. zum Beispiel Jegorow / Reinhold 1984, 286f.; Hauptabteilung Lehrerbildung des Ministeriums für Volksbildung 1986, 40-49; Pädagogisches Wörterbuch 1987, 18; Wolfgang Rudolph 1987, 156-166; oder Günther 1989, 14-17
85 Verfassung der DDR 1986, 70f.

Mitgestaltung und Mitbestimmung wurden als weitere "Grundpflichten der Bürger" die Wehrpflicht (Art. 23,1), die Pflicht zur Arbeit (Art. 24,2), die Berufsbildungspflicht (Art. 25,4) und die elterliche Erziehungspflicht (Art. 38,4) in der Verfassung normiert[86]. Die in den Artikeln 19 bis 40 aufgeführten Grundrechte und Grundpflichten bildeten eine untrennbare Einheit, das bedeutete, daß die Grundrechte des einzelnen nicht losgelöst von seiner Verpflichtung gegenüber der sozialistischen Gesellschaft und somit auch nicht als unveräußerliche individuelle Rechte gegenüber dem Staat verstanden werden konnten. Die in der DDR auch in politisch-moralischer Hinsicht geforderte "Treuepflicht des einzelnen zu seinem sozialistischen Staat" sah der Jurist und DDR-Dissident Rolf Henrich als "die zentrale Rechtsfigur", die Aufschluß über die juristische Stellung des Menschen im Sozialismus gibt[87]. Die aktive Beteiligung an der sozialistischen Gesellschaft sollte nicht auf Zwang, sondern auf Einsicht und Freiwilligkeit beruhen. Der hohe Anspruch an das Engagement jedes einzelnen wurde in der Endphase der DDR, als die Notwendigkeit einer breiten Mobilisierung für die SED immer dringlicher wurde, damit begründet, daß der Sozialismus "seinem Wesen nach" und im Kontrast zur bürgerlichen Gesellschaft der politischen Aktivität bedürfe, um stabil zu bleiben[88].

Die tätige und ideologisch bewußte Mitarbeit im Sinne der offiziellen Lehre setzte ein hohes Maß an Idealismus und Altruismus voraus; gestärkt wurden diese Charakterzüge in der Konzeption der sozialistischen Persönlichkeit von einer prinzipiell optimistischen Lebensauffassung. Die DDR erwartete von ihren Bürgern die freiwillige Unterordnung privater und individueller Interessen unter gesellschaftliche und kollektive Ziele - positiv ausgedrückt: Solidarität und Brüderlichkeit. Auf der pädagogischen Ebene schlug sich diese Intention in der Propagierung der Erziehungsziele Selbstlosigkeit[89] und Bescheidenheit[90] nieder. Das Verhältnis des Neuen sozialistischen Menschen zur Gesellschaft sollte nach dem Willen seiner Erzieher von Verantwortungsbewußtsein und Pflichtgefühl für die Gemeinschaft[91] geprägt sein. Um die

---

86   Diese Pflichtenregelungen in der Verfassung von 1968 in der Fassung von 1974 entsprechen
     im wesentlichen denen in der ersten Verfassung der DDR von 1949. Allerdings war dort die
     Einheit von Grundrechten und Grundpflichten weniger explizit als in der Verfassung von
     1968; ein Indiz dafür ist, daß in der entsprechenden Überschrift 1949 von den "Rechte(n) des
     Bürgers" (S. 6) die Rede war, während es 1968/1974 "Grundrechte und Grundpflichten der
     Bürger" (S. 66) hieß.
87   Henrich 1989, 162
88   Vgl. Heuer 1989, 435. Die Warnung, daß die "politische Stabilität im Sozialismus... politi-
     scher Aktivität von oben und von unten gleichermaßen und aufeinander einwirkend" bedürfe
     (S. 435), hatte gute Gründe, doch kam sie spät: Sechs Monate nachdem Heuer das Manu-
     skript seines Buches abgeschlossen hatte, leitete die Öffnung der Grenze der DDR deren
     Ende ein.
89   Vgl. Hauptabteilung Lehrerbildung des Ministeriums für Volksbildung 1986, 44
90   Vgl. Jegorow / Reinhold 1984, 287; Pädagogisches Wörterbuch 1987, 261; Günther 1989, 16

Verbreitung dieser Werte in der Gesellschaft zu stärken, waren die Erzieher in der DDR angehalten, über die Vermittlung der konkreten Sozialisationsziele hinausgehend die Selbsterziehung jedes einzelnen zu initiieren und zu fördern; die "kollektive Selbsterziehung" wurde dabei als "ein Wesensmerkmal sozialistischer Lebensweise"[92] verstanden.

Einen besonderen Stellenwert in der offiziellen politischen Kultur vor allem der frühen DDR hatte die sozialistische Moral. Die moralischen Normen und Werte wurzelten, so wurde argumentiert, in den materiellen gesellschaftlichen Verhältnissen und spiegelten diese wider, demnach bedeute der Schritt von der bürgerlichen zur sozialistischen Moral "objektiv eine qualitativ neue Stufe"[93]. Während im Programm der SED von 1963 als Ideale der sozialistischen Moral "sozialistischer Patriotismus und Internationalismus, Verantwortungsbewußtsein gegenüber der Gesellschaft, Liebe zur Arbeit und zu den arbeitenden Menschen, sozialistische Arbeitsdisziplin"[94] genannt wurden, taucht im Parteiprogramm von 1976 der Begriff der sozialistischen Moral nicht mehr auf; dort ist allenfalls von "der kommunistischen Arbeitsmoral"[95] die Rede. Dieses Abrücken vom Terminus der sozialistischen Moral, das sich auf der parteiprogrammatischen Ebene somit zwischen 1963 und 1976 vollzog, ging Hand in Hand mit dem Bemühen, im Zuge der Reformen, die mit den Formeln der 'Wissenschaftlich-technischen Revolution' und der 'Verwissenschaftlichung der Gesellschaft' umschrieben wurden, das nur moralisch fundierte Erziehungsziel durch eine differenzierte und komplexe ideologische Erziehungskonzeption zu ersetzen.

An der Bestimmung der Inhalte der moralischen Erziehung ist erkennbar, daß die Gesellschaftswissenschaftler in der DDR einen bestimmten, wenn auch nur begrenzten Spielraum bei der Verwendung ideologischer Termini nutzen konnten, solange sie sich auf dem Boden der marxistisch-leninistischen Weltanschauung bewegten: Ein vom Ministerium für Volksbildung, das von 1963 bis 1989 von Margot Honecker geleitet wurde, herausgegebener Studienband für die Ausbildung von Lehrern orientierte sich bei der Angabe

---

91 Vgl. Jegorow / Reinhold 1984, 286; Wörterbuch der marxistisch-leninistischen Philosophie 1985, 526
92 Pädagogisches Wörterbuch 1987, 344. An anderer Stelle wurde Selbsterziehung definiert als "die bewußte, planmäßige, systematische Arbeit an sich selbst mit dem Ziel, sich in Übereinstimmung mit den gesellschaftlichen Erfordernissen zu vervollkommnen" (Hauptabteilung Lehrerbildung des Ministeriums für Volksbildung 1986, 229).
93 Vgl. Wörterbuch der marxistisch-leninistischen Philosophie 1985, 350f. Die zitierte Formulierung taucht wortgleich auf in: Pädagogisches Wörterbuch 1987, 260. Weniger sicher und eher differenzierungsbedürftig schien die materielle Determination von Werten und Einstellungen dem Autorenkollektiv unter Leitung von Rudi Weidig (1988, 158): "Einstellungen und Verhaltensweisen entstehen nicht mechanistisch oder gar monokausal aus objektiven Bedingungen; aber sie sind auch nicht einfach im Persönlichkeitsprofil angelegt und ein für allemal prädeterminiert."
94 Protokoll der Verhandlungen des VI. Parteitages der SED 1963, Bd. 4, 301
95 Programm der SED 1976, 67

der "wichtigsten moralischen Persönlichkeitseigenschaften", deren Formung
zu den Hauptaufgaben der moralischen Erziehung gehöre, stark an der Vor-
gabe des SED-Programms von 1963; diese anzustrebenden Eigenschaften
seien Sowjetpatriotismus, proletarischer Internationalismus, Kollektivität,
sozialistischer Humanismus, kommunistische Einstellung zur Arbeit und
bewußte Disziplin[96]. Im Unterschied dazu bezog *Wolfgang Rudolph* die
Inhalte der moralischen Erziehung, die er von den Inhalten der weltanschaulichen Erziehung abgrenzte, weniger stringent auf die marxistisch-leninistische
Ideologie:

"Zum Inhalt der moralischen Erziehung gehören:
- grundlegende Kenntnisse über die Moral als gesellschaftliche Erscheinung (Wesen und
Ursprung der Moral, soziale Funktionen der Moral, Zusammenhang von Ethik und Moral,
von Moral und Recht, von Moral und Politik);
- Auffassungen zu grundlegenden Moralbegriffen (wie gut und böse, Gerechtigkeit, Pflicht,
Ehre, Gewissen, Verantwortung, Würde);
- moralische Anschauungen, Normen, Prinzipien und Werte der Arbeiterklasse (zum Beispiel
sozialistischer Humanismus, sozialistischer Patriotismus und proletarischer Internationalismus, sozialistische Einstellung zur Arbeit, Kollektivität, Solidarität, Diszipliniertheit);
- Einstellungen und Überzeugungen, davon beeinflußte Motive und Gefühle, Eigenschaften
und Charakterzüge, Verhaltensgewohnheiten mit moralischem Anspruch sowie ein entspre-
chendes Gewissen;
- Bereitschaft, Wille und die Fähigkeit zu bewußtem moralischem Handeln und Verhalten
sowie zu aktiver Auseinandersetzung mit Fehlverhalten."[97]

Waren dies bei Rudolph eher kognitive und evaluative Inhalte, so bestand das
von staatlichen Stellen formulierte Ziel der offiziellen Erziehung in der DDR
auch in der Herstellung einer starken emotionalen Bindung an den sozialistischen Staat, der geliebt werden sollte. Der "tiefen Liebe zur Deutschen Demokratischen Republik" und dem Stolz auf ihre sozialistischen Errungenschaften
entsprach im ideologischen Freund-Feind-Schema des herrschenden dialektischen Denkens der "leidenschaftliche(n) Haß gegen die imperialistischen
Feinde unseres Volkes"[98], wie es zum Beispiel in einer Anordnung über die
Erziehungsarbeit in Jugendheimen hieß. Die Pflege des Feindbildes zielte auf
die Mitgliedstaaten der NATO, denen eine imperialistische Politik unterstellt
wurde, vor allem jedoch auf den reichen Nachbarn im Westen, die Bundesrepublik, und weniger ausgeprägt auch auf die USA. Dem sozialistischen Erziehungsziel Haß wurde eine "andere ethisch-moralische Grundlage"[99] und
damit ein höherer sittlicher Wert zugesprochen als dem Haß in bürgerlichen
Gesellschaften. Eine besonders krasse Anwendung fand die simplifizierende

---

96   Vgl. Hauptabteilung Lehrerbildung des Ministeriums für Volksbildung 1986, 43-45
97   Wolfgang Rudolph 1987, 156f.
98   Anordnung über die Bildungs- und Erziehungsarbeit in den Heimen der Jugendhilfe - Heim-
ordnung - vom 1. September 1969, _ 3, in: Gesetzblatt der DDR 1969, Teil II, 555
99   Ilter / Herrmann / Stolz 1974, 28

Weltsicht mittels der Freund-Feind-Schablone, die sich die sozialistische Persönlichkeit zu eigen machen sollte[100], in der Sozialistischen Wehrerziehung. Die in den siebziger Jahren forcierte Wehrerziehung, durch die neben der Vermittlung der ideologischen Wehrmotivation und militärischer Kenntnisse vor allem soldatische Tugenden wie Mut, Kampfgeist, Disziplin, Gehorsam und Opferbereitschaft sowie körperliche Fähigkeiten wie Kraft, Ausdauer und Körperbeherrschung herausgebildet werden sollten, galt als durchgängiger Grundsatz für den gesamten Sozialisations- und Bildungsbereich und begann bereits in der Vorschule[101]. Die dialektische Einheit von Liebe zum sozialistischen Vaterland und Haß auf die Klassenfeinde hatte als Erziehungsziel mehrere Funktionen: Unter militärischen Gesichtspunkten sollte diese emotionale Disposition die Bereitschaft zur Verteidigung des Sozialismus und die Kampfmotivation steigern, bezogen auf die gesamte Gesellschaft sollte sie Identität stiften, das Defizit des SED-Staates an demokratischer Legitimation kompensieren und damit die Stabilität des politischen Systems erhöhen.

Parallel zum Begriff der "sozialistischen Soldatenpersönlichkeit"[102] wurde in der DDR der Terminus "sozialistische Facharbeiterpersönlichkeit"[103] geprägt. Im ideologischen Selbstverständnis der DDR als entwickelter sozialistischer Gesellschaft spielte die berufliche Arbeit eine zentrale Rolle; dem Programm der SED von 1976 galt "die gewissenhafte, ehrliche, gesellschaftlich nützliche Arbeit als Herzstück der sozialistischen Lebensweise"[104]. In den Charakterisierungen der sozialistischen Persönlichkeit[105] wurden zunächst ein prinzipiell positives Verhältnis zur Arbeit, das Bedürfnis nach und die Liebe zu ihr - oder in der Terminologie der SED formuliert: eine kommunistische Einstellung zur Arbeit - gefordert, darüber hinaus aber auch auf die Arbeitstätigkeit bezogene Eigenschaften wie Diszipliniertheit, Strebsamkeit, Leistungsbereitschaft, Gewissenhaftigkeit, Initiative und Schöpfertum. Bei der Erziehung der Lehrlinge sollten, so hieß es in einem Standard-

---

100 So stellte Horst Adam im Jahr des Machtantritts von Erich Honecker fest: "Unser ideologisches Freund-Feind-Bild ist Bestandteil der allseitig entwickelten sozialistischen Persönlichkeit, die bewußt und aktiv die sozialistische Gesellschaft gestaltet... Der sozialistische Staatsbürger braucht ein klares Freund-Feind-Bild, um den Klassenverbündeten und den Klassenfeind des sozialistischen Vaterlandes erkennen und entsprechend handeln zu können." (Horst Adam: Philosophisch-theoretische Probleme des ideologischen Freund-Feind-Bildes, in: DZfPh 1971/6, 720-737, hier 736)
101 Vgl. Wörterbuch der DDR-Pädagogik 1974, 233; Pädagogisches Wörterbuch 1987, 410f.
102 Militärlexikon der DDR 1973, 343
103 Wolfgang Rudolph 1987, 63
104 Programm der SED 1976, 74. Im Wörterbuch der marxistisch-leninistischen Philosophie (1985, 49) wurde "Arbeitsmoral" als "grundlegender Bestandteil der Moral einer Gesellschaft" eingeführt.
105 Vgl. zum Beispiel Wissenschaftlicher Kommunismus 1973, 525 und 535; Kosing 1981/1984, 278; Manz 1983, 62; Jegorow / Reinhold 1984, 286; Wörterbuch der marxistisch-leninistischen Philosophie 1985, 398; Hauptabteilung Lehrerbildung des Ministeriums für Volksbildung 1986, 43-49; Wolfgang Rudolph 1987, 19-26 und 156; oder Günther 1989, 16

werk zur Berufspädagogik in der DDR, "gesellschaftlich anspruchsvolle Anforderungen... wie Ordnung, Disziplin, Sicherheit, Sauberkeit, positive Lernhaltung, Achtung vor dem gesellschaftlichen Eigentum und den Traditionen der Arbeiterklasse"[106] vermittelt werden. Neben der Erziehung zu der angestrebten Einstellung zur Arbeit sollte auch die kollektive Arbeit selbst als "das wichtigste Instrument der moralischen Erziehung"[107] die Herausbildung von Kameradschaftlichkeit, Hilfsbereitschaft, Verantwortungsbewußtsein, sozialer Aktivität und einem Gefühl von Pflicht und Ehre fördern. Bei der Propagierung der Arbeitsmoral als dem Kern der sozialistischen Moral konnte sich die führende Partei auf die Klassiker der kommunistischen Ideologie berufen; in dem Lehrbuch "Vom Sinn unseres Lebens", das die Jugendlichen in der DDR bei der sozialistischen Jugendweihe überreicht bekamen, wurde folgender Satz von *Karl Marx* zitiert:

> "Die Gesellschaft findet nun mal nicht ihr Gleichgewicht, bis sie sich um die Sonne der Arbeit dreht."[108]

Das Werben für die sozialistischen Arbeitertugenden sollte in Verbindung mit dem Appell zur ständigen Fortbildung und Weiterqualifizierung der Steigerung der ökonomischen Produktivität dienen. Dieses funktional auf die Erhöhung der volkswirtschaftlichen Potenz gerichtete Motiv war prägend für die Neuordnung des Bildungssystems in den sechziger Jahren. Die entscheidende Bedeutung der Arbeit für die sozialistische Lebensweise sollte sich nicht nur in der beruflichen Tätigkeit und der Einstellung zu ihr, sondern ebenso im Freizeitverhalten niederschlagen; auch die Freizeit wurde in der marxistisch-leninistischen Ideologie primär in ihrer Funktionalität für die volkswirtschaftliche Produktion gesehen. Aber auch in diesem Bereich gab es unterschiedliche Nuancierungen unter den Gesellschaftswissenschaftlern der DDR: Während ein Autorenkollektiv unter der Leitung von Peter Voß die "Reproduktion der Arbeitskraft"[109] als die Hauptaufgabe der Freizeit bezeichnete, war die Sichtweise des Freizeitforschers Helmut Hanke etwas näher an den Bedürfnissen der Berufstätigen orientiert; als typisch für die Freizeit schien ihm die "Dialektik von Reproduktion der Arbeitskraft und Persönlichkeitsentwicklung"[110] zu sein. Betonten die Wissenschaftler um Voß die Notwendigkeit

---

106 Wolfgang Rudolph 1987, 26
107 Hauptabteilung Lehrerbildung des Ministeriums für Volksbildung 1986, 49
108 Zit. in: Vom Sinn unseres Lebens, hg. vom Zentralen Ausschuß für Jugendweihe in der Deutschen Demokratischen Republik, Leiter des Redaktionskollegiums: Lothar Oppermann, Berlin /DDR 1983, S. 81
109 Voß 1981, 40
110 Helmut Hanke 1988, 436. Wie sehr Hanke mit der Feststellung dieser Dialektik von der dogmatischen Sicht abwich, wird deutlich im Vergleich mit einer Publikation aus demselben Jahr, in der "die Einheit von Persönlichkeits- und Produktivkraftentwicklung" (Gottfried Schneider 1988, 10) noch besonders betont wurde.

einer kommunistischen Erziehung von Jugendlichen auch in deren Freizeit[111], so stand für den stärker empirisch arbeitenden Hanke der Erholungswert der Freizeit im Vordergrund, sie sollte "wenigstens in Teilen eine Gegenwelt zur Arbeit sein"[112]. Die Veröffentlichungen von Helmut Hanke sind wie einige Studien des Leipziger Zentralinstituts für Jugendforschung Zeugnisse für die schwierige Gratwanderung, die Gesellschaftswissenschaftler in der DDR in den achtziger Jahren zu gehen hatten, wenn es galt, die aus demoskopischen Erhebungen gewonnenen und aus Sicht der SED immer alarmierenderen Einsichten in die reale politische Kultur der ostdeutschen Gesellschaft mit einem bestimmten Maß an ideologischem Dogmatismus, das für die weitere Arbeit notwendig war, zu vereinbaren.

Das oben erwähnte, aus dem Russischen übersetzte offizielle Lehrbuch der DDR aus den frühen siebziger Jahren hatte einen breiten Katalog von Eigenschaften aufgeführt[113], die der sozialistischen Persönlichkeit eignen sollten. Im Unterschied dazu lieferten die ostdeutschen Wissenschaftler, die 1988 das Nachfolgewerk verfaßten, keine detaillierte Charakteristik des Neuen Menschen, sondern hielten lediglich "die aktive Mitwirkung bei der Gestaltung der sozialistischen Lebensweise" als das "Hauptfeld sozialistischer Persönlichkeitsentwicklung" fest[114]. Die ideologische Konzeption der sozialistischen Persönlichkeit räumte nun der individuellen Entwicklung mehr Freiraum ein, von der "prinzipiellen Offenheit der sozialistischen Gesellschaft"[115] war jetzt die Rede. In den siebziger und vor allem in den achtziger Jahren wurde Individualität ein zentrales Thema der DDR-Gesellschaftswissenschaften, der Bereich des Subjektiven wurde stärker beachtet, das Verhältnis zwischen Kollektivität und Individualität neu diskutiert. Die sozialistischen Handwörterbücher in der DDR verurteilten den Individualismus als typisches

---

111 Vgl. Voß 1981, 26
112 Helmut Hanke 1988, 445
113 Vgl. Wissenschaftlicher Kommunismus 1973, 525f. und 535
114 Wissenschaftlicher Sozialismus 1988, 490
115 Wissenschaftlicher Sozialismus 1988, 480. Zwar ging es hier um die "prinzipielle(n) Offenheit der sozialistischen Gesellschaft für vorwärtsführendes Neuerertum" im Zusammenhang einer Steigerung der Effektivität in Produktion, Wissenschaft und Technik, jedoch bleibt entscheidend, daß der Begriff der Offenheit mit Bezug auf die sozialistische Gesellschaft in diesem offiziellen Lehrbuch überhaupt auftauchte.
 Auch der Forscher am damaligen Bereich Wissenschaftlicher Kommunismus der Sektion Marxistisch-leninistische Philosophie der Humboldt-Universität zu Berlin, (inzw. Prof.) Dr. Dieter Segert, betonte in einem Gespräch mit dem Verfasser am 13. Oktober 1988 in Berlin / DDR die Offenheit jeder geschichtlichen Entwicklung und erwiderte auf den Einwand, diese Auffassung widerspräche doch eklatant dem historischen Determinismus des Marxismus-Leninismus, der die Publikationen der DDR-Gesellschaftswissenschaften fast durchgängig die Vorbestimmtheit der geschichtlichen Entwicklung verkünden ließe: "Die Wichtigkeit von solchen Thesen darf man nicht anhand der Mengen an bedrucktem Papier beurteilen." Segert bemühte sich zu der Zeit neben anderen um die Etablierung politikwissenschaftlicher Forschung in der DDR.

Produkt der bürgerlichen Ideologie und rückten ihn in enge Nähe zum Egoismus[116]; im "Wörterbuch der marxistisch-leninistischen Philosophie" von *Alfred Kosing* hieß es:

> "Der Individualismus ist seinem Klasseninhalt nach eine bürgerliche Denk- und Verhaltensweise und seiner ideologischen Funktion nach eine Rechtfertigung der Ausbeutung, des Profitstrebens und des Egoismus; er richtet sich insbesondere gegen den organisierten Zusammenschluß und den Kampf der Werktätigen. Der Individualismus ist ein charakteristischer Zug der modernen bürgerlichen Ideologie, Sozialpsychologie, Moral und der bürgerlichen Kunst, in denen der Mensch (das Individuum) in der Regel aus seiner gesellschaftlichen Bezogenheit herausgelöst und lediglich als bloß biologisches oder primär geistiges Wesen betrachtet wird."[117]

Auch in dem von Hans-Joachim Laabs und anderen herausgegebenen Pädagogischen Wörterbuch von 1987 wurde Individualismus der "kapitalistischen Gesellschaft" zugeordnet und in Kontrast zum Kollektivismus der sozialistischen Gesellschaft gestellt[118]. Individualität hingegen wurde dort nicht gleich mit einem negativen Verdikt belegt, vielmehr wurde eine "reiche Individualität" als Merkmal der allseitig entwickelten sozialistischen Persönlichkeit sogar eingefordert[119]; notwendige Voraussetzung für die "volle und freie Entwicklung der Individualität jeder Persönlichkeit" sei der "Sturz der Klassenherrschaft" und der Aufbau einer sozialistischen Gesellschaft[120]. Das Erziehungsziel Selbständigkeit, verstanden als "das Bestreben und die Fähigkeit zu sachkundigen, zweckmäßigen Entscheidungen und Handlungen", fand in der traditionellen Sichtweise des Marxismus-Leninismus ebenso seine Beschränkung in dem "Rahmen gesellschaftlicher Zielstellungen und Bedingungen"[121]. Für Ekkehard Sauermann hatte "die freie Individualität" die Kollektivität, die "wirkliche Gemeinschaftlichkeit zur unabdingbaren Voraussetzung"[122].

Die Aufwertung des Subjektiven, der Individualität - nicht des Individualismus - in den vom Prinzip der sozialistischen Kollektivität gesteckten Grenzen schlug sich 1986 in der Parteiprogrammatik nieder: "Die sozialistische Gesellschaft wird selbst um so reicher, je reicher sich die Individualität ihrer Mitglieder entfaltet"[123], hieß es im Bericht des Zentralkomitees der SED an den XI., den letzten ordentlichen Parteitag der Einheitspartei. Das Problem

---

116 Vgl. Wörterbuch der marxistisch-leninistischen Philosophie 1985, 133: "Der Egoismus als moralisches Lebensprinzip und praktisches Verhalten hängt eng mit dem Individualismus zusammen."
117 Wörterbuch der marxistisch-leninistischen Philosophie 1985, 251f.
118 Vgl. Pädagogisches Wörterbuch 1987, 177
119 Vgl. Pädagogisches Wörterbuch 1987, 18
120 Vgl. Pädagogisches Wörterbuch 1987, 178
121 Gottfried Schneider 1988, 192
122 Sauermann 1985, 277
123 Protokolle der Verhandlungen des XI. Parteitages der SED 1986, 75 (Berichterstatter: Erich Honecker)

des Verhältnisses zwischen Individuum und sozialistischer Gesellschaft prägte auch die Bedürfnisdiskussion in der DDR; in einem Aufsatz über "notwendige Bedürfnisse und Lebensweise" sahen Günter Manz und Renate Walther als entscheidend für die sozialistische Lebensweise an, "daß sich der individuelle Lebensstil, die Eigenschaften und Neigungen der Menschen den objektiven Anforderungen sozialistischen Handelns annähern"[124]. In der Freizeitforschung maß Helmut Hanke in einer interessanten Reihenfolge der frei verfügbaren Zeit ihren Wert "hauptsächlich für das Individuum und über dessen Entwicklung natürlich auch für die Gesellschaft"[125] zu.

Die Akzentuierung der Individualität, die sich noch an weiteren Zitaten aus den Gesellschaftswissenschaften der DDR nachweisen ließe, entsprang nun kaum einer zweckfreien gewandelten Einschätzung des Individualismus. Diese Versuche, die "Leerstelle Individuum"[126] in der offiziellen Ideologie zu füllen, hatten ihren Grund vielmehr in dem Bemühen um eine Steigerung der volkswirtschaftlichen Leistung mittels einer Mobilisierung individueller Aktivität und Kreativität und wurden um so dringlicher, je akuter sich die ökonomische Krise[127] der DDR in den achtziger Jahren zuspitzte. Die moderne Technik und Technologie im Produktionsbereich stellten, so die damalige Ministerin der DDR für Volksbildung, Margot Honecker, auf einer pädagogischen Konferenz im November 1985, neue Anforderungen an die Eigenschaften und Verhaltensweisen der Bürger: Gefragt seien nun vor allem eine höhere Disponibilität der Menschen, die Fähigkeit zur raschen Anpassung an neue Erfordernisse und zum Wissenstransfer, die Bereitschaft zum Risiko und zur Übernahme von Verantwortung sowie individuelle Entscheidungskraft; um diese volkswirtschaftlich notwendigen Merkmale und Fähigkeiten zu stärken, sollte die Schule besonderen Wert auf die Ausbildung der Individualität der Schüler legen[128]. Auch ein weniger dogmatischer Autor wie Uwe-Jens Heuer verstand Individualität primär in ihrer wirtschaftlichen Funktion als "Produktivkraft"[129]. Das Erziehungsziel Individualität trug in der DDR seinen Sinn

---

124 Manz / Walther 1988, 99
125 Helmut Hanke 1988, 445
126 Lemke 1991, 69
127 Im Jahr 1981 war die DDR mit weit über 10 Milliarden US-Dollar im westlichen Ausland verschuldet. 1983 sank die Verschuldung nicht zuletzt aufgrund westdeutscher Kredite auf 6,7 Milliarden Dollar; jedoch konnte diese Konsolidierung die immensen wirtschaftlichen Probleme, die von der SED-Führung bis zuletzt geleugnet wurden, nicht lösen (vgl. Weber 1976/1991, 200-203).
128 Vgl. Margot Honecker: Die Schulpolitik der SED und die wachsenden Anforderungen an den Lehrer und die Lehrerbildung. Referat auf der Konferenz des Ministeriums für Volksbildung in Erfurt, 15. November 1985, in: Honecker 1986, 724-767, hier 733 und 737f. Offenbar wurde schon eine gewisse Ferne dieser Forderung nach Ausprägung der Individualität der Schüler zur Ideologie des Marxismus-Leninismus empfunden; jedenfalls sah sich Margot Honecker veranlaßt, im unmittelbaren Anschluß zu versichern: "Diese Anforderung entspricht zutiefst dem Wesen des Sozialismus."
129 Heuer 1989, 442

also nicht - wie im westlichen liberalen Verständnis - in sich selbst, sondern wurde vor allem mit seiner Funktionalität für übergeordnete Systemziele begründet.

Am dezidiertesten hat Harald Schliwa für eine Aufwertung des Erziehungsziels Individualität im Rahmen der Konzeption der sozialistischen Persönlichkeit plädiert. Schliwas Vorstoß in einem Aufsatz stieß wohl nicht auf ungeteilte Zustimmung: Darauf deutet hin, daß sein Beitrag zunächst nicht in der DDR, sondern Anfang 1987 in der von der Sozialistischen Einheitspartei Westberlins (SEW) herausgegebenen Zeitschrift "Konsequent" veröffentlicht wurde, bevor er im Sommer 1988 in jeweils überarbeiteter Fassung gleichzeitig in der Deutschen Zeitschrift für Philosophie und in einer Zeitschrift für Erzieher in den Jugendheimen der DDR erschien[130]. Schliwa bezeichnete die Individualität gleichrangig mit Kollektivität als eine Triebkraft des Sozialismus[131]. Er forderte eine stärkere Orientierung der sozialistischen Erziehung an den Leitbildern Kreativität, schöpferisches Denken, selbständiges Handeln und Entscheiden sowie Streben nach individueller Leistung. Dabei sollten die dem traditionellen sozialistischen Tugendkatalog entstammenden und eher mit Kollektivität verbundenen Werte nicht ersetzt werden, sondern in "einer dialektisch-widersprüchlichen Beziehung" zu den eher mit Individualität verknüpften Erziehungszielen stehen: "Disziplin und Flexibilität" sollten derart gepaart sein, weiter "Verantwortung und Risikobereitschaft; Selbständigkeit und Gemeinschaftssinn; Festhalten an Bewährtem und Neuerergeist; Einordnung ins Kollektiv und Streben nach Individualität; Anpassung an gegebene Bedingungen und Arbeitsweisen und ihre konstruktiv-kritische Infragestellung; Verbundenheit mit dem Kollektiv und Bereitschaft zur Mobilität; Planung des eigenen Lebens und Offenheit für unvorhergesehene Aufgaben und damit auch die Bereitschaft zur Veränderung der persönlichen und familiären Lebenssituation"[132]. Auch wenn hier die Dialektik Hegels und Marxens bemüht wurde, läßt sich der Eindruck nicht verwischen, daß mit der doppelten Notwendigkeit, einerseits am traditionellen sozialistischen Erziehungsziel festzuhalten und andererseits die in Richtung Innovation und Mobilität weisenden Merkmale zu propagieren, der Kreis der sozialistischen Persönlichkeit mit Zirkel und Lineal quadratisch gemacht werden sollte.

Indem Schliwa zunächst die "biotische Ungleichheit" der Menschen feststellte und auch soziale und psychische Faktoren ihrer Unterschiedlichkeit anerkannte, postulierte er ein "möglichst vielseitiges Spektrum gesellschaftlich und persönlich bedeutsamer Eigenschaften und Fähigkeiten" der sozialistischen Persönlichkeit[133]. In seinem abschließenden Plädoyer für die gezielte

---

130 Vgl. Harald Schliwa: Vom Stellenwert der Persönlichkeitsentwicklung und der Individualität in der entwickelten sozialistischen Gesellschaft, in: DZfPh 1988/8, 704-712 (dort auch der Hinweis auf die Veröffentlichung in "Konsequent"); Schliwa 1988
131 Vgl. Schliwa 1988, 225
132 Schliwa 1988, 260

Suche, die individuelle Förderung und wissenschaftliche sowie ökonomische Nutzung von Spitzenbegabungen und besonderen Leistungsfähigkeiten, mit dem er den "Tendenzen der Gleichmacherei und der Orientierung am Durchschnitt" den Kampf ansagte[134], wird deutlich, daß auch Schliwas radikales Eintreten für eine Aufwertung der Individualität gegenüber der Kollektivität letztlich vom Ziel einer Steigerung der volkswirtschaftlichen Produktivität der DDR motiviert war - obgleich diese Funktion hier weniger direkt als in dem erwähnten Referat von Margot Honecker erkennbar wird. Seine Forderung nach einer Revision des traditionellen sozialistischen Wertekanons bekräftigte Harald Schliwa mit einer Textpassage aus einem Essay von *Eva Strittmatter:*

"Das Brave, Mustergültige kann nicht unser Ziel sein, es ahmt nur bereits Bekanntes, Gesichertes (und schon Altes) nach. Durch Bildung und Erziehung müssen wir die Bereitschaft hervorlocken, Neues zu machen, Neues zu versuchen und nach dem Großen, das noch ungewiß und nur in Umrissen erkennbar ist, zu greifen. Bereitschaft zur Unruhe muß erzogen werden. Das Streben nach Sicherheit durch Mustergültigkeit kann nicht unser Ideal sein."[135]

Allerdings ist in diesem Zitat der Kinderbuchautorin und Lyrikerin keine Rede von den "Spitzenleistungen auf wissenschaftlich-technischem und ökonomischen Gebiet", die Schliwa unmittelbar anschließend als Ziel der Suche nach Neuem nannte; die von Eva Strittmatter gewollte "Bereitschaft zur Unruhe" meinte etwas anderes. An diesem offenkundigen Mißverständnis wird exemplarisch deutlich, wie zweischneidig die Forderung nach mehr Individualität in dem letzten Endes doch kollektivistischen Staat der SED war: Die ökonomisch nützlichen Nebeneffekte der Individualität ließen sich von der mit ihr verbundenen und unerwünschten, da auch politischen Mündigkeit nicht separieren.

In der allseitig entwickelten sozialistischen Persönlichkeit war die sozialistische Lebensweise hypostasiert, von der die ostdeutsche Gesellschaft nach dem Willen ihrer Erzieher durchdrungen sein sollte. Wie sich die von der SED behaupteten Merkmale der jeweils erreichten Gesellschaftsstufe im Verlauf der vierzigjährigen Geschichte der DDR änderten, so erfuhren auch die Anforderungen an die sozialistische Persönlichkeit begrenzte Modifizierungen. Im ideologischen Selbstverständnis der offiziellen DDR wurden die Inhalte der staatlichen Sozialisation nicht als etwas "Starres" dargestellt, sondern betont, daß sie "in Übereinstimmung mit den konkret-historischen Anforderungen und Bedingungen immer wieder zu aktualisieren, zu präzisieren und zielstrebig zu realisieren"[136] seien. Die Veränderungen am Erzie-

---

133 Harald Schliwa: Vom Stellenwert der Persönlichkeitsentwicklung und der Individualität in der entwickelten sozialistischen Gesellschaft, in: DZfPh 1988/8, 704-712, hier 708f.
134 Schliwa 1988, 260
135 Eva Strittmatter: Wanzka und Wellm, in: Poesie und andere Nebendinge, Berlin und Weimar 1986, S. 35f. (zit. n. Schliwa 1988, 260)

hungsziel, die in der "'Evolution' des Leitbildes der sozialistischen Persönlichkeit von der Sozialromantik der Ulbrichtzeit bis zum 'realen Sozialismus' Honeckers"[137] festzustellen sind, waren jedoch relativ geringfügig und die Unterschiede zwischen den jeweils formulierten diversen Zielbestimmungen eher marginal, so daß der synchronische und diachronische Konsens über das Leitbild der staatlichen Erziehung in der DDR wesentlich umfangreicher war als sein westliches Pendant in der Bundesrepublik.

Diesem Maximalkonsens galten als Merkmale der sozialistischen Persönlichkeit zunächst *gründliche Kenntnisse und die feste Überzeugung von der Ideologie des Marxismus-Leninismus, die als 'wissenschaftliche Weltanschauung' vermittelt wurde und eine historische Rolle der Arbeiterklasse und ihrer Partei behauptete; darauf aufbauend die Bereitschaft zur Unterordnung individueller und privater Interessen unter kollektive und gesellschaftliche ideologisch definierte Ziele sowie damit verbundene Eigenschaften wie Selbstlosigkeit, Bescheidenheit, Kameradschaftlichkeit und ein Verantwortungs- und Pflichtbewußtsein gegenüber der Gesellschaft; weiter schöpferische Selbständigkeit, allseitige Bildung, ästhetischer Geschmack, kulturelles Interesse, Körperbeherrschung, physische Kraft und Ausdauer sowie moralische Integrität; eine prinzipiell optimistische Lebenseinstellung, die Verbundenheit mit allen sozialistischen Ländern, eine besonders tiefe emotionale Bindung an das sozialistische Vaterland und die Bereitschaft, es mit Waffen zu verteidigen, Haß auf die Feinde des Sozialismus, Kampfgeist und Gehorsam; eine aktive Beteiligung am Aufbau des Sozialismus, freiwillige Beteiligung und persönliches Engagement in den gesellschaftlichen Organisationen unter Leitung und Kontrolle der SED; Anerkennung der Arbeit als dem zentralen Bereich für die Entfaltung des Menschen und als der Grundlage für gesellschaftliche Wertschätzung, hohe Arbeitsaktivität, Disziplin, Ordnung, Sparsamkeit sowie ständige Fortbildung und Weiterqualifizierung.* Dieser Katalog von Kennzeichen, mit dem die SED ihr Erziehungsziel beschrieb, enthielt nicht ausdrücklich die Anerkennung der Verantwortung und Zuständigkeit des 'vormundschaftlichen Staates'[138] für die Regelung aller politischen, wirtschaftlichen und gesellschaftlichen, teilweise auch der privaten Angelegenheiten, jedoch implizierte die Forderung nach der ebenso rational wie emotional fundierten Akzeptanz des Marxismus-Leninismus sowjetischer Prägung diese Anerkennung. Die Charakterisierungen der sozialistischen Persönlichkeit, in denen immer wieder die Schlüsselbegriffe kämpfen, lernen und arbeiten auftauchen, haben in den achtziger Jahren im Zuge der ökonomisch erforderlichen Modernisierungsbemühungen das Erziehungsziel Individualität gegenüber der Kollektivität aufgewertet. Diese mit der kollektivistischen

---

136 Wolfgang Rudolph 1987, 166
137 Lemke 1991, 83
138 So im Titel von Henrich 1989

Ideologie nicht begründbare Verschiebung des Sozialisationsziels hin zur Individualität stand in einem auffälligen Spannungsverhältnis zu der gleichzeitigen Reideologisierung des Erziehungs- und Bildungssystems.

An dem skizzierten Maximalkonsens hielt die Einheitspartei fest, bis ihr die Macht aus den Händen glitt: Der langjährige Erste Sekretär der SED-Bezirksleitung Dresden, Hans Modrow, den die Volkskammer der DDR am 13. November 1989 zum Ministerpräsidenten wählte, führte in seiner Regierungserklärung ganz andere Erziehungsziele an; "politische und ideologische Toleranz" als unverzichtbare Voraussetzung für einen "bessere(n) Sozialismus" wurde nun genannt, vom freimütigen Umgang miteinander und vom "Meinungsstreit um unterschiedliche, ja gegensätzliche Positionen und Varianten" war jetzt die Rede, nicht länger dürften "junge Leute zu Jasagern oder doppelbödigem Anpassungsverhalten erzogen werden", der Regierungschef forderte die "Respektierung des selbstbewußt handelnden mündigen Bürgers"[139]. Dieser Schwenk der SED-Führung, der personell mit der Machtablösung Erich Honeckers durch seine Interimsnachfolger Krenz und Modrow verbunden war, kam spät und er kam nicht freiwillig: erzwungen hatten ihn die Bürgerbewegungen in der DDR mit der friedlichen Revolution des Herbstes 1989.

4.3 Gemeinsames und Trennendes der traditionellen und der intendierten politischen Kulturen

Die politischen Führungen der beiden untersuchten Staaten bemühten sich darum, die politischen Einstellungen und Verhaltensweisen der Bürger in ihren Gesellschaften zu transformieren, wobei über das Ziel dieser Umwandlung weitgehende Übereinstimmung mit der jeweiligen Vormacht im eigenen Bündnissystem bestand. Das Leitbild des demokratischen Bürgers in den USA und das Ideal des Neuen sozialistischen Menschen in der inzwischen aufgelösten Sowjetunion unterschieden sich nur geringfügig von ihren Pendants in der Bundesrepublik und in der DDR: Das Erziehungsziel einer demokratischen Persönlichkeit ist in der Bundesrepublik stärker von einer sozialen Komponente und einem egalitären Zug geprägt als in Amerika; das Erziehungsziel einer sozialistischen Persönlichkeit hatte in der DDR in der Ära Ulbricht eine spezifisch deutsche humanistische Note, auch in der Aufwertung der Individualität gegenüber der Kollektivität in den siebziger und achtziger Jahren differierte die ostdeutsche Konzeption von der sowjetischen. Die mißliebigen Kennzeichen der in Deutschland nach Kriegsende vorhandenen politischen Kultur sollten abgeschliffen und neue Merkmale geschaffen und gefördert werden. Die Staats- und Parteiführung in der DDR konnte bei der

---

139 ND vom 18./19.11.1989

Propagierung ihrer politischen Zielkultur leichter an bestimmte Traditionen der deutschen politischen Kultur aus der Zeit vor 1945 anknüpfen und sie in ihr Erziehungsziel integrieren, als dies in der Bundesrepublik der Fall war. Die im zweiten Teil dieses Kapitels skizzierten programmatischen Formulierungen der intendierten politischen Kultur in der Bundesrepublik weisen vor allem in ihrer Entwicklung seit den späten sechziger Jahren kaum Übereinstimmungen mit den Traditionen der politischen Kultur in Deutschland auf. In den fünfziger Jahren gab es im Zusammenhang mit einer restaurativen Tendenz verschiedentlich Versuche, die in der nationalsozialistischen Diktatur zum Teil pervertierten Traditionen politischer Kultur insgesamt in das demokratische Erziehungsziel einzupassen[140]. Aber spätestens im Zuge der stärkeren Orientierung an den Zielen Demokratisierung und Partizipation wurden den überlieferten Elementen der Ablehnung von aufklärerischen Ideen, der eskapistischen Distanz zur Politik, der obrigkeitsstaatlichen Orientierungen, des Harmoniebedürfnisses und einer idealischen Weltsicht sowie der militaristischen Einstellungen mit der Forderung nach Rationalität, Selbständigkeit und demokratischem, freiheitlichem Bewußtsein, nach Mündigkeit und der Bereitschaft zu verantwortlichem Handeln und zu aktiver Teilnahme an politischen Prozessen, mit der Forderung nach Konflikt- und Kompromißbereitschaft sowie nach dem Willen zum Frieden und zur Völkerversöhnung im Bild der demokratischen Persönlichkeit konträre Elemente entgegengesetzt.

Die traditionellen preußisch-deutschen Verhaltensleitbilder wie Ordnung, Fleiß, Disziplin, Gehorsam und Sparsamkeit wurden weder bestätigt noch negiert; an ihre Stelle rückten, wenn auch auf einer anderen Ebene, die genannten demokratischen und emanzipatorischen Erziehungsziele. Zur legalistischen Tradition finden sich in den programmatischen Äußerungen zur politischen Zielkultur in der Bundesrepublik keine Anhaltspunkte, die auf eine positive oder negative Beurteilung schließen lassen. Zur deutschen Überlieferung der Freund-Feind-Schematisierungen bildeten auf der einen, eher theoretischen Seite die Erziehungsziele Toleranz, Kompromißbereitschaft und Friedensliebe ein Gegengewicht, auf der anderen, eher praktischen Seite zeichnete der Antikommunismus, der vor allem in der Ära Adenauer in Abgrenzung von der DDR und der UdSSR und in Anlehnung an die USA der Bonner Republik Identität gab und impliziter Bestandteil der staatlichen politischen Bildung war[141], ein deutliches Feindbild von den Kommunisten im eigenen Land und den kommunistischen Staaten des Ostblocks. Dabei konnte der Antikommunismus mit seiner Schwarzweißmalerei in der frühen Bundesrepublik an Vertrautes, an entsprechende Einstellungen im Kaiserreich, in der

---

140 Vgl. Günter C. Behrmann: Politische Bildung, in: Handwörterbuch zur politischen Kultur der Bundesrepublik Deutschland 1981, 312-319, hier 314
141 Vgl. Wolfgang Hilligen: Politische Bildung, in: Handlexikon zur Politikwissenschaft 1986, 362-369, hier 363; vgl. auch Volker Gransow: Antikommunismus, in: Handwörterbuch zur politischen Kultur der Bundesrepublik Deutschland 1981, 43-48

Weimarer Republik und in der nationalsozialistischen Diktatur bruchlos anknüpfen.

Um den Wertewandel in Westdeutschland mit einer Methode der empirischen Sozialforschung zu messen, hat Peter Ph. Mohler eine Inhaltsanalyse von über 1.200 Abituraufsätzen eines Frankfurter Gymnasiums aus den Jahren 1917 bis 1971 durchgeführt. Aufschlußreich für die Frage nach der Kontinuität staatlich definierter Erziehungsziele ist diese Untersuchung deshalb, da diese Sorte von Texten über Themen, die von staatlichen Aufsichtsbehörden genehmigt werden müssen, weniger individuelle Schöpfungen wiedergibt als vielmehr Reproduktionen dessen, was im staatlichen Schulunterricht vermittelt wurde[142] - diese Feststellung gilt für den untersuchten Zeitraum (1917-1971) in stärkerem Maße als heute. Aufgrund seiner Analyse der Essays, für die Mohler im Hinblick auf das Verhältnis zwischen Individuum und kollektiver Macht die 210 häufigsten Wörter ausgezählt und paarweise Assoziationskoeffizienten berechnet hat, gelangte er zu der Schlußfolgerung, daß sich die "Basisregeln" in der Bundesrepublik von denen im Deutschen Reich stark unterscheiden: Erst nach dem Zweiten Weltkrieg wurde die Kontrolle der Regierenden durch den einzelnen Bürger als eine Möglichkeit, und zugleich als die dominante, anerkannt; zuvor war diese Möglichkeit nicht einmal in ihrer negativen Einschätzung Bestandteil der Basisregeln[143]. Mit den untersuchten Aufsätzen der Frankfurter Abiturienten läßt sich nun die tatsächliche Verinnerlichung demokratischen Bewußtseins *nicht* nachweisen; sie belegen jedoch - und darum geht es hier -, daß die Möglichkeit des Individuums zur Einflußnahme auf die Ausübung von Herrschaft, ein Axiom der liberalen Demokratie, im Unterricht dieser Schule in der Bundesrepublik im Gegensatz zu den vorangegangenen politischen Systemen vermittelt wurde, also Teil des Erziehungsziels der staatlichen politischen Bildung war.

Die Feststellung, daß die Unterschiede zwischen der traditionellen und der in der Bundesrepublik offiziell angestrebten politischen Kultur gegenüber den Gemeinsamkeiten weitaus überwiegen, schließt nicht aus, daß westdeutsche Politiker und Parteien, die natürlich von denselben Traditionen geprägt sind wie die gesamte Gesellschaft, bewußt oder unbewußt an einzelne tradierte Elemente der deutschen politischen Kultur angeknüpft haben. So sah man beispielsweise in den beschwörenden Appellen zur Gemeinsamkeit und zum Konsens, die Politiker etwa in Tarifkonflikten an die Bevölkerung richten, und besonders in Ludwig Erhards Begriff der 'formierten Gesellschaft' ältere, harmonistische Vorstellungen von einer Volksgemeinschaft durchschimmmern[144]; die Vorbehalte vor allem konservativer Politiker gegenüber Politisierung und Partizipation der Bürger deuten auf ein Weiterleben unpoli-

---

142 Vgl. Mohler 1984, 289
143 Vgl. Mohler 1984, 286-298
144 Vgl. Gaus 1986/1988, 15f.

tischer und obrigkeitsstaatlicher Überlieferungen; auf der anderen Seite des politischen Spektrums wurde es als "Etatismus der Alternativen" gemäß der deutschen Tradition beurteilt, daß die neuen sozialen Bewegungen sich relativ rasch - gemessen an vergleichbaren Ländern - als "Bundesverband der Bürgerinitiativen" und als "Partei auf Bundesebene" institutionalisiert haben[145]. Die sozialisierende Wirkung dieser bei Politikern und Parteien auftauchenden Kontinuitäten wird relativiert, nicht aufgehoben, durch die Inhalte der politischen Sozialisation in den Instanzen, deren primäre Funktion in der Bildung und Erziehung liegt.

Viel deutlicher als in der Bundesrepublik wurde in der DDR an die Traditionen der deutschen politischen Kultur angeknüpft, die Übereinstimmungen zwischen der traditionellen und der im SED-Staat angestrebten politischen Kultur sind nicht zu übersehen. Die grundlegende Bezugnahme auf ältere Wert- und Einstellungsmuster stellte das prinzipiell kollektivistische Bild vom Menschen und von der Gesellschaft dar: Daß dem größeren Ganzen der Vorrang vor dem Einzelnen, dem Individuellen zukommen soll, war bei der Gründung der DDR in Deutschland ein geistiges Allgemeingut; die grundsätzliche Einordnung des Individuums in eine größere Gruppe, die ihm Halt und Identität geben sollte, galt vor 1945 der 'deutschen Volksgemeinschaft', im ostdeutschen Staat unter Walter Ulbricht der 'sozialistischen Menschengemeinschaft' und unter Erich Honecker, schwächer ausgeprägt, der 'entwickelten sozialistischen Gesellschaft'. An der in der DDR erhobenen Forderung, daß sich das Individuum von einem gesellschaftlichen Ganzen her verstehen soll, weil es sich erst in diesem größeren Rahmen voll entfalten könne, war somit nur die sozialistische Definition dieses gesellschaftlichen Ganzen neu. Ein "solches Verhältnis von Einzelnem und Ganzem entspricht", wie *Hermann Rudolph* festgestellt hat,

> "traditionell Gesellschaften mit hoher Integration und starker sozialer Regulierung, also einem durch wechselseitige Aufmerksamkeit und Anleitung fest verfugten, homogenen sozialen Gewebe. Speziell in Deutschland hat diese Forderung seit Anfang des neunzehnten Jahrhunderts unter den verschiedensten Titeln zum Bestand der meisten öffentlichen Tugendkataloge gehört, mag das Ganze dabei nun Nation, Volk, Staat oder wie immer geheißen haben."[146]

Die Unterordnung individueller Interessen unter die Belange der Gemeinschaft ist eng mit der Tradition der obrigkeitsstaatlichen Orientierungen verknüpft; in der Aufbauphase der DDR war das Staatspathos der etatistischen Haltung noch stark ausgeprägt, exemplarisch deutlich wurde diese leiden-

---

145 Vgl. von Beyme 1988, 257
146 Hermann Rudolph 1972, 72

schaftliche Verehrung des neugegründeten Staates in einem Sonett von *Johannes R. Becher*, dem ersten Kulturminister der DDR:

"Der Staat

Ein Staat, geboren aus des Volkes Not
Und von dem Volk zu seinem Schutz gegründet -
Ein Staat, der mit dem Geiste sich verbündet
Und ist des Volkes bestes Aufgebot -

Ein Staat, gestaltend sich zu einer Macht,
Die Frieden will und Frieden kann erzwingen -
Ein Staat, auf aller Wohlergehn bedacht
Und Raum für jeden, Großes zu vollbringen -

Ein solcher Staat ist höchster Ehre wert,
Und mit dem Herzen stimmt das Volk dafür,
Denn solch ein Staat dient ihm mit Rat und Tat -

Ein Staat, der so geliebt ist und geehrt,
Ist unser Staat, und dieser Staat sind Wir:
Ein Reich des Menschen und ein Menschen-Staat."[147]

In der marxistischen Auffassung wurde der Staat nun als abhängig von den Produktionsverhältnissen in der betreffenden Gesellschaft, als eine relative Größe angesehen[148]. Demnach zielte der Unterordnungsappell im Erziehungsziel der sozialistischen Persönlichkeit nicht, wie in der traditionellen deutschen Sichtweise, auf den Staat als ein der Gesellschaft dualistisch gegenüberstehendes eigenständiges Wesen, sondern allenfalls auf den Staat als Instrument der monistisch aufgefaßten sozialistischen Gesellschaft und ihrer führenden Partei zur Durchsetzung ihrer ideologisch-politischen Ziele. Beim Staat lag im kommunistischen Verständnis nicht die Macht, er war bloße Funktion der einheitlichen sozialistischen Gesellschaft; die Macht hatte die Partei der Arbeiterklasse, die die Organe des Staates zur Durchsetzung ihrer Ziele benutzte[149]. Durch diese Verschiebung der Macht vom Staat auf die herrschende Partei wurde die etatistische Tradition der deutschen politischen Kultur nicht unverändert in die offizielle politische Kultur der DDR integriert. In analoger Wortbildung zu den älteren obrigkeitsstaatlichen Orientierungen wäre für den Unterordnungsappell des SED-Staates gegenüber seinen Bürgern die Forderung nach 'obrigkeitsparteilichen' Orientierungen zu konstatieren.

---

147 Johannes R. Becher: Wir, Volk der schaffenden Hände, in: Werke, Bd. 1, Berlin und Weimar 1976², S. 397
148 Vgl. Karl Marx: Kritik des Hegelschen Staatsrechts, in: ders. / Friedrich Engels: Werke, Bd. 1, hg. vom Institut für Marxismus-Leninismus beim ZK der SED, Berlin /DDR 1956, 1981, S. 203-333, hier vor allem S. 222
149 Vgl. Sontheimer / Bleek 1972/1979, 96-99

Auch wenn die Staatsmacht in der DDR vorrangig als Parteimacht auftrat, wollten die Ideologen der Einheitspartei vom Absterben des Staates, das Marx und Lenin spätestens für die kommunistische Gesellschaft vorausgesagt haben, nichts mehr wissen. In einer inhaltsanalytischen Untersuchung der "Denkbilder vom Staat" in den Rechenschaftsberichten des Zentralkomitees auf den elf Parteitagen der SED und in den drei Parteiprogrammen der SED hat Manfred Opp de Hipt nachgewiesen[150], daß in diesen Texten alltagsweltliche Vorstellungen vom Staat gegenüber staatstheoretischen Denkfiguren des Marxismus-Leninismus dominieren und daß sich mit dem Wechsel von Ulbricht zu Honecker Anfang der siebziger Jahre ein grundlegender Wandel im Staatsbild vollzogen hat: Die auf den ersten Parteitagen besonders ausgeprägte staatskritische Haltung schwächte sich immer mehr ab und wurde in den siebziger Jahren durch eine staatsstützende Haltung ersetzt. Parallel dazu entwickelte sich ein paternalistisches Staatsverständnis, das im Vergleich mit den Parteien in der Bundesrepublik eher dem christdemokratischen als dem sozialdemokratischen Staatsverständnis entsprach.

Die mit der Einordnung des einzelnen in eine Gemeinschaft und der emotionalen Bindung an sie verbundenen traditionellen deutschen Verhaltensleitbilder Bescheidenheit, Selbstlosigkeit, Gehorsam und Treue gegenüber der Obrigkeit sowie Pflichtbewußtsein für die Gesellschaft wurden mit sozialistischem Vorzeichen in den Katalog von Erziehungszielen der intendierten politischen Kultur der DDR ausdrücklich übernommen[151]; die Verhaltensleitbilder Anpassung und Konformismus zählten nur implizit zu den Merkmalen der sozialistischen Persönlichkeit. Bei ihrem Anknüpfen an die obrigkeitsorientierte Traditionen und an die deutschen Sekundärtugenden, zu denen neben den bereits genannten auch die ökonomisch nützlichen Verhaltensleitbilder Ordnung, Fleiß, Korrektheit, Disziplin, Pünktlichkeit, Sparsamkeit, Sauberkeit, Leistungsbereitschaft und Gründlichkeit gehören[152], konnte sich die SED darauf stützen, daß die Gebiete, die territorial die DDR ausgemacht haben, darunter mit Brandenburg auch das Kernland Preußens, besonders tief von den preußisch-deutschen Traditionen politischer Kultur geprägt waren. "Die Modelle sozialistischen Verhaltens, die von der politischen Führung in Umlauf gesetzt" wurden, konnten "dann und soweit auf eine gewisse Unterstützung der Gesellschaft rechnen, wie sie im Grunde auf eine politisch abstinente, pragmatisch auf Leistung, Ordnung und die Einfügung des einzelnen in

---

150 Vgl. Opp de Hipt 1989, 223-241
151 So vermerkte das in der DDR erarbeitete Pädagogische Wörterbuch (1987, 87) unter dem
     Stichwort "Disziplin und Ordnung" unter anderem: "Effektive Organisation der Arbeit und
     des Lebens in einer hochentwickelten Produktion und Gesellschaft verlangt die bewußte und
     unbedingte Unterordnung unter die Belange von Kollektiven und gesellschaftlichen Prozessen, die Anerkennung der Autorität der Leiter. In der sozialistischen Schule sind Disziplin
     und Ordnung Voraussetzung und Ergebnis erfolgreicher Erziehungsarbeit."

die Gemeinschaft gerichtete Mentalität abziel(t)en, die dann mit den ideologischen Floskeln der Saison nur rhetorisch garniert" wurde[153].

Auch die konfessionelle Prägung der Regionen, die zur DDR gehörten, begünstigte die Akzeptanz der propagierten Pflichten- und Gehorsamsethik: Bei der Volkszählung von 1964, in der die Religionszugehörigkeit im ostdeutschen Staat zum letzten Mal statistisch erfaßt wurde, bezeichneten sich knapp 60 % der Bürger als protestantisch und etwa 8 % als katholisch; nach Schätzungen gingen diese Zahlenwerte unter dem Regime der Einheitspartei, die ihre Herrschaft auf eine atheistische Weltanschauung gründete, bis zum Jahr 1987 auf 30 % und knapp 6 % zurück[154]. Der Einfluß des lutherischen Protestantismus mit seinem Verständnis von Beruf und Amt auf die Denkgewohnheiten und Werthaltungen der DDR-Bürger reichte jedoch weiter, als die formale Konfessionszugehörigkeit erkennen läßt; im Ursprungsland der Reformation mit der Lutherstadt Wittenberg und der thüringischen Wartburg hatte er seit dem 16. Jahrhundert über die religiöse Entwicklung hinaus auch das kulturelle Bewußtsein und grundlegende ethische Normen bestimmt. Die Bedeutung, die der weltlichen Tätigkeit, dem Beruf und der Arbeit in der protestantischen Ethik zukommt, bot einen fruchtbaren Boden für die kommunistische Forderung nach einer zentralen Stellung der Arbeit in der menschlichen Existenz[155] und nach den mit der Arbeitstätigkeit verbundenen ökonomischen Tugenden, die von der sozialistischen Persönlichkeit in der DDR erwartet wurden. An deutsche Traditionen knüpfte die Konzeption des Neuen Menschen auch mit der Forderung nach moralischer Sauberkeit und sittlichem Anstand an[156]. Zur Kontinuität der obrigkeitsorientierten Haltung

---

152 Nach der Öffnung der DDR-Grenzen machte Hans Modrow in seiner Regierungserklärung vom 17.11.1989 einige Abstriche am jahrzehntelang gültigen Erziehungsziel der SED; bei der Formulierung von Tugenden, deren Wertschätzung durch die DDR-Bürger er behauptete, hielt er weniger an ideologischen als an traditionellen deutschen Verhaltensleitbildern fest: "... sollen für diese Regierung andere Maximen gelten, nämlich jene, die vom Volk als Tugenden geschätzt werden: Offenheit und Ehrlichkeit, Ordnung und gesetzestreues Verhalten, Bescheidenheit und Sparsamkeit, Fachkompetenz statt Losungen oder flotter Redensarten. Was im Betrieb von jedem Werktätigen gefordert wird, muß auch für die Regierung, für die Staatsorgane insgesamt gelten: Qualitätsarbeit."(ND vom 18./19.11.1989) Für den größten Teil der westdeutschen Medien schien Hans Modrow einige Monate lang die Verkörperung genau dieser Tugenden zu sein.

153 Hermann Rudolph 1972, 134

154 Vgl. Gisela Helwig: Kirchen, in: Handwörterbuch zur deutschen Einheit 1992, 424-431, hier 424

155 Otto Reinhold (1979, 62), der langjährige Rektor der Akademie für Gesellschaftswissenschaften beim ZK der SED und Mitglied des Zentralkomitees der SED, kam in einem schmalen Bändchen mit dem Titel "Kann man ohne Arbeit glücklich leben?" zu dem Ergebnis: "Die Arbeit und ihre Ergiebigkeit ist immer Grundlage des menschlichen Lebens... Wie es im Sozialismus keinerlei Ausbeutung des Menschen durch den Menschen geben kann, ist auch kein glückliches Leben ohne Arbeit möglich."
An anderer Stelle hieß es: "Arbeit ist Grundbedingung menschlichen Lebens, Existenzbedingung des Menschen." (Pädagogisches Wörterbuch 1987, 374)

und der tradierten deutschen Tugenden haben "Luthertum, Preußentum und Sozialismus" auf jeweils eigene Weise beigetragen, die ihre geschichtlichen "Hochburgen" auf dem Gebiet des ostdeutschen Staates hatten[157] und sich dort wechselseitig verstärkten.

Die deutschen Überlieferungen der Ablehnung von aufklärerischen Ideen und der idealischen Weltsicht wurden in der offiziellen politischen Kultur der DDR zwiespältig rezipiert: Auf der einen Seite wurde ihnen unter dem Begriff der wissenschaftlichen Weltanschauung ein Gedankengebäude entgegengestellt, dessen Rationalität man behauptete; auf der anderen Seite ist der Marxismus, auf den sich die SED-Führung berief, sowohl ein Kind der Aufklärung als auch ein Kind der Romantik und trägt in seiner sozialen Utopie von einer zukünftigen konfliktfreien Gesellschaft, in der alle harmonisch und friedlich miteinander leben, idealistische und irrationale Züge. Zur unpolitischen und eskapistischen Tradition der deutschen politischen Kultur stand das Postulat der aktiven Beteiligung und des persönlichen Engagements in den gesellschaftlichen Organisationen *prima vista* im Gegensatz. Doch waren bei dieser Partizipation Dissens, Diskurs und Konflikt nicht vorgesehen, Unterordnung unter die Ziele der Partei wurde verlangt, Eintracht und Gleichklang waren dabei vorausgesetzt[158], so daß die harmonistische, konfliktunfähige und somit unpolitische Tradition auch dem in der DDR geforderten affirmativen Aktivismus zugrunde lag.

Der traditionelle deutsche Formalismus, die Bevorzugung der Form vor dem Inhalt, war kein Bestandteil der offiziellen politischen Kultur in der DDR und wurde von der marxistisch-leninistischen Ideologie als Charakteristikum der bürgerlichen Gesellschaft und Kunst sogar ausdrücklich verurteilt. Allerdings zeigten sich in den Ritualen der Staatsmacht und im Umgang mit der antiformalistischen Weltanschauung, etwa im Bestehen auf Formeln, durchaus formalistische Züge. Die Tradition der Juridifizierung der Politik wurde im ostdeutschen Staat gebrochen; der von der SED unternommene "Kreuzzug gegen die gewachsene deutsche Rechtskultur", der 1958 in der Konferenz von

---

156 So bekräftigte Erich Honecker 1965, zur Zeit einer beginnenden Libertinage in westlichen Fernsehfilmen, Theaterstücken und Zeitschriften: "Unsere DDR ist ein sauberer Staat. In ihr gibt es unverrückbare Maßstäbe der Ethik und Moral, für Anstand und gute Sitte. Unsere Partei tritt entschieden gegen die von den Imperialisten betriebene Propaganda der Unmoral auf, die das Ziel verfolgt, dem Sozialismus Schaden zuzufügen." (Erich Honecker: Bericht des Politbüros an die 11. Tagung des ZK der SED. 15.-18.12.1965, Berlin /DDR 1966, S. 56; zit. n. DDR. Dokumente 1986, 282)

157 Vgl. Luchterhandt 1985, 273

158 Auf diese harmonische und konfliktfreie Einigkeit deutet der gesellschaftstheoretische Begriff "politisch-moralische Einheit des Volkes", der laut offizieller Auffassung in der DDR "die neue Qualität der Klassenbeziehungen im Sozialismus widerspiegelt(e), nämlich die Übereinstimmung der entscheidenden politischen, ökonomischen und sozialen Interessen und Ziele der Klassen und Schichten sowie die Übereinstimmung der grundlegenden politischen und moralischen Anschauungen." (Wörterbuch der marxistisch-leninistischen Philosophie 1985, 418)

Babelsberg kulminierte[159], hatte jeden Ansatz von Rechtsstaatlichkeit in der DDR im Keime erstickt. Unter dem Regime der Einheitspartei haben die Juristen ihre für die deutsche Tradition typische Bedeutung verloren, an ihre Stelle rückten die Parteifunktionäre, die freilich nicht weniger formalistisch dachten und handelten. Das Rechtswesen war der sozialistischen Ideologie untergeordnet, so daß im propagierten Bild des Neuen Menschen die Neigung, politische und gesellschaftliche Probleme formaljuristisch anzugehen, zwar nicht mehr existierte, dafür aber die Tendenz, möglichst alle Aspekte in Politik, Wirtschaft und Gesellschaft als ideologische Grundsatzfragen aufzufassen.

Die Tradition des Lagerdenkens lebte im Erziehungsziel der sozialistischen Persönlichkeit ziemlich ungebrochen fort. Ideologische Schützenhilfe erhielt die geforderte dezisionistische Unterscheidung von Freund und Feind vom Marxschen/Hegelschen Denkprinzip der Dialektik. Neben der eindeutigen Parteilichkeit für den Marxismus-Leninismus und der Liebe zum sozialistischen Vaterland wurde vom Bürger der DDR explizit der Haß auf die Feinde des Sozialismus erwartet; aus den 'Reichsfeinden' einer früheren Zeit wurden im Merkmalskatalog des angestrebten Neuen Menschen 'Sozialismusfeinde'. In der antagonistischen Sicht von Sozialismus und Kapitalismus, die sich aus der Freund-Feind-Schematisierung ergab, hat ein Dresdner Geisteswissenschaftler den "Kernpunkt der sozialistischen Fehlentwicklung in allen osteuropäischen RGW-Staaten" gesehen: Mit der Annahme dieses Grundwiderspruches sei "die Negierung der Grundsätze jeder Ökonomie der Warenproduktion und die Leugnung der natürlichen Pluralität der menschlichen Gesellschaft" verbunden gewesen[160]. Diese Feststellung impliziert, zumindest der Tendenz nach, die Möglichkeit eines lebensfähigen Sozialismus, der die 'Fehlentwicklung' des antagonistischen Denkens vermeidet; jedoch ist nicht zu erkennen, daß der Sozialismus speziell in der DDR ohne die konstitutive und identitätstiftende scharfe Abgrenzung vom Kapitalismus in der Bundesrepublik überhaupt sich legitimieren und existieren hätte können.

Das Weiterbestehen militaristischer Orientierungen im Erziehungsziel der sozialistischen Persönlichkeit kann nicht geleugnet werden, auch wenn die Verfassung der DDR apodiktisch das Gegenteil behauptete[161]. Soldatische Tugenden wie Mut, Kampfgeist, Gehorsam und Disziplin spielten in den programmatischen Äußerungen zur politischen Zielkultur eine zentrale Rolle; für

---

159 Vgl. Henrich 1989, 85
160 Helmut Teichmann: Die Politik der Honecker-Führung seit Anfang der siebziger Jahre. Versuch einer Wertung, in: DA 1990/8, 1211-1216, hier 1213
161 In der neuen Verfassung von 1968/1974 hieß es in Artikel 6,1: "Die Deutsche Demokratische Republik hat getreu den Interessen des Volkes und den internationalen Verpflichtungen auf ihrem Gebiet den deutschen Militarismus und Nazismus ausgerottet." (Verfassung der DDR 1986, 48) Daß man sich in der Wahl des Verbums der Sprache eben dieses Nazismus bediente, ist den Autoren wohl nicht aufgefallen.

den Wehrdienst nützliche physische Merkmale wie Kraft, Geschicklichkeit und Ausdauer sollten gefördert werden; die Bereitschaft zur militärischen Verteidigung des Sozialismus[162], das hieß zum Dienst in der Nationalen Volksarmee galt es heranzubilden. Noch wichtiger als diese expliziten Zielbestimmungen sozialistischer Erziehung war vielleicht die sozialisierende Wirkung der militaristischen Selbstdarstellung des DDR-Staates in Militärparaden mit preußischem Stechschritt und dem ausgiebigen Vorführen schweren Kriegsgeräts, etwa bei der alljährlichen Parade in Berlin am staatlichen Feiertag, dem 7. Oktober, oder in den häufigen zeremoniellen Militäraufzügen mit Trommelwirbel, Fackellicht und Fanfarenklang, überhaupt in der Präsenz des Militärischen im Alltag der ostdeutschen Gesellschaft.

Die alten, tradierten und die neuen, ideologischen Elemente politischer Kultur verschmolzen im Erziehungsziel der sozialistischen Persönlichkeit also auf vielfältige Weise. Damit bildete die kommunistische Zielkultur der DDR ein eigentümliches Amalgam aus überlieferten, seit Generationen gepflegten Normvorstellungen einer protestantisch und preußisch geprägten Bevölkerung und den postulierten neuen Persönlichkeitsmerkmalen, deren Herleitung aus dem revolutionären Marxismus-Leninismus oft nur wie rhetorische Ornamentik erschien. Der SED half es bei dieser Funktionalisierung traditioneller deutscher Werthaltungen und Einstellungen für die Stabilisierung ihres Regimes, daß sich die obrigkeitsstaatlichen, harmonistischen und unpolitischen Traditionen der deutschen politischen Kultur relativ einfach in die auf den Machterhalt der Einheitspartei zugeschnittene offizielle politische Kultur integrieren ließen, zumal die Ideologie des Kommunismus, auf die der Herrschaftsanspruch gestützt wurde, vor allem in Deutschland entstanden war.

Auf indirektem Weg kam den Traditionen der deutschen politischen Kultur für die offizielle politische Kultur der DDR auch aus dem Grund größere Bedeutung zu, daß die SED ihre Herrschaft historisch zu legitimieren versuchte und zu diesem Zweck eine extensive Geschichts- und Traditionspflege betrieb. Der Marxsche Historische Materialismus mitsamt der geschichtsphilosophischen Rolle des Hegelschen Weltgeistes stellt einen wesentlichen Bestandteil der kommunistischen Weltanschauung dar und verwies die SED-Ideologen a priori auf die Geschichte als einen zwangsläufig sinnvoll fortschreitenden Prozeß. Die Brüche und Widersprüche in der deutschen Vergangenheit haben es den Historikern in der DDR leichtgemacht, aus der

---

162 Die Verteidigungsbereitschaft wurde in der DDR nicht national oder patriotisch, sondern ideologisch motiviert, sie zielte auf die offizielle Weltanschauung. So hieß es in einer Schrift, die jeder neue Armeeangehörige erhielt: "Es gibt nichts gerechteres, als den Sozialismus zu schützen; denn Sozialismus heißt: alles für das Wohl des Volkes, alles für das Glück des Menschen... Noch nie wurden in der deutschen Geschichte Waffen für eine verteidigungswürdigere Sache getragen." (Polithauptverwaltung der NVA (Hg.): Vom Sinn des Soldatseins. Ratgeber für den Soldaten, S. 9f.; zit. n. Beck 1983, 46)

Geschichte und Kultur Deutschlands die opportun erscheinenden Elemente herauszupicken und zu einem sozialistischen Traditionsmosaik zusammenzufügen. Mit diesem selektiven Traditionsbild, bei dessen Konstruktion man in der Auffassung davon, was alles als 'fortschrittlich' oder 'revolutionär' interpretiert werden könnte, oft sehr generös verfuhr, ist für die DDR ein Stück deutscher Geschichte eingemeindet worden.

Zu der historischen Entwicklungslinie, die in der Gründung des deutschen Arbeiter-und-Bauern-Staates vollendet worden sei, zählte die Historiographie der DDR[163] die Bauernkriege des frühen 16. Jahrhunderts ebenso wie die Befreiungskriege gegen Napoleon, die preußischen Heeresreformen ebenso wie die 1848er Revolution. Die militärische Traditionspflege war ein wesentlicher Bestandteil der komplexen sozialistischen Wehrerziehung in der DDR; Namen wie Gneisenau, Lützow, Stein oder Clausewitz wurden hier in Ehren gehalten, der Scharnhorst-Orden war die höchste militärische Auszeichnung[164]. Ende der siebziger, Anfang der achtziger Jahre hielt die SED eine allein ideologische Legitimation ihrer Herrschaft nicht mehr für ausreichend und erstreckte ihre Traditionspflege auch auf Personen, die nun gar nicht mehr marxistisch-leninistisch zu vereinnahmen waren. Die ständig wachsende "Ahnengalerie" der DDR kommentierten die Ostdeutschen bei jeder Erweiterung ironisch: "Ach, auch er war ein Begründer der Deutschen Demokratischen Republik."[165] Zu der entkrampften Geschichtsbetrachtung gehörte die Aufwertung Preußens[166], die ihren Höhepunkt in der Rehabilitierung Friedrichs II. und dem Beschluß Erich Honeckers vom Dezember 1980[167] fand, das berühmte Reiterdenkmal des Alten Fritzen von Christian Daniel Rauch aus der jahrzehntelangen Verbannung hervorzuholen und wieder an seinem alten Platz Unter den Linden aufstellen zu lassen.

Angesichts der protestantisch geprägten Bevölkerung in Ostdeutschland lag es nahe, auch den Reformator Martin Luther in den positiv interpretierten Traditionsstrang der offiziellen Geschichtsrezeption aufzunehmen. Bereits im Juni 1980 wurde ein Martin-Luther-Komitee mit Erich Honecker als Vorsitzendem gegründet, das die Feierlichkeiten zum 500. Geburtstag des jahrzehntelang diskriminierten Augustinermönches vorbereiten sollte. Darüber geriet etwas in Vergessenheit, daß es im gleichen Jahr den 100. Todestag von Karl

---

163 Dieses zusammengeschusterte sozialistische Geschichtsbild wurde in exemplarischer Form bis Ende 1989 im Ost-Berliner Museum für deutsche Geschichte im barocken Zeughaus Unter den Linden präsentiert.

164 Vgl. Fischer 1980, 100; Beck 1983, 76

165 Nach: Böhme 1986b, 51

166 Den Auftakt zur Preußen-Renaissance in der DDR bildete 1978 ein Artikel in der FDJ-Studentenzeitung "Forum" (vgl. Rogalla von Bieberstein 1982, 229); bahnbrechend war die 1979 erschienene Biographie Friedrichs II. von der DDR-Historikerin Ingrid Mittenzwei.

167 Vgl. Marion Gräfin Dönhoff: Zuviel der Sorge, zuviel der Hoffnung. Was ist mit den Deutschen los?, in: Die Zeit vom 16.3.1984; Joachim Nawrocki: Die Genossen und die Geschichte. 35 Jahre DDR. Von der Willkür zum Wagnis, in: Die Zeit vom 12.10.1984

Marx zu feiern galt: Erst Ende 1982 trafen die SED-Kommunisten die Vorbereitungen zum staatlichen Gedenken des Ideologiestifters; noch vor der Proklamierung des Marx-Jahres erklärten sie, für viele Marxisten in der DDR damals befremdlich, 1983 zum Jahr der "Martin Luther Ehrung der Deutschen Demokratischen Republik"[168]. Die verstärkte Hinwendung zur deutschen Vergangenheit, die sich auch in einer positiveren Einschätzung des Kreisauer Kreises und selbst Bismarcks niederschlug, war eine Reaktion auf das Verblassen der Zukunftsvision von der kommunistischen Gesellschaft, an deren Bevorstehen kaum noch jemand in der DDR recht glaubte. Gleichzeitig war die Ausdehnung der Traditionspflege ein Zeichen für das gewachsene Selbstbewußtsein[169] und das zunehmende Gefühl der Sicherheit in der Ost-Berliner Führung.

Dem Ziel, die DDR als die, in den Worten Erich Honeckers, "staatliche Verkörperung der besten Traditionen der deutschen Geschichte"[170] erscheinen zu lassen, diente neben den legitimatorisch strapazierten historischen Persönlichkeiten und Ereignissen auch die Aneignung des 'kulturellen Erbes', vor allem der Literatur. Das Goethejahr 1982 wurde in der DDR mit viel Aufwand gefeiert. Kurt Hager, Politbüromitglied und Chefideologe der SED, verblüffte seine Zuhörer auf die Frage nach der idealen sozialistischen Persönlichkeit mit dem Goethe-Zitat: "Edel sei der Mensch, hilfreich und gut". Er hielt dieses Erziehungsziel für erreichbar durch den "Glaube(n) an die Humanität, an das Humanitätsideal von Marx, Goethe, der deutschen Aufklärer"[171].

---

168 Vgl. Der Spiegel vom 7.3.1983, S. 103. Bei dem Festakt im November 1983 ehrte Honecker den Reformator als Vorbild (vgl. Hermann Weber: Probleme der DDR 1981-1985. Einleitung, in: DDR. Dokumente 1986, 375-379, hier 376).

169 Die Vereinnahmung auch der nicht-'sozialistischen' Traditionen der deutschen Geschichte gab der DDR-Historiker Heinz Seeber als Liberalisierung aus: "Je mehr die DDR zur Normalität wird, desto mehr wird die Geschichtswissenschaft von der Politik entlastet." (Aus einem Gespräch mit Journalisten der "Zeit" zitiert in Gerhard Spörl: Ordnung muß herrschen im Land. Wie die DDR sich versteht, wie sie verstanden werden möchte, in: Reise ins andere Deutschland 1986, 144-158, hier 157) Auf die gewachsene Selbstsicherheit der SED wies auch Adolf Laube, DDR-Geschichtsschreiber und Mitglied des Luther-Komitees, hin: "Eine machtausübende Arbeiterklasse, die auch die Interessen der anderen Klassen vertritt, hat einen breiteren Blick auf die Vergangenheit als eine, die im Kampf um die Macht steht." (Zit. n. Der Spiegel vom 7.3.1983, S. 106)
In einem Gespräch mit dem Verfasser am 17.10.1988 betonte Prof. Dr. Kurt Schneider, Leiter der damaligen Sektion Wissenschaftlicher Kommunismus an der Karl-Marx-Universität Leipzig, die Eingliederung auch von Personen und Strömungen der deutschen Geschichte, die nicht mit der Arbeiterbewegung in Zusammenhang gebracht werden können, in das offizielle Geschichtsbild (bei gleichzeitiger Aussparung aller Aspekte des Nationalsozialismus und seiner Entstehung) sei nicht das vom Verfasser vermutete "Herauspicken von Rosinen", sondern ein "Zeichen für die Beweglichkeit" der DDR-Geschichtsschreibung.

170 Honecker auf einer Tagung des Zentralkomitees der SED; zit. in: Autorenkollektiv unter Leitung von Ernst Diehl: Grundriß der deutschen Geschichte. Von den Anfängen der Geschichte des deutschen Volkes bis zur Gestaltung der entwickelten sozialistischen Gesellschaft in der Deutschen Demokratischen Republik. Klassenkampf - Tradition - Sozialismus, Berlin /DDR 1979[2], S. 9; zit. n. Lapp 1981, 11

In der Bundesrepublik gab es eine solche Inkorporation von Traditionen in die staatlich intendierte Form politischer Kultur nicht. Zwar gab es in beiden Staaten das Bemühen, die Bürger historisch zu beheimaten, doch sollte in der Bundesrepublik das Interesse an der deutschen Vergangenheit, das in den achtziger Jahren stark anwuchs und auch von staatlichen Ausstellungen und Museumsgründungen gefördert wurde, keiner speziell historischen Legitimation des gegenwärtigen politischen Systems wie im östlichen Nachbarstaat dienstbar gemacht werden, sondern der geschichtlichen Selbstverortung, der Suche nach einer kollektiven Identität Hilfe leisten.

---

171 So gegenüber Journalisten der "Zeit"; zit. in Nina Grunenberg: Last und Lust der "Leiter". Die Führungsspitzen der DDR: Häuserbauen ist ihnen wichtiger als Fahnenhissen, in: Reise ins andere Deutschland 1986, 47-62, hier 52.

5. Staatliche Einflußnahme auf Prozesse politischer Sozialisation in der Bundesrepublik und in der DDR

5.1 Systembedingte Divergenzen der Strukturen politischer Sozialisation

Politische Sozialisation in einer pluralistischen Demokratie wie der Bundesrepublik und politische Sozialisation in einer monistischen Diktatur wie der DDR[1] sind auf derselben Ebene nicht ohne weiteres vergleichbar. Zum Wesen des pluralistischen Systems gehört zum einen die Beteiligung einer Vielheit gesellschaftlicher Gruppen an der Formulierung der Ziele des staatlichen Einflusses auf die politische Sozialisation und zum anderen die prinzipiell eingeräumte Konkurrenz anderer, nichtstaatlicher und staatlich nicht beeinflußter, Sozialisationsagenturen. Die Ansätze eines "sozialistischen Pluralismus", die vor allem in der Nachfolge des britischen Sozialisten Harold Laski entwickelt wurden[2], spielten in den Gesellschaftswissenschaften der DDR keine Rolle; der SED-Staat hielt bis zu seinem Ende an dem ideologisch begründeten monistischen Prinzip seiner Herrschaft fest.

Unter Berücksichtigung der im letzten Kapitel untersuchten politischen Zielkulturen ergeben sich für den Vergleich der staatlichen Einflußnahmen auf die Prozesse der politischen Sozialisation in der Bundesrepublik und in der DDR somit drei wesentliche Unterschiede zwischen beiden Systemen: Erstens war in den vierzig Jahren der deutschen Teilung die staatliche Zielsetzung in bezug auf die anzustrebende politische Kultur in der Bundesrepublik viel weniger präzise als in der DDR; zweitens war das Interesse an einem Einfluß

---

1 Im Zusammenhang eines deutsch-deutschen Vergleichs die DDR eine "sozialistische Demokratie" im Unterschied zur "westliche(n) Demokratie" der Bundesrepublik zu nennen, wie das Wolfgang Behr (1979/1985, 29-46) und Heiner Timmermann (1984, 11) vorgeschlagen haben, reproduziert recht weitgehend das ideologische Selbstverständnis der sozialistischen DDR und trägt letztlich zu einer Entleerung des Demokratiebegriffs bei. Treffender für das Herrschaftssystem der DDR ist der Begriff der Diktatur, den im übrigen auch die SED zur Kennzeichnung ihrer Herrschaft mit dem Terminus "Diktatur des Proletariats" (Programm der SED 1976, 7) selbst verwandt hat, auch wenn die Einheitspartei dabei die Identität der Diktatur des Proletariats und der sozialistischen Demokratie vorausgesetzt hat.

2 Neben verschiedenen Ansätzen in Jugoslawien, Polen, und der Tschechoslowakei hat in Deutschland vor allem Rainer Eisfeld (Pluralismus zwischen Liberalismus und Sozialismus, Stuttgart u. a. 1972) die staatstheoretische Verbindung von Pluralismus und Sozialismus versucht.

auf die Entwicklung politischer Kultur bei den bundesdeutschen politischen Führungen weniger ausgeprägt als bei der allein herrschenden SED; drittens konnte aufgrund der Struktur der beiden politischen Systeme ein solcher Einfluß in der westdeutschen Republik auch nicht so wirksam werden wie in dem ostdeutschen Staat. Ein staatliches Interesse an einer Einflußnahme auf die politische Sozialisation war gleichwohl in beiden Staaten vorhanden, allerdings trat die staatliche Motivation politischer Sozialisation in der Bundesrepublik den Bürgern mit weitaus weniger Anspruch auf Validität und Akzeptanz gegenüber als diejenige in der DDR; sie erschien nicht in der Stringenz wie jene, nicht in deren Unangreifbarkeit und nicht mit deren Tendenzen zur Totalität.

Nun stellt sich die Frage, ob aus psychologischen Gründen das im freiheitlichen Rahmen und ohne Monopolanspruch vermittelte Angebot eines staatlichen Erziehungsziels nicht von vornherein mehr Chancen auf Erfolg hat als ein exklusiv und absolut propagiertes, das aufgrund der Art seiner Vermittlung und ungeachtet seiner Inhalte vielleicht am ehesten Abwehrreaktionen hervorruft: Stärker als die politischen Führungen in der Bundesrepublik hat die SED gegenüber den Bürgern der DDR das Verfolgen staatlicher Erziehungsziele thematisiert. Aufschluß über die staatlichen Zielsetzungen in der Bundesrepublik im Zusammenhang mit politischer Kultur geben der Tendenz nach die Grundsatzprogramme der Parteien, aus denen sich das Regierungspersonal auf Bundes- und Landesebene rekrutiert hat. Relevant sind diese Texte für die vorliegende Untersuchung weniger dadurch, daß die Politiker in der Ausübung eines staatlichen Amtes an die Grundsatzbeschlüsse ihrer jeweiligen Parteien gebunden wären, als vielmehr dadurch, daß die Programme, deren Erarbeitung in Parteigremien intensiv diskutiert wird und sich meistens über Jahre erstreckt, in erheblichem Maß das ideologische Selbstverständnis der Parteien und damit ihrer Politiker reflektieren.

Die Christlich Demokratische Union hat, nachdem die Düsseldorfer Leitsätze von 1949, das Hamburger Programm von 1953 und andere programmatische Texte in dieser Hinsicht kaum Aussagen enthielten[3], in ihrem Grundsatzprogramm von 1978 in der Präambel ihren Willen bekundet, "unterschiedliche Standpunkte durch gemeinsame Werte und Ziele" zu verbinden:

> "Politisches Handeln zum Wohle des ganzen Volkes verlangt Führung und die Bereitschaft zum Kompromiß. Von jedem wird der Wille zur Solidarität gefordert, jeder hat aber auch den Anspruch auf Toleranz für seine persönliche Überzeugung. Offenheit und Partnerschaft sind Merkmale der Volkspartei und Vorbild für das Zusammenleben aller im Staat."

In ihrem "Verständnis vom Menschen" bekennt sich die CDU zur unantastbaren "Würde des Menschen" als einer "einmalige(n) und unverfügbare(n) Person". Dort heißt es weiter:

---

3 Vgl. Programme der politischen Parteien in der BRD 1984, Bd. 1, 56-89

"Der Mensch ist zur sittlichen Entscheidung befähigt. Er steht in der Verantwortung vor seinem Gewissen und damit nach christlichem Verständnis vor Gott. In verantwortlicher Freiheit sein Leben und die Welt zu gestalten, ist Gabe und Aufgabe für den Menschen. ... Sein
Wesen erfüllt sich in der Zuwendung zum Menschen, wie es dem christlichen Verständnis
der Nächstenliebe entspricht. ... (Konflikte) sollen offen und in gegenseitiger Achtung ausgetragen und dadurch fruchtbar gemacht werden."

Als Grundwerte erkennt die CDU "Freiheit, Solidarität und Gerechtigkeit" an.
Der Mensch soll als freies und "sittliches Wesen... vernünftig und verantwortlich entscheiden und handeln können" und muß "die Freiheit seines Mitmenschen anerkennen". Weiterhin "muß der Mensch lernen, in Gemeinschaft mit
anderen zu leben." Die angestrebte Freiheit verwirklicht sich im Verständnis
der CDU "durch Selbstverantwortung und Mitverantwortung im praktischen
Leben". So wie der einzelne "Anspruch auf persönliche Zuwendung und
Hilfe" habe, sei es "seine solidarische Pflicht", für "die Gemeinschaft aller"
einzustehen.[4]

Die bayerische Christlich Soziale Union hat in ihrem Grundsatzprogramm
von 1946 "die Erziehung der Jugend zur Ehrfurcht vor Gott und seiner Schöp-
fung, zu Charakterstärke und sozialer Gesinnung, zu selbständigem Denken
und zu körperlicher Leistungsfähigkeit" gefordert; das Grundsatzprogramm
der CSU von 1957 hat diesen Erziehungszielen "Hilfsbereitschaft" und
"staatsbürgerliches Verantwortungsgefühl" hinzugefügt[5]. In ihrem Grundsatzprogramm von 1976 bekennt sich die CSU zum "Leitbild des verantwortlichen
Bürgers und wendet sich gegen jede Vorstellung eines in der Abhängigkeit
einer sozialistischen Funktionärsherrschaft gehaltenen Sozialuntertanen". Als
"Prinzipien menschlichen Handelns" werden dort "persönliche Freiheit und
Solidarität" genannt, wobei Freiheit als "Verantwortung für die eigene Person
und für den Mitmenschen" verstanden wird. Im Bereich der Erziehungsziele
bekennt sich die CSU zu den im Grundgesetz und der Bayerischen Verfassung
genannten Zielen und Normen und hebt insbesondere "Mündigkeit und Ver-
antwortungsfähigkeit" sowie "individuelle Selbstentfaltung und Fähigkeit zur
Teilnahme am sozialen und politischen Leben" hervor[6].

Die Sozialdemokratische Partei Deutschlands nannte in den Politischen
Leitsätzen von 1946 als Leitbild ihrer Politik "die Demokratie, die getragen
ist von der Mitbestimmung und Mitverantwortung aller Bürger"[7]. Im Godesberger Programm von 1959 bekannte sich die SPD zu den Grundwerten "Freiheit, Gerechtigkeit und Solidarität" und definierte folgendes Ziel:

---

4   Grundsatzprogramm der CDU Deutschlands 1978, 5-9
5   Programme der politischen Parteien in der BRD 1984, Bd. 1, 202 und 207
6   Grundsatzprogramm der CSU 1976, 14-17 und 33
7   Programme der politischen Parteien in der BRD 1984, Bd. 2, 318

"Die Sozialisten erstreben eine Gesellschaft, in der jeder Mensch seine Persönlichkeit in Freiheit entfalten und als dienendes Glied der Gemeinschaft verantwortlich am politischen, wirtschaftlichen und kulturellen Leben der Menschheit mitwirken kann."

Die politische Bildung als "ein wesentliches Ziel aller Erziehung" sollte, so wurde gefordert, dazu beitragen, daß "eine ständig wachsende Zahl von Menschen ein gesellschaftliches Bewußtsein entwickelt und zur Mitverantwortung bereit ist". Das Erziehungsziel des Godesberger Programms wurde auch in der Absicht deutlich, die Jugend zu befähigen, "ihr Leben selbst zu meistern und in die zukünftige Verantwortung gegenüber der Gemeinschaft hineinzuwachsen". Zu den Zielen des Bildungssystems hieß es:

"Die Jugend ist in den Schulen und Hochschulen gemeinsam im Geiste gegenseitiger Achtung zur Freiheit, zur Selbständigkeit, zum sozialen Verantwortungsbewußtsein und für die Ideale der Demokratie und der Völkerverständigung zu erziehen, um in unserer an weltanschaulichen Überzeugungen und Wertordnungen vielgestaltigen Gesellschaft eine Gesinnung und Haltung des Verstehens, der Toleranz und der Hilfsbereitschaft zu erreichen."[8]

In ihrem Berliner Programm von 1989 nimmt die SPD die Themen Frieden und Ökologie auf, wenn sie als Ziele ihrer Politik "eine friedliche Welt und eine lebensfähige Natur, ... eine menschenwürdige, sozial gerechte Gesellschaft" angibt. Der Mensch, dessen Würde die SPD als "Ausgangs- und Zielpunkt" ihres Handelns bestimmt, wird als "Vernunft- und Naturwesen, als Individual- und Gesellschaftswesen" verstanden, seine Lern- und Vernunftfähigkeit wird vorausgesetzt. Betont wird das "politische(n) Engagement der Bürgerinnen und Bürger", das den demokratischen Staat tragen soll. Das Berliner Programm bestätigt die im Godesberger Programm genannten Grundwerte "Freiheit, Gerechtigkeit und Solidarität"; für die Freiheit des einzelnen ist dabei stets die Freiheit des anderen "Grenze und Bedingung". Im Unterschied zu der im Grundsatzprogramm der CDU postulierten und oben zitierten "solidarische(n) Pflicht" des einzelnen heben die Sozialdemokraten hervor, daß sich "Solidarität als die Bereitschaft, über Rechtsverpflichtungen hinaus füreinander einzustehen, ... nicht erzwingen" läßt. In ihrem Grundsatzprogramm formuliert die SPD ihr normatives Verständnis von politischer Kultur als "der Fähigkeit, den notwendigen Grundkonsens mit notwendigem Streit zu verbinden", wozu Toleranz nötig sei. Die Erziehung soll sich an der gesellschaftlichen Gleichheit von Frauen und Männern orientieren:

"Erziehung soll junge Menschen auf diese Gesellschaft vorbereiten. Sie muß helfen, die Spaltung in eine männliche und eine weibliche Welt zu überwinden und die starren Rollenmuster zu durchbrechen, die diese Spaltung immer neu verfestigen."

In ihrem neuen Programm gibt die SPD ihre Bildungsziele an:

---

8   Grundsatzprogramm der SPD 1959, 5, 7 und 22

"Bildung soll Verständnis für die eigene Überlieferung wecken und Menschen befähigen, sich selbst und andere, auch andere Kulturen und ihre Menschen, zu verstehen. Bildung soll die Chance eröffnen, selbstbestimmt zu arbeiten und die von Erwerbsarbeit und Familienarbeit freie Zeit für Eigenarbeit, musisch-kulturelle Tätigkeit, soziale und politische Aktivitäten zu nutzen. Bildung muß Menschen befähigen, sich mit der Gesellschaft und den Anforderungen der Arbeitswelt kritisch auseinanderzusetzen und mitgestaltend auf sie einzuwirken. Bildung soll Menschen helfen, sich in unserer komplizierter werdenden Gesellschaft zurechtzufinden, Technik und Produktionsmittel sinnvoll zu gebrauchen und ihre natürliche Umwelt zu schützen. Sie soll Kreativität fördern und dazu befähigen, mit dem Überangebot von Unterhaltung und Informationen umzugehen. Sie soll jungen Menschen helfen, grundlegende Erfahrungen zu bestehen und an ihnen zu wachsen. Gefühl wie Vernunft, geistige wie praktische Fähigkeiten bedürfen der Bildung. Sie soll für die Natur aufschließen, zur Verantwortung für die Mitmenschen hinführen und solidarisches Verhalten einüben. Bildung muß dazu befähigen, die Vielfalt der europäischen Kulturen als Bereicherung des eigenen Lebens zu erfahren."[9]

Die Freie Demokratische Partei machte in ihren Freiburger Thesen von 1971 keine Aussagen über ein Erziehungsziel ihrer Politik. Sie äußerte sich lediglich zu ihrem Menschenbild, das sie deutlich auf die Tradition der Aufklärung bezieht, und zu den Zielen liberaler Politik; in den ersten beiden Thesen heißt es:

"Liberalismus nimmt Partei für Menschenwürde durch Selbstbestimmung. ... Er setzt sich ein für größtmögliche Freiheit des einzelnen Menschen und Wahrung der menschlichen Würde in jeder gegebenen oder sich verändernden politischen und sozialen Situation. ... Oberste Ziele liberaler Gesellschaftspolitik sind daher die Erhaltung und Entfaltung der Individualität persönlichen Daseins und der Pluralität menschlichen Zusammenlebens. ... Liberalismus nimmt Partei für Fortschritt durch Vernunft. Er tritt ein für die Befreiung der Person aus Unmündigkeit und Abhängigkeit."[10]

Die stark wirtschaftspolitisch geprägten Kieler Thesen von 1977 enthalten solche grundsätzlichen Aussagen nicht; auch der Abschnitt "Bildung und Beschäftigung der jungen Generation" macht keine Angaben über die Ziele von Bildung und Erziehung[11]. Im Liberalen Manifest der F.D.P. von 1985 heißt es lediglich, daß die "Entwicklungschancen von Jugendlichen... durch Förderung der Eigeninititative, Mitwirkung und Selbstverantwortung verbessert werden" müssen[12].

Die Grünen fordern in ihrem Bundesprogramm von 1980 "freie und uneingeschränkte Ausübung demokratischer Grundrechte" als "unabdingbare Voraussetzung" für alle Bürger, "um ihre sozialen Interessen vertreten und politisch handeln zu können". Schul- und Hochschulbildung müßten um Bereiche ergänzt werden, die für die "Entwicklung der Gesamtpersönlichkeit

---

9   Grundsatzprogramm der SPD 1989, 5-9, 17f. und 27
10   Freiburger Thesen der F.D.P. 1971, 8f.
11   Vgl. Kieler Thesen der F.D.P. 1977, 60-64
12   Zukunftschance Freiheit. Liberales Manifest 1985, 16

unerläßlich" seien; dazu zählten die "geistige, ethische und soziale Bildung und auch die Entwicklung der praktischen, körperlichen und insbesondere der schöpferischen Fähigkeiten, die der seinem Wesen nach auf Kreativität angelegte Mensch" brauche, weiterhin die "Erziehung zu ökologisch bewußtem und darüber hinaus zu sozialem und demokratischem Handeln, zu Solidarität und Toleranz gegenüber Mitmenschen und anderen Völkern". Unter dem Stichwort "freies Lernen und Lehren" wird die "Förderung von politischen Aktivitäten der Schüler" gefordert. Zu den postulierten Lehrinhalten der Schulen gehört unter anderem:

> "Denken in vernetzten Systemen als durchgängiges Unterrichtsziel, um das Verständnis von ökologischen Kreisläufen und sozialen Zusammenhängen und Gegensätzen zu fördern. Die Schule soll die Schüler in die Lage versetzen, die den gesellschaftlichen und individuellen Konflikten zugrunde liegenden Interessen zu durchschauen. Sie sollen die Fähigkeit bekommen, zwischenmenschliche Konflikte auf solidarische Weise zu lösen, eigene Interessen zu formulieren und ihnen durch gemeinsames Handeln Nachdruck zu verleihen."[13]

Über Erziehungs- und Bildungsziele besteht demnach folgender Konsens unter den Parteien: Die beiden großen Volksparteien CDU und SPD, die bislang alle Bundesregierungen, in der Regel in einer Koalition mit der F.D.P., und alle Landesregierungen, mit Ausnahme Bayerns, geführt haben, stimmen in der Formulierung der Grundwerte Freiheit, Gerechtigkeit und Solidarität überein und nennen beide als weitere Erziehungsziele Toleranz, Kompromißbereitschaft, die Verantwortung des einzelnen für sich selbst und für die Gesellschaft, die Fähigkeit zur offenen Konfliktaustragung sowie die gesellschaftliche und politische Mitwirkung. Diese Merkmale können als die den politischen Führungen in der Bundesrepublik gemeinsame Auffassung von den Zielen einer staatlichen Einflußnahme auf die Prozesse der politischen Sozialisation gelten. Darüber hinaus ergibt sich unter Berücksichtigung der Grundsatzprogramme aller fünf Parteien folgendes Bild: Gesellschaftlich-politisches Engagement wird von jeder der untersuchten Parteien gefordert; der Begriff der Freiheit durchzieht die Programme aller Parteien, wobei er bei den Grünen vor allem als Freiheit der demokratischen Grundrechte, weniger als explizites Erziehungsziel auftaucht. Solidarität und Hilfsbereitschaft werden von allen Parteien mit Ausnahme der F.D.P. postuliert; Toleranz, Kompromißbereitschaft und die Fähigkeit zur offenen Konfliktregulierung sind programmatische Ziele bei CDU, SPD sowie Grünen und nicht bei F.D.P. und CSU. Die Verantwortung des einzelnen für sich und für andere wird nur im Programm der Grünen nicht ausdrücklich als Erziehungsziel genannt, die soziale Verantwortung ist aber dort teilweise durch die Verantwortung für die natürlichen Lebensgrundlagen ersetzt. Mündigkeit und Selbständigkeit wer-

---

13 Die Grünen. Das Bundesprogramm 1980, 28 und 40

den von CSU, SPD und F.D.P. als Erziehungsziel gefordert, nicht von CDU und Grünen.

Für die Versuche einer staatlichen Steuerung politischer Kultur in der DDR waren die programmatischen Äußerungen der Blockparteien CDU, LDPD, NDPD und DBD, die von der SED aus Gründen der Herrschaftssicherung in das Bündnis der Nationalen Front integriert worden waren, ohne Bedeutung. Die Bestimmung der Ziele der staatlichen Einflußnahme auf die Prozesse der politischen Sozialisation oblag allein der Einheitspartei. Das erste Programm der SED von 1963 sah "die geistige Formung des Menschen der sozialistischen Gesellschaft und die Entwicklung der sozialistischen Nationalkultur" als die "kulturelle Grundaufgabe" der Partei an. Das gesellschaftliche Leitbild des Sozialismus wurde gesehen als "Gemeinschaft freier Menschen..., die durch gemeinsame, freie und schöpferische Arbeit verbunden sind." Unter den dort genannten Erziehungszielen der SED ist die Verantwortung des einzelnen gegenüber der Gesellschaft die einzige Übereinstimmung mit den Erziehungszielen in den Grundsatzprogrammen der bundesdeutschen Parteien:

"Die Ideale der sozialistischen Moral - sozialistischer Patriotismus und Internationalismus, Verantwortungsbewußtsein gegenüber der Gesellschaft, Liebe zur Arbeit und zu den arbeitenden Menschen, sozialistische Arbeitsdisziplin - befähigen die Gemeinschaft und den einzelnen, für das Wohl des Volkes und für den Frieden in der Welt zu handeln."[14]

In ihrem zweiten Programm von 1976 hat die SED den in dem früheren Programm verankerten Anspruch einer geistigen Formung der Bürger verbal etwas relativiert und nur mehr konstatiert, sie fördere "die sozialistische Kultur in allen materiellen Bereichen und geistigen Sphären der Gesellschaft"; an anderer Stelle hieß es, die Einheitspartei wirke "dafür, daß sich die für die entwickelte sozialistische Gesellschaft charakteristische Art und Weise des gesellschaftlichen Lebens und individuellen Verhaltens in allen Lebensbereichen immer mehr ausprägt - bei der Arbeit und in der Freizeit, im Arbeitskollektiv und in der Familie sowie in den Lebensgewohnheiten". Im Unterschied zu dieser leicht abgeschwächten Thematisierung des Anspruchs, staatliche Erziehungsziele zu verfolgen, wurde der Katalog angestrebter Persönlichkeitsmerkmale in dem Programm von 1976 noch erweitert:

"Das Bildungswesen hat die Aufgabe, junge Menschen zu erziehen und auszubilden, die, mit solidem Wissen und Können ausgerüstet, zu schöpferischem Denken und selbständigem Handeln befähigt sind, deren marxistisch-leninistisch fundiertes Weltbild die persönlichen Überzeugungen und Verhaltensweisen durchdringt, die als Patrioten ihres sozialistischen Vaterlandes und proletarische Internationalisten fühlen, denken und handeln.
Das Bildungswesen dient der Erziehung und Ausbildung allseitig entwickelter Persönlichkeiten, die ihre Fähigkeiten und Begabungen zum Wohle der sozialistischen Gesellschaft

---

14   Protokoll der Verhandlungen des VI. Parteitages der SED 1963, Bd. 4, 384 und 301

entfalten, sich durch Arbeitsliebe und Verteidigungsbereitschaft, durch Gemeinschaftsgeist und das Streben nach hohen kommunistischen Idealen auszeichnen."

Im Zusammenhang der Beschreibung der entwickelten sozialistischen Gesellschaft wurde als weiteres Erziehungsziel die "umfassende gesellschaftliche Aktivität" genannt, die Mitwirkung "mit hoher politischer Verantwortung und Sachkenntnis an der Leitung und Planung der gesellschaftlichen Entwicklung". Weitere Ziele staatlicher Erziehung wurden in dem Parteiprogramm ex negativo definiert:

"Entwickelte sozialistische Gesellschaft - das heißt, die sozialistische Bewußtheit der breiten Massen weiter zu erhöhen, ihre marxistisch-leninistische Weltanschauung und kommunistische Moral aktiv herauszubilden, Egoismus, Individualismus und andere Erscheinungen der bürgerlichen Ideologie konsequent zu überwinden."

Mit Bezug auf den "Kampf" der Arbeiterklasse "für die Steigerung der Arbeitsproduktivität" postulierte die SED die immer stärkere Entwicklung von "Schöpfertum, Initiative, Kollektivität, Drang nach Bildung, gesellschaftliches Verantwortungsbewußtsein, gegenseitige Hilfe und kulturvolle Lebensweise"[15].

Die Ansicht, mit der Orientierung staatlichen Handelns an bestimmten Erziehungszielen lasse sich eine politische Kultur beeinflussen, steht in Verbindung mit der grundsätzlichen Annahme einer Planbarkeit von Sozialisation, von gesellschaftlichen Prozessen überhaupt. Die Vermutung dieser prinzipiell möglichen Plan- und Steuerbarkeit war in der DDR viel verbreiteter als in der Bundesrepublik; in Westdeutschland war der Glaube an die Steuerungskapazität des Staates und die Steuerbarkeit des politischen Systems in der Planungseuphorie der frühen siebziger Jahre noch am ausgeprägtesten. In Ostdeutschland war die Annahme, gesellschaftliche und historische · Prozesse ließen sich voraussagen und planen, Teil der offiziellen Ideologie; Indiz dafür ist die penetrant häufige Verwendung solcher Begriffe wie "planmäßig"[16] oder "Berechenbarkeit"[17], wie "objektive Gesetzmäßigkeit"[18] oder "allgemeingültige Gesetzmäßigkeiten der sozialistischen Revolution"[19] in der Sprache der SED. Aus einer einseitig fortentwickelten bzw. mißverstandenen Aufklärung in Verbindung mit der Teleologie der als wissenschaftlich ausgegebenen kommunistischen Weltanschauung konstruierten sich die Marxisten die Vorstellung einer Rationalität aller Entwicklungsprozesse, die es ermöglichen sollte, sämtliche Bereiche des politischen, wirtschaftlichen, gesellschaftlichen und individuellen Lebens vorauszusagen, zu planen, zu organisieren, zu steuern.

---

15 Programm der SED 1976, 70, 73, 66f., 27 und 51
16 Zum Beispiel Honecker 1986, 730
17 Zum Beispiel Petzoldt 1989, 207
18 Zum Beispiel Hauptabteilung Lehrerbildung des Ministeriums für Volksbildung 1986, 11
19 Zum Beispiel Programm der SED 1976, 8

Behauptet wurden allgemeingültige historische Gesetzmäßigkeiten, die es nur noch mit dem notwendigen Bewußtsein zu erkennen gelte. Die platten deterministischen Formeln des Historischen Materialismus waren so die Voraussetzung für den Anspruch auf Vorhersagbarkeit des geschichtlichen Prozesses und für die Behauptung, in der weltweiten Auseinandersetzung zwischen Kapitalismus und Sozialismus auf der richtigen Seite zu stehen und zu kämpfen, historisch schon eine Entwicklungsstufe weiter zu sein als die Länder, in denen die sozialistische Revolution noch bevorstehe. Noch im Jahr 1981, als sich im Westen nach gut einem Jahrzehnt innerdeutscher Entspannungspolitik der Eindruck verfestigt hatte, die SED-Führung habe sich pragmatisch in der deutschen Zweistaatlichkeit eingerichtet, äußerte sich *Erich Honecker* auf einer Bezirksdelegiertenkonferenz optimistisch über das weitere Vordringen des Sozialismus:

> "Und wenn heute bestimmte Leute im Westen großdeutsche Sprüche klopfen und so tun, als ob ihnen die Vereinigung beider deutscher Staaten mehr am Herzen liegen würde als ihre Brieftasche, dann möchten wir ihnen sagen: Seid vorsichtig! Der Sozialismus klopft eines Tages auch an eure Tür (starker Beifall), und wenn der Tag kommt, an dem die Werktätigen der Bundesrepublik an die sozialistische Umgestaltung der Bundesrepublik Deutschland gehen, dann steht die Frage der Vereinigung beider deutscher Staaten vollkommen neu. (Starker Beifall)"[20]

Dieser auf die marxistisch-leninistische Ideologie gestützte revolutionäre Optimismus funktionierte als Rechtfertigung der monopolistischen Steuerung aller Gesellschaftsbereiche einschließlich der politischen Sozialisation und war damit ein kommodes Mittel zur Legitimation der diktatorischen Herrschaft der SED. Im Insistieren auf seine Wissenschaftlichkeit, auch in seiner ursprünglichen ökonomischen Analyse stand der Marxismus in der Tradition der Aufklärung; voraufklärerisch, absolutistisch war das Denken in den Kategorien obrigkeitlicher Steuerung bei der Konzeption der Diktatur des Proletariats; gegenaufklärerisch, romantisch war die utopische Zielsetzung einer harmonischen kommunistischen Gesellschaft. Letztlich vermag nur diese Heilsgewißheit des Marxismus die unbeirrbare Halsstarrigkeit zu erklären, mit der die Staats- und Parteiführung der DDR - zum Teil doch wohl aus Überzeugung, nicht nur aus Machtkalkül - an den Zielen und den Mechanismen der staatlichen Einflußnahme auf die Prozesse der politischen Sozialisation festhielt, auch wenn die eigene Herrschaft nur noch mit einem gigantischen Geheimdienstapparat aufrechterhalten werden konnte.

---

20 Alles zum Wohl des Volkes - dafür leben, dafür arbeiten, dafür kämpfen wir. Aus dem Schlußwort von Erich Honecker auf der Bezirksdelegiertenkonferenz Berlin, in: ND vom 16.2.1981 (zit. n. DDR. Dokumente 1986, 380f.)

Der Unterschied zwischen pluralistischer und monistischer Struktur des politischen Systems und der Unterschied zwischen einer niedrigeren und einer höheren Einschätzung der Steuerbarkeit politischer und gesellschaftlicher Prozesse schlugen sich in den Bildungssystemen der beiden untersuchten Staaten nieder. Im föderativen Aufbau der Bundesrepublik liegt die Zuständigkeit für Bildung, Wissenschaft und Kultur vor allem bei den Bundesländern. Darüber hinaus hat auch der Bund in Gestalt der Bundesministerien für Bildung und Wissenschaft sowie für Forschung und Technologie bestimmte Kompetenzen für Regelungen und Gesetzgebungen im Bereich der Wissenschaft und der Bildung, besonders der beruflichen Aus- und Weiterbildung, und für die finanzielle Förderung von Ausbildung, Wissenschaft und Forschung[21]. Die institutionelle Kompetenzaufteilung korrespondiert einer prinzipiell pluralen Vermittlung von Sozialisationszielen: Abgesehen davon, daß die in dieser Untersuchung vorausgesetzte staatliche Zielvorstellung einer anzustrebenden politischen Kultur in der Bundesrepublik immer nur der gemeinsame Nenner sein kann, auf den sich die unterschiedlichen Vorstellungen der beteiligten Gruppen und Parteien bringen lassen, existiert neben den staatlichen Institutionen der politischen Bildung eine Vielzahl von nichtstaatlichen Einrichtungen, die an der politischen Sozialisation beteiligt sind. Ein großer Teil dieser nichtstaatlichen Institutionen wird vom Staat finanziell gefördert; im Jahr 1989 waren insgesamt 125 solche freien Träger der politischen Bildung, vor allem Einrichtungen der Parteien, der Gewerkschaften, der Arbeitgeber und der Kirchen, als "Zuwendungsempfänger" von der Bundeszentrale für politische Bildung anerkannt[22].

Im Gegensatz zum differenzierten Bildungswesen in der Bundesrepublik hat die DDR die Einheitlichkeit ihres sozialistischen Bildungssystems emphatisch hervorgehoben. Die Ziele von Erziehung und Bildung hat die Einheitspartei zentralistisch festgelegt, für ihre Durchsetzung sorgten die Ministerien für Kultur, für Volksbildung, für Hoch- und Fachschulwesen und seit 1967 auch das Ministerium für Wissenschaft und Technik[23]. Das Prinzip der Einheitlichkeit integrierte die Kinderkrippen und Kindergärten, die allgemeinbildenden polytechnischen Oberschulen, die Berufsaus- und -weiterbildung, die Erwachsenenbildung, die Fach- und Hochschulen sowie die kulturellen Einrichtungen wie Bibliotheken oder Kulturhäuser zu einem "System aufeinander abgestimmter Bildungsträger"[24]. Die quantitative Bedeutung der Bildungseinrichtungen in der DDR, die nicht direkt oder über Betriebe und Massenorgani-

---

21 Vgl. Theodor Berchem: Bildung und Wissenschaft in der Bundesrepublik Deutschland, in: Deutschland-Handbuch 1989, 345-369, hier 361
22 Franz Kroppenstedt: Die Weiterentwicklung staatlich geförderter politischer Bildung, in: Vierzig Jahre politische Bildung 1990, 270-275, hier 274
23 Vgl. Irma Hanke: Die politische Kultur, in: DDR. Das politische, wirtschaftliche und soziale System 1988, 121-171, hier 154
24 Sontheimer/Bleek 1972/1979, 178

sationen indirekt von der SED angeleitet wurden, war marginal. Die Kirchen, die man als die einzigen staatsfreien Organisationen ansah (was allerdings aufgrund der weitreichenden staatlichen Präsenz durch Inoffizielle Mitarbeiter des Staatssicherheitsdienstes nicht zutraf), hatten hier einen begrenzten Spielraum, so konnte die evangelische Kirche in der DDR einige Hundert Kindergärten unterhalten[25]. Die Staats- und Parteiführung jedoch war stets bemüht, die Relevanz der nichtstaatlichen Sozialisationsinstanzen, zu denen auch die systemkritischen Gruppen unter dem Dach und im Umfeld der evangelischen Kirche gehörten, zu minimieren.

5.2 Direkte Einflußnahme durch Normung von Zielen politischer Sozialisation

5.2.1 Schule

> "Der mächtige Einfluß, welchen die Gesamtheit der Lehrer auf die nationale Erziehung nimmt, besteht darin, daß das deutsche Kind gleichsam wie ein unbeschriebenes Blatt dem Lehrer in die Hand gegeben wird, und was dieser zuerst im primären Unterricht darauf schreibt, bleibt mit unzerstörbarer Schrift fürs ganze Leben. ... In dieser Bildsamkeit der Jugend, in dem Festwachsen der Kindheitseindrücke liegt die Gewalt des deutschen Lehrerstandes über die deutsche Zukunft. Ich habe schon bei früherer Gelegenheit gesagt: Wer die Schule hat, hat die Zukunft."[26]
>
> Otto von Bismarck

Die Neigung der Regierenden, sich die Schule als Instrument zur Durchsetzung ihrer Ziele dienstbar zu machen, hatte, wie das Bismarck-Zitat im Motto andeutet, in Deutschland Tradition. Die Land- und Stadtschulen dienten im preußischen Obrigkeitsstaat des 19. Jahrhunderts als Mittel zur sozialen und charakterlichen Disziplinierung sowie zur Festigung der Akzeptanz des bestehenden Herrschaftssystems; die nur selektive Vermittlung von Kenntnissen und Fertigkeiten vor allem in den Elementarschulen war darauf gerichtet, zur Erfüllung begrenzter notwendiger Aufgaben zu befähigen, gleichzeitig implizierte sie eine Vorenthaltung von Bildung[27]. Besonders Wilhelm II. versuchte,

---

25 Im Jahr 1979 betrieben die evangelischen Kirchen in der DDR etwa 320 Kindergärten mit ca. 17.000 Kindern (vgl. Handbuch zum Bildungswesen der DDR 1987, 86). Zum Vergleich: Im selben Jahr wurden insgesamt in 12.063 Kindergärten und -wochenheimen 624.029 Kinder betreut (vgl. Statistisches Jahrbuch der DDR 1981, 286).

26 Das Zitat ist abgedruckt in: Ludwig Fertig (Hg.): Die Volksschule des Obrigkeitsstaates und ihre Kritiker. Texte zur politischen Funktion der Volksbildung im 18. und 19. Jahrhundert, Darmstadt 1979 (zit. n. Reichel 1981b, 86).

die Schulen des Reiches zu nutzen, um der Ausbreitung der Sozialdemokratie entgegenzutreten. Speziell an den Geschichtsunterricht wurde Ende des 19. Jahrhunderts die Forderung gestellt, "das Staatsbewußtsein als die allbeherrschende verantwortungsvolle Pflicht gegen den Staat zu lehren", wobei deutlich "gegen parlamentarische Regierung und für ein starkes Königtum" und vor allem gegen die Sozialdemokratie Position bezogen werden sollte[28]. In der DDR, in der das staatlich anvisierte Erziehungsziel näher bei den Traditionen deutscher politischer Kultur lag, war diese Absicht der Staatsmacht, die Sozialisationsinstanz Schule im Dienste der Verbreitung von bestimmten Werten einzusetzen, deutlicher wahrnehmbar als in der Bundesrepublik. Die historische Erfahrung von zwei Diktaturen in Deutschland in diesem Jahrhundert, die beide die schulische Erziehung für ihre Ziele mißbraucht haben, hat in den Augen von manchen bundesdeutschen Politikern heute jede schulische, das heißt vor allem staatliche Erziehung diskreditiert; zum Teil will man der Schule, die nur noch der Wissensvermittlung dienen soll, die Funktion der Erziehung der Kinder und Jugendlichen ganz absprechen: dies sei allein die Aufgabe der Familie[29]. Die Fremdenfeindlichkeit und die enorme Gewaltbereitschaft bei vielen Heranwachsenden, die sich in den Jahren nach der deutschen Vereinigung immer offener gezeigt haben, sind ein deutliches Zeichen dafür, daß auch im demokratischen Staat die Schule die wichtige Aufgabe der Erziehung nicht völlig an 'die Familien' abschieben kann, zumal eine sinnvolle und ausreichende Erziehungsarbeit, die viel Zeit und Energie kostet, von vielen Eltern bzw. Alleinerziehenden heute nicht mehr geleistet werden kann. Im folgenden soll nun untersucht werden, wie die politischen Führungen in den beiden deutschen Staaten versucht haben, die von ihnen intendierten politischen Kulturen durch die Definierung von Zielen der politischen Sozialisation in der Schule zu fördern.

In der föderalistisch strukturierten Bundesrepublik Deutschland ist das Schulwesen eine Domäne der einzelnen Bundesländer. Zur Bildung und Erziehung im vorschulischen Alter gibt es keine einheitlichen oder verbindlichen Angaben über Ziele, Inhalte und Methoden; die Kindergartengesetze der bundesdeutschen Länder geben nur allgemeine pädagogische Aufgaben der Vor-

---

27 Vgl. hierzu ausführlicher Mundt 1987, 41-47
28 So formulierte der preußische Gymnasialdirektor Richard Martens - ganz im Sinne der kaiserlichen Bemühungen Wilhelms II., die Schulen zu einer intensiveren Bekämpfung der Sozialdemokratie anzuhalten - in einer Schrift, die ebenso wie die ihr zugrunde liegenden Tendenz einer politischen Vereinnahmung des Geschichtsunterrichts vom 1. Deutschen Historikertag im April 1893 fast einhellig abgelehnt wurde (vgl. Winfried Schulze: Der Kaiser und die Historiker. Vor hundert Jahren in München: Der 1. Deutsche Historikertag, in: SZ vom 5.4.1993).
29 In diesem Sinne äußerte sich etwa der bayerische Kultusminister Hans Zehetmair im Zusammenhang der Diskussion über die Ursachen der von Jugendlichen verübten Brand- und Mordanschläge auf ausländische Mitbürger (vgl. Jürgen Busche: Auch die Schule muß erziehen, in: SZ vom 9.6.1993).

schulerziehung an, vor allem die geistige und soziale Förderung der Kinder[30]. Die Ziele der politischen Bildung in der Schule spiegeln sich am ehesten in den Lehrplänen des Faches Sozialkunde resp. Gemeinschaftskunde oder Gesellschaftslehre, aber auch der benachbarten Fächer Geschichte und Erdkunde. Die Bedeutung der dort formulierten Erziehungsziele geht über den Stellenwert hinaus, der diesen Fächern in wöchentlichen Unterrichtsstunden zugebilligt wird: diese Erziehungsziele können sich auch in den Lerninhalten anderer Fächer wie Deutsch, Religion oder Fremdsprachen niederschlagen, und, noch wichtiger, sie bezeichnen auch die gewünschte Art der Unterrichtsgestaltung und des schulischen Klimas insgesamt.

Natürlich müssen Norm und Realität unterschieden, Lehrplan und Schulwirklichkeit auseinandergehalten werden. Schulische Richtlinien können nie direkt auf die Schüler einwirken, sie bedürfen der Vermittlung durch die Lehrer, durch Schulbücher und andere Unterrichtsmaterialien, aber die Lehrpläne schaffen als "Trendsetter" die "Rahmenbedingungen" für den Unterricht[31]. Die Lehrpläne für die allgemeinbildenden Schulen werden in der Bundesrepublik von den Kultusministerien der Länder erlassen; ihre Entwicklung kann neben generellen Akzentverschiebungen in der Bildungspolitik somit auch bei Wechseln von Landesregierungen unterschiedliche Konzeptionen verschiedener Parteien aufzeigen. Die Veränderungen, die es bei den in den Lehrplänen der einzelnen Bundesländer festgelegten Erziehungszielen seit der Gründung der Bundesrepublik, vor allem in den späten sechziger und frühen siebziger Jahren gab, können hier nicht nachgezeichnet werden; diese Untersuchung beschränkt sich auf die derzeit gültigen Richtlinien in den elf Bundesländern, die bis zur deutschen Vereinigung die Bundesrepublik gebildet haben.

Das Ministerium für Kultus und Sport von Baden-Württemberg, wo die CDU von 1972 bis 1992 mit absoluter Mehrheit regiert hat und zur Zeit im Rahmen einer großen Koalition die Kultusministerin stellt, sieht den Erziehungs- und Bildungsauftrag der Schule unter anderem darin, die Schüler

"- in Verantwortung vor Gott, im Geiste christlicher Nächstenliebe, zur Menschlichkeit und Friedensliebe, in der Liebe zu Volk und Heimat, zur Achtung der Würde und der Überzeugung anderer, zu Leistungswillen und Eigenverantwortung sowie zu sozialer Bewährung zu erziehen und in der Entfaltung ihrer Persönlichkeit und Begabung zu fördern,
- zur Anerkennung der Wert- und Ordnungsvorstellungen der freiheitlich-demokratischen Grundordnung zu erziehen, die im einzelnen eine Auseinandersetzung mit ihnen nicht ausschließt, wobei jedoch die freiheitlich-demokratische Grundordnung... nicht in Frage gestellt werden darf,
- auf die Wahrnehmung ihrer verfassungsmäßigen staatsbürgerlichen Rechte und Pflichten

---

30   Vgl. Ludwig Liegle: Vorschulerziehung, in: Vergleich von Bildung und Erziehung 1990, 157-170, hier 165-167
31   Rolf Schörken / Sibylle Reinhardt: Können und sollen Richtlinien und Lehrpläne zur politischen Bildung die Gesamtheit der politischen Sozialisation steuern helfen?, in: Handbuch der politischen Sozialisation 1982, 167-179, hier 168

vorzubereiten und die dazu notwendigen Urteils- und Entscheidungsfähigkeit zu vermitteln, ...".

Der baden-württembergische Bildungsplan für das Gymnasium stellt dem Fach Gemeinschaftskunde die Aufgabe, dem Schüler "seine Rechte und Pflichten zu verdeutlichen und ihn zum selbständig denkenden und handelnden Staatsbürger zu erziehen". Neben der Vermittlung kognitiver Ziele, die auch das Kennenlernen der "Regeln für ein rationales Austragen politischer Konflikte" umfassen, werden vor allem die "Anerkennung der Vielfalt der Meinungen, die Achtung vor dem Andersdenkenden und die Bereitschaft, demokratische Mehrheitsentscheidungen loyal zu respektieren," als Erziehungsziele hervorgehoben; weiter werden genannt:

"- Achtung der in der Verfassung niedergelegten Rechte und der ihnen zugrundeliegenden ethischen Werte und Normen,
- Anerkennung der Prinzipien des demokratischen und sozialen Rechtsstaates,
- Einsicht in die Leistung einer vom partnerschaftlichen Zusammenwirken aller Beteiligten geprägten Wirtschaftsordnung,
- Sittliche und politische Verantwortlichkeit als Fähigkeit zum regelgerechten Austragen von Interessengegensätzen, aber auch zum Konsens".

Dem Geschichtsunterricht am Gymnasium wird die Aufgabe gestellt, ein "offenes Geschichtsbild" zu vermitteln, "das dem Schüler eine persönliche Orientierungshilfe in unserer pluralistischen Gesellschaft bietet und eine einseitige Beschlagnahme des Geschichtsbewußtseins verhindert". In diesem Fach soll der Schüler "einen Teil seiner Identität begreifen lernen und sich den Wert der demokratischen Ordnung bewußt machen". Der Unterricht in Erdkunde soll unter anderem die Fähigkeit und Bereitschaft fördern, "als mündiger Bürger Lebenssituationen zu bewältigen und verantwortungsbewußt an der Gestaltung unserer Lebensbedingungen mitzuwirken"[32].

Das Bayerische Staatsministerium für Unterricht, Kultus, Wissenschaft und Kunst, das von der seit 1966 im Freistaat allein regierenden CSU geführt wird, macht im "Gesamtkonzept für die politische Bildung in der Schule" vom Juli 1991 einen Rahmenplan bekannt, der als einheitliche Grundlage für die Überprüfung und eventuelle Überarbeitung aller Lehrpläne dient. Der politischen Bildung in der Schule wird dort das allgemeine Ziel gesetzt, "das Vertrauen der jungen Generation in die Leistungsfähigkeit der repräsentativen Demokratie zu stärken". Für die politische Grundbildung in den Jahrgangsstufen 5 bis 10 in allen Schularten, besonders für die "Leitfächer" bei der Vermittlung politischer Bildung - Sozialkunde, Geschichte, Wirtschafts- und Rechtslehre bzw. Arbeitslehre und Erdkunde - definiert der Rahmenplan

---

32   Kultus und Unterricht. Amtsblatt des Ministeriums für Kultus und Sport Baden-Württemberg: Bildungsplan für das Gymnasium der Normalform, Bd. 1, Lehrplanheft 8/1984, Stuttgart, den 4. Juni 1984, S. 9, 476, 382 und 344

neben einigen kognitiven Zielen vor allem folgende konkrete Ziele politischer Bildung:

"- Einsicht in die Notwendigkeit allgemeinverbindlicher Normen und Regeln für ein freiheitliches und friedliches Zusammenleben von Menschen; ...
- Fähigkeit, sich mit politischen Sachverhalten selbständig und rational auseinanderzusetzen und hierdurch zu einem eigenen Urteil zu gelangen;
- Fähigkeit zum Dialog;
- Bereitschaft, die Grundwerte der freiheitlichen demokratischen Grundordnung, wie sie im Grundgesetz und in der Bayerischen Verfassung festgelegt sind, zu bejahen;
- Bereitschaft, für die eigenen Überzeugungen einzustehen, Kompromisse einzugehen und anzuerkennen und Toleranz gegenüber abweichenden politischen Anschauungen zu üben, soweit sie den durch Grundgesetz und Bayerische Verfassung vorgegebenen Rahmen respektieren; ...
- Bereitschaft, bei der Gestaltung des politischen Lebens verantwortungsbewußt mitzuwirken".

Hervorgehoben wird an anderer Stelle die Aufgabe der politischen Grundbildung, "zur Rationalität politischen Urteilens zu erziehen, ein bewußtes Bekenntnis zum freiheitlichen demokratischen Rechtsstaat anzubahnen, Kompetenz für verantwortungsbewußtes politisches Handeln heranzubilden"[33]. Im Dezember 1991 hat das bayerische Kultusministerium den überarbeiteten Lehrplan für Sozialkunde an Gymnasien ausgegeben; als "wichtige Bildungsziele" werden dort genannt "Werteordnung, Toleranz und die Bereitschaft, bei der Gestaltung des politischen Lebens in unserer Demokratie verantwortungsbewußt mitzuwirken"; der Sozialkundeunterricht soll "die Fähigkeit der Schüler, sich mit politischen Sachverhalten selbständig und rational auseinanderzusetzen und zu eigenen fundierten Urteilen zu gelangen," fördern[34].

Die Berliner Senatsverwaltung für Schule, Berufsbildung und Sport, die seit Januar 1991 im Rahmen einer großen Koalition von einem Politiker der CDU geleitet wird, unterscheidet im "gesellschaftliche(n) Aufgabenfeld" die Fächer Politische Weltkunde, Geschichte, Erdkunde und das Fach Sozialwissenschaften. Als allgemeine Lernziele des Aufgabenfeldes im "überwiegend affektive(n) Bereich" werden in den Rahmenplänen aus den achtziger Jahren für die Fächer Politische Weltkunde, Geschichte und Erdkunde in der gymnasialen Oberstufe genannt:

"- Bereitschaft, das politische Handeln an den Grundsätzen der freiheitlich-demokratischen Ordnung des Grundgesetzes zu orientieren;

---

33   Amtsblatt des Bayerischen Staatsministeriums für Unterricht, Kultus, Wissenschaft und Kunst, Teil I, Sondernummer 4, ausgegeben in München am 9. Juli 1991: Gesamtkonzept für die politische Bildung in der Schule, S. 1054-1057
34   Amtsblatt des Bayerischen Staatsministeriums für Unterricht, Kultus, Wissenschaft und Kunst, Teil I, Sondernummer 11, ausgegeben in München am 9. Dezember 1991: Lehrplan für das bayerische Gymnasium, Fachlehrplan für Sozialkunde (sowie für Sozialpraktische Grundordnung), S. 1384

Bereitschaft, innerhalb diese Rahmens für das als richtig Erkannte einzutreten, das eigene politische Urteil in Frage zu stellen und sich für neue Einsichten offenzuhalten:
- Fähigkeit und Bereitschaft, in Staat und Gesellschaft Verantwortung zu übernehmen;
- Einsicht, daß Demokratie eines Grundkonsens' bedarf und daß Konflikte ebenfalls Bestandteile der Demokratie sind, die rational bewältigt werden müssen;
- Einsicht, daß der Konflikt nicht Selbstzweck sein darf, sondern der Weiterentwicklung der Gesellschaft und der Zunahme der Beteiligungs- und Freiheitsrechte des einzelnen dienen soll;
- Bereitschaft, andere Standpunkte zu tolerieren, Kompromisse zu akzeptieren und einzuhalten;
- Kritische Aufgeschlossenheit gegenüber politischen Problemen anderer Gesellschaften und Fragen weltweiter Zusammenarbeit"[35].

Einen etwas anderen Schwerpunkt setzen die affektiven Lernziele für das Fach Sozialwissenschaften in der gymnasialen Oberstufe in Berlin, die keinen expliziten Bezug auf die Grundsätze der Verfassungsordnung nehmen und dadurch, daß sie sich um Plausibilität von konkreteren Zielen vor dem Hintergrund abstrakterer Ziele bemühen, näher an der Unterrichtspraxis orientiert sind. Aus dem sonst üblichen Rahmen fällt dabei vor allem die zweite der folgenden Forderungen:

"Der Unterricht soll die Sensibilität der Schüler für die Sicherung der Menschenrechte und gegenüber Ungerechtigkeiten fördern (z. B. Armut und Not, Machtmißbrauch, ungerechtfertigte Ungleichheit der Chancen).
Im Unterricht sollen die Schüler dabei für die Erkenntnis gewonnen werden, daß gerade auch in hochgradig arbeitsteiligen Gesellschaften nur leistungsfähige, belastbare und kenntnisreiche Menschen in der Lage sind, gesellschaftliche Verbesserungen und Veränderungen zu bewirken.
Der Unterricht soll die Schüler zu der Erkenntnis führen, daß jede Form von Paradies-Jetzt-Forderung entweder zu bloßem Aktivismus oder zu unverbindlichem Theoretisieren oder zu einem widerspruchslosen Sich-Fügen in das 'Schicksal' führt.
Der Unterricht soll die Schüler befähigen, Vorurteile und Pauschalurteile als Grundlage der Diffamierung gesellschaftlicher Gruppen und gesellschaftlicher Gegebenheiten zugunsten rationalen Verhaltens abzubauen. Dabei kommt der Haltung der Toleranz und der Bereitschaft, sie gegenüber wertbezogenen Entscheidungen anderer anzuwenden, ein besonders hoher Rang zu.
Der Unterricht soll zu der Einsicht führen, daß eine friedliche und demokratische Zukunft davon abhängt, daß sich die Mehrheit der Bevölkerung aktiv für die Erhaltung und Weiterentwicklung des sozialen Rechtsstaates einsetzt."[36]

---

35 Senatsverwaltung für Schule, Berufsbildung und Sport: Vorläufiger Rahmenplan für Unterricht und Erziehung in der Berliner Schule, Gymnasiale Oberstufe, Gesellschaftswissenschaftliches Aufgabenfeld, Fächer: Politische Weltkunde, Geschichte, Berlin, Nachdruck 1991, S. 7f.; Senatsverwaltung für Schule, Berufsbildung und Sport: Vorläufiger Rahmenplan für Unterricht und Erziehung in der Berliner Schule, Gymnasiale Oberstufe, Gesellschaftswissenschaftliches Aufgabenfeld, Fach Erdkunde, Stand: 1984, Berlin, Nachdruck 1991, S. 7

Der Senator für Bildung und Wissenschaft der Freien Hansestadt Bremen, die nach langjähriger Regierung mit einer absoluten SPD-Mehrheit seit Ende 1991 von einer Ampelkoalition regiert wird, setzt im "Lehrplanentwurf Gesellschaft/Politik" dem Fach Gemeinschaftskunde generell neben der "Fähigkeit zur Orientierung" die "Sensibilisierung für Recht und Unrecht" sowie "Urteils- und Handlungsfähigkeit" zum Ziel; dazu gehören:

"- Empfindlichkeit gegenüber der Unterdrückung elementarer menschlicher Rechte;
- Toleranz gegenüber Andersdenkenden und Minoritäten;
- Sensibilität gegenüber den eigenen Vorurteilen;
- Fähigkeit, einen bewußten eigenen Standpunkt zu beziehen, ihn zu reflektieren und ihn eventuell zu verändern;
- Entscheidungsbereitschaft und Mut zum Eintreten für die eigene Überzeugung;
- Fähigkeit und Bereitschaft, Bindungen zu sozialen Gruppen einzugehen, respektive zu lösen;
- Fähigkeit, alternative Handlungsmöglichkeiten zu entwickeln und ihre Folgen zu reflektieren;
- Fähigkeit, Initiativen zu entwickeln und sie mit Ausdauer zu verfolgen"[37].

Für den Geschichtsunterricht, der neben dem in der Orientierungsstufe unterrichteten Fach Welt/Umwelt sowie den Fächern Gemeinschaftskunde, Erdkunde und Biblische Geschichte/Religionskunde zum Fachbereich Gesellschaft/Politik gehört, betont der Bremer Lehrplanentwurf, daß "monokausale Ableitungen und ideologisch verkürzte Erklärungen... in jedem Fall den Lernzielen des Unterrichts" widersprechen. Zu diesen Zielen des Geschichtsunterrichts gehört in der Sekundarstufe I unter anderem:

"- Der Schüler soll im Geschichtsunterricht
- das Besondere vergangener Zeiten erfahren und Verständnis für menschliches Verhalten und für die Dimension der Zeit gewinnen;
- durch historische Betrachtung seinen Blick für mögliche Alternativen schärfen und damit auch seine Fähigkeit zum distanzierten Urteilen und zum demokratischen Verhalten erweitern; ...
- nach dem Zusammenwirken verschiedener Faktoren im Spannungsfeld von Notwendigkeit und Freiheit fragen;
- nach dem Verhältnis von Utopie und Realität, Planung und Verwirklichung fragen;
- Erscheinungsformen und Veränderungen politisch-sozialen Lebens zu verdeutlichen und Maßstäbe zu ihrer Beurteilung zu gewinnen lernen; ...
- Deutungen von geschichtlichen Ereignissen als politische Kraft, die Gegenwart und Zukunft mitbestimmt, begreifen; ...

---

36   Senatsverwaltung für Schule, Berufsbildung und Sport: Vorläufiger Rahmenplan für Unterricht und Erziehung in der Berliner Schule, Gymnasiale Oberstufe, Gesellschaftswissenschaftliches Aufgabenfeld, Fach Sozialwissenschaften, Stand: 1977, 1987, 1988, Berlin, Nachdruck 1991, S. 8f.

37   Der Senator für Bildung: Lehrplanentwurf Gesellschaft/Politik, Sekundarstufe 1, Gemeinschaftskunde Realschule, Gymnasium, Klasse 9/10, Bremen 1981, S. 1f.

- den Gegenstand der historischen Betrachtung als Problem gesellschaftlich vermittelter Überlieferung von Wirklichkeit begreifen"[38].

Die Behörde für Schule, Jugend und Berufsbildung der Freien und Hansestadt Hamburg, die nach verschiedenen Koalitionen der SPD mit anderen Parteien, zuletzt mit der F.D.P., seit Mitte 1991 wieder von den Sozialdemokraten allein regiert wird, sieht die Aufgabe des Sozialkundeunterrichts in der Sekundarstufe I am Gymnasium in "der Erziehung zu einer verantwortlichen Teilnahme am politischen Leben, zu einer aktiven Teilnahme am Gemeinwesen, zur Bereitschaft und Fähigkeit, Interessen wahrzunehmen und Konflikte auszutragen, und zur Toleranz gegenüber anderen". Weiterhin sollen bei Schülern die Einstellungen gefördert werden, "die Vorurteile gegenüber Andersdenkenden und Minderheiten korrigieren"; in diesem Rahmen sollen folgende Fachlernziele angestrebt werden:

"- Grundlegende Prinzipien der politischen, wirtschaftlichen und gesellschaftlichen Ordnung in der Bundesrepublik Deutschland kennen.
- Veränderbarkeit und Beständigkeit gesellschaftlicher Verhältnisse einschätzen und ihre Voraussetzungen erkennen.
- Sich mit der Problematik staatlicher Eingriffe in bestehende ökonomische und gesellschaftliche Machtverhältnisse auseinandersetzen.
- Interesse und Neugier für öffentliche Angelegenheiten entwickeln.
- Politische Ziele, Maßnahmen und Sachverhalte differenziert und sachlich begründet beurteilen und einen eigenen Standpunkt gewinnen und vertreten.
- Das eigene Urteil und die eigenen Wert- und Zielvorstellungen als bedingt und revidierbar erkennen. Offenheit und kritische Toleranz gegenüber Alternativen und anderen Standpunkten gewinnen.
- Sich für Politik engagieren und bereit sein, sich für Schwächere und Benachteiligte einzusetzen.
- Bereit und fähig sein, Konflikte rational auszutragen und ihre Lösung zu suchen.
- Bereit und fähig sein, selbständig Informationen zu beschaffen, Kenntnisse und Methoden zu deren Erschließung gewinnen.
- Mitverantwortung für den Unterricht tragen, selbständig Vorschläge unterbreiten, individuelle Arbeitsaufträge übernehmen und ausführen."[39]

Der Hamburger Lehrplan für das Fach Gemeinschaftskunde in der gymnasialen Oberstufe differenziert und konkretisiert diese Ziele, wobei affektive und normative Ziele zugunsten von kognitiven, stärker an Wissenschaftlichkeit orientierten Zielen zurücktreten[40]. Die Lehrpläne für das Fach Politik an der Gesamtschule[41] und an Berufs- und Berufsfachschulen sowie für das Fach

---

38 Der Senator für Bildung: Lehrplanentwurf Gesellschaft/Politik, Sekundarstufe 1, Geschichte Realschule, Gymnasium, Klasse 8, Bremen 1980, S. 9f. Der Lehrplanentwurf für Geschichte in der Klasse 7 Realschule und Gymnasium setzt dieselben Ziele (Bremen 1979, S. 6f.).

39 Behörde für Schule und Berufsbildung: Lehrplanrevision Gymnasium, Sekundarstufe I, Lehrpläne Geschichte und Sozialkunde, Hamburg 1988, S. 50

40 Vgl. Behörde für Schule, Jugend und Berufsbildung: Lehrplanrevision Sekundarstufe II, Lehrplan Gemeinschaftskunde für die gymnasiale Oberstufe, Hamburg 1989, S. 4

Geschichte/Politik an Haupt- und Realschule[42] sehen im wesentlichen dieselben Ziele wie die zitierten vor, wobei der Politikunterricht an den beruflichen Schulen vor allem um die Erziehungsziele Anerkennung von Konflikten als "Element gesellschaftlicher Existenz" und Vertretung von "Interessen und Zielvorstellungen auch gegen Widerstände und Konflikte mit anderen" bei Berücksichtigung der Interessen anderer[43] erweitert ist.

Der Hessische Kultusminister, der nach einem vierjährigen Intermezzo von CDU und F.D.P. seit April 1991 wieder von der SPD gestellt wird, diesmal im Rahmen einer rotgrünen Koalition, setzt in den 1982 herausgegebenen Rahmenrichtlinien für die Sekundarstufe I dem Lernbereich Gesellschaftslehre das allgemeine Ziel, "den Schüler zu einem aktiven, verantwortungsbewußten, mündigen Bürger zu erziehen". Im einzelnen werden als Lernziele der Gesellschaftslehre, zu der die Fächer Geschichte, Erdkunde und Sozialkunde gehören, "die Fähigkeit und Bereitschaft" aufgeführt:

"- zur Selbstbestimmung und Selbstverantwortung in der demokratischen Gesellschaft;
-berufliche Tüchtigkeit zu erwerben;
- sich in fremde Lebenssituationen und Positionen hineinzuversetzen, sie zu verstehen und zu tolerieren, aber auch Partei zu ergreifen;
- zur Mitverantwortung und Mitbestimmung, Kooperation bei Teilhabe und Teilnahme an gesellschaftlichen Entscheidungsprozessen und zur Solidarität;
- für freiheitliche, demokratische Werte und Gerechtigkeit einzutreten;
- interessengeleitet und zugleich im Sinne des Gemeinwohls sozial verantwortlich zu handeln;
- die Bedeutung der wirtschaftlichen Lebensgrundlagen, der Ökologie, der Ökonomie und des Umweltschutzes in unserer Zeit als wichtige Gegenwarts- und Zukunftsaufgabe zu erkennen;
- den Frieden in der Welt und im eigenen Staatswesen als Voraussetzung für alle menschlichen Bemühungen im Streben nach Glück und Zufriedenheit der Menschen zu begreifen, aber auch die Notwendigkeit der Verteidigung des demokratischen Staatswesens einzusehen."

Für das Fach Sozialkunde wird in den hessischen Rahmenrichtlinien ein umfangreicher Katalog von Lernzielen aufgestellt. Im Vergleich zu Lehrplänen anderer Bundesländer nimmt dieser Katalog auffallend intensiv Bezug auf die freiheitliche demokratische Grundordnung der Verfassung; die Schüler sollen unter anderem:

"- verstehen lernen, daß die Verfassung (Grundgesetz und Hessische Verfassung) das grundlegende Instrument der Gestaltung und Kontrolle des politischen und gesellschaftlichen

---

41   Vgl. Behörde für Schule, Jugend und Berufbildung: Lehrplan für die Gesamtschule, Sekundarstufe I, Politik, Hamburg 1991, S. 7
42   Vgl. Behörde für Schule, Jugend und Berufsbildung: Lehrplan für die Haupt- und Realschule, Geschichte/Politik, Hamburg 1990, S. 7
43   Behörde für Schule, Jugend und Berufsbildung: Lehrplan Politik für die Berufs- und Berufsfachschulen, Hamburg 1991, S. 7

Lebens und die rechtliche Grundordnung des Staates ist, die die Staatsbürger in dem als freiheitliche demokratische Grundordnung gekennzeichneten Kernbestand bindet, auch die Lehrer, Eltern und Schüler;

- einsehen, daß die Grundwerte der Verfassung - Menschenwürde, Toleranz, Freiheit, soziale Gerechtigkeit und Gemeinwohl - die Fundamente von Staat und Gesellschaft sind;

- erkennen daß die Grundrechte der Sicherung der Freiheitssphäre des einzelnen wie der Gesamtheit und der Abwehr gegen staatliche Eingriffe dienen; ...

- sich darüber klar sein, daß der Staat gegenüber allen anderen Mächten die höchste Entscheidungsinstanz und der höchste Integrationsfaktor für die Gesellschaft ist;

- bedenken, daß Verfassung und Wirklichkeit nicht immer völlig übereinstimmen können, und sich fragen, wie bei Abweichungen eine bessere Annäherung der Wirklichkeit an die Verfassung herbeigeführt werden kann; ...

- sich bewußt sein, daß völlige Harmonie in Staat und Gesellschaft nicht erreichbar sind und Konflikte der Lösung durch einen Ausgleich oder einen Kompromiß bedürfen;

- einsehen, daß Offenheit und Toleranz gegenüber anderen Vorstellungen und Denkweisen geboten sind, soweit diese nicht intolerant sind oder mit Gewalt durchgesetzt werden sollen; ...

- seine Verpflichtung zum Eintreten für die freiheitliche demokratische Grundordnung erkennen...;

- lernen, die freiheitliche Demokratie zu verteidigen und der Unterdrückung von Menschen und Völkern sowie der Verletzung von Menschenrechten entgegenzutreten und sie zu bekämpfen; ..."[44]

Der Niedersächsische Kultusminister, der seit Mai 1990 von der SPD im Rahmen einer rotgrünen Koalition gestellt wird, nachdem vierzehn Jahre lang die CDU das Land regiert hat, legt in den Rahmenrichtlinien von 1985 für den Sozialkundeunterricht sieben Leitziele fest, die für alle Schulformen verbindlich sind. Mit diesen Leitzielen wird "die Fähigkeit, soziales und politisches Geschehen zu verstehen, einen begründeten Standort zu gewinnen und zu vertreten und an der Gestaltung von Gesellschaft und Staat verantwortlich mitzuwirken", beschrieben; angestrebt werden die Fähigkeit und Bereitschaft,

"- soziale und politische Ordnungen zu untersuchen, in ihren Wirkungen zu beurteilen und sich an der durch sie ermöglichten Willensbildung zu beteiligen;

- Werte und Normen, nach denen wir leben... als Anforderungen an das Verhalten wahrzunehmen, ihre Funktionen für den einzelnen wie für das Zusammenleben zu verstehen, sich der eigenen normativen Orientierung bewußt zu werden und für Schutz bzw. Einhaltung grundlegender Werte und Normen einzutreten;

- sich mit alternativen Positionen in Gesellschaft und Politik auseinanderzusetzen und zu durchdachten und begründeten Entscheidungen zu gelangen;

- soziale und politische, auch internationale Zusammenhänge zu erfassen und dabei Voraussetzungen, Bedingungen und Wirkungen von Entscheidungen abzuschätzen und zu berücksichtigen;

- eigene Interessen und Interessen anderer gegeneinander abzuwägen sowie Mittel und Wege der Interessendurchsetzung und des Interessenausgleichs zu prüfen und zu nutzen, ggf. eigene Interessen zurückzustellen sowie für politisch und sozial Benachteiligte einzutreten;

---

44   Der Hessische Kultusminister: Rahmenrichtlinien Sekundarstufe I, Gesellschaftslehre, Unterrichtspraktischer Teil, Wiesbaden 1982, S. 5, 15 und 18f.

- soziale und politische Konflikte zu untersuchen und zu beurteilen sowie sich an ihrer Beilegung zu beteiligen;
- mit Medien kritisch umzugehen und sich am Prozeß der Meinungsbildung mit eigenem Standpunkt zu beteiligen."[45]

Der Geschichtsunterricht in Niedersachsen soll der Herausbildung bestimmter Einstellungen dienen. So sollen die Schüler der Klassen 7-10 des Gymnasiums unter anderem die Bereitschaft entwickeln, "einen eigenen Standpunkt zu formulieren und zu begründen, aber ggf. auch zu Kompromissen bereit zu sein" und "die Meinung anderer kennenzulernen und zu verstehen, Toleranz gegenüber Andersdenkenden zu entwickeln und Vorurteile abzubauen". Mit Blick auf die Verfassung der Bundesrepublik wird als ein Ziel des Faches Geschichte formuliert, "die als Bestandteil der Tradition europäischen Staatsdenkens erfaßten Normen des Grundgesetzes als Grundlage eigener Entscheidungen anzunehmen und zu vertreten"[46].

Das Kultusministerium des Landes Nordrhein-Westfalen, das seit 1966 von der SPD regiert wird, seit 1985 mit absoluter Mehrheit, nennt als allgemeines Erziehungsziel der gymnasialen Oberstufe die "Selbstverwirklichung in sozialer Verantwortung", die nicht erreichbar sei ohne die "Bereitschaft und Fähigkeit, sich mit anderen zu verständigen", "mit anderen zusammenzuarbeiten" und "sich mit anderen Werten und Wertsystemen auseinanderszusetzen, zu urteilen und sich zu entscheiden". Diesen Fertigkeiten wird eine ganze Reihe von Erziehungszielen zugeordnet, dazu gehören unter anderem die Bereitschaft und Fähigkeit,

"- auch in komplexen und u. U. konflikthaften Situationen zu einer Verständigung zu kommen;
- hinzuhören und mitzudenken und dabei auch sprachliche ebenso wie nichtsprachliche Zeichen und situative ebenso wie soziale Elemente des Kommunikationsvorgangs zu berücksichtigen; ...
- die Möglichkeiten und Grenzen des eigenen Handelns zu erkennen und sich jeweils begründet zu engagieren oder zu distanzieren;
- Aufgaben, Probleme, Konflikte rational zu analysieren und nach Lösungen zu suchen unter den Leitvorstellungen der Toleranz, der Verständigung, der Partnerschaft;
- eigene Bedürfnisse und Interessen ebenso wie die anderer Personen und Gruppen zu erkennen, angemessen zu vertreten, Konflikte durchzustehen und, wo nötig und möglich, Kompromisse einzugehen;
- die Spannung zwischen Anspruch und Wirklichkeit auszuhalten; ...
- Werte und Normen auch im Kontext von Wert- und Normensystemen zu erkennen und zu verstehen; ...
- zu eigenen Wertvorstellungen in der Auseinandersetzung mit konkurrierenden Meinungen, Überzeugungen, Ideologien etc. zu gelangen; ...

---

45 Der Niedersächsische Kultusminister: Rahmenrichtlinien für die Realschule, Sozialkunde, Hannover 1985, S. 8f.
46 Der Niedersächsische Kultusminister: Rahmenrichtlinien für das Gymnasium, Klasse 7-10, Geschichte, Hannover 1983, S. 8

- in Wert- und Normenkonflikten Stellung zu nehmen und Partei zu ergreifen;
- Wertvorstellungen und auf ihnen beruhende Entscheidungen anderer Personen und Gruppen zu respektieren".

Zu den spezifischen Lernzielen des Faches Sozialwissenschaften in der gymnasialen Oberstufe äußern sich die Richtlinien von 1981 sehr differenziert. Es werden neun gesellschaftliche Entwicklungstendenzen ausgemacht, die insgesamt 71 Erziehungsziele notwendig machten, darunter:

"- Einblick in Eigendynamik, Konfliktstruktur und Lenkungsvermögen gesellschaftlichen Wandels, ...
- Einsicht in zunehmende Steuerungsprobleme auf Grund der Differenzierung, ...
- Einsicht in die wachsende Bedeutung des Staates für den wirtschaftlichen, gesellschaftlichen und privaten Bereich, ...
- Kenntnisse von legitimen Möglichkeiten der Macht- bzw. Herrschaftskontrolle und Bereitschaft zu ihrer Nutzung,
- Kenntnis der Ungleichheit der Einkommens- und Vermögensverteilung und von Möglichkeiten ihrer Veränderung, ...
- Fähigkeit, die Chancen und Probleme zu erkennen, die im Zusammenhang mit der Forderung nach verstärkter Demokratisierung und Partizipation entstehen können, ...
- Fähigkeit, an Entscheidungsprozessen kompetent teilzunehmen,
- Bereitschaft, die durch Demokratisierung und Partizipation ermöglichten Entscheidungen und deren Folgen verantwortlich mitzutragen, ...
- Kenntnisse über Strategien und Methoden der Informationslenkung, ...
- Fähigkeit und Bereitschaft, Entscheidungen auf ihre Rationalität hin zu prüfen und am Maßstab der Optionen (Menschenwürde, Chancengleichheit, Toleranz) zu messen, ...
- Fähigkeit, Legitimierungen, die weltanschauliche Grundentscheidungen hinter Sachzwängen verstecken, als unangemessene bzw. ideologische zu erkennen, ...
- Fähigkeit und Bereitschaft, die Freizeit sinnvoll zu nutzen, ...
- Fähigkeit und Bereitschaft, auch einen individuellen Beitrag zur Friedenssicherung zu leisten"[47].

Die nordrhein-westfälischen Richtlinien für das Fach Geschichte an der gymnasialen Oberstufe definieren als fachspezifische Lernziele unter anderem die Fähigkeit, "die in der historischen Dimension der Gegenwart transparent werdenden positiven Traditionen und geschichtlichen Belastungen, aber auch die Wandlungsfähigkeit staatlicher und gesellschaftlicher Ordnungen zu erfassen und auf dieser Grundlage Vorstellungen und Handlungsperspektiven für die Fortbildung unseres demokratischen Staatswesens zu entwickeln" sowie die Fähigkeit, "die in die eigene Lebenssituation eingegangenen geschichtlichen Bedingungen und Wirkungsfaktoren aufzuarbeiten, die sich daraus ergebenden Handlungschancen zu erkennen und sie engagiert im Sinne einer Selbstverwirklichung in sozialer und politischer Verantwortung zu nutzen"[48].

---

47   Kultusministerium des Landes Nordrhein-Westfalen: Richtlinien für die gymnasiale Oberstufe in Nordrhein-Westfalen, Sozialwissenschaften, Düsseldorf 1981, S. 16-18, 47-54

48   Kultusministerium des Landes Nordrhein-Westfalen: Richtlinien für die gymnasiale Oberstufe in Nordrhein-Westfalen, Geschichte, Düsseldorf 1981, S. 31

Das Ministerium für Bildung und Kultur von Rheinland-Pfalz, das seit Mai 1991 von einer Politikerin der SPD im Rahmen einer sozialliberalen Koalition geleitet wird, nachdem das Land seit seiner Gründung von der CDU bzw. von CDU und F.D.P. regiert worden ist, faßt die drei Fächer Geschichte, Sozialkunde und Erdkunde zum Fach Gemeinschaftskunde zusammen. Die derzeit gültigen Lehrpläne für den Sozialkundeunterricht sehen die Ziele der politischen Bildung "primär im kognitiven Bereich"; die Skepsis vor allem gegenüber Partizipation als einem Erziehungsziel wird deutlich in einer Unterrichtung des rheinland-pfälzischen Landtags durch die Landesregierung von 1986 über die politische Jugendbildung, in der in Anlehnung an einen Text von Grosser, Hättich, Oberreuter und Sutor betont wird, das Ziel des mündigen Staatsbürgers sei "keineswegs gleichzusetzen mit der auch heute häufig noch anzutreffenden Wunschvorstellung 'eines in überdurchschnittlichem Maß interessierten und aktiven Bürgers', es beschränk(e) sich vielmehr darauf, 'den Menschen zur Rationalität des Urteilens über soziale und politische Sachverhalte zu befähigen'"[49]. Dieses Verständnis eines mündigen Staatsbürgers, dessen politisches Interesse und politische Aktivität einen - wie auch immer ermittelten und begründeten - Durchschnitt nicht übersteigen sollen, schlägt sich in den rheinland-pfälzischen Lehrplänen in einer im bundesweiten Vergleich relativ zurückhaltenden Forderung nach demokratischer Mitwirkung als einem Erziehungsziel der politischen Bildung in der Schule nieder. In dem 1983 herausgegebenen Lehrplan Gemeinschaftskunde in der Oberstufe des Gymnasiums werden keine allgemeinen Erziehungsziele des Faches aufgeführt, sondern zu jedem Schulhalbjahr und jedem einzelnen Teilfach spezifische Leitziele genannt; so lauten die fachspezifischen Leitziele zu Sozialkunde im Kurs 11.1:

"- Fähigkeit und Bereitschaft zur Wahrnehmung sozialer Kompetenz im Erkennen und Bewältigen gesellschaftlicher Probleme nach Maßgabe persönlicher Freiheit und sozialer Gerechtigkeit;
- Fähigkeit und Bereitschaft zur Teilnahme und zur angemessenen Wahrnehmung und Vertretung von Interessen in der Wirtschafts- und Arbeitswelt;
- Fähigkeit und Bereitschaft, wirtschafts- und sozialpolitische Maßnahmen und Forderungen nicht nur an ihren unmittelbaren Wirkungen zu messen, sondern auch ihre Auswirkungen in der voraussagbaren Zukunft mitzuberücksichtigen".

Zu den Lernzielen des Faches Geschichte im Kurs 11.2 gehört unter anderem die Erkenntnis, daß "revolutionäre Vorgänge nicht alle Lebensbereiche in gleichem Ausmaß erfassen müssen und daß gegensätzliche Wertvorstellungen

---

49   Landtag Rheinland-Pfalz, 10. Wahlperiode: Unterrichtung durch die Landesregierung.
      Bericht der Landesregierung betreffend politische Jugendbildung, Drucksache 10/2661 vom
      09.09.1986, S. 7. Als Quelle gibt der Bericht an: Grosser, Hättich, Oberreuter, Sutor: Politi-
      sche Bildung, Grundlage und Zielprojektionen für den Unterricht an Schulen, hg. von Walter
      Braun, Wilhelm Hahn, Hans Maier, Werner Remmers, Werner Scherer und Bernhard Vogel.

bestehen bleiben können", sowie die Erkenntnis, daß "Reformen und Verbesserungen der Lebensverhältnisse immer wieder hinter idealen Zielvorstellungen zurückbleiben". Als Leitziele des Faches Sozialkunde im Kurs 12.1 werden die Fähigkeit und Bereitschaft genannt,

> "- Grundfragen des Politischen vom Spannungsverhältnis Freiheit - Ordnung her zu analy-
> sieren;
> - zu kritischer Loyalität gegenüber den Normen und Institutionen der politischen Ordnung;
> - politische Spielregeln einer parlamentarischen Demokratie im Hinblick auf eigene Beteili-
> gung am politischen Willensbildungsprozeß anzunehmen und anzuwenden;
> - politisch zu urteilen und verantwortlich zu handeln und dabei auch Kompromisse als typi-
> sche Form von Konfliktregelung anzunehmen".

Die Lernziele des gemeinsamen Faches Geschichte/Sozialkunde im Kurs 13.1
schließen die Fähigkeit ein, "Zeitgeschichte unter folgenden Aspekten zu
betrachten: Betroffenheit; Offenheit/Determiniertheit politischer Entschei-
dungssituationen; Absicht/Ergebnis; Zweck/Mittel; Selbstverständnis und
Maßstäbe des politischen Handelns auf der Grundlage unterschiedlicher Wertüberzeugungen; Zukunftsbedeutung historischer Entscheidungen; Entwicklungen und Strukturen". Zu den Lernzielen des Faches Erdkunde im Kurs 13.1
gehört die Bereitschaft, "Urteile über fremde Lebens- und Wirtschaftsformen
aufzubauen und Vorurteile abzubauen"[50].

Das saarländische Ministerium für Kultus, Bildung und Wissenschaft
bzw. für Bildung und Sport, das seit 1985 von der SPD geleitet wird, hat zwischen 1987 und 1991 die Lehrpläne der hier vor allem interessierenden Fächer
Sozialkunde, Geschichte und Erdkunde überarbeitet. Dem sozialkundlichen
Unterricht werden folgende Leitziele gesetzt:

> "- Selbst- und Mitbestimmung im Sinne staatsbürgerlicher Mündigkeit und sozialer Verant-
> wortung,
> - Toleranz auf der Grundlage von Verantwortungsbereitschaft,
> - Bewußtsein von der Geschichtlichkeit und Veränderlichkeit gesellschaftlicher Phänomene,
> - Verantwortung für zukünftige Generationen".

Als Richtziele für den Sozialkundeunterricht werden unter anderem folgende
Fähigkeiten und Verhaltensdispositionen genannt:

> "- Interesse an Informationen aus dem politischen, wirtschaftlichen, rechtlichen und sozialen
> Bereich der Gesellschaft, ...
> - Fähigkeit, die aufgenommenen Informationen nach Quelle, Empfänger, Gehalt, Zweck und
> Standortgebundenheit zu analysieren und zu beurteilen,
> - Fähigkeit, eigene und fremde Interessen zu erkennen, zu artikulieren, miteinander zu ver-

---

50 Kultusministerium Rheinland-Pfalz: Lehrplan Gemeinschaftskunde in der Oberstufe des
Gymnasiums (Mainzer Studienstufe), Grundfach und Leistungsfach mit Schwerpunkt Sozialkunde, Worms am Rhein 1983, S. 16, 19, 29, 41 und 46

gleichen und einen eigenen Standort zu finden,

- Fähigkeit und Bereitschaft, die eigenen Interessen und Wertvorstellungen ebenso wie die anderer immer wieder zu überprüfen, gegeneinander abzuwägen und am Grundgesetz zu orientieren,

- Fähigkeit und Bereitschaft, sich für die eigenen und gesellschaftlichen Interessen allein und in Kooperation mit anderen gemäß den Grundrechten (Art. 1 - 20 GG) einzusetzen,

- Fähigkeit und Bereitschaft, die bei Abstimmung und Durchsetzung der Interessen entstehenden Konflikte als Bedingungen demokratischen Zusammenlebens zu akzeptieren, sie zu analysieren und sie nach den rechtlichen Regeln auszutragen,

- Fähigkeit und Bereitschaft, Vorurteile gegenüber anderen gesellschaftlichen Gruppen und fremden Gesellschaften abzubauen, die Bedingungen ihrer Andersartigkeit zu erkennen, Vorurteile durch rationale Urteile zu ersetzen und sich für die Interessen benachteiligter Gruppen einzusetzen,

- Fähigkeit und Bereitschaft, sich für die Sicherung der natürlichen Lebensgrundlagen einzusetzen,

- Fähigkeit und Bereitschaft, staatliches Handeln am Ziel der Friedenssicherung unter Berücksichtigung der Charta der Vereinten Nationen und der Konvention der Menschenrechte zu messen"[51].

Die saarländischen Lehrpläne für Geschichte und Erdkunde[52] enthalten außer den speziell auf die jeweiligen Unterrichtseinheiten bezogenen Lernzielen keine generellen affektiven oder normativen Erziehungsziele; die Lehrpläne messen diesen Fächern keine besondere Bedeutung im Bereich der politische Bildung zu. Im Unterschied dazu werden im Vorläufigen Lehrplan Gesellschaftswissenschaften für die Gesamtschule die Fächer Erdkunde, Geschichte und Sozialkunde zu einem Lernbereich integriert, wobei "solidarisches Lernen" sowie "Umwelt- und Friedenserziehung" als wichtige Ziele genannt werden[53]. Eine besondere Bedeutung im Lernbereich Gesellschaftswissenschaften an der Gesamtschule spielt der regionale Ansatz, der sich in einer stärkeren Beachtung der Regional- und Alltagsgeschichte des Saarlandes ausdrückt[54].

---

51 Saarland. Der Minister für Kultur, Bildung und Wissenschaft: Lehrplan Sozialkunde, Hauptschule/Realschule/Gymnasium, Klassenstufe 8, Saarbrücken 1989, S. 3f.

52 Vgl. die vom saarländischen Minister für Kultur, Bildung und Wissenschaft bzw. für Bildung und Sport zwischen 1987 und 1991 herausgegebenen Vorläufigen Lehrpläne Geschichte für Gymnasium, Klassenstufe 7+8; Hauptschule, Klassenstufe 9; Gymnasium, Klassenstufe 9+10; die Vorläufigen Lehrpläne Grundkurs Geschichte für Gymnasium, Gesamtschule, Jahrgangsstufe 12; Gymnasium, Gesamtschule, Jahrgangsstufe 13; die Vorläufigen Lehrpläne Leistungskurs Geschichte für Gymnasium, Gesamtschule, Jahrgangsstufe 12; Gymnasium, Gesamtschule, Jahrgangsstufe 13; sowie die Vorläufigen Lehrpläne Erdkunde für Realschule, Klassenstufe 7; Gymnasium, Klassenstufe 7; Gymnasium, Klassenstufe 9; Gymnasium, Klassenstufe 11; die Vorläufigen Lehrpläne Grundkurs Erdkunde, Gymnasium, Gesamtschule, Jahrgangsstufe 12; Gymnasium, Gesamtschule, Jahrgangsstufe 13; die Vorläufigen Lehrpläne Leistungskurskurs Erdkunde, Gymnasium, Gesamtschule, Jahrgangsstufe 12; die Vorläufigen Lehrpläne Leistungskurs Erdkunde, Gymnasium, Gesamtschule, Jahrgangsstufe 13

53 Saarland. Ministerium für Bildung und Sport: Vorläufiger Lehrplan Gesellschaftswissenschaften, Gesamtschule, Klassenstufen 5 und 6, Saarbrücken 1990, S. 2-4

Das Ministerium für Bildung, Wissenschaft, Jugend und Kultur des Landes Schleswig-Holstein, in dem 1988 die SPD die von 1971 bis 1987 allein regierende CDU ablöste, sieht in dem 1986 herausgegebenen Lehrplan Politik für die Realschule die Aufgabe des Faches darin, dem Schüler zu zeigen, "daß sein familiärer, schulischer und beruflicher Lebensbereich eng mit politischen Entwicklungen verbunden ist. Der Schüler soll vertraut werden mit einigen grundlegenden Fragestellungen, Aufgaben und Tatsachen, die ihm helfen, politische Zusammenhänge zu verstehen und zu werten. Er soll am Unterricht so beteiligt werden, daß er fähig wird zu urteilen, zu entscheiden und zu handeln sowie soziale und politische Aufgaben zu übernehmen." Zu den Lernzielen, die bestimmten Lerninhalten zugeordnet sind, gehören unter anderem "die Demokratie als eine vom Bürger gestaltete und getragene Staatsform begreifen; seine von der Verfassung vorgesehene Rolle als Staatsbürger erfahren und verstehen" sowie "die Wert- und Ordnungsvorstellungen des Grundgesetzes als Normen demokratischen Zusammenlebens bewerten, als allgemeingültig anerkennen und danach handeln lernen"[55]. Zu dem zuletzt genannten Lernziel ist anzumerken, daß die recht pauschal geforderte Anerkennung einer (weltweiten?) 'Allgemeingültigkeit' der Wert- und Ordnungsvorstellungen der bundesdeutschen Verfassung mit den - in diesem schleswigholsteinischen Lehrplan auch nicht genannten - Erziehungszielen Toleranz und Offenheit gegenüber anderen Auffassungen kollidiert. Die Lehrpläne für Geschichte und Erdkunde in Schleswig-Holstein[56] sind noch weniger als die saarländischen Pendants an - über kognitive Lernziele hinausgehenden - Erziehungszielen im Sinne einer politischen Bildung orientiert; eine Ausnahme bildet hier eine 1987 überarbeitete Fassung des Lehrplans Erdkunde für die 5.-8. und 10. Klasse der Realschule, in der die Erziehung "zu raumverantwortlichem Handeln, zu Toleranz und Völkerverständigung und zu sorgfältigem Umgang mit den Ressourcen" als Aufgabe des Erdkundeunterrichts genannt wird[57].

---

54 Vgl. die vom saarländischen Ministerium für Bildung und Sport 1990 herausgegebenen Vorläufigen Lehrpläne für Gesellschaftswissenschaften an der Gesamtschule, Klassenstufen 5 und 6, S. 3; sowie Jahrgangsstufen 7 und 8, S. 4f.

55 Der Kultusminister des Landes Schleswig-Holstein: Lehrplan Realschule, Politik, Klassenstufen 9 und 10 - Wahlpflichtkurs -, Kiel 1986, S. 1 und 4

56 Vgl. die vom Kultusminister des Landes Schleswig-Holstein 1986 herausgegebenen Lehrpläne Geschichte für Hauptschule, Klassenstufen 6-9; Realschule, Klassenstufen 6-10; Gymnasium, Klassenstufen 6-10; die Lehrpläne Erdkunde für Hauptschule, Klassenstufen 5-9; Gymnasium, Klassenstufen 5-10; Gymnasium, Oberstufe. Auch die Lehrläne Wirtschaft/ Politik für Hauptschule, Klassenstufen 8 und 9; Realschule, Klassenstufe 9 und 10; sowie der Lehrplan Wirtschaft für Realschule, Klassenstufen 9 und 10 - Wahlpflichtkurs - enthalten kaum über kognitive Lernziele hinausgehende Erziehungsziele.

57 Der Kultusminister des Landes Schleswig-Holstein: Lehrplan Realschule, Erdkunde, Klassenstufe 5-8, Klassenstufe 10 - überarbeitete Fassung -, Kiel 1987, S. 1

Zu den Erziehungszielen, die den aktuellen Lehrplänen der genannten elf Bundesländer - bei unterschiedlicher Gewichtung, bei unterschiedlich intensiver Ausarbeitung - gemeinsam sind, gehören somit *Toleranz, Kompromißbereitschaft, Rationalität als Grundlage politischen Urteilens und Handelns, das Bekenntnis zu den Werten der freiheitlichen demokratischen Grundordnung, die Bereitschaft und Fähigkeit, die eigenen Überzeugungen zu vertreten und für das als richtig Erkannte einzutreten, dabei aber auch offen gegenüber anderen Meinungen und für neue Einsichten zu sein, politische Mitwirkung und geregelte Konfliktaustragung, ein Gefühl der Verantwortung für sich und für die Gesellschaft sowie Sensibilität für die Menschenrechte und gegenüber Ungerechtigkeiten und Vorurteilen.* Dieser konsensuelle Katalog von Merkmalen, den die Kultusministerkonferenz Anfang der siebziger Jahre mit der Forderung nach einer schulischen Erziehung zu "Freiheit und Demokratie..., Toleranz, Achtung vor der Würde des Menschen und Respekt vor anderen Überzeugungen" bestätigt hat[58], gibt in gedrängter Form die Ziele der politischen Sozialisation in der wichtigen Sozialisationsinstanz Schule wieder, mit deren Normung die zuständigen staatlichen Behörden in der Bundesrepublik Einfluß auf die Entwicklung der politischen Kultur genommen haben.

In der DDR wies der im Vergleich zur Bundesrepublik viel stärkere Glaube an die Steuerbarkeit gesellschaftlicher Prozesse der schulischen Erziehung eine deutlich größere Bedeutung zu; in der ostdeutschen "Erziehungsgesellschaft"[59] war der Erziehungsauftrag der Schule umfassender als in Westdeutschland, wo die Orientierung der schulischen Erziehung an staatlich definierten Zielen zum Teil mit einem gewissen Unbehagen registriert wurde. Im Unterschied zum föderal differenzierten Bildungswesen in der Bundesrepublik wurde in der DDR die Einheitlichkeit des sozialistischen Bildungs- und Erziehungssystems einschließlich seiner Zielsetzungen ausdrücklich betont.

Die in den einzelnen Sozialisationseinrichtungen der DDR angestrebten Erziehungsziele nahmen direkten Bezug auf die offizielle Ideologie und dienten dem Stabilitätsbedürfnis und den ökonomischen Interessen des sozialistischen Staates. Aufschluß über diese Ziele gibt das Gesetz über das einheitliche sozialistische Bildungssystem von 1965; dort hieß es, Bildung und Erziehung sollten "dem modernen Stand der Wissenschaft und Technik" angemessen sein und es "ermöglichen, die Menschen, vor allem in der Arbeit, in der Gemeinschaft der Arbeitenden und durch die gegenseitige Hilfe zu Persönlichkeiten zu erziehen, die der Deutschen Demokratischen Republik, ihrem sozialistischen Vaterland, treu ergeben und bereit sind, sie zu stärken

---

58   Zur Stellung des Schülers in der Schule, Beschluß der KMK 1973; zit. n. Dietmar Waterkamp: Erziehung in der Schule, in: Vergleich von Bildung und Erziehung 1990, 261-277, hier 261
59   Sontheimer / Bleek 1972/1979, 179

und zu verteidigen". Das unter Walter Ulbricht erlassene Gesetz nannte als Ziel des einheitlichen sozialistischen Bildungssystems "eine hohe Bildung des ganzen Volkes, die Bildung und Erziehung allseitig und harmonisch entwikkelter sozialistischer Persönlichkeiten, die bewußt das gesellschaftliche Leben gestalten, die Natur verändern und ein erfülltes, glückliches, menschenwürdiges Leben führen". Affirmative Partizipation war ein zentrales Ziel des Bildungssystems: Die Bürger sollten befähigt werden, "die sozialistische Gesellschaft zu gestalten, die technische Revolution zu meistern und an der Entwicklung der sozialistischen Demokratie mitzuwirken"; weiterhin waren die "Charakterzüge im Sinne der Grundsätze der sozialistischen Moral" herauszubilden, so daß die Menschen in der Lage sein würden, "als gute Staatsbürger wertvolle Arbeit zu leisten, ständig weiter zu lernen, sich gesellschaftlich zu betätigen, mitzuplanen und Verantwortung zu übernehmen, gesund zu leben, die Freizeit sinnvoll zu nutzen, Sport zu treiben und die Künste zu pflegen"[60].

Die Erziehung im vorschulischen Alter war Teil des einheitlichen Bildungssystems; der Erziehungs- und Bildungsauftrag der Kinderkrippen und Kindergärten in der DDR war eng mit dem der Schulen verknüpft. In den Kindergärten sollten die Drei- bis Sechsjährigen selbständige Tätigkeit in der Gemeinschaft lernen; die "Stätten des frohen Kinderlebens" hatten die Kinder "auf das Lernen in der Schule vorzubereiten und mit dem sozialistischen Leben und dem Schaffen der werktätigen Menschen bekannt zu machen"[61]. Das "Programm für die Bildung- und Erziehungsarbeit im Kindergarten" von 1985 wies im Vergleich zur ersten Fassung von 1968 dem Sachgebiet "Bekanntmachen mit dem gesellschaftlichen Leben" eine deutlich größere Bedeutung zu. Die Aufwertung dieses für die politisch-ideologische Erziehung zentralen Themas zeigte sich in seiner intensiven Behandlung in den Lernabschnitten "Vom Schutz des Friedens und des sozialistischen Vaterlandes" und "Von der Freundschaft mit der Sowjetunion und den anderen sozialistischen Ländern". Auf der anderen Seite schlug sich die in den achtziger Jahren zu beobachtende Neueinschätzung der Individualität durch die DDR-Pädagogik in dem Programm von 1985 in einem Abrücken von rigiden Führungsprinzipien in der Vorschulerziehung zugunsten einer Förderung der Selbständigkeit und Kreativität der Kinder nieder[62].

Der Erziehungsauftrag des Bildungsgesetzes bezog sich nicht nur auf Kinder im Vorschulalter und auf Schüler, sondern gleichermaßen auch auf Lehrlinge und Studenten:

---

60 Gesetz über das einheitliche sozialistische Bildungssystem vom 25. Februar 1965, Präambel und § 1, in: Gesetzblatt der DDR 1965, Teil I, 85f.

61 Gesetz über das einheitliche sozialistische Bildungssystem vom 25. Februar 1965, § 11, in: Gesetzblatt der DDR 1965, Teil I, 89

62 Vgl. Ludwig Liegle: Vorschulerziehung, in: Vergleich von Bildung und Erziehung 1990, 157-170, hier 166f.

"- Die Schüler, Lehrlinge und Studenten sind zur Liebe zur Deutschen Demokratischen Republik und zum Stolz auf die Errungenschaften des Sozialismus zu erziehen, um bereit zu sein, alle Kräfte der Gesellschaft zur Verfügung zu stellen, den sozialistischen Staat zu stärken und zu verteidigen. Sie sollen die Lehren aus der deutschen Geschichte, besonders der Geschichte der deutschen Arbeiterbewegung, begreifen. Sie sind im Geiste des Friedens und der Völkerfreundschaft, des sozialistischen Patriotismus und Internationalismus zu erziehen.
- Die Schüler, Lehrlinge und Studenten sind zur Liebe zur Arbeit, zur Achtung der Arbeit und der arbeitenden Menschen zu erziehen. Sie sollen darauf vorbereitet werden, körperliche und geistige Arbeit zu leisten, sich im gesellschaftlichen Leben zu betätigen, Verantwortung zu übernehmen und sich in der Arbeit und im Leben zu bewähren.
- Den Schülern, Lehrlingen und Studenten sind gründliche Kenntnisse des Marxismus-Leninismus zu vermitteln. Sie sollen die Entwicklungsgesetze der Natur, der Gesellschaft und des menschlichen Denkens erkennen und anzuwenden verstehen und feste sozialistische Überzeugungen gewinnen. So werden sie befähigt, den Sinn des Lebens in unserer Zeit zu begreifen, sozialistisch zu denken, zu fühlen und zu handeln und für die Überwindung von Widersprüchen und Schwierigkeiten bei der Lösung von Aufgaben zu kämpfen.
- Der Bildungs- und Erziehungsprozeß und das Leben der Schüler, Lehrlinge und Studenten sind so zu gestalten, daß sie im Kollektiv und durch das Kollektiv zum bewußten staatsbürgerlichen und moralischen Verhalten erzogen werden. Sie sollen verstehen lernen, daß Hilfsbereitschaft, Freundlichkeit, Höflichkeit und Zuvorkommenheit, Achtung gegenüber ihren Eltern und allen älteren Menschen sowie ehrliche und saubere Beziehungen zwischen den Geschlechtern Charaktereigenschaften der sozialistischen Persönlichkeit sind."[63]

Die wichtigste staatliche Instanz im Bildungs- und Erziehungssystem der DDR war das Ministerium für Volksbildung. Dieses Ministerium, dem von 1963 bis 1989 Margot Honecker vorstand, entschied über die Organisation sowie die Lernziele und -inhalte der Vorschulerziehung, des Schulwesens, der außerschulischen Bildung und Erziehung sowie der Jugendhilfe und der Heimerziehung, und es gewährleistete die Einheitlichkeit des sozialistischen Bildungssystems in den ihm unterstellten Einrichtungen[64]. Es war verantwortlich für die sehr detaillierten Lehrpläne und die Lehrbücher, die überwiegend an der Akademie der Pädagogischen Wissenschaften, dem früheren Deutschen Pädagogischen Zentralinstitut, unter dem langjährigen Präsidenten Gerhart Neuner in Kooperation mit dem Schulbuchverlag Volk und Wissen erarbeitet wurden[65]. Die Gestaltung der Lehrpläne sollte, wie es in einem Standardwerk der DDR-Berufspädagogik hieß, "ein planmäßiges Vorgehen im Unterrichtsprozeß" fördern und es ermöglichen, "die Bildungs- und Erziehungsziele mit hoher Erfolgssicherheit auf möglichst einheitlichem Niveau" zu erreichen. Die Planungs- und Steuerungsfunktion der zentralen Lehrpläne wurde immer wieder betont, bezogen auf die Berufsbildung hieß es etwa: "Im Lehrplan wird am deutlichsten die weitere Persönlichkeitsentwicklung der Lehrlinge in Ein-

---

63   Gesetz über das einheitliche sozialistische Bildungssystem vom 25. Februar 1965, § 5, in: Gesetzblatt der DDR 1965, Teil I, 87
64   Vgl. DDR Handbuch 1985, 911f.
65   Vgl. Handbuch zum Bildungswesen der DDR 1987, 116-118 und 408-417; Pädagogisches Wörterbuch 1987, 15

heit mit dem Unterrichtsprozeß in der Berufsausbildung vorgeplant."[66] Die Schulbücher wurden von den Erziehungswissenschaften in der DDR als "wirksame(s) Führungsinstrument"[67] angesehen, ihrer Erarbeitung und Gestaltung kam entscheidende Bedeutung zu. Daher hat sich das Volksbildungsministerium, wie aus einer internen Arbeitsordnung von 1981 hervorgeht[68], eine mehrfache Kontrolle bei der Entwicklung eines neuen Schulbuches gesichert, bevor das Plazet für den Vermerk des Impressums "Vom Ministerium für Volksbildung der Deutschen Demokratischen Republik als Schulbuch bestätigt" gegeben wurde. Die Schulbücher wurden von Autorenkollektiven ausgearbeitet; das Prinzip der Teamarbeit hatte dabei auch den Sinn, eine "isolierte, 'verselbständigte' Schulbucharbeit zu vermeiden"[69].

Die Ziele der weltanschaulichen Bildung und Erziehung in den Schulen der DDR waren von der offiziellen Ideologie vorgegeben. Das Volksbildungsministerium stellte dazu in einem Kompendium für die Ausbildung von Lehrern lapidar fest:

"Es ist klar, daß im Rahmen der kommunistischen Erziehung die Weltanschauung der Arbeiterklasse, der Marxismus-Leninismus, vermittelt wird. Aus dem wissenschaftlichen und weltverändernden Charakter dieser Weltanschauung ergeben sich für ihre pädagogische Vermittlung weitreichende Konsequenzen inhaltlicher und methodischer Art."[70]

Die im Bildungsgesetz der DDR kodifizierten Ziele der politisch-ideologischen Erziehung - oder, wie es in synonymem Wortgebrauch auch hieß: der staatsbürgerlichen Erziehung - bestimmten die Ziele und Inhalte aller schulischen Unterrichtsfächer[71]; eine herausgehobene Bedeutung kam jedoch dem gesellschaftswissenschaftlichen Unterricht in den Fächern Staatsbürgerkunde, Geschichte, Geographie und Heimatkunde zu. Der Staatsbürgerkundeunterricht, der in den Klassen 7 bis 10 der Oberschule, in der Erweiterten Oberschule sowie in den Berufsschulen erteilt wurde, hatte die Aufgabe, "die

---

66 Wolfgang Rudolph 1987, 136
67 Baumann u. a. 1984, 11. Die Aufgabe der Schulbücher, "neue, für die Allgemeinbildung wichtige Erkenntnisse und Erfahrungen für den Unterricht rationell, methodisch aufbereitet und schülergemäß bereitzustellen", wurde zur Rechtfertigung für "den hohen gesellschaftlichen Aufwand für die Entwicklung, Produktion und Bereitstellung von Schulbüchern" angeführt. Eine "gesellschaftlich notwendige starke Dynamik" bei der Schulbuchgestaltung wurde darin gesehen, daß zwischen 1971 und 1979 für die Klassen 1 bis 12 fast 37 % aller Schulbücher (112 Titel) und zwischen 1980 und 1984 insgeamt 68 neue Titel eingeführt wurden (vgl. Baumann u. a. 1984, 11-13).
68 Vgl. Arbeitsordnung für die Führung und den Ablauf der Arbeiten zur Weiterentwicklung von Lehrplänen, Schulbüchern, Unterrichtshilfen und Unterrichtsmitteln vom 4.5.1981 (internes Material); nach Baumann u. a. 1984, 122
69 Baumann u. a. 1984, 123. Auch wenn das Autorenkollektiv 'verselbständigt' hier in Anführungszeichen gesetzt hat, wird deutlich, daß 'Selbständigkeit' in der offiziellen Sprache der DDR negativ konnotiert war.
70 Hauptabteilung Lehrerbildung des Ministeriums für Volksbildung 1986, 216f.
71 Vgl. DDR Handbuch 1985, 365

Schüler in relativ systematischer und altersgemäßer Weise in den Marxismus-Leninismus" einzuführen, sie "mit den Grundfragen der wissenschaftlich begründeten Politik der marxistisch-leninistischen Partei und des sozialistischen Staates vertraut" zu machen und zielte "auf der Basis soliden Wissens auf die Entwicklung der bewußten, parteilichen und aktiven Haltung des sozialistischen Staatsbürgers". Dabei sollten insbesondere "durchgängig... die imperialistischen Störmanöver gegen die sozialistische Entwicklung in der DDR, die harte Klassenauseinandersetzung mit dem Imperialismus in der BRD" behandelt werden. In den höheren Klassenstufen gewannen kognitive Lernziele gegenüber affektiven und normativen Erziehungszielen an Gewicht, so sollte der Staatsbürgerkundeunterricht in der Abiturstufe "ausgewählte Kenntnisse der marxistisch-leninistischen Philosophie" vermitteln[72].

Die einzelnen Schulbücher für das Fach Staatsbürgerkunde konnten in ihrem propagandistischen Gehalt durchaus in begrenztem Maße differieren: Während das Lehrbuch "Staatsbürgerkunde" für die Klasse 8, das 1984 unter der Leitung von Willi Büchner-Uhder und Peter Zotl ausgearbeitet worden war, in dem Abschnitt "Die sozialistische DDR und die imperialistische BRD - zwei Staaten mit gegensätzlicher gesellschaftlicher Ordnung" unter anderem die Themen "Die aggressive Politik der BRD gegenüber der DDR" und "Die Politik der DDR zur Stärkung des Sozialismus und für die Erhaltung des Friedens" behandelte[73] und der Band für die Klasse 9, den 1983 ein Autorenkollektiv unter der Leitung von Werner Pfaff verfaßt hatte, den thematischen Schwerpunkt auf "Die historische Notwendigkeit der Ablösung des Kapitalismus" und "Die historische Mission der Arbeiterklasse" legte[74], zeigte sich das Staatsbürgerkundelehrbuch für die Klasse 10, das 1987 unter der Leitung von Otto Reinhold erarbeitet wurde, zurückhaltender in der Abgrenzung des sozialistischen Systems vom westlichen System und widmete sich neben explizit ideologischen Fragen vorrangig der politischen und wirtschaftlichen Entwicklung der DDR[75].

Von besonderer Bedeutung für die politisch-ideologische Erziehung in den Schulen der DDR war auch das Fach Geschichte. Die deutsche Geschichte sollte als "Nationalgeschichte der DDR und als Bestandteil welthistorischer Entwicklungsprozesse" dargestellt werden; der Geschichtsunterricht hatte die

---

72 Pädagogisches Wörterbuch 1987, 361
73 Vgl. Willi Büchner-Uhder / Peter Zotl (Leiter eines Autorenkollektivs): Staatsbürgerkunde,
     Klasse 8, Berlin /DDR 1984, 1987⁴, S. 77-111
74 Vgl. Werner Pfaff (Leiter eines Autorenkollektivs): Staatsbürgerkunde, Klasse 9, Berlin /
     DDR 1983, 1987⁵, S. 29-106
75 Die Themen dieses Bands lauteten: Der Charakter unserer Epoche; Die strategische Aufga-
     benstellung der SED für die weitere Gestaltung des entwickelten Sozialismus; Grundfragen
     der ökonomischen Entwicklung in der Deutschen Demokratischen Republik; Sozialstruktur
     und politische Ordnung des Sozialismus; Der Marxismus-Leninismus - die Weltanschauung,
     nach der wir leben und handeln (vgl. Otto Reinhold (Leiter eines Autorenkollektivs): Staats-
     bürgerkunde, Klasse 10, Berlin /DDR 1987).

Aufgabe, "zum Verständnis der historischen Mission der Arbeiterklasse und zur Erkenntnis, daß mit der Großen Sozialistischen Oktoberrevolution eine neue Epoche in der Menschheitsgeschichte begann", zu führen[76]. Wie weit dabei die Adaptation an die sowjetische Perspektive der Geschichtsbetrachtung reichte, wurde in einem Schulbuch für die 9. Klasse deutlich, in dem der Zweite Weltkrieg als der "Große Vaterländische Krieg der Sowjetvölker" behandelt wurde[77]; auffallenderweise ist in diesem Kapitel stets von den 'faschistischen Truppen' oder den 'deutschen Faschisten' die Rede, nie jedoch, was eigentlich zutreffend wäre, von den 'deutschen Soldaten'. Über die Lernziele des sozialistischen Schulfaches Geschichte gibt auch eine literarische Quelle Auskunft; in dem Roman "Es geht seinen Gang oder Mühen in unserer Ebene" läßt *Erich Loest* den Protagonisten über seinen Geschichtsunterricht in der DDR äußern:

> "Mir fiel mein Geschichtsunterricht ein, ich konnte mich auf keine Stunde besinnen, in der nicht Kommunisten gestreikt und revolutioniert hätten."[78]

Zur schulischen Bildung und Erziehung in der DDR gehörte neben der Vermittlung von spezifisch weltanschaulichen Inhalten die Herausbildung einer Arbeits- und Berufsorientierung. Dieses Ziel stand in Einklang mit dem Prinzip des polytechnischen Unterrichts, mit dem die Schüler an die wissenschaftlichen, technologischen und ökonomischen Grundlagen der Produktions- und Arbeitsprozesse herangeführt werden sollten. Die polytechnische Bildung und Erziehung sollte einerseits als Prinzip alle Unterrichtsfächer durchdringen, andererseits wurden in der allgemeinbildenden Schule der DDR verschiedene polytechnische Fächer wie Einführung in die sozialistische Produktion, Schulgartenunterricht, Werkunterricht, Technisches Zeichnen und Produktive Arbeit in sozialistischen Betrieben eingeführt[79].

Die sozialistische Wehrerziehung, mit der die SED - forciert nach dem VIII. Parteitag von 1971 - den Erziehungsbereich militarisierte, sollte auch in der Vorschulerziehung und in allen schulischen Unterrichtsfächern realisiert werden. Das Wehrdienstgesetz von 1982 verankerte die Vorbereitung auf den Wehrdienst als Teil der Bildung und Erziehung in der Schule[80]. Das Ziel der Wehrerziehung lag zunächst in der Entwicklung von Wehrmotivation und Wehrmoral, darüber hinaus sollten aber auch militärisch nützliche Kenntnisse und Fertigkeiten vermittelt werden[81]. In den Lehrplänen für den Sportunterricht zeigte sich das Prinzip der Wehrerziehung etwa darin, daß für Jungen der

76 Pädagogisches Wörterbuch 1987, 150f.
77 Vgl. Geschichte 9. Lehrbuch für Klasse 9, Berlin /DDR 1988, 4. Kapitel
78 Erich Loest: Es geht seinen Gang oder Mühen in unserer Ebene. Roman, Stuttgart 1978, München 1980, 1986⁵, S. 87
79 Vgl. Hauptabteilung Lehrerbildung des Ministeriums für Volksbildung 1986, 215f.
80 Vgl. DDR Handbuch 1985, 1167

Oberstufe Kampfsportarten wie Boxen, Ringen und Judo vorgesehen waren; dadurch sollten "mutiges Verhalten, Selbstbeherrschung, Zielstrebigkeit und Beharrlichkeit" ausgeprägt werden[82]. Militärisch verwendbare Fertigkeiten wie der gezielte Handgranatenwurf aus der Deckung oder Hindernislauf im Gelände wurden im Fach Sport trainiert; auch sollten sich die Kinder schon früh an den *Barras*-Ton und an militärische Disziplin gewöhnen, so hieß es in einer Anleitung für Sportlehrer ab der 4. Klasse:

> "Marschordnung, Meldung, Marschieren, auch mit Formänderungen in der Gruppe oder im Klassenverband. Großer Wert muß auf exakte Kommandosprache und -ausführung gelegt werden. Disziplin und Ordnung als Attribute kollektiven Verhaltens sind damit bedeutungsvoll sowohl für den Sport als auch für den Wehrdienst. Ein straffer Sportunterricht, eine klare Kommandosprache, konsequente Kontrolle der Forderungen mit entsprechenden Sanktionen bei ihrer Erfüllung werden bei den Schülern die emotional gesteuerte Anteilnahme und die innere Bereitschaft für ein diszipliniertes Verhalten schaffen."[83]

Außer den gesellschaftskundlichen Fächern und dem Unterricht in Deutsch, Russisch oder Sport kam auch weniger naheliegenden Fächern Bedeutung für die sozialistische Wehrerziehung zu: Im Musikunterricht sollten "Lieder vom Kampf um den Frieden" gesungen und die Fähigkeit, "Marschlieder selbständig, in der richtigen Tonart, anzustimmen" erlernt werden, wobei darauf zu achten war, daß "beim Marschieren nach Gesang und nach Marschmusik bewußt laut, deutlich und kämpferisch gesungen, aber nicht geschrien" wurde. Als prototypische Einleitung für eine Aufgabenstellung des Mathematikunterrichts nannte ein im Auftrag des Ministeriums für Volksbildung herausgegebener Leitfaden zur Wehrerziehung: "Eine 200-kg-Napalmbombe verwandelt in ebenem Gelände eine annähernd kreisförmige Fläche von 2.000 m^2 in ein zusammenhängendes Flammenmeer."[84] Auf vergleichbare Art hatten alle Unterrichtsfächer das Prinzip der sozialistischen Wehrerziehung in der Schule der DDR zu verwirklichen. Die vormilitärische Ausbildung an den allgemeinbildenden polytechnischen Oberschulen wurde im Jahr 1978 mit der Einführung des obligatorischen Faches Wehrkunde für die Klassen 9 und 10 eigens institutionalisiert; gegen diesen weiteren Schritt einer Militarisierung des Bildungswesens hat die evangelische Kirche in der DDR energisch, aber ergebnislos protestiert[85].

---

81   Vgl. Ilter / Herrmann / Stolz 1974, 30-38. Die dort beschriebenen Ziele der sozialistischen Wehrerziehung in der Schule gipfeln darin, daß sich "ein Teil der männlichen Schüler... freiwillig und bewußt zur Berufsausübung in den bewaffneten Kräften melden" wird (S. 38).
82   Pädagogisches Wörterbuch 1987, 192
83   Ilter / Herrmann / Stolz 1974, 134
84   Ilter / Herrmann / Stolz 1974, 114f. und 137
85   Vgl. Beck 1983, 117-120

Für den deutsch-deutschen Vergleich der staatlichen Einflußnahme auf die politische Sozialisation in der Schule durch die Normung ihrer Ziele ergibt sich nun, daß abgesehen von den deutlich gewordenen inhaltlichen Differenzen der gewichtigste Unterschied in dem Anspruch auf Exklusivität und Akzeptanz besteht, mit dem die weltanschaulichen Erziehungsziele in den beiden Staaten vertreten wurden. Das schulische Erziehungsziel der demokratischen, rationalen, toleranten Persönlichkeit determiniert den anzustrebenden Persönlichkeitstyp weniger präzise, weniger eng als das schulische Erziehungsziel der sozialistischen, ideologisch überzeugten, aber doch bevormundeten Persönlichkeit. Loyalität forderten beide Staaten in ihren Lehrplänen, die freiheitliche demokratische Ordnung des Grundgesetzes und die Grundsätze der marxistisch-leninistischen Weltanschauung markierten jeweils die unverzichtbaren Fundamente der politischen Bildung; doch ist es in der Bundesrepublik, wie der damalige Bundespräsident Walter Scheel einmal formuliert hat, eine "kritische Loyalität"[86], die der Staat erwartet, während es sich in der DDR um eine vorbehaltlose Loyalität handelte.

Mit ihren Richtlinien geben die bundesdeutschen Länder der politischen Bildung in der Schule und damit den einzelnen Lehrern und Schülern lediglich einen Rahmen vor und lassen einen wenn auch begrenzten Spielraum für die jeweilige Gestaltung und Schwerpunktsetzung. Davon konnte im zentralistischen Plansystem der DDR keine Rede sein; die Lehrpläne für die Unterrichtsfächer waren so detailliert und ihre Einhaltung so verbindlich, daß den Lehrern kein Ermessen für eine individuelle Akzentuierung des Lehrstoffes blieb. Beredtes Zeugnis für die Einengung der DDR-Lehrer durch die staatlichen Vorgaben gibt, um wieder eine literarische Quelle heranzuziehen, die Reflexion des Lehrers Simrock in *Jurek Beckers* Roman "Schlaflose Tage":

"Die Unterrichtsstunden zerrannen ihm unter den Händen, und er fand keine Stelle, in die er einen Keil hätte schlagen können. Der Lehrstoff war so bemessen, daß er jede Sekunde auffraß, und es wäre ein Wagnis auf dem Rücken der Kinder gewesen, ihn zu vernachlässigen. So verging Schultag um Schultag nach vorgegebenen Regeln, und Simrock mußte erkennen, daß Neuerungen, wie er sie vor Augen hatte, nicht dadurch zu erreichen waren, daß man in einem einzigen Klassenraum diese Regeln außer Kraft setzte, sondern nur dadurch, daß man sie änderte... Obenan auf seiner Wunschliste stand: die Lehrpläne müßten so verändert werden, daß sie den Lehrern Spielraum ließen. Er war begierig, endlich seinen eigenen Vorstellungen nachzugehen und nicht immer nur Vollstrecker der Absichten anderer zu sein, die sich von seinen, auch wenn sie ihnen ähnlich waren, in wichtigen Punkten unterschieden. Er meinte, erst in dem ersehnten Spielraum werde die Persönlichkeit eines Lehrers sichtbar, das, was ihn von allen anderen unterscheidet. Und erst dadurch entstehe das Klima, in dem Kinder zu eigenwilligen Wesen heranwachsen konnten und nicht dazu verurteilt waren, einander zu ähneln wie ihre Lehrer... Er dachte: Der Ballast in den Plänen ist absichtlich dort und genau kalkuliert. Er soll genau das verhindern, was mir so wichtig wäre: daß Lehrer Zeit finden, Kinder auch nach ihren eigenen Vorstellungen zu unterrichten und zu erziehen."[87]

---

86 Zit. in Kurt Gerhard Fischer: Das Problem der Lerninhalte für den Politischen Unterricht, in: Zur Situation der politischen Bildung 1982, 95-112, hier 107

5.2.2 Erwachsenenbildung

Der staatliche Einfluß auf die Definierung von Zielen der politischen Sozialisation erstreckt sich auch auf die Erwachsenenbildung. In Deutschland entstand die Erwachsenenbildung in privater Initiative als "Nationalerziehung" mit aufklärerischem Impetus zu Beginn des 19. Jahrhunderts und wandelte sich in der Zeit der Reichsgründung zur neuhumanistischen "Volksbildung"; der staatliche Wille zu einer Beteiligung an der Erwachsenenbildung setzte erst relativ spät ein, jedoch zeichneten sich bereits früh Tendenzen zu einer "Verrechtlichung der Erwachsenenbildung" ab[88]. Die Weimarer Reichsverfassung von 1919 postulierte in Artikel 148 die staatliche Förderung der Erwachsenenbildung: "Das Volksbildungswesen, einschließlich der Volkshochschulen, soll von Reich, Ländern und Gemeinden gefördert werden."[89]

Nach dem Zweiten Weltkrieg haben unter den westdeutschen Ländern Baden-Württemberg, Bayern, Bremen, Nordrhein-Westfalen, Rheinland-Pfalz, das Saarland und Schleswig-Holstein ähnliche Bestimmungen über die Förderung der Erwachsenenbildung, zum Teil explizit der Volkshochschulen, mit öffentlichen Mitteln in ihre Landesverfassungen aufgenommen[90]. Dabei haben die Länder Rheinland-Pfalz und Saarland den Begriff des Volksbildungswesens aus der Verfassung des Deutschen Reichs übernommen, der in den fünfziger Jahren von dem stärker auf das Individuum gerichteten Terminus 'Erwachsenenbildung' und in den sechziger Jahren von dem die berufliche Orientierung betonenden Begriff 'Weiterbildung' abgelöst werden sollte[91]. Außerdem haben Nordrhein-Westfalen und Rheinland-Pfalz in ihren Verfassungen neben Staat und Gemeinden ausdrücklich auch kirchliche und private Träger von Einrichtungen der Erwachsenenbildung anerkannt und damit deren pluralistischen Charakter betont. Stärker als das System der allgemeinbildenden Schulen ist die Erwachsenenbildung in der Bundesrepublik von den Prinzipien des Pluralismus und der Subsidiarität geprägt. Bei den Einrichtungen der Erwachsenenbildung, die von Parteien, Gewerkschaften, Kirchen oder Privatinstituten betrieben werden, haben staatliche Instanzen keinen Einfluß auf die Normung von Bildungs- und Erziehungszielen.

---

87   Jurek Becker: Schlaflose Tage. Roman, Frankfurt a. M. 1978, 1980, S. 134f.

88   Vgl. Joachim H. Knoll: Erwachsenenbildung, in: Vergleich von Bildung und Erziehung 1990, 490-509, hier 490 und 496

89   Die Verfassung des Deutschen Reichs 1919/1960, 686

90   Vgl. Verfassungen der deutschen Bundesländer 1981, 5 (Baden-Württemberg), 65 (Bayern), 106 (Bremen), 231 (Nordrhein-Westfalen), 266 (Rheinland-Pfalz), 306 (Saarland) und 339 (Schleswig-Holstein). Die Verfassungen von Berlin, Hamburg, Hessen und Niedersachsen äußern sich nicht zur Erwachsenenbildung.

91   In den siebziger Jahren wurden weiterhin die Konzepte des "lebenslangen Lernens" und der "befreienden Erziehung" entwickelt (vgl. Werner Lenz: Politische Bildung für Erwachsene. Gesellschaftliche Rahmenbedingungen und pädagogische Reflexion, in: APuZ 1988/51, 29-37, hier 33).

Neben der Bundeszentrale und den Landeszentralen für politische Bildung und einigen funktionsspezifischen Fortbildungseinrichtungen des Bundes wie zum Beispiel der Bundesakademie für öffentliche Verwaltung, der Schule der Bundeswehr für innere Führung oder der Bundesfinanzakademie[92] gehören in der Bundesrepublik die Volkshochschulen zu den wichtigsten Einrichtungen der Erwachsenenbildung in öffentlicher Trägerschaft. Die über 800 Volkshochschulen in den westlichen Bundesländern, die sich mit einer wesentlich höheren Anzahl von Haupt- und Nebenstellen um eine "flächendeckende Grundversorgung" bemühen[93], sind in Landesverbänden und im Deutschen Volkshochschul-Verband zusammengeschlossen. Dessen langjähriger Direktor Helmuth Dolff sah das Ziel der Volkshochschulen darin, die Teilnehmer an den VHS-Veranstaltungen "zu kritischem Urteil, zu tätiger Mitarbeit in der demokratischen Gesellschaft und zu bewußter Lebensgestaltung zu erziehen"[94]. Somit ist die Erwachsenenbildung in der Bundesrepublik keineswegs, wie Thilo Ramm behauptet, "erziehungsfrei"[95]; die Einschätzung, daß politische Sozialisation in lebenslangen Lernprozessen stattfindet, also auch im Erwachsenenalter, hat einige Berechtigung, sie gehört zu den grundlegenden Annahmen über politische Bildung und zur *communis opinio* der Sozialisationsforschung. Diese weithin geteilte[96] Ansicht steht in Widerspruch zu Ramms pauschalem Diktum, "jedwede Verbindung von Bildung und Erziehung ende(t) in der Bundesrepublik überdies mit der Volljährigkeit". Das von Ramm als Gegensatz konstruierte[97] Verhältnis zwischen Mündigkeit und 'Erziehungsbedürftigkeit' ist doch eher das wechselseitige Bedingungsverhältnis zwischen Mündigkeit und einer prinzipiellen Offenheit gegenüber neuen Erfahrungen, die über das 18. Lebensjahr hinausreicht.

In dem "Handbuch für die Praxis der VHS-Leiter und -Mitarbeiter" in der Lieferung von 1972 formuliert die Pädagogische Arbeitsstelle des Deutschen Volkshochschul-Verbandes ihr "Aufgabenverständnis der Erwachsenenbildung", dem sie ausdrücklich die Kritische Theorie zugrunde legt:

---

92 Vgl. Joachim H. Knoll: Erwachsenenbildung, in: Vergleich von Bildung und Erziehung 1990, 490-509, hier 499

93 Die 837 Volkshochschulen, die es 1986 in der Bundesrepublik gab, hatten mit Haupt- und Nebenstellen zusammen 4.683 Einrichtungen (vgl. Joachim H. Knoll: Erwachsenenbildung, in: Vergleich von Bildung und Erziehung 1990, 490-509, hier 502).

94 Dolff 1969/1973, 13

95 Thilo Ramm: Die Bildungsverfassungen, in: Vergleich von Bildung und Erziehung 1990, 34-56, hier 49

96 Vgl. beispielsweise Dorothee Dickenberger: Politische Sozialisation, in: Westliche Industriegesellschaften 1983, 351-357, hier 352; Wolfgang Hilligen: Politische Bildung, in: Handlexikon zur Politikwissenschaft 1986, 362-369, hier 362; Bernhard Claußen: Politische Sozialisation, in: Politik-Lexikon 1991, 492-495, hier 492

97 Es heißt an der oben angegebenen Stelle: "Die Bundesrepublik respektiert die Mündigkeit der Bürger und sieht nicht wie die DDR auch den Erwachsenen als erziehungsbedürftig an."

"Mit einer neu erwachten Sensibilität für die Unmenschlichkeiten unserer Gesellschaft zieht man die kritische Theorie zum Zwecke der Aufgabenanalyse heran. Als wichtigste Adressaten gelten diejenigen, die im Hinblick auf ihre Bildungsmöglichkeiten unterprivilegiert sind. Was immer im einzelnen getan wird, es soll auf eine gesellschaftskritische politische Bildung abzielen und damit emanzipatorisch wirken. Lernpsychologisch begründet, sieht man in der Zielgruppenarbeit die Chance, an Konflikten und dabei entstehende Motivationen anzuknüpfen, Lernen in Verbindung mit Handeln zu ermöglichen und so zur Veränderung der Gesellschaft beizutragen."

Das Angebot der Volkshochschulen, so führt das Handbuch weiter aus, strebt als Lernziele unter anderem an: "Vorstellen, wie etwas anders und besser sein kann; kreatives Denken und Handeln; folgenbewußtes Verhalten"[98]. Von größerer Verbindlichkeit für die Praxis der Erwachsenenbildung in den Volkshochschulen sind jedoch die Richtlinien, die jede Einrichtung in eigener Regie verfaßt. So hat beispielsweise die Münchner Volkshochschule als die bundesweit größte Institution ihrer Art im Jahr 1975 "Richtlinien für die politisch relevante Bildungsarbeit" beschlossen. Darin sind die Verpflichtung der Volkshochschule auf "wissenschaftliche Redlichkeit und Verläßlichkeit" und ihre "Bindung an die Forderungen des Grundgesetzes" festgeschrieben; in der Lehre sei "auch der Verfassungsauftrag zu berücksichtigen, nicht nur die jeweilige Verfassungswirklichkeit". Um in der politischen Bildung "das rationale Vermögen der Teilnehmer wirksam zu fördern" und eventuell "auch affektive Bereitschaft zu wecken, sich also für rational begründete Ziele einzusetzen", müsse über die Kenntnis von Fakten hinaus die "Einsicht in deren Zusammenhänge und Abhängigkeiten" vermittelt werden. Zum Erziehungsziel Partizipation heißt es in den Münchner Richtlinien, die Volkshochschule müsse "dafür sorgen, daß ihre Teilnehmer die demokratischen Möglichkeiten zur politischen Einflußnahme in Parteien, Gewerkschaften, Verbänden und anderen Organisationen kennenlernen und wahrnehmen". Als Leitziel der politischen Bildung wird die Vermittlung verschiedener Grundfähigkeiten angesehen, darunter unter anderem:

"- zu unterscheiden, was von der Sache her schlechthin geboten ist und was gesellschaftlich und politisch bestimmt und also möglicherweise veränderbar ist; ...
- das eigene Verhalten zu bedenken und damit eigene und fremde Vorurteile zu erkennen und abzubauen;
- eigene und fremde Interessen zu erkennen, ihre Durchsetzungsmöglichkeiten abzuschätzen, ihre Berechtigung abzuwägen;
- den jeweiligen Abhängigkeitsgrad der individuellen Lebens- und Arbeitssituation von

---

98   Die Volkshochschule - Handbuch für die Praxis der VHS-Leiter und -Mitarbeiter. Loseblattsammlung DIN A4, hg. von der Pädagogischen Arbeitsstelle des Deutschen Volkshochschul-Verbandes, 5. Lieferung, Frankfurt a. M. 1972, Blatt 41.515 und 41.600. Auch wenn der damalige DVV-Direktor Dolff (1969/1973, 15) an anderer Stelle die Aufgabe des Deutschen Volkshochschul-Verbandes unter anderem darin gesehen hat, "Ziel und Aufgabe der Volksbildung ständig neu zu diskutieren", wurde dieses "Aufgabenverständnis der Erwachsenenbildung" bis heute nicht mehr erneuert.

gesellschaftlichen, nationalen und supranationalen Faktoren abzuschätzen; ...
- Probleme und Konflikte nicht zu fürchten, sondern sie als Aufgabe zu erkennen, durchzustehen und zu lösen, gegebenenfalls im Kompromiß;
- sich eindeutig auszudrücken und andere so zu verstehen, wie sie es meinen;
- Diskretion, Toleranz, Zusammenarbeit und Solidarität zu üben"[99].

Die heute gültigen Zielbestimmungen der politischen Sozialisation in den allgemeinbildenden Schulen, die von den Bundesländern in den Lehrplänen definiert werden, stammen fast durchweg aus den achtziger und neunziger Jahren. Im Vergleich dazu hat sich die Diskussion und die konzeptuelle Entwicklung der Erziehungsziele in der Volkshochschule langsamer entwickelt. Das hat seinen Grund unter anderem darin, daß in den achtziger Jahren politische und gesellschaftliche Themen in den Programmen der Volkshochschulen zugunsten der Vermittlung von anwendungsorientiertem Wissen, etwa Sprachen und berufliche Weiterbildung, an Bedeutung verloren haben. So stellte die Pädagogische Arbeitsstelle des Deutschen Volkshochschul-Verbandes im Vergleich von 1986 zu 1987 folgende Entwicklung fest: Keine Zunahme der Unterrichtsstundenzahl verzeichneten das Stoffgebiet Gesellschaft/Politik, wo es zum Teil "starke Rückgänge" gab, und die Stoffgebiete Erziehung/Psychologie/Philosophie sowie Hauswirtschaft. Ein Ausbau der Unterrichtsstundenzahl unter 5 % war bei den Schulabschlüssen und bei Künstlerischem/handwerklichem Gestalten zu konstatieren. Eine Steigerung zwischen 5 und 10 % gab es in den Bereichen Kunst, Länder- und Heimatkunde und Sprachen. Einen Ausbau der Unterrichtsstundenzahl über 10 % konnte schließlich das Stoffgebiet Mathematik/Naturwissenschaften/Technik verzeichnen, vor allem wohl aufgrund der informationstechnologischen und der Gesundheitsbildung. In absoluten Zahlen ausgedrückt standen 1987 bei den Volkshochschulen in der Bundesrepublik 157.806 Belegungen im Fachgebiet Gesellschaft/ Geschichte/Politik zum Beispiel 1.543.350 Belegungen in Sprachen, 1.083.390 Belegungen in der Gesundheitsbildung und 880.452 Belegungen bei Künsterlischem/handwerklichem Gestalten gegenüber[100]. Das Interesse an politischer Bildung in der Volkshochschule nimmt derzeit weiter ab.

In der DDR war die Erwachsenenbildung ein Bestandteil des einheitlichen sozialistischen Bildungssystems, ihre Einrichtungen waren staatliche Institutionen. Während der Begriff der Volksbildung nur auf die dem gleichnamigen

---

99   Richtlinien für die politische relevante Bildungsarbeit der Münchner Volkshochschule e. V. Akademie für Erwachsenenbildung, vom Kuratorium beschlossen am 14. November 1975. Als den Aufsichtsorganen des eingetragenen Vereins gehören (Stand von 1993) dem Vorstand der Münchner Volkshochschule einer der Münchner Bürgermeister sowie vier Stadträte und dem Kuratorium der Münchner Oberbürgermeister, zwei Bürgermeister, 18 Stadträte sowie 18 weitere von der Mitgliederversammlung gewählte Vertreter an.

100 Vgl. Joachim H. Knoll: Erwachsenenbildung, in: Vergleich von Bildung und Erziehung 1990, 490-509, hier 502 und 504

Ministerium unterstellten Einrichtungen bezogen wurde, zu denen auch die Volkshochschulen gehörten, war in der sowjetischen Besatzungszone und der neugegründeten DDR von 'Erwachsenenbildung' die Rede[101]. Später wurde der Terminus 'Erwachsenenqualifizierung' gebräuchlich, was in den siebziger Jahren als Indiz dafür gewertet wurde, daß sich die Erwachsenenbildung in der DDR im Unterschied zu ihrem Pendant in der Bundesrepublik nicht mehr wie in der Weimarer Zeit der allgemein kulturellen, staatsbürgerlichen und ästhetischen Bildung widmen wollte, sondern sich "eindeutig für die zweckorientierte, schulische und systematische Berufsfortbildung entschieden"[102] habe.

In der Verfassung der DDR von 1968/1974 tauchte Erwachsenenbildung nur als "ständige Bildung und Weiterbildung der Bürger" (Art. 24,3) und als "Aus- und Weiterbildung der Werktätigen" (Art. 25,4) auf[103], also mit berufsorientiertem Schwerpunkt. Ein Zeichen für die enge Verbindung der Erwachsenenbildung in der DDR mit der beruflichen Qualifizierung und den Produktionsprozessen ist auch in dem Umstand zu sehen, daß die staatliche Führung in Gestalt des Ministerrates die Ziele der Erwachsenenbildung zusammen mit der Gewerkschaftsführung beschlossen hat; der gemeinsame Beschluß von 1979 nannte als Grundanliegen der Erwachsenenbildung,

> "die allseitige Entwicklung der Persönlichkeit fortzusetzen, die Fähigkeiten, die Initiativen und die Schöpferkräfte aller Bürger weiterzuentwickeln, die allgemeine und berufliche Bildung zu vertiefen, Kenntnisse über Marxismus-Leninismus und alle anderen Wissenschaften, progressive Traditionen und kulturelle Werte zu vermitteln und anzueignen, Interessen zu erweitern sowie das sozialistische Bewußtsein und die sozialistischen Verhaltensweisen auszuprägen. Die Erwachsenenbildung trägt dazu bei, den sozialistischen Patriotismus und proletarischen Internationalismus zu vertiefen und die Verteidigungsbereitschaft zu festigen."[104]

Diese Zielbestimmung der Erwachsenenbildung gab der ideologischen und kulturellen Erziehung vor der beruflichen Fortbildung bereits deutlich den Vorzug. In den achtziger Jahren führte die stärkere Beachtung der politisch-ideologischen Erziehung im gesamten Bildungswesen der DDR dazu, daß in der Konzeptualisierung der Akzent von einer abschlußbezogenen Erwachsenenqualifizierung wieder stärker auf eine weltanschauliche Erwachsenenbildung verschoben wurde; darauf deutet die Wahl des Titels[105] für ein 1988 erschienenes Standardwerk zu diesem Thema hin.

---

101 Vgl. Joachim H. Knoll: Erwachsenenbildung, in: Vergleich von Bildung und Erziehung 1990, 490-509, hier 490f.
102 Sontheimer / Bleek 1972/1979, 195
103 Verfassung der DDR 1986, 74f.
104 Gemeinsamer Beschluß des Ministerrates der DDR und des Bundesvorstandes des FDGB vom 21. Juni 1979 "Für eine weitere Erhöhung des Niveaus der Erwachsenenbildung", in: Verfügungen und Mitteilungen des Staatssekretariats für Berufsbildung, Nr. 6/1979, S. 73; zit. n. Gottfried Schneider 1988, 9

Wie auch in verschiedenen Konzepten in der Bundesrepublik wurde Erwachsenenbildung in der DDR als "Prozeß einer lebenslangen (permanenten) Bildung"[106] aufgefaßt. Von den vielfältigen Möglichkeiten zur Fortbildung machten die DDR-Bürger regen Gebrauch. Von besonderer Bedeutung für die berufliche Weiterqualifizierung waren die Betriebsakademien und -schulen, die dem Staatssekretariat für Berufsbildung unterstanden; hier konnten die Betriebsangehörigen Ausbildungs- und Schulabschlüsse bis hin zur Hochschulreife erwerben[107]. Die staatlichen Betriebsakademien koordinierten ihre Tätigkeit mit zwei populärwissenschaftlichen Einrichtungen, mit der Urania als der 'Gesellschaft zur Verbreitung wissenschaftlicher Kenntnisse' und der 'Kammer der Technik'. Die an eine Tradition des späten 19. Jahrhunderts anknüpfende Urania erfüllte zum Teil typische Aufgaben einer Volkshochschule und verzeichnete hohe Teilnehmerfrequenzen; in den achtziger Jahren besuchten jährlich über 12 Millionen Teilnehmer rund 420.000 Vortrags- und Diskussionsveranstaltungen zu politischen, gesellschaftlichen, naturwissenschaftlichen und technischen Themen[108]. In Entsprechung zu dem Prinzip des geschlossenen sozialistischen Bildungskonzeptes hatte auch die Urania in der DDR "die Errungenschaften und Leistungen, die Vorzüge und Werte des Sozialismus überzeugend darzustellen"; ihr Auftrag wurde so umschrieben:

> "In voller Übereinstimmung mit den Zielen sozialistischer Bildung und Erziehung leistet die URANIA als ein Mittler zwischen Wissenschaft und Volk eine vielfältige, differenzierte und interessante populärwissenschaftliche Arbeit, die alle Gebiete der Gesellschafts-, Natur- und Technikwissenschaften einschließt und deren Grundanliegen die Verbreitung des marxistisch-leninistischen Weltbildes ist."[109]

Die Kammer der Technik diente der Weiterbildung von Ingenieuren und ökonomischen Kadern. Ihre Aufgabe war, im Unterschied zur Urania, weniger an der Vermittlung weltanschaulicher Inhalte als an der Steigerung der volkswirtschaftlichen Produktivität durch eine sachbezogene Qualifizierung orientiert; ihr Auftrag bestand in "sozialistische(r) Gemeinschaftsarbeit zum schöpferischen Mitwirken an der Erarbeitung, allseitigen Erfüllung und

---

105 Vgl. den Titel von Gottfried Schneider 1988. Staatsbürgerliche, d. h. politisch-ideologische Erziehung wurde dort eng mit dem Ziel der volkswirtschaftlichen Modernisierung verquickt: "So ist die Erwachsenenbildung darauf gerichtet, die Werktätigen immer besser zur Wahrnehmung ihrer Eigentümer-, Produzenten- und Staatsbürgerfunktion zu befähigen, ihre Bereitschaft zur Mitverantwortung für die beschleunigte Durchsetzung des wissenschaftlich-technischen Fortschritts zu erhöhen und damit einen aktiven Beitrag zur weiteren Effektivitätssteigerung der Volkswirtschaft zu leisten." (S. 12)

106 Wolfgang Rudolph 1987, 36

107 Vgl. Gottfried Schneider 1988, 86 und 95-100

108 Vgl. Hans-Peter Schäfer: Berufliche Weiterbildung in der DDR, in: Vergleich von Bildung und Erziehung 1990, 377-393, hier 386

109 Gottfried Schneider 1988, 124f.

gezielten Überbietung der Volkswirtschaftspläne, insbesondere der Pläne Wissenschaft und Technik" und in der "zielgerichtete(n) Weiterbildung, die den Erfordernissen des wissenschaftlich-technischen Fortschritts entspricht und der Entwicklung und breiten Anwendung der Schlüsseltechnologien dient". Das Quantum an politisch-ideologischer Erziehung, das die Kammer der Technik dennoch zu leisten hatte, war mit der Förderung einer hohen Leistungsbereitschaft motiviert: "Besondere Aufmerksamkeit widmet sie der Entwicklung und Förderung sozialistischer Denk- und Verhaltensweisen sowie der Herausbildung einer hohen Leistungsbereitschaft und Leistungsfähigkeit der Wissenschaftler, Ingenieure, Ökonomen und Neuerer."[110]

Die Volkshochschulen in der DDR, die im Schuljahr 1987/88 von knapp 320.000 Teilnehmern besucht wurden[111], dienten vor allem der systematischen Weiterbildung, wobei in den achtziger Jahren ihr politisch-ideologischer Erziehungsauftrag wieder aufgewertet wurde. Bevor in den sechziger Jahren das Konzept der wissenschaftlich-technischen Revolution die berufliche und technologische Qualifizierung in den Vordergrund rückte, hatte in der Aufbauphase der DDR die SED-Führung den Volkshochschulen zur Aufgabe gestellt,

"mitzuwirken bei der Erziehung der Werktätigen der Deutschen Demokratischen Republik zu allseitig entwickelten Persönlichkeiten, die bereit und fähig sind, den Sozialismus aufzubauen und die Errungenschaften der DDR mit allen Mitteln zu verteidigen..., das Niveau der Allgemeinbildung... zu heben"[112].

Die ostdeutschen Volkshochschulen ermöglichten Schulabschlüsse, unterrichteten Fremdsprachen, boten Veranstaltungen zur (sozialistischen) Allgemeinbildung an, vermittelten Fertigkeiten wie Stenographieren und Schreibmaschinenschreiben und hatten Maßnahmen zur beruflichen Bildung im Programm[113]. Dabei hat sich die Zahl der VHS-Kurse, die auf einen schulischen Abschluß zielten bzw. auf ein Fach- oder Hochschulstudium vorbereiteten, im Laufe der Zeit verringert; die Zahl dieser Lehrgänge verhielt sich im Jahr 1986 zu den nicht formell qualifizierenden Kursen nur noch wie 1 zu 19,3[114]. Diese Verschiebung im Angebot der Volkshochschulen lag vor allem daran,

110 Gottfried Schneider 1988, 113f.
111 Von insgesamt 319.792 Teilnehmern in diesem Zeitraum besuchten 27.923 (8,7 %) Gesamt- und Einzellehrgänge mit Abschluß, 70.574 (22,1 %) Fremdsprachenlehrgänge und 221.295 (69,2 %) allgemeinbildende Lehrgänge (berechnet nach: Statistisches Jahrbuch der DDR 1989, 311).
112 Beschluß des Sekretariats des Zentralkomitees der SED über die Aufgaben der Volkshochschule und die weitere Durchführung der fachlichen Qualifizierung der Werktätigen vom 9.2.1956 (unveröffentlicht); zit. n. Gottfried Schneider 1988, 60
113 Vgl. Joachim H. Knoll: Erwachsenenbildung, in: Vergleich von Bildung und Erziehung 1990, 490-509, hier 504
114 Vgl. Oskar Anweiler: Bildung und Wissenschaft in der DDR, in: Deutschland-Handbuch 1989, 370-388, hier 379f.

daß es dem Bildungssystem der DDR mit der Zeit gelungen war, das allgemeine Bildungsniveau der ostdeutschen Bevölkerung zu heben und somit die Notwendigkeit, Schulabschlüsse in der Erwachsenenbildung zu erwerben, abgenommen hatte.

5.2.3 Militär

In Preußen-Deutschland galt das Militär als die Schule der Nation, seine Soldaten sollten idealtypisch die Tugenden der staatlich intendierten politischen Kultur verkörpern. Die Angehörigen einer Armee sollen von den Werten, die sie zu verteidigen haben, überzeugt sein; sie sollen sie auch erleben. Beim Aufbau der Streitkräfte in der Bundesrepublik stellte sich nun das Problem, daß die aus der freiheitlichen demokratischen Grundordnung der Verfassung ableitbaren Forderungen nach Selbstbestimmung, Mitbestimmung, Mündigkeit, Partizipation und eigener Verantwortlichkeit mit den funktionsnotwendigen Prinzipien einer hierarchisch strukturierten, nach dem Grundsatz von Befehl und Gehorsam organisierten Streitmacht kollidieren, in der sanktionierte Normierungen, Kasernierung und Uniformierung den Rechtsstatus der demokratischen Persönlichkeit einschränken[115].

Im Versuch, die divergenten Prinzipien in Übereinstimmung zu bringen und das Selbstverständnis des Soldaten in Staat und Gesellschaft zu definieren, wurden in Westdeutschland das Leitbild vom "Staatsbürger in Uniform" sowie die Idee der "Inneren Führung" entwickelt. Das Ziel dieser Reformkonzeption war, "die Ausbildung des Soldaten bei aller Eigenständigkeit des militärischen Dienstes nicht zum Kommiß ausarten zu lassen, sondern die Menschenwürde zu wahren und die militärische Führung stets an ihre politische Verantwortung zu erinnern und soldatisches Handeln nicht zum Selbstzweck denaturieren zu lassen"[116]. Das Soldatengesetz von 1956 bestimmt die Pflichten der Angehörigen der Bundeswehr:

"§ 7: Der Soldat hat die Pflicht, der Bundesrepublik Deutschland treu zu dienen und das Recht und die Freiheit des deutschen Volkes tapfer zu verteidigen.
§ 8: Der Soldat muß die freiheitlich demokratische Grundordnung im Sinne des Grundgesetzes anerkennen und durch sein gesamtes Verhalten für ihre Erhaltung eintreten."

In den §§ 11-15 sind als weitere Erwartungen an den Soldaten Gehorsam, Kameradschaft, Wahrheitspflicht, Verschwiegenheit über dienstliche Angele-

---

115 Vgl. Ekkehart Lippert: Politische Sozialisation: Bundeswehr, in: Handwörterbuch zur politischen Kultur der Bundesrepublik Deutschland 1981, 347-351, hier 349f.
116 Rudolf Hamann: Bundeswehr, in: Handbuch des politischen Systems der Bundesrepublik Deutschland 1977/1978, 155-160, hier 157. Dort heißt es weiter zur Realisierung dieses Denkmodells, daß u. a. "die Jahresberichte des Wehrbeauftragten und eine Analyse des offiziösen Schrifttums der Bundeswehr... auf Defizite" hinweisen.

genheiten sowie das Verbot politischer Betätigung im Dienst kodifiziert[117]. Die 1957 erlassene Zentrale Dienstvorschrift 11/1 "Leitsätze für die Erziehung des Soldaten" orientierte sich in der Bestimmung der "besonderen Ziele der soldatischen Erziehung" stark am traditionellen deutschen Tugendkanon des Militärs: Sie nannte "Entschlossenheit zum Kampf, Gehorsam und Pflichtbewußtsein, Tapferkeit und Ritterlichkeit"; diese Ziele ließen sich nicht erreichen "ohne Manneszucht und gegenseitiges Vertrauen zwischen Führern und Geführten", die Erziehung der Soldaten fände "ihre stärkste Bewährung... im Kampf". Der Kampf wiederum verlange "Kühnheit und Willenskraft, Besonnenheit und Beharrlichkeit, auch in höchster Gefahr und bis zur Hingabe des Lebens". Neben Tapferkeit und der "Hingabe der ganzen geistigen und körperlichen Kraft" wurde in dieser Dienstvorschrift vom Bundeswehrsoldaten gefordert:

> "Der Soldat muß widerstandsfähig und spannkräftig, entbehrungsbereit und hart gegen sich selbst sein. Er soll im Sinne des Ganzen selbständig denken und verantwortungsbewußt gehorchen. Entschlossenes Handeln ist das erste Erfordernis im Kriege.
> Die Gemeinsamkeit der Aufgabe verlangt von jedem Soldaten, sich in die soldatische Gemeinschaft einzuordnen. Innere Freiheit gewinnt der Soldat aus der Überzeugung, daß Selbstzucht, Gehorsam und bescheidenes Zurückstehen seiner Person hinter der Sache sittliches Gebot sind."[118]

Bei der Formel, auf die die Angehörigen der Bundeswehr verpflichtet werden, unterscheidet das Soldatengesetz zwischen Wehrpflichtigen und länger dienenden Soldaten. Die Berufssoldaten und die Soldaten auf Zeit haben einen Diensteid zu leisten, der lautet: "Ich schwöre, der Bundesrepublik Deutschland treu zu dienen und das Recht und die Freiheit des deutschen Volkes tapfer zu verteidigen, so wahr mit Gott helfe", wobei die religiöse Bekräftigung auch wegfallen kann. Die Soldaten im Grundwehrdienst werden mit einem feierlichem Gelöbnis verpflichtet, in dem sie bekennen: "Ich gelobe, der Bundesrepublik Deutschland treu zu dienen und das Recht und die Freiheit des deutschen Volkes tapfer zu verteidigen."[119]

Für die politische Bildung in der Bundeswehr waren in dem - bis zur deutschen Vereinigung - 15 Monate dauernden Grundwehrdienst 60 Stunden staatsbürgerlicher Unterricht durch Offiziere und Unteroffiziere vorgesehen; die besonderen Ziele dieser politischen Bildung der Soldaten hat der Oberst i. R. Gerhard Bronisch, Referatsleiter im Führungsstab der Streitkräfte im Bundesministerium der Verteidigung, in folgenden Punkten gesehen:

---

117 Vgl. Gesetz über die Rechtsstellung des Soldaten (Soldatengesetz) vom 19.3.1956, in: Bundesgesetzblatt. Teil I, 1956, 115f.

118 ZDv 11/1 i. d. F. vom Februar 1957 "Leitsätze für die Erziehung des Soldaten" (zit. n. von Ilsemann 1971, 323f.)

119 Gesetz über die Rechtsstellung des Soldaten (Soldatengesetz) vom 19.3.1956, § 9, in: Bundesgesetzblatt. Teil I, Jahrgang 1956, 115f.

"- die Schutz- und Verteidigungswürdigkeit der Grundordnung der Bundesrepublik Deutschland und den Auftrag der Streitkräfte, den Frieden zu sichern oder wiederherzustellen, verdeutlichen;
- die Fähigkeit fördern, die Rolle des Soldaten im Staat und in der Gesellschaft zu erkennen und sich mit ihr auseinanderzusetzen;
- anleiten, die staatsbürgerlichen Rechte sachgerecht zu gebrauchen und die politische Bedeutung gesetzlicher Pflichten, insbesondere die Pflichten als Soldaten, zu erkennen und entsprechend zu handeln;
- das Vertrauen in den mit der Führung, Ausbildung und Erziehung seiner Soldaten beauftragten Vorgesetzten stärken."[120]

Nach der 1973 erlassenen Zentralen Dienstvorschrift 12/1 "Politische Bildung in der Bundeswehr" sollte den Soldaten geholfen werden, die eigene Position in der Gesellschaft zu erkennen und sich mit dem Auftrag der Streitkräfte zu identifizieren[121]. Im Dezember 1988 wurde diese Zentrale Dienstvorschrift neu verfaßt; nunmehr soll die politische Bildung in den militärischen Dienst integriert werden, es heißt dazu: "Der Soldat muß die Werte der Verfassung, denen er verpflichtet ist und für die er einsteht, auch im täglichen Dienst im beispielhaften Verhalten seiner Vorgesetzten erleben."[122] Die Inhalte der politischen Bildung in den Streitkräften sollen in der Art der Menschenführung konkret erfahrbar werden. Letztlich geht es auch in dieser Neufassung um einen weiteren Versuch, die divergenten Prinzipien von freiheitlicher Demokratie und militärischer Hierarchie unter einen Hut zu bekommen.

Auch die Nationale Volksarmee der DDR orientierte ihr Soldatenbild an einer Idee vom "Staatsbürger in Uniform"[123]. Allerdings gab es hier kaum einen Widerspruch zwischen den Werten, die die Wehrmotivation begründen sollten, und den spezifischen Erfordernissen einer hierarchischen Streitmacht: Zu der sozialistischen Werteordnung, die es zu verteidigen galt, gehörten auch die preußisch-deutschen Sekundärtugenden wie Gehorsam, Disziplin und Unterordnungsbereitschaft, die für die Akzeptanz der Beschneidung individueller Freiheit in einer nach dem Befehl-Gehorsam-Prinzip organisierten Armee konstitutiv sind. Die Anknüpfung an nationale militärische Traditionen und an überlieferte militärische Erziehungsziele war in der Nationalen Volksarmee wesentlich ausgeprägter als in der Bundeswehr[124]. Diese Kontinuität schlug sich zum einen in Äußerlichkeiten wie der Kleidung der NVA-

---

120 Gerhard Bronisch: Politische Bildung in der Bundeswehr, in: Vierzig Jahre politische Bildung 1990, 241-248, hier 242
121 Vgl. Ekkehart Lippert: Politische Sozialisation: Bundeswehr, in: Handwörterbuch zur politischen Kultur der Bundesrepublik Deutschland 1981, 347-351, hier 350
122 ZDv 12/1 "Politische Bildung in der Bundeswehr" vom Dezember 1988 (zit. n. Gerhard Bronisch: Politische Bildung in der Bundewehr, in: Vierzig Jahre politische Bildung 1990, 241-248, hier 246)
123 Vgl. Jungermann 1973, 135 und 166
124 Vgl. zur militärischen Traditionspflege der Bundeswehr etwa Siegfried Grimm 1970, 217f.

Soldaten, die stark der Uniform der früheren deutschen Wehrmacht ähnelte, oder in dem preußischen Stechschritt und anderen Ritualien bei militärischen Zeremonien nieder; zum anderen zeigte sich diese Kontinuität auch auf der inhaltlichen Ebene in der militärischen Traditionspflege, die in dem vermittelten Geschichtsbild und durch Verleihung von Truppenfahnen und von Traditionsnamen an Kasernen, Regimenter oder Schiffe, durch Gedenkfeiern und Ausstellungen[125] preußische Militärs ohne jede Problematisierung positiv interpretierte und ausdrücklich als Vorbilder ehrte.

Die politisch-ideologische Erziehung in der Volksarmee fand vor allem im Politunterricht statt, der mit 288 Stunden[126] in dem 18 Monate dauernden Grundwehrdienst unter Berücksichtigung der jeweiligen Militärdienstdauer genau viermal soviel Zeit beanspruchte wie der staatsbürgerliche Unterricht in der Bundeswehr. Das Ziel der Politerziehung in den Streitkräften, der die SED große Bedeutung zumaß, war die Herausbildung der "sozialistischen Soldatenpersönlichkeit", deren Merkmale das Militärlexikon der DDR wie folgt beschrieb: Sie

"- ist der Arbeiterklasse und ihrer marxistisch-leninistischen Partei treu ergeben und trägt im Geiste des sozialistischen Internationalismus und der sozialistischen Waffenbrüderschaft sowie der Liebe zum sozialistischen Vaterland zur militärischen Stärkung und Sicherung der DDR und der sozialistischen Staatengemeinschaft bei;
- ist bereit und fähig, getreu dem Fahneneid und dem Verfassungsauftrag jeden Befehl der Partei- und Staatsführung zu erfüllen, ist aus politischer Überzeugung gehorsam und diszipliniert, nimmt alle Härten des Dienstes auf sich, verhält sich kameradschaftlich und strebt in ihrem Kampfkollektiv nach militärischer Meisterschaft mit dem Ziel, besser auf den Krieg vorbereitet zu sein als der Aggressor;
- ist von tiefem Haß gegen den Imperialismus und seine Söldner durchdrungen und in der Lage, jederzeit selbst schnelle und tiefgreifende Veränderungen der politischen und militärischen Lage richtig zu beurteilen und unter allen Bedingungen eines möglichen Krieges standhaft zu kämpfen und zu siegen."[127]

Geleitet wurde die komplexe politisch-ideologische Erziehungsarbeit in der Nationalen Volksarmee von der Polithauptverwaltung als dem obersten "Politorgan" in der Armee; die Parteiorganisationen der SED in den Streikräften waren parallel zur militärischen Gliederung aufgebaut und überlagerten diese insofern, als sie verbindliche Weisungen geben konnten. Während die Anleitung und die Kontrolle der Politschulung in den Händen von Politoffizieren lagen, wurde der Politunterricht selbst von "Politschulungsleitern", meist jüngeren Offizieren, durchgeführt; über die formelle weltanschauliche Erziehung hinaus setzte die SED gezielt Agitatoren ein, deren Aufgabe darin bestand, in informellen politischen Gesprächen die Kameraden von der Politik der Ein-

---

125 Vgl. Rehm 1981, 178f.
126 Berechnet nach Beck 1983, 86, wo 16 Monatsstunden angegeben sind.
127 Militärlexikon der DDR 1973, 343

heitspartei zu überzeugen[128]. Der Text, mit dem die Rekruten der DDR vereidigt wurden, gibt mehr Aufschluß über die Ziele der militärischen Sozialisation als die knappe Gelöbnisformel der Bundeswehr; der Fahneneid der Nationalen Volksarmee lautete:

> Ich schwöre: Der Deutschen Demokratischen Republik, meinem Vaterland, allzeit treu zu dienen und sie auf Befehl der Arbeiter-und-Bauern-Regierung gegen jeden Feind zu schützen.
> Ich schwöre: An der Seite der Sowjetarmee und der Armeen der mit uns verbündeten sozialistischen Länder als Soldat der Nationalen Volksarmee jederzeit bereit zu sein, den Sozialismus gegen alle Feinde zu verteidigen und mein Leben zur Erringung des Sozialismus einzusetzen.
> Ich schwöre: Ein ehrlicher, tapferer, disziplinierter und wachsamer Soldat zu sein, den militärischen Vorgesetzten unbedingten Gehorsam zu leisten, die Befehle mit aller Entschlossenheit zu erfüllen und die militärischen und staatlichen Geheimnisse immer streng zu wahren.
> Ich schwöre: Die militärischen Kenntnisse gewissenhaft zu erwerben, die militärischen Vorschriften zu erfüllen und immer und überall die Ehre unserer Republik und ihrer Nationalen Volksarmee zu wahren.
> Sollte ich jemals diesen meinen feierlichen Fahneneid verletzen, so möge mich die harte Strafe der Gesetze unserer Republik und die Verachtung des werktätigen Volkes treffen."[129]

Der wichtigste Unterschied zwischen den Zielen der militärischen Sozialisation in der Bundesrepublik und in der DDR lag in der Frage des Feindbildes: Die Bundeswehr vermittelte ihren Rekruten zwar eine Vorstellung von einem potentiellen Gegner, den Staaten des Warschauer Paktes, jedoch wurde das Feindbild rational begründet und nicht emotional gesteigert - zumindest nicht in den offiziellen und offiziösen Texten zur Erziehung bzw. zur politischen Bildung der Soldaten. In deutlichem Kontrast dazu wurde im Erziehungsziel der Nationalen Volksarmee das Feindbild scharf konturiert, sein Kern war der leidenschaftliche Haß gegen die Feinde des Sozialismus, die zum Teil als 'imperialistisch' oder 'kapitalistisch' umschrieben, zum Teil mit der Bundesrepublik und den USA[130] konkret genannt wurden. In Entsprechung dazu war das geforderte Maß an emotionaler Bindung an den eigenen Staat für den NVA-Soldaten viel größer als für seinen Kollegen von der Bundeswehr.

5.2.4 Gesellschaftliche Organisationen

Eine Einflußnahme staatlicher Instanzen auf die Normung von Sozialisationszielen gesellschaftlicher Organisationen steht im Widerspruch zum pluralistischen Prinzip der westlichen Demokratie: In der Bundesrepublik Deutschland

---

128 Vgl. Beck 1983, 77-88; DDR Handbuch 1985, 935-937
129 Gesetz über den Wehrdienst in der Deutschen Demokratischen Republik - Wehrdienstgesetz - vom 25. März 1982, Anlage zu § 19 Abs. 1, in: Gesetzblatt der DDR 1982, Teil I, 229
130 Vgl. Beck 1983, 64f.

gibt es auf diese Weise vom Staat beeinflußte gesellschaftliche Organisationen nicht.

In der Deutschen Demokratischen Republik war das monistische Prinzip Teil der herrschenden Ideologie; nach diesem Grundsatz wurden die gesellschaftlichen Organisationen von der marxistisch-leninistischen Partei, deren Macht mit der Staatsmacht identisch war, zentral geführt und kontrolliert. Die Freiräume für gesellschaftliche Organisationen außerhalb dieses hierarchischen, auf die SED zulaufenden Gefüges waren minimal; die Staats- und Parteiführung versuchte, diese nicht zu verhindernden Enklaven in ihrem Machtbereich, vor allem die Kirchen, mit einem unglaublich dicht gewobenen Netz von Geheimdienstspitzeln zu kontrollieren. Wie groß die Furcht in der Einheitspartei vor jeder von ihr nicht kontrollierten gesellschaftlichen Aktivität oder Organisation war, darüber geben die vier Millionen Personendossiers[131] Auskunft, die das Ministerium für Staatssicherheit in dem rund 17 Millionen Einwohner zählenden Land angelegt hat.

Die staatlichen Organisationen sollten als "Transmissionsriemen"[132] der Partei deren politische Richtlinien in die gesellschaftliche Wirklichkeit umsetzen. Das System der Massenorganisationen, wie die SED sie auch nannte, war für den lange anhaltenden Erfolg der Integrations- und Mobilisierungsstrategien der ostdeutschen Kommunisten von entscheidender Bedeutung. Sie dienten nämlich nicht nur als "Schulen des Sozialismus" der Durchsetzung des Parteiwillens und der Herausbildung von Kadernachwuchs, sondern sie lieferten der politischen Führung auch Informationen über die aktuellen Meinungen und Einstellungen in der Bevölkerung und kanalisierten die verschiedenen Interessen und die in begrenztem Rahmen erlaubte Kritik ihrer Mitglieder[133]. Den Einfluß auf die gesellschaftlichen Organisationen sicherte sich die Einheitspartei auf verschiedene Weise. Dazu gehörte, daß die in diesen Organisationen aktiven SED-Mitglieder, die in der Regel auch die Führungspositionen besetzten, vor allem der Partei gegenüber loyal zu sein hatten und deren Disziplin unterworfen waren. Das Statut der SED verpflichtete jedes Parteimitglied, "die Verbundenheit mit den Massen unaufhörlich zu festigen, ihnen den Sinn der Politik und der Beschlüsse der Partei zu erklären, sie von der Richtigkeit der Politik der Partei zu überzeugen, sie für deren Durchführung zu gewinnen und von den Massen zu lernen". Die Absicht, flexibel auf fluktuierende gesellschaftliche Teilinteressen reagieren zu können, stand deutlich erkennbar hinter der Forderung, das Parteimitglied solle "rechtzeitig" auf "Wünsche und Bedürfnisse, auf Vorschläge und Kritiken" der Massen reagieren und dazu beitragen, "notwendige Veränderungen herbeizuführen"[134].

---

131 Vgl. Gauck 1991, 11
132 Der Begriff geht zurück auf Lenin (vgl. Sontheimer / Bleek 1972/1979, 167).
133 Vgl. Glaeßner 1989, 199

Ein offizielles Handbuch der DDR[135] nannte über 70 größere gesellschaftliche Organisationen, die so unterschiedliche Vereinigungen wie die Arbeiterwohnungsbaugenossenschaft und die Gesellschaft für Weltraumforschung und Raumfahrt, die Chopin-Gesellschaft und den Verband der Kleingärtner, Siedler und Kleintierzüchter umfaßten, der in der an Schrebergärten reichen DDR mit knapp 1,5 Millionen Mitgliedern[136] zu den größeren Massenorganisationen zählte.

Die mit 9,6 Millionen Mitgliedern[137] größte und wichtigste gesellschaftliche Organisation in der DDR war der Freie Deutsche Gewerkschaftsbund. Der FDGB nahm neben seiner Funktion als Vermittler zwischen Partei, Betrieb und Berufstätigen auch Aufgaben im Kultur- und Bildungsbereich wahr, weiter stellte er Freizeiteinrichtungen und Ferienheime zur Verfügung; das Gesetzbuch der Arbeit stellte den Gewerkschaften der DDR dabei die Aufgabe, "als Interessenvertreter der Werktätigen" Verantwortung für "die allseitige Stärkung der sozialistischen Gesellschaftsordnung und die stabile Entwicklung der sozialistischen Wirtschaft" zu tragen[138]. Die gewerkschaftliche Kulturarbeit, die auf die Heranbildung des "allseitig gebildeten neuen Menschen" zielte, konnte insbesondere in Wohngebieten, die von einem Großbetrieb geprägt waren, das kulturelle Leben gestalten[139] und damit Einfluß auf die politische Sozialisation nehmen.

Die Massenorganisation, der für die staatliche Einflußnahme auf die Prozesse der Entwicklung politischer Kultur die größte Bedeutung zukam, war die Freie Deutsche Jugend. In der Erziehungsgesellschaft der DDR galt die nachwachsende Generation offiziell als "aktives Element des politischen Kampfes der Arbeiterklasse"[140], die Jugendpolitik war der SED sehr wichtig und in ihre globale Gesellschaftspolitik integriert. Das 1974 erlassene Jugendgesetz normierte die Rechte und Pflichten der Jugendlichen, über die Ziele der Erziehung der Jugend hieß es in § 1:

"Aufgabe jedes jungen Bürgers ist es, auf sozialistische Art zu arbeiten, zu lernen und zu leben, selbstlos und beharrlich zum Wohle seines sozialistischen Vaterlandes - der Deutschen Demokratischen Republik - zu handeln, den Freundschaftsbund mit der Sowjetunion und den anderen sozialistischen Bruderländern zu stärken und für die allseitige Zusammenarbeit der sozialistischen Staatengemeinschaft zu wirken. Es ist ehrenvolle Pflicht der Jugend, die revolutionären Traditionen der Arbeiterklasse und die Errungenschaften des

---

134 Statut der SED 1976, 13
135 Vgl. Handbuch der gesellschaftlichen Organisationen 1985
136 Im Jahr 1988 waren es 1.487.238 Mitglieder (vgl. Statistisches Jahrbuch der DDR 1989, 414).
137 Damit überstieg im Jahr 1988 die Zahl der Gewerkschaftsmitglieder die Zahl der Berufstätigen von 8.979.700 (vgl. Statistisches Jahrbuch der DDR 1989, 111 und 411).
138 Arbeitsgesetzbuch der Deutschen Demokratischen Republik vom 16. Juni 1977, § 6, in: Gesetzblatt der DDR 1977, Teil I, 187
139 Vgl. DDR Handbuch 1985, 469
140 Pädagogisches Wörterbuch 1987, 189

Sozialismus zu achten und zu verteidigen, sich für Frieden und Völkerfreundschaft einzusetzen und antiimperialistische Solidarität zu üben. Alle jungen Menschen sollen sich durch sozialistische Arbeitseinstellungen und solides Wissen und Können auszeichnen, hohe moralische und kulturelle Werte ihr eigen nennen und aktiv am gesellschaftlichen und politischen Leben, an der Leitung von Staat und Gesellschaft teilnehmen. Ihr Streben, sich den Marxismus-Leninismus, die wissenschaftliche Weltanschauung der Arbeiterklasse, anzueignen und sich offensiv mit der imperialistischen Ideologie auseinanderzusetzen, wird allseitig gefördert. Die jungen Menschen sollen sich durch Eigenschaften wie Verantwortungsgefühl für sich und andere, Kollektivbewußtsein und Hilfsbereitschaft, Beharrlichkeit und Zielstrebigkeit, Ehrlichkeit und Bescheidenheit, Mut und Standhaftigkeit, Ausdauer und Disziplin, Achtung vor den Älteren, ihren Leistungen und Verdiensten sowie verantwortungsbewußtes Verhalten zum anderen Geschlecht auszeichnen. Sie sollen sich gesund und leistungsfähig halten."[141]

Zur Koordinierung und Kontrolle der Realisierung dieser Ziele wurde das "Amt für Jugendfragen beim Ministerrat der DDR" eingerichtet, das seine Aufgaben in enger Zusammenarbeit mit der Abteilung Jugend beim ZK der SED und dem Zentralrat der FDJ erfüllte[142]. Die wichtigsten Funktionen des staatlichen Jugendverbandes bestanden darin[143], seine Mitglieder politisch-ideologisch zu erziehen, vormilitärisch auszubilden und für eine affirmative Partizipation zu mobilisieren, die Jugendlichen in die sozialistische Gesellschaft zu integrieren, ihr kritisches Potential zu absorbieren und sie auf ihre Aufgaben in Staat und Politik vorzubereiten, sie bestanden weiter darin, Kadernachwuchs für die SED heranzubilden bzw. den FDJ-Mitgliedern Karrieremöglichkeiten zu eröffnen, Informationen für die weitere Gestaltung der Jugendpolitik zu beschaffen, den Jugendlichen Freizeitmöglichkeiten anzubieten, die offiziell als sinnvoll galten, sowie schließlich die von der FDJ definierten 'Interessen' der Jugendlichen gegenüber Institutionen der Partei, des Staates und der Wirtschaft zu vertreten.

Der FDJ, die etwa drei Viertel aller 14- bis 25jährigen organisierte[144], war die Pionierorganisation "Ernst Thälmann" angeschlossen. In dieser sozialistischen Massenorganisation waren 1,5 Millionen[145] Schüler der Klassen 1 bis 7

---

141 Gesetz über die Teilnahme der Jugend an der Gestaltung der entwickelten sozialistischen Gesellschaft und ihre allseitige Förderung in der Deutschen Demokratischen Republik - Jugendgesetz - vom 28. Januar 1974, in: Gesetzblatt der DDR 1974, Teil I, 48
142 Vgl. Pädagogisches Wörterbuch 1987, 189
143 Vgl. hierzu auch Hanhardt 1975, 75-79; Christiane Lemke: Jugendliche in der DDR - Freizeitpolitik und Freizeitverhalten, in: DA 1984/2, 166-182, hier 169; Thomas 1986, 66f.; Glaeßner 1989, 211f.; Lemke 1991, 134-139
144 Auffallenderweise finden sich in offiziellen Quellen der DDR (z. B. Statistisches Jahrbuch der DDR; Handbuch der gesellschaftlichen Organisationen 1985) keine genauen Angaben über die Zahl der Mitglieder der FDJ. Westliche Autoren (z. B. Glaeßner 1989, 212; Lemke 1991, 134) geben für die achtziger Jahre an, daß rund 2,3 Millionen oder ca. 75 % aller Jugendlichen in der FDJ organisiert waren, jedoch 90 % der Schüler und Studenten, 50 % der Arbeiter nach Abschluß der Lehre, 40 % der ungelernten Arbeiter und nur 20 % der jungen LPG-Bauern.
145 Vgl. Statistisches Jahrbuch der DDR 1989, 412; Lemke 1991, 134

zusammengefaßt, die 6- bis 9jährigen als Jungpioniere und die 10- bis 14jährigen als Thälmannpioniere. Bereits bei den Kindern setzte die sozialistische Wehrerziehung mit der Aufforderung zum Haß ein; in den "Gesetzen" der Kinderorganisation hieß es unter anderem:

"Wir Thälmann-Pioniere
... lieben und schützen den Frieden und hassen die Kriegstreiber.
... lernen fleißig, sind ordentlich und diszipliniert.
... lieben die Arbeit, achten jede Arbeit und alle arbeitenden Menschen.
... lieben die Wahrheit, sind zuverlässig und einander freund."[146]

In der staatlichen Jugendweihe wurden die Jugendlichen am Übergang von der Pionierorganisation zur FDJ in die Gemeinschaft der sozialistischen Staatsbürger aufgenommen. Mit diesem feierlichen Initiationsritus hat die SED, ähnlich wie auch bei Taufe, Heirat und Begräbnis, die kirchlichen Kulte der Konfirmation und der Firmung durch eine profane Kulthandlung ersetzt. Bei der Jugendweihe, deren Vorbereitung "in vielseitigen, interessanten und lebensverbundenen Jugendstunden"[147] sich über ein Jahr erstreckte, gelobten neun von zehn Jugendlichen[148] in der DDR, "für die große und edle Sache des Sozialismus zu arbeiten und zu kämpfen und das revolutionäre Erbe des Volkes in Ehren zu halten, ... nach hoher Bildung und Kultur zu streben, ... unentwegt zu lernen", weiter, ihren "Weg zum persönlichen Glück immer mit dem Kampf für das Glück des Volkes zu vereinen" und schließlich "die feste Freundschaft mit der Sowjetunion weiter zu vertiefen, den Bruderbund mit den sozialistischen Ländern zu stärken, im Geist des proletarischen Internationalismus zu kämpfen, den Frieden zu schützen und den Sozialismus gegen jeden imperialistischen Angriff zu verteidigen"[149]. Anläßlich der sozialistischen Jugendweihe bekamen die Jugendlichen den bebilderten Band "Vom Sinn unseres Lebens"[150] überreicht, in dem Philosophen wie Platon und Kant, Maler wie Michelangelo und Dürer oder Dichter wie Goethe und Büchner neben Marx, Engels, Lenin, Liebknecht, Pieck, Grotewohl, Ulbricht, Hennecke und Honecker gestellt und indirekt für die Sache des Sozialismus vereinnahmt wurden. Der Band behandelte in altersgemäßer Form Themen wie beispielsweise "Du und der Sozialismus", "Der Kommunismus - unser Ziel" oder "Im Kampf für den Frieden vereint".

---

146 "Gesetze" und "Gelöbnis" der Thälmann-Pioniere, in: Pionierkalender 1968, Berlin /DDR o. J. (1967), S. 88f. (zit. n. DDR. Dokumente 1986, 304)
147 Pädagogisches Wörterbuch 1987, 191
148 Während 1954/55 nur ca. 18 % eines Altersjahrgangs an der Jugendweihe teilnahmen, waren es seit 1960 etwa 90 % (vgl. Ralf Rytlewski / Detlev Kraa: Politische Rituale in der Sowjetunion und in der DDR, in: APuZ 1987/3, 33-48, hier 44f.).
149 Text einer am 30.4.1989 in Berlin verliehenen "Jugendweihe Urkunde"
150 Vom Sinn unseres Lebens, hg. vom Zentralen Ausschuß für Jugendweihe in der Deutschen Demokratischen Republik, Leiter des Redaktionskollegiums: Lothar Oppermann, Berlin / DDR 1983

Wie das gesamte Bildungs- und Erziehungssystem der DDR war auch der staatliche Jugendverband von dem durchgängigen Prinzip der sozialistischen Wehrerziehung geprägt, die eine hohe Verteidigungsbereitschaft sicherstellen und die Loyalität zum Staat der SED konsolidieren sollte. Das Jugendgesetz von 1974 machte den Jugendlichen den "Ehrendienst" zur Aufgabe, "wehrpolitische Bildung, vormilitärische Kenntnisse und Fertigkeiten zu erwerben sowie in der Nationalen Volksarmee und den anderen Organen der Landesverteidigung zu dienen"[151]. Im Zuge der seit Ende der siebziger Jahre verschärften Militarisierung der ostdeutschen Gesellschaft sollten FDJ und Pionierorganisation die Bereitschaft und die Fähigkeit zum Wehrdienst fördern. Diesem Ziel diente das Manöver "Freundschaft", ein paramilitärisches Sommerlager der Pionierorganisation, das "bei allen Kindern die Eigenschaften revolutionärer Kämpfer herauszubilden und zu festigen" hatte[152]. Die FDJ organisierte die von ihr geleistete vormilitärische Ausbildung in Kooperation mit der Gesellschaft für Sport und Technik, einer 1952 gegründeten Massenorganisation, die sich die wehrsportliche Ertüchtigung der Bevölkerung, vor allem der Jugend, zum Ziel gesetzt hatte. Gemeinsam führten FDJ und GST die "Hans-Beimler-Wettkämpfe" durch, eine wehrsportliche Übung für Schüler der 8. bis 10. Klasse[153]. Als Ziele der vormilitärischen Ausbildung, zu der unter anderem Schießübungen, Exerzieren und Militärtopographie gehörten, nannte das Pädagogische Wörterbuch der DDR "patriotisches und internationalistisches Denken und Handeln, Selbständigkeit und Entschlossenheit, Pflichtbewußtsein, Initiative, Kollektivgeist, Mut, Kühnheit und Disziplin, Bereitschaft und Können zur Überwindung von Gefahren und Schwierigkeiten"[154].

Die GST, als eine Art Vorschule der NVA direkt dem Ministerium für Nationale Verteidigung unterstellt, zählte unter ihren rund 600.000 Mitgliedern fast alle kurz vor dem Wehrdienst stehenden jungen Männer; ihr Angebot an "Wehrsportarten" umfaßte auch für viele Jugendliche attraktive Disziplinen wie Motorsport, Fallschirmspringen oder Motor- und Segelflug[155]. Die politisch-ideologische und praktische Wehrerziehung, mit der die SED das Alltagsleben in der DDR militarisierte, erzielte neben der systematischen Vorbereitung auf den Militärdienst den Effekt, daß die vermittelten Verhaltensleitbilder Disziplin, Gehorsam und Zielstrebigkeit auch in Beruf und Gesellschaft für den sozialistischen Staat von Nutzen waren.

---

151 Gesetz über die Teilnahme der Jugend an der Gestaltung der entwickelten sozialistischen Gesellschaft und ihre allseitige Förderung in der Deutschen Demokratischen Republik - Jugendgesetz - vom 28. Januar 1974, § 24, in: Gesetzblatt der DDR 1974, Teil I, 53
152 Ilter / Herrmann / Stolz 1974, 195
153 Vgl. Lemke 1991, 145f.
154 Pädagogisches Wörterbuch 1987, 406
155 Vgl. Beck 1983, 106-113

5.2.5 Staatliche Selbstdarstellung in Symbolen, Sprache und Museen

Über die Normung von Bildungs- und Erziehungszielen hinaus, mit der die ehemals zwei deutschen Staaten in der Schule, in der Erwachsenenbildung, beim Militär und die DDR auch in den gesellschaftlichen Organisationen direkten Einfluß auf die Entwicklung politischer Kultur zu nehmen versucht haben, wirkten sich auch die Formen der Selbstdarstellung der beiden Systeme in einem weiter gefaßten Sinn auf die politische Sozialisation aus. Staaten präsentieren sich in nationalen Symbolen, die als um so legitimer empfunden werden, je älter und akzeptierter die Tradition ist, auf die sie sich berufen. Die Bundesrepublik und die DDR hatten es somit mit ihrer staatlichen Symbolik in doppelter Hinsicht nicht einfach: Zum einen waren die nationalen Symbole Deutschlands durch die nationalsozialistische Diktatur mehr oder weniger belastet, zum anderen verhinderte die deutsche Zweistaatlichkeit in den Augen der meisten Deutschen, daß einer der beiden Staaten seine Symbole glaubhaft als die der deutschen Nation darstellen konnte.

In der Anknüpfung an tradierte deutsche nationale Symbole verhielten sich die beiden deutschen Staaten umgekehrt als in der Anknüpfung an tradierte Elemente der deutschen politischen Kultur: Während (wie im 4. Kapitel gezeigt wurde) die politische Zielkultur in der DDR im Vergleich zur Bundesrepublik wesentlich mehr Gemeinsamkeiten mit den dominanten deutschen Traditionen politischer Kultur aufwies, so bezogen sich zwar beide Systeme in ihren staatlichen Symbolen auf bestehende Traditionen, jedoch knüpfte die Bundesrepublik in ihrer staatlichen Symbolik stärker an nationale Traditionen an als die DDR, in der neue Symbole geschaffen bzw. die Symbole einer Subkultur, der Arbeiterbewegung, aufgegriffen wurden.

Die Bonner Republik und der Arbeiter-und-Bauern-Staat erklärten 1949 in ihren Verfassungen[156] die im Vormärz entstandene Farbkombination Schwarz-Rot-Gold zu den Farben der Bundesflagge bzw. Staatsflagge. Mit der Einführung des Adlers der Weimarer Republik nach dem Entwurf von 1926 als Bundeswappen wollte die Bundesrepublik an die demokratische Tradition der ersten deutschen Republik anknüpfen[157]. Das Staatswappen der DDR, "Hammer und Zirkel, umgeben von einem Ährenkranz"[158], sollte das Bündnis der Arbeiterklasse mit der Intelligenz und den Genossenschaftsbauern symbolisch zum Ausdruck bringen. Wie in der Frage der Farben der Bundesflagge

---

156 Vgl. Art. 22 Grundgesetz 1991, 33; Art. 1 Verfassung der DDR 1986, 36. Die spätere Staatsflagge der DDR, die auf beiden Seiten das Staatswappen trägt, wurde erst 1959 eingeführt.

157 Vgl. Einigkeit und Recht und Freiheit. Nationale Symbole und nationale Identität, hg. von der Bundeszentrale für politische Bildung, Bonn 1985/1990, S. 31. Der an der Stirnseite im Bonner Plenarsaal des Deutschen Bundestages angebrachte, etwas rundlich geratene Adler entstand in der Zeit des Wirtschaftswunders.

158 Gesetz über das Staatswappen und die Staatsflagge der Deutschen Demokratischen Republik vom 26. September 1955, § 1, in: Gesetzblatt der DDR 1955, Teil I, 705

knüpfte die Bundesrepublik auch bei der Hymne an eine im Vormärz begonnene Tradition an: Konrad Adenauer und Theodor Heuss erklärten 1952 "Das Lied der Deutschen" von Hoffmann von Fallersleben aus dem Jahr 1841 nach der Melodie von Joseph Haydn, das zwischen 1914 und 1945 heroisiert und mißbraucht worden war, zur Nationalhymne; bei staatlichen Veranstaltungen soll die dritte Strophe gesungen werden. In der DDR fiel die Entscheidung über die Hymne früher: Bereits Ende 1949 bestätigte der Ministerrat das Lied "Auferstanden aus Ruinen" von Johannes R. Becher nach der Musik von Hanns Eisler als "Nationalgesang der DDR". Nachdem in der Folge der Ablösung von Walter Ulbricht durch Erich Honecker Anfang der siebziger Jahre Bechers Formulierung "Deutschland, einig Vaterland" nicht mehr ins deutschlandpolitische Konzept der SED paßte, wurde bei offiziellen Anlässen nur noch Eislers Melodie gespielt[159].

In ihrem Bestehen auf einer ehrerbietigen Haltung der Bürger gegenüber den staatlichen Symbolen waren die beiden deutschen Staaten unterschiedlich: Während in der Bundesrepublik das Strafgesetzbuch für die 'Verunglimpfung' des Staates zwar Haftstrafen androht[160], in der Praxis jedoch beispielsweise der Bundesadler ungesühnt als "Pleitegeier" bezeichnet werden kann[161], galten die Symbole der staatlichen Macht in der DDR als sakrosankt, wurde ihre Verunglimpfung auch praktisch sanktioniert.

Aufschluß über die Selbstdarstellung der zwei politischen Systeme gab auch die gegensätzliche Art, in der sie ihren staatlichen Feiertag begingen. Der Deutsche Bundestag hatte zum Gedenken des Arbeiteraufstandes in der DDR von 1953 den 17. Juni zum Tag der deutschen Einheit erklärt. Das Bekenntnis zur Verpflichtung der deutschen Politik, am Ziel der deutschen Einheit festzuhalten, das alljährlich an diesem Tag in einer parlamentarischen Veranstaltung abgelegt wurde, hielten die meisten Bundesbürger[162] mit zunehmender zeitlicher Distanz zum historischen Anlaß und mit wachsender Eingewöhnung in die Welt der deutschen Zweistaatlichkeit nur mehr für bloße Rhetorik. Der Feiertag geriet in den Augen der Mehrheit zu einem anachronistischen und unehrlichen "Relikt des Kalten Krieges", das die verbesserten

---

159 Vgl. Einigkeit und Recht und Freiheit. Nationale Symbole und nationale Identität, hg. von der Bundeszentrale für politische Bildung, Bonn 1985/1990, S. 34-49

160 Wer den Staat der Bundesrepublik "verunglimpft", kann laut § 90a Strafgesetzbuch dafür zu maximal drei Jahren Haft verurteilt werden (vgl. Martin Greiffenhagen: Die Bundesrepublik Deutschland 1945-1990. Reformen und Defizite der politischen Kultur, in: APuZ 1991/1-2, 16-26, hier 23).

161 Vgl. Axel Görlitz: Symbol, in: Handwörterbuch zur politischen Kultur der Bundesrepublik Deutschland 1981, 482-486, hier 485

162 Wie Infratest 1987 ermittelt hat, wünschten zwar 80 % der Bundesdeutschen generell eine Wiedervereinigung, glaubten aber mit 72 % fast ebenso viele, daß die Wiedervereinigung in absehbarer Zeit nicht kommen werde (vgl. Die Deutschen und ihr Vaterland 1988, 90 und 94).

Beziehungen zu dem anderen deutschen Staat belastete[163]; die meisten nutzten den frühsommerlichen arbeitsfreien Tag für einen Ausflug ins Grüne. Die DDR beging jährlich am 7. Oktober den Gründungstag des sozialistischen Staates als Staatsfeiertag bzw. als "Nationalfeiertag"[164] mit einer martialischen Parade. Vor dem in den Medien und in der Schule ideologisch vorbereiteten Ereignis hatten aktive Genossen in den Wohnhäusern dafür gesorgt, daß die Staatsflagge aus einer beachtlichen Zahl von Fenstern gehängt wurde. Auf einer Ehrentribüne in der Berliner Karl-Marx-Allee war vormittags die gesamte Partei- und Staatsführung versammelt und ließ sich die Waffengattungen der Nationalen Volksarmee bis hin zu schweren Panzern und modernen Raketen vorführen. Nachmittags fand vor der Schinkelschen Neuen Wache der Große Wachwechsel "zu Ehren der Opfer des Faschismus und Militarismus" mit einem aufwendigen militärischen Zeremoniell statt; bereits am Vorabend waren an dieser Stelle die Feierlichkeiten zum Gedenken der Staatsgründung mit einem Großen Zapfenstreich eingeleitet worden. In den abendlichen Fernsehnachrichten[165] war fast die gesamte Sendezeit den Bildern vom rollenden Kriegsgerät, vom salutierenden Erich Honecker und vom kulturellen Rahmenprogramm gewidmet.

Die größere Bedeutung als ein ideologisch begründetes staatliches Ritual hatten in der DDR jedoch die Feierlichkeiten zum Ersten Mai. An diesem Feiertag, der auf einen Beschluß des Internationalen Arbeiterkongresses aus dem Jahr 1889 zurückgeht, nahmen bereits 1946 im sowjetischen Sektor Berlins rund 500.000 Menschen teil; in den fünfziger Jahren fiel die Teilnehmerzahl auf etwa 200.000, um dann wieder anzusteigen und sich ab 1981 bei einer halben Million zu stabilisieren[166]. Zwischen 1956 und 1978 war eine Militärparade der Volksarmee in die Mai-Demonstrationen integriert; in den achtziger Jahren trat der zivile Charakter des Rituals in den Vordergrund, jedoch blie-

---

163 Diese verbreitete Einschätzung gibt wieder: Ilse Spittmann: Tag der deutschen Einheit, in: Handwörterbuch zur deutschen Einheit 1992, 660-667, hier 666.

164 Vgl. beispielsweise die Balkenüberschrift "Gruß allen Bürgern der DDR zum Nationalfeiertag", in: ND vom 6.10.1988. Die folgende Beschreibung stützt sich auf eigene Beobachtung des Rituals zum Staatsfeiertag am 7. Oktober 1988 in Berlin.

165 Die "Aktuelle Kamera" reservierte am 7.10.1988 in ihrer Sendung um 19^{30}h 25 Minuten ihrer halbstündigen Sendezeit dem Bericht über die Feierlichkeiten zum Nationalfeiertag.

166 Vgl. zu den Mai-Demonstrationen: Ralf Rytlewski / Detlev Kraa: Politische Rituale in der Sowjetunion und in der DDR, in: APuZ 1987/3, 33-48, hier 42-44; Ralf Rytlewski / Birgit Sauer / Ulrike Treziak: Politische und soziale Rituale in der DDR, in: Politische Kultur in Deutschland 1987, 247-257, hier 252-257.
Mai-Demonstrationen fanden in allen Städten der DDR statt; die hohen Teilnehmerzahlen wurden dabei mit Zuckerbrot und Peitsche sichergestellt: Wie der Verfasser im April 1990 bei einem Aufenthalt in Weimar von seiner Zimmerwirtin erfahren konnte, bekam jeder Teilnehmer am Ende der Veranstaltung 10 Mark sowie eine Bratwurst und ein Getränk gratis; diejenigen, die nicht erschienen, wurden von der üblichen Prämienausschüttung im Betrieb ausgenommen; Schüler wurden in der Schule zur Teilnahme gedrängt und traten - wegen besserer Kontrollmöglichkeit - im geschlossenen Klassenverband zu den Aufzügen an.

ben der Ablauf, die Dramaturgie, etwa das kollektive Winken und Hurrarufen vor der Ehrentribüne, und die Parolen auf den mitgeführten Transparenten stark formalisiert. Lockerer ging es dann erst bei den sich anschließenden Volksfesten mit Feuerwerk, Musik und Tanz zu.

Der Staat der Bundesrepublik gibt sich in seiner Selbstdarstellung überwiegend zivil[167], gleichwohl hat er sich um die Integration des Militärs in das öffentliche Leben bemüht. Die Bundeswehr präsentiert sich in Werbeveranstaltungen und nimmt am gesellschaftlichen Alltag etwa der Stationierungsorte teil, jedoch ist diese Selbstdarstellung nicht betont martialisch, Kriegsgerät wird nur selten vorgeführt; für die Soldaten besteht außerhalb ihrer Dienstzeit kein Uniformzwang. Militärische Rituale in der Öffentlichkeit sind in der Bundesrepublik auf wenige Anlässe beschränkt, zum Beispiel auf das Abschreiten einer Ehrenformation der Bundeswehr durch ein ausländisches Staatsoberhaupt oder öffentliche Gelöbnisfeiern außerhalb der Kasernen.

Der Staat der SED zeigte den Bürgern häufig seine militärische Macht; das Militärische war im Alltag der ostdeutschen Gesellschaft präsent. Anfang der achtziger Jahre kamen auf 10.000 Bürger in der DDR 340 deutsche und sowjetische Soldaten; in der Bundesrepublik kamen in dieser Zeit 146 deutsche und alliierte Soldaten auf 10.000 Bürger[168]. Die hohe Frequenz von Uniformen im Straßenbild des sozialistischen deutschen Staates rührte nicht von einem Militärenthusiasmus ihrer Träger, sondern von der Tatsache, daß in der DDR zumindest für die niedrigeren Dienstgrade jederzeit Uniformzwang herrschte[169]. In Ostdeutschland war es etwa bei Stadtteilfesten keine Seltenheit, daß NVA-Offiziere neugierigen Kindern und Jugendlichen Panzer und Haubitzen erklärten und sie mit dem Kriegsgerät vertraut machten; auf den Jugendfestivals der FDJ hatte die Volksarmee ihre Schießstände aufgebaut und ließ die Jugendlichen den Umgang mit der Waffe proben[170]. Der Wachwechsel an der Neuen Wache Unter den Linden in Berlin wurde bis zum 2. Oktober 1990 täglich in einem militärischen Ritual mit preußischen Stechschritt zelebriert - eine *performance*, die vor allem Photographen und Touristen anlockte. Der Grund, warum der Arbeiter-und-Bauern-Staat in seiner

---

167 Der in den einzelnen Bundesländern verschieden ausgeprägte, zuweilen martialisch wirkende Charakter des Auftretens und des Vorgehens der Polizei bei Demonstrationen und Akten unkonventionellen Protestverhaltens steht im Widerspruch zu der generell zivilen Selbstdarstellung des bundesdeutschen Staates.

168 Berechnet nach den Zahlenangaben von 1982 in: Zahlenspiegel 1986, 30f. Die Grenztruppen der DDR und der Bundesgrenzschutz wurden hier jeweils zu den Angaben über die deutschen Soldaten gezählt. Läßt man die stationierten ausländischen Streitkräfte weg, so ergibt sich ein Verhältnis von 100 Soldaten in der DDR zu 84 in der Bundesrepublik auf jeweils 10.000 Bürger. Nicht berücksichtigt wurden die Reservisten in beiden Staaten und die Kampfgruppen der Arbeiterklasse in der DDR.

169 Vgl. Albrecht Hinze: Die Nationale Volksarmee der DDR. Dreißig Jahre im Stechschritt, in: SZ vom 3.3.1986

170 Vgl. Merseburger 1988, 282

symbolischen Selbstdarstellung einen so starken Akzent auf militärische Präsenz und militärische Zeremonien setzte, liegt nicht nur darin, daß die SED auf der Suche nach Legitimation in der Aneignung des 'Erbes' auch die preußisch-deutschen soldatischen Traditionen vereinnahmen wollte; darüber hinaus brachte das Militärische in komprimierter Form einen großen Teil der Merkmale der sozialistischen Persönlichkeit zum Ausdruck: Eine im Gleichschritt und in geschlossener Formation exakt marschierende, auf die zackigen Befehle eines Führers akkurat gehorchende Truppe von Soldaten verkörpert in nuce und sinnlich wahrnehmbar die Verhaltensleitbilder Disziplin, Gehorsam und Einordnung des einzelnen in das Kollektiv. Sie ist die Allegorie eines egalitären Kollektivismus.

Zur staatlichen Selbstdarstellung gehört auch die Sprache, in der sich ein Staat seinen Bürgern präsentiert. Ins Auge springen zunächst die in Werbeabsicht angebrachten knappen schriftlichen Äußerungen in der Öffentlichkeit. Im Straßenbild der Bundesrepublik sind es die Parteien, also keine staatlichen Vereinigungen, die vor Wahlen für ihr Personal und ihre Ziele werben, wobei sich nonverbale Aussagen mit verbalen verbinden. Für die Legitimierungs- und Mobilisierungsversuche der SED spielten ideologische Losungen in der Öffentlichkeit viele Jahre lang eine große Rolle. Diese Parolen von der Art wie "Je stärker der Sozialismus, desto sicherer der Frieden" oder "Täglich das Beste für die Republik und den Frieden", die an zahlreichen Gebäuden, Brücken oder am Straßenrand angebracht waren, wurden Mitte der achtziger Jahre stark dezimiert. In den größeren Städten fand man sie in den letzten Jahren der DDR nur noch selten, am ehesten noch über dem Eingangstor zu einem Betriebsgelände; in den mittleren und kleineren Orten waren sie noch etwas häufiger anzutreffen.

In der Bundesrepublik war seit ihrer Gründung die gesprochene Sprache vieler Politiker, unter denen sich ein hoher Anteil an Juristen befand, trocken und bürokratisch; die Experten entwickelten oftmals einen eigenen Code. Seit einigen Jahren bemühen sich jedoch die meisten Repräsentanten der staatlichen Macht im Streben nach mehr Bürgernähe um ein flüssigeres und verständlicheres Deutsch. Die offizielle Sprache der DDR, zu der entsprechend dem monistischen Staatsprinzip nicht nur die Reden und Stellungnahmen der Staats- und Parteiführung, sondern auch die Bücher in der Schule und der Wissenschaft sowie die Nachrichten und Kommentare in den Zeitungen, in Fernsehen und Rundfunk zu zählen sind, war steif, formelhaft, gestanzt. Die Sätze im "Neuen Deutschland", der wichtigsten Tageszeitung, waren umständlich gebaut und von einem Nominalstil geprägt; die Formulierungen klangen hohl und hölzern; immer wieder tauchten die ewig gleichen fossilierten Floskeln auf. In den Meldungen wurden, auch im fettgedruckten Vorspann, die Spitzenfunktionäre nur in den vollständig ausformulierten Bezeichnungen ihrer Ämter tituliert; es hieß dann beispielsweise: "Der Generalsekretär des Zentralkomitees der SED und Vorsitzende des Staatsrates der DDR,

Erich Honecker, übermittelte...". Einmal geprägte Formulierungen wie "Bürger aller Klassen und Schichten", "zum Ausdruck gebracht", "brüderliche Kampfesgrüße" (vor allem, wenn es sich um periphere kommmunistische Parteien des Westens handelte) oder "freundschaftliche Beziehungen" (besonders bei Kontakten mit sowjetischen Vertretern) kehrten in monotoner Regelmäßigkeit immer und immer wieder[171]. Wie die Sprache der Medien war auch die öffentliche Rede der ostdeutschen Politiker, nicht die im kleineren Kreis, förmlich, ledern, dogmatisch; für Leichtigkeit, gar für Ironie, die in der Sprache der bundesdeutschen Politiker gelegentlich, wenn auch nur selten, aufblitzt, war hier kein Platz.

Die dem zugrundeliegende Auffassung, daß die Politik doch eine zu ernste Sache sei, als daß man im Tonfall der Leichtfertigkeit über sie rede, schlug sich auch im diplomatischen Protokoll des sozialistischen Staates nieder, das "geradezu höfische Formen entwickelt"[172] hatte. Erich Honecker gab sich als Staats- und Parteichef und Nachfolger des unbeliebten Funktionärs Walter Ulbricht gern den Anstrich der Bürgernähe, er begegnete regelmäßig Leuten 'aus dem Volk'; jedoch waren diese Treffen gründlich vorbereitet und organisiert, ihre Teilnehmer sorgfältig ausgewählt. Die Kontakte zwischen Volk und Obrigkeit waren somit stets geplant, nie spontan[173]. In der Bundesrepublik hingegen haben die Politiker schon deshalb Interesse an möglichst unverstellten Begegnungen mit den Bürgern, da sie bei der nächsten Wahl wiedergewählt werden möchten; daher sind solche Begegnungen an der Tagesordnung. Die spontanen Kontakte zwischen Spitzenpolitikern und Bürgern mußten allerdings aufgrund der Gefahr von Anschlägen terroristischer oder psychopathischer Täter immer stärker eingeschränkt werden - eine Notwendigkeit, die die Attentate auf Oskar Lafontaine und Wolfgang Schäuble in Wahlkämpfen des Jahres 1990 deutlich vor Augen geführt haben.

Staatliche Selbstdarstellung findet auch in zeitgeschichtlichen Ausstellungen und Museen statt. Bundeskanzler Helmut Kohl kündigte in seiner ersten Regierungserklärung 1982 den Bau eines Museums "Haus der Geschichte der Bundesrepublik Deutschland" in Bonn an, das nun um die Wende 1993/1994 eröffnet werden soll. Nach der deutschen Vereinigung wurden viele Ausstellungsstücke aus der DDR in das Konzept der Sammlung integriert, mit deren Hilfe die Unterschiede der beiden politischen Systeme deutlich gemacht wer-

---

171 Dabei wurde in bestimmten Fällen Offenheit gegenüber anderen Sprachen und Soziolekten demonstriert. So wurde das englische Wort 'meeting' von der offiziellen DDR-Sprache in der Bedeutung 'offizielle politische Veranstaltung' kanonisiert; so konnte es etwa im ND vom 13.10.1988 in der Schlagzeile heißen: "Begeisterndes Meeting mit Erich Honecker in Hohenschönhausen. Dreimillionste Wohnung an Berliner Arbeiterfamilie - Zeugnis erfolgreicher Politik zum Wohle des Volkes". Seit der Änderung des Untertitels in "Sozialistische Tageszeitung" Ende 1989 schreibt das "Neue Deutschland" ein lebendigeres, flüssigeres Deutsch.

172 Bölling 1983, 64

173 Vgl. Böhme 1986a, 40f.

den sollen, so etwa Paradetrommeln Junger Pioniere, wie sie bereits die Hitlerjugend benutzt hatte, oder eine Sammlung von Orden, Medaillen, Preisen und Ehrentiteln, die der SED-Staat seinen Bürgern verliehen hat[174]. Wie bereits 1969 und 1979 präsentierte die Bundesregierung auch im Jubiläumsjahr 1989 eine Ausstellung über die Bundesrepublik Deutschland, die in der Bundeshauptstadt und in allen Landeshauptstädten gezeigt wurde. Die Themen, vom Wiederaufbau in den Nachkriegsjahren über die Kapitel Bürger, Staat, Wirtschaft, Soziales, Umwelt und das am ausführlichsten behandelte Gebiet Lebensformen und Kultur bis zur Deutschland- und Berlinpolitik, die internationale Stellung und einem Ausblick in die Zukunft, wurden in abwechslungsreicher Darbietung mit Texten, Photographien, Filmen, plastischen Objekten und Archivalien vermittelt[175]. Die vierzigjährige Geschichte der Bundesrepublik wurde dabei durchweg affirmativ und ohne jeden selbstkritischen Vorbehalt als eine einzige Erfolgsgeschichte dargestellt; in einigen politisch kontroversen Punkten, zum Beispiel bei der friedlichen Nutzung der Kernenergie, der Automobilindustrie, den Bürgerbewegungen, den Asylbewerbern oder der Deutschlandpolitik, war die Sichtweise der beauftragenden Bundesregierung deutlich erkennbar.

Als ein "Geschenk des Bundes" zur 750-Jahr-Feier sagte Helmut Kohl der Stadt Berlin im Jahr 1987 den Bau eines "Deutschen Historischen Museums" zu. Die Notwendigkeit, das Konzept und der Bau dieses Museums wurden intensiv und sehr kontrovers diskutiert; sein Gründungsdirektor Christoph Stölzl sieht die Aufgabe des Hauses darin, "seine Besucher zur kritischen Auseinandersetzung" anzuregen, dabei soll es auch "Verstehen ermöglichen und Identifikationsmöglichkeiten anbieten"[176]. Ein Museum, das diese Funktionen unabhängig von politischen Weisungen erfüllt, ist in der Tat wün-

---

174 Vgl. Die Staats-Reliquien bleiben am Rhein, in: SZ vom 28.6.1991; Vorbildliches Kollektiv in Bonner Vitrine, in: SZ vom 13.02.1992. Vgl. zur Konzeption des Bonner Hauses der Geschichte: Hermann Schäfer: Das Haus der Geschichte der Bundesrepublik Deutschland. Strukturgeschichtliche Darstellung im Museum, in: APuZ 1988/2, 27-34.

175 Vgl. Vierzig Jahre Bundesrepublik Deutschland. Eine Ausstellung des Bundesarchivs im Auftrag der Bundesregierung, Konzeption und Gesamtleitung: Friedrich P. Kahlenberg, Tilman Koops, Koblenz 1989

176 Christoph Stölzl / Verena Tafel: Das Deutsche Historische Museum in Berlin. Perspektiven und Ziele, Entstehung und gegenwärtiger Stand, in: APuZ 1988/2, 17-26, hier 19 (Verena Tafel ist wissenschaftliche Mitarbeiterin am DHM).
Vgl. zur Diskussion über das DHM Gisela Völger: 36.000 qm Geschichte, in: Die Zeit vom 23.10.1987; Christoph Stölzl / Verena Tafel: Das Deutsche Historische Museum in Berlin. Perspektiven und Ziele, Entstehung und gegenwärtiger Stand, in: APuZ 1988/2, 17-26; Rüdiger Schaper: Der Hüter ohne Haus, in: SZ vom 1./2.6.1991; Rainer Stephan: Kein Ort für deutschen Größenwahn, in: SZ vom 2.8.1991; Gabriele Riedle: Jahresetat: 20 Millionen, in: Die Zeit vom 3.10.1991; Rüdiger Schaper: Monopoly mit Phantomen, in: SZ vom 23.01.1992. Inzwischen hat das DHM verschiedene Ausstellungen an diversen Orten durchgeführt; im September 1991 wurde das Historische Museum im Zeughaus Unter den Linden eröffnet und zeigt dort einzelne Ausstellungen. Zur Zeit ist unklar, ob der geplante postmoderne Neubau von Aldo Rossi am Spreebogen gebaut werden wird.

schenswert; eine kritische Auseinandersetzung hat die Ausstellung zum vierzigjährigen Bestehen der Bundesrepublik nicht ermöglicht.

Die DDR bot ihren Bürgern von 1981 bis 1990 im "Museum für Deutsche Geschichte" im Berliner Zeughaus die offizielle sozialistische Interpretation der deutschen Vergangenheit an. Diese Darstellung verbog die Historie mehr durch Weglassung inopportuner Ereignisse und Strömungen, durch überzogene Einschätzungen sowie durch Aufblähung historisch nebensächlicher Details als durch die Verfälschung konkreter Fakten. In dieser Perspektive fanden die Bauernkriege des frühen 16. Jahrhunderts (im Sprachgebrauch des Berliner Museums: "die deutsche frühbürgerliche Revolution") und der revolutionäre Theologe Thomas Müntzer ebenso wie die Befreiungskriege gegen Napoleon, die Revolution von 1848, die Novemberrevolution von 1918 und der Kampf der Roten Ruhrarmee von 1923 ihre Erfüllung in der Gründung der Deutschen Demokratischen Republik. Die ständige Ausstellung "Sozialistisches Vaterland DDR", in der, noch deutlicher als in der Jubiläumsausstellung der Bundesregierung, die Entwicklung des eigenen Staates als alternativlose *success-story* gefeiert wurde, hat die Generaldirektion des Museums unter dem Eindruck der Herbstrevolution Anfang Dezember 1989 geschlossen[177]. Die Exposition sollte "überarbeitet" werden, jedoch war die Schließung endgültig: Im September 1990 wurde das gesamte Museum geschlossen, im Jahr darauf zog das Deutsche Historische Museum in das Zeughaus ein.

5.3 Indirekte Einflußnahme durch Organisation der Rahmenbedingungen politischer Sozialisation

5.3.1 Familie

Die Familie wird allgemein als die Keimzelle der Gesellschaft verstanden und gilt als eine besonders wichtige, wenn nicht die bedeutendste Instanz der politischen Sozialisation[178]. Die Bundesrepublik und die DDR haben Ehe und Familie unter den besonderen Schutz des Staates gestellt[179]. Auf die Ziele der Erziehung der Kinder in der Familie hat der Staat kaum Zugriff; es besteht eine gewisse Konkurrenz zwischen der privaten Sozialisation in der Familie und der staatlichen Sozialisation in der Schule. Die beiden deutschen Staaten haben in ihren Verfassungen das Recht und die Pflicht der Eltern zur Erzie-

---

177 Vgl. DDR-Geschichte wird "überarbeitet", in: SZ vom 5.12.1989
178 Vgl. die resümierenden Einschätzungen in: Günther Steinkamp: Politische Sozialisation: Familie, in: Handwörterbuch zur politischen Kultur der Bundesrepublik Deutschland 1981, 352-357; Klaus Wasmund: Ist der politische Einfluß der Familie ein Mythos oder eine Realität?, in: Handbuch der politischen Sozialisation 1982, 23-63, hier vor allem 23-27 und 53-57; Behrmann 1983, 91-100; Lemke 1991, 85-87.
179 Vgl. Art. 6,1 Grundgesetz 1991, 25; Art. 38,1 Verfassung der DDR 1986, 83

hung ihrer Kinder normiert, wobei die Verfassungstexte in der Bundesrepublik zum Teil die Überwachung dieser Betätigung durch den Staat festschreiben. Im Grundrechtsteil des Grundgesetzes heißt es:

"Pflege und Erziehung der Kinder sind das natürliche Recht der Eltern und die zuvörderst ihnen obliegende Pflicht. Über ihre Betätigung wacht die staatliche Gemeinschaft."[180]

Im Unterschied dazu äußern sich die meisten Verfassungen bundesdeutscher Länder auch zu den Zielen der familialen Erziehung. Teilweise ist nur von einer Mitbestimmung der Eltern bei der Erziehung ihrer Kinder die Rede; so heißt es in der Verfassung von Baden-Württemberg:

"Das natürliche Recht der Eltern, die Erziehung und Bildung ihrer Kinder mitzubestimmen, muß bei der Gestaltung des Erziehungs- und Schulwesens berücksichtigt werden."[181]

In den Verfassungen von Nordrhein-Westfalen und Rheinland-Pfalz fällt das semantisch entscheidende Präfix 'mit-' weg, so daß dort das "natürliche Recht der Eltern", die Erziehung ihrer Kinder "zu bestimmen", als die Grundlage des Erziehungs- und Schulwesens angesehen wird[182]. Auf der anderen Seite sieht die rheinland-pfälzische Verfassung im Unterschied zur baden-württembergischen die staatliche Überwachung der elterlichen Erziehungsarbeit explizit vor:

"Die Eltern haben das natürliche Recht und die oberste Pflicht, ihre Kinder zur leiblichen, sittlichen und gesellschaftlichen Tüchtigkeit zu erziehen. Staat und Gemeinden haben das Recht und die Pflicht, die Erziehungsarbeit der Eltern zu überwachen und zu unterstützen."[183]

Die Verfassungen von Hessen und Bayern formulieren als Ziel der Erziehung, zu der die Eltern berechtigt und verpflichtet sind, die "leibliche, geistige und seelische Tüchtigkeit"[184]; die saarländische Verfassung fügt diesen drei Epitheta die "gesellschaftliche Tüchtigkeit" hinzu, während die Verfassung von Bremen die Erziehung der "Kinder zu aufrechten und lebenstüchtigen Menschen" als Recht und Pflicht der Eltern normiert[185]. Die Verfassungen von

---

180 Art. 6,2 Grundgesetz 1991, 25
181 Verfassung des Landes Baden-Württemberg vom 11. November 1953. Zuletzt geändert durch Ges. vom 6.2.1979, Art. 15,3, in: Verfassungen der deutschen Bundesländer 1981, 1-24, hier 4
182 Vgl. Verfassung für das Land Nordrhein-Westfalen vom 28. Juni 1950. Zuletzt geändert durch Gesetz vom 19. Dezember 1978, Art. 8,1, in: Verfassungen der deutschen Bundesländer 1981, 227-248, hier 229; Verfassung für Rheinland-Pfalz vom 18. Mai 1947. Zuletzt geändert durch Gesetz vom 23. Februar 1979, Art. 27, in: Verfassungen der deutschen Bundesländer 1981, 261-288, hier 265
183 Verfassung für Rheinland-Pfalz vom 18. Mai 1947. Zuletzt geändert durch Gesetz vom 23. Februar 1979, Art. 27 und 25, in: Verfassungen der deutschen Bundesländer 1981, 261-288, hier 264f.

Berlin, Niedersachsen, Hamburg und Schleswig-Holstein treffen keine Aussagen zum Elternrecht auf Erziehung.

Nun läßt der Staat der Bundesrepublik in praxi die Eltern in einem weit gesteckten Rahmen ihre Kinder nach ihren eigenen Vorstellungen erziehen; die Überwachungsfunktion des Staates beschränkt sich auf sein Einschreiten bei groben Verstößen der Eltern gegen ihre Erziehungspflicht. In sozialwissenschaftlichen Untersuchungen wurde deutlich gemacht, daß die bundesdeutschen Eltern die speziell politische Sozialisation ihrer Kinder - im Unterschied zur Vermittlung von allgemeinen Wertvorstellungen - nicht als eine vorrangige Aufgabe ihrer Erziehung ansehen. "Pädagogische Leitziele der westdeutschen Familienerziehung sind in erster Linie Persönlichkeitsideale und soziale ('bürgerliche') Tugenden, aber nicht der politisch 'mündige Bürger'."[186] Diese Erziehungsziele entsprechen eher der in einigen Landesverfassungen normierten sittlichen und gesellschaftlichen Tüchtigkeit als dem in Kapitel 4 festgehaltenen Minimalkonsens der Vermittler politischer Bildung. Der Zurückhaltung der Eltern in der Bundesrepublik, weltanschauliche Ziele in die familiale Erziehung aufzunehmen, entspricht ein im internationalen Vergleich schwach ausgeprägter weltanschaulicher Konsens in den bundesdeutschen Familien[187].

Die Verfassung der DDR von 1968/1974 ging in ihrer Definition von Zielen der elterlichen Erziehung vor allem im Erziehungsziel Staatsbewußtsein über die bundesdeutschen Normierungen hinaus. Eine sozialistische Überzeugung wurde in Art. 38,4 nicht ausdrücklich angestrebt, jedoch durch die Erwähnung einer engen und vertrauensvollen Zusammenarbeit mit den staatlichen Einrichtungen - im Unterschied zur Überwachung und Unterstützung durch den Staat, die in bundesdeutschen Verfassungstexten vorgesehen ist - implizit nahegelegt:

> "Es ist das Recht und die vornehmste Pflicht der Eltern, ihre Kinder zu gesunden und lebensfrohen, tüchtigen und allseitig gebildeten Menschen, zu staatsbewußten Bürgern zu erziehen.

---

184 Die hessische Verfassung stellt der Tüchtigkeit als Ziel der elterlichen Erziehung den "Gemeinsinn" voran. Vgl. Verfassung des Landes Hessen vom 1. Dezember 1946. Zuletzt geändert durch Gesetz vom 23. März 1970, Art. 55, in: Verfassungen der deutschen Bundesländer 1981, 162-187, hier 170; Verfassung des Freistaates Bayern vom 2. Dezember 1946. Zuletzt geändert durch Ges. vom 19.7.1973, Art. 126,1, in: Verfassungen der deutschen Bundesländer 1981, 40-72, hier 62.

185 Vgl. Verfassung des Saarlandes vom 15. Dezember 1947. In der Fassung des Gesetzes Nr. 1102 vom 4. Juli 1979, Art. 24,1, in: Verfassungen der deutschen Bundesländer 1981, 302-321, hier 304; Landesverfassung der Freien Hansestadt Bremen vom 21. Oktober 1947. Zuletzt geändert durch Gesetz vom 13.3.1973, Art. 23, in: Verfassungen der deutschen Bundesländer 1981, 101-128, hier 104

186 Klaus Wasmund: Ist der politische Einfluß der Familie ein Mythos oder eine Realität?, in: Handbuch der politischen Sozialisation 1982, 23-63, hier 35

187 Vgl. Renate Köcher: Unterschätzte Funktionen der Familie, in: APuZ 1988/13, 24-33, hier 30-33

Die Eltern haben Anspruch auf ein enges und vertrauensvolles Zusammenwirken mit den gesellschaftlichen und staatlichen Erziehungs- und Bildungseinrichtungen."[188]

Deutlicher als die Verfassung äußerte sich das Familiengesetz der DDR von 1965 zur Aufgabe der Erziehung in der Familie, die als "die kleinste Zelle der Gesellschaft" begriffen wurde; über die "elterliche Erziehung" hieß es:

"Das Ziel der Erziehung der Kinder ist, sie zu geistig und moralisch hochstehenden und körperlich gesunden Persönlichkeiten heranzubilden, die die gesellschaftliche Entwicklung bewußt mitgestalten. Durch verantwortungsbewußte Erfüllung ihrer Erziehungspflichten, durch eigenes Vorbild und durch übereinstimmende Haltung gegenüber den Kindern erziehen die Eltern ihre Kinder zur sozialistischen Einstellung zum Leben und zur Arbeit, zur Achtung vor den arbeitenden Menschen, zur Einhaltung der Regeln des sozialistischen Zusammenlebens, zur Solidarität, zum sozialistischen Patriotismus und Internationalismus. Die Erziehung der Kinder ist untrennbar mit der Heranbildung solcher Eigenschaften und Verhaltensweisen wie Bescheidenheit, Ehrlichkeit, Hilfsbereitschaft und die Achtung vor dem Alter verbunden. Die Erziehung der Kinder umfaßt auch ihre Vorbereitung zu einem späteren verantwortungsbewußten Verhalten zur Ehe und Familie."[189]

Zur Durchsetzung des staatlichen Erziehungsziels sahen die Ideologen der Einheitspartei "pädagogische Propaganda", die auch die "Erziehung der Eltern" umfaßte, vor[190]. In der Praxis konnte der sozialistische Staat seinen Anspruch auf eine sozialistische Erziehung in der Familie jedoch nicht durchsetzen; die Privatheit zwischen Eltern und Kindern entzog sich weitgehend dem staatlichen Zugriff. Selbst in einer Veröffentlichung des Ministeriums für Volksbildung[191] wurden relativ deutlich Defizite bei der Verwirklichung der sozialistischen Familienerziehung eingeräumt. Im Unterschied zur Bundesrepublik wurde für die DDR eine hohe Übereinstimmung der weltanschaulichen Einstellungen von Eltern und ihren Kindern festgestellt[192], was eine nur geringe Wirkung der staatlichen Sozialisationsleistung indiziert. In Erkenntnis der tendenziell konservativen Erziehung in der Familie, in der die staatlichen Sozialisationsabsichten nicht gefördert wurden, versuchte die SED, die familiale Erziehungsfunktion einzuschränken.

---

188 Art. 38,4 Verfassung der DDR 1986, 83
189 Familiengesetzbuch der Deutschen Demokratischen Republik vom 20. Dezember 1965, Präambel und § 42,2 und 3, in: Gesetzblatt der DDR 1966, Teil I, 2 und 8
190 Wörterbuch der DDR-Pädagogik 1974, 159
191 Vgl. Hauptabteilung des Ministeriums für Volksbildung 1986, 85: "Die vorliegenden Untersuchungsergebnisse zeigen, daß sich fast ausnahmslos alle Eltern auf solche wichtigen Ziele orientieren wie die Erziehung der Kinder zu kollektiven Verhaltensweisen, zu Ehrlichkeit und Hilfsbereitschaft, zur Arbeitsliebe, zu einer guten Lerneinstellung usw. ... Es wird jedoch auch deutlich, daß sich ein Teil der Eltern noch mit zwar wichtigen, aber doch nicht genügend in umfassendere Ziele eingeordneten Teilzielen begnügt und damit in der täglichen Erziehungsarbeit nicht die notwendige Orientierung besitzt."
192 Vgl. den resümierenden Literaturbericht bei Lemke 1991, 93-97

Der zeitliche Umfang der familialen Sozialisation verringert sich, wenn beide Elternteile erwerbstätig sind und das Kind bereits früh in öffentlichen Einrichtungen erzogen wird. In der Bundesrepublik lag 1988 der Anteil der Erwerbstätigen an der Gesamtbevölkerung bei 45 %, in der DDR bei 54 %[193]. Der Anteil der Erwerbstätigen unter den Männern im Alter von 15 bis 65 Jahren ist in Westdeutschland zwischen 1960 und 1983 von 96,5 auf 73 % gefallen, der Anteil der (sozialversicherungspflichtigen) Erwerbstätigen unter den Frauen zwischen 15 und 60 Jahren im selben Zeitraum von 54 auf 49 %. In der DDR, in der das Recht auf Arbeit und die Pflicht zur Arbeit Verfassungsrang hatten[194] und der Berufstätigkeit ein zentraler Stellenwert im ideologischen und auch im realen Selbstverständnis der Gesellschaft zukam, ist der Anteil der Erwerbstätigen unter den Männern zwischen 15 und 65 Jahren von 98 % im Jahr 1960 auf 90 % im Jahr 1983 gesunken, der Anteil der Erwerbstätigen unter den Frauen im Alter von 15 bis 60 Jahren ist hingegen im selben Zeitraum von 67 auf 86 % gestiegen[195].

In der Bundesrepublik vermag der Versorgungsgrad von öffentlichen Einrichtungen der Vorschulerziehung den gewachsenen Bedarf nicht zu decken. Die politischen Führungen, deren Sozialpolitik mehr oder weniger stark vom Prinzip der Subsidiarität geprägt war, unternahmen keine Versuche, die Rolle der Familie als Sozialisationsinstanz zu beschneiden; eher wurde im Gegenteil ein unzureichendes Angebot an Kinderkrippen und Kinderhorten, das eine Erwerbstätigkeit beider Elternteile erschwerte, beklagt.

In der DDR wurde die höhere Erwerbstätigkeit beider Elternteile durch ein im Vergleich zur Bundesrepublik sehr viel engmaschigeres Netz von Kinderkrippen, Kindergärten und Kinderhorten möglich gemacht[196]; dabei korrespondierte seit den späten siebziger Jahren der Versorgungsgrad der Kindergärten ungefähr der Quote der erwerbstätigen Frauen[197]. Die Berufstätigkeit beider Eltern in der DDR entsprach auf der einen Seite einer ökonomischer Notwendigkeit in einem Land, dessen Wirtschaft durch die Demontage nach dem Krieg sowie durch die bis 1961 erfolgte Abwanderung wichtiger Arbeitskräfte geschwächt worden war und einen nur geringen Automatisierungsgrad

---

193 Berechnet nach: Statistisches Jahrbuch für die BRD 1989, 20 und 96; Statistisches Jahrbuch der DDR 1989, 1 und 111
194 Vgl. Art. 24 Verfassung der DDR 1986, 74
195 Vgl. Zahlenspiegel 1986, 52. Das Autorenkollektiv unter Leitung von Rudi Weidig (1988, 198) gibt für das Jahr 1986 einen Beschäftigungsgrad der arbeitsfähigen weiblichen Bevölkerung von 91,3 % an.
196 In der DDR wurden im Jahr 1988 nach offiziellen Angaben 79,9 % der 0-3jährigen in Kinderkrippen betreut, 94 % der 3-6jährigen besuchten Kindergärten und -wochenheime (vgl. Statistisches Jahrbuch der DDR 1989, 346 und 302). Das Statistische Jahrbuch für die Bundesrepublik Deutschland macht zur Versorgung mit Kinderkrippen und Kindergärten keine Angaben.
197 Ludwig Liegle: Vorschulerziehung, in: Vergleich von Bildung und Erziehung 1990, 157-170, hier 162

aufwies, auf der anderen Seite war die Vollerwerbstätigkeit von Männern und von Frauen mit der offiziellen Ideologie plausibel zu begründen. Für die Familien in der DDR war die ganztägige Erwerbstätigkeit beider Eltern in der Regel schon aus finanziellen Gründen erforderlich, da das Einkommen von nur einem Elternteil für Unterhalt und einen leidlichen Wohlstand nicht ausreichte. Der Effekt der in der DDR üblichen Berufstätigkeit von Vätern und Müttern war, daß die Kinder bereits in einem sehr frühen Stadium ihrer Entwicklung dem zumindest zeitlich dominierenden Einfluß der Erziehungs- und Bildungseinrichtungen des sozialistischen Staates ausgesetzt waren. Der Psychotherapeut Hans-Joachim Maaz zieht aus der frühen Trennung vom Elternhaus weitreichende Schlüsse: Das Trennungserlebnis sei von den Kindern als beängstigend empfunden worden und habe Hemmungen, Unsicherheit, Zwanghaftigkeit und Depressionen ausgelöst[198]. Offen bleibt, wieweit die frühe Integration der Kinder in die Obhut der staatlichen Erziehung ein bewußtes Instrument der Herrschaftsstabilisierung der SED war, ob sie einer absichtsvoll konzipierten Politik entsprang oder eher das willkommene Nebenprodukt anderer Prioritäten war.

Auf den ersten Blick im Widerspruch zu den vielfältigen Versuchen der Staats- und Parteiführung der DDR, den Einfluß der familialen Sozialisation durch staatliche Vorschuleinrichtungen, auch durch die staatlichen Kinder- und Jugendorganisationen einzudämmen, steht die Feststellung, daß die Familie in der DDR einen starken, prägenden, wahrscheinlich sogar entscheidenden Einfluß auf die Herausbildung der Werte und Einstellungen in der nachwachsenden Generation ausübte[199]. Auf den massiven Integrationsdruck in dem staatlichen Erziehungs- und Bildungssystem reagierten die Kinder und Jugendlichen überwiegend mit einem Rückzug in die Privatheit der Familie. Gestützt wurde die psychisch-soziale Orientierung am Refugium der Familie einerseits durch weiterbestehende deutsche Sozialtraditionen und andererseits auch durch äußere Bedingungen wie die begrenzte Mobilität, ein unzureichendes Angebot an attraktiven Freizeitmöglichkeiten und den Wohnungsmangel

---

198 So auf der Sommertagung der Studiengruppe Deutsche Frage in Auel bei Bonn im Juli 1991 (vgl. Volker Zastrow: Bei uns ist alles besser - bis auf das Gewissen. Zwei politische Kulturen in Deutschland?, in: FAZ vom 15.7.1991); vgl. auch Maaz 1991, 87f.

199 Dieser Befund einer entscheidenden Rolle der politischen Sozialisation in der ostdeutschen Familie stützt sich auf vielfältige subjektive Eindrücke. Aus der 'Innenperspektive' der DDR-Gesellschaft wurde diese Einschätzung von dem Jugendforscher Dr. Günter Lange vom Leipziger ZIJ und dem Psychologen Dr. Harald Pätzold von der Humboldt-Universität in Gesprächen mit dem Verfasser am 26. September 1990 in Leipzig bzw. am 5. Oktober 1990 in Berlin ebenso bestätigt wie von dem inzwischen vorgelegten Bericht über die demoskopische Erforschung familialer Sozialisation am Zentralinstitut für Jugendforschung Leipzig: Otmar Kabat vel Job: Jugend in der Familie, in: Jugend und Jugendforschung in der DDR 1991, 34-45. Auch verschiedene westliche Autoren argumentierten in diese Richtung: Gaus 1983/1986, 139-141; Hille 1985, 186-195; Gisela Helwig: Staat und Familie in der DDR, in: Die DDR in der Ära Honecker 1988, 466-480, vor allem 475-479; Grunenberg 1990, 90-92; Lemke 1991, 85-100.

in der DDR. Die Erziehung in den ostdeutschen Familien orientierte sich nicht, wie es offiziell verlangt war, am Leitbild der sozialistischen Persönlichkeit; eine unbeabsichtigte Übereinstimmung mit dem staatlichen Erziehungsziel ergab sich allerdings dadurch, daß traditionelle deutsche Verhaltensleitbilder wie Unterordnungsbereitschaft und Gehorsam, die auch dem Neuen Menschen eignen sollten, im autoritären Erziehungsstil[200] vieler DDR-Familien vermittelt wurden. Die auch als Reaktion auf weitreichende staatliche Einmischung zu verstehende zentrale Bedeutung der Familie im Erziehungsprozeß zeigte, daß der Versuch der SED, mittels der Organisation der gesellschaftlichen Rahmenbedingungen den Einfluß der familialen Sozialisation zurückzudrängen, wenn er denn einer bewußten Konzeption entsprang, gescheitert war und das Gegenteil des Beabsichtigten förderte.

Die Gesellschaftswissenschaften in der DDR haben ab Mitte der achtziger Jahre die Sozialisationsleistung der Familie, die als "soziales Reproduktionsverhältnis" begriffen wurde, eingeräumt; der "große und unersetzbare Wert der Familie für alle Seiten der Persönlichkeitsentwicklung der Kinder" wurde nun aufgrund empirischer Forschungsergebnisse ebenso bestätigt wie die "verhaltensdeterminierende Bedeutung der Eltern... auch für das späte Jugendalter"[201]. Die SED hat sich schließlich mit der zentralen Bedeutung der von ihr nicht steuerbaren Familie als Erziehungsinstanz abgefunden. Eine pragmatische Überlegung mag dabei gewesen sein, daß Häuslichkeit und Familiensinn, die im Lebenszielkatalog der jungen DDR-Bürger einen hohen Stellenwert einnahmen[202] und sich in der verbreiteten frühen Eheschließung ausdrückten, Zeit und Engagement beanspruchten, bestimmte Prioritäten mit sich brachten und somit ein Aktivitätspotential banden, das von den staatlichen Organisationen in steigendem Maße ohnehin nicht mehr erreicht werden konnte und die Stabilität des politischen Systems hätte gefährden können.

---

200 Die Malerin und Bürgerrechtlerin Bärbel Bohley betonte in einem Gespräch mit dem Verfasser am 21. Oktober 1988 in ihrem Berliner Atelier, daß in den meisten DDR-Familien autoritäre Verhaltensweisen eingeübt würden. Diese Einschätzung wurde eher durch eigene Beobachtungen und verschiedene Gespräche mit Eltern in der DDR gestützt als das Urteil der DDR-Soziologin Dr. Hildegard Maria Nickel, die am selben Tag in einem Gespräch mit dem Verfasser in Berlin die Ansicht vertrat, die "heutigen Eltern" seien durch den "Geist von 1968" geprägt und erzögen ihre Kinder in tolerantem, nicht autoritärem Stil vor allem zu Toleranz.

201 Weidig 1988, 281f.

202 Vgl. die Ergebnisse von mehreren ZIJ-Studien; veröffentlicht in: Harry Müller: Lebenswerte und nationale Identität, in: Jugend und Jugendforschung in der DDR 1991, 124-135, hier 125-129

5.3.2 Peer-group

Wie die Familien entziehen sich auch die informellen Bezugsgruppen von Gleichaltrigen oder Freunden dem Einfluß staatlicher Steuerung. In zahlreichen sozialwissenschaftlichen Untersuchungen[203] wurde die Bedeutung der Peer-group für die politische Sozialisation vor allem von Jugendlichen nachgewiesen, die unter Umständen die Bedeutung der Familie in diesem Bereich übertreffen kann. Die Nationalsozialisten hatten nicht ohne Erfolg versucht, in der besonders prägenden Lebensphase der Adoleszenz den Einfluß der Familie und informeller Gruppen durch eine staatliche Jugendorganisation zurückzudrängen; die verpflichtende Mitgliedschaft in der Hitlerjugend, die als "Jugenddienstpflicht" für die 10- bis 18jährigen gesetzlich verankert worden war, hatte sich als entscheidendes Instrument des NS-Regimes bei der ideologischen Erziehung und Integration der deutschen Jugend erwiesen[204]. Auch vor dem Hintergrund dieser Erfahrung wurde in der Bundesrepublik kein staatlicher Jugendverband gegründet. Die Zahlen der Mitgliedschaft von Jugendlichen in den Jugendorganisationen der bundesdeutschen Parteien und Gewerkschaften erreichen bei weitem nicht die anderer Vereine und Verbände[205]. Die politische Sozialisation in Gruppen von Gleichaltrigen oder Freunden ist in der Bundesrepublik nur schwach institutionalisiert und bleibt somit weitgehend frei von Einflußnahme durch den Staat oder politische Organisationen.

In der DDR hat die SED versucht, mit dem staatlichen Jugendverband FDJ, der etwa 75 % aller 14-25jährigen monopolartig organisierte[206], und anderen Massenorganisationen die Bedeutung der informellen und nicht steuerbaren Peer-groups gering zu halten. Durch das dicht gewobene "Sozialisationskartell"[207] von staatlichen Einrichtungen und Organisationen sollten die Freiräume der informellen Bezugsgruppen begrenzt werden. Zusammenkünfte von mehr als zehn Personen waren dem Staat der SED bereits verdächtig und daher meldepflichtig[208]; das staatliche Mißtrauen gegenüber nichtorganisierten Gruppen zeigte sich in seinem vollen Ausmaß erst nach dem Ende des SED-Regimes in dem aufgedeckten Heer von Geheimdienstspitzeln, die der

---

203 Vgl. Klaus Wasmund: Sind Altersgruppen die modernen politischen Verführer?, in: Handbuch der politischen Sozialisation 1982, 104-118; Behrmann 1983, 166-180; und die dort jeweils angegebene Literatur; sowie Almond / Powell 1984, 34
204 Vgl. Peter D. Stachura: Das Dritte Reich und die Jugenderziehung: Die Rolle der Hitlerjugend 1933-1939, in: Karl Dietrich Bracher / Manfred Funke / Hans-Adolf Jacobsen (Hg.): Nationalsozialistische Diktatur 1933-1945. Eine Bilanz, Bonn 1986, S. 224-244, hier S. 232-236
205 Vgl. Behrmann 1983, 174
206 Vgl. Anmerkung 144 in diesem Kapitel
207 Lemke 1991, 155
208 Vgl. Böhme 1986a, 42f.

politischen Führung Informationen auch über informelle Peer-groups geliefert hatten. Die zugrundeliegende Vorstellung war die einer völligen Planbarkeit und Organisierbarkeit sämtlicher Sozialisationsprozesse; möglichst alle Erziehungsinstanzen sollten auf das sozialistische Erziehungsziel hin ausgerichtet sein. Um diese übergeordnete Funktionalität auch in den informellen Gleichaltrigengruppen zu gewährleisten, wurde "tätiges Einwirken auf diejenigen, deren Verhalten als falsch begriffen wird", als die "wahrhafte Alternative" empfohlen[209]. Die Bedingungen der Sozialisation in den Peer-groups, die, worüber sich der DDR-Bildungssoziologe Artur Meier beunruhigt zeigte, "sich im allgemeinen dem Zugriff der Schule entziehen"[210], haben den Argwohn des Staates erregt. Unter diesen Voraussetzungen galt es schon als innovativ, als die Autoren einer Jugendstudie nichtorganisierte Freizeitgruppen als "völlig normale Erscheinung" bezeichneten und Auffassungen kritisierten, die diese Gruppen als sozialismusfremd ansahen und mit "Asozialität und Kriminalität" gleichsetzten[211].

Das Mißtrauen der Einheitspartei gegenüber allen nichtorganisierten und nichtkontrollierten Gruppen kam auch darin zum Ausdruck, daß der ostdeutsche Staat der evangelischen Kirche, die ab 1978 mit der semantisch komplexen Kompromißformel "Kirche im Sozialismus" einen Modus vivendi mit der Staatsmacht gefunden hatte, die organisatorische Einbindung[212] kritischer Bürger überließ, die sich der Integration durch die staatlichen Gruppen und Verbände sowieso entzogen. Das endgültige Scheitern des Kalküls der SED, die evangelische Kirche zur institutionellen Domestizierung der alternativen politischen Kultur zu gebrauchen und damit ihre eigene Herrschaft zu stabilisieren, zeigte sich darin, daß die unter dem Dach der Kirche entstandenen bzw. aufgefangenen Gruppen einen fruchtbaren Nährboden für die Protestkultur bildeten, deren Träger schließlich das Ende des sozialistischen Staates herbeiführen konnten.

---

209 Jänicke / Segert 1988, 61
210 Artur Meier: Soziologie des Bildungswesens. Eine Einführung, Köln 1974, S. 321; zit. n. Lemke 1991, 158
211 Vgl. Voß 1981, 243-245. In dieser ZIJ-Studie wurde zum ersten Mal von den DDR-Gesellschaftswissenschaften die Existenz und die Bedeutung nichtorganisierter Freizeitgruppen in der DDR eingeräumt.
212 Repräsentativ für die kritische Sicht der - bereits vielerorts dargestellten - "Kirche im Sozialismus" durch viele ostdeutsche Bürgerrechtler ist ein Buch von Rolf Henrich (1989, 237 und 234), der sich bereits vor der Revolution des Herbstes 1989 kritisch zur "ordnungspolitischen Arbeitsteilung" zwischen den "Bündnispartner(n)" sozialistischer Staat und "Kirche im Sozialismus" geäußert hat.

5.3.3 Bildungswesen

> "It is easier to change the philosophy of education than to change the educational system."[213]
>
> Sidney Verba

Neben den Inhalten und Zielen der beiden Bildungssysteme in der Bundesrepublik und in der DDR sind auch deren Strukturen für die Vermittlung der staatlichen Sozialisationsziele von Bedeutung. Das Bildungswesen in den beiden Staaten[214] reflektiert besonders deutlich den Unterschied zwischen dem föderalistischen und pluralistischen Staatsprinzip einerseits und dem zentralistischen und monistischen Staatsprinzip andererseits.

Das Bildungs- und Wissenschaftssystem der Bundesrepublik hat sich stark differenziert; in organisatorischer und administrativer Hinsicht ist ein Geflecht verschiedener Kompetenzen von Bund, überregionalen Gremien, Ländern, Gemeinden und den einzelnen, zum Teil privaten, Institutionen entstanden[215]. Ein Großteil der Zuständigkeiten für Bildung und Wissenschaft liegt bei den Bundesländern, die ihre Bildungspolitik in der Ständigen Konferenz der Kultusminister der Länder koordinieren. Das Grundgesetz unterstellt das gesamte Schulwesen zwar der staatlichen Aufsicht, jedoch wird die Errichtung privater Schulen, die vom Staat genehmigt werden müssen, ausdrücklich eingeräumt; diese privaten Schulen sind nur zulässig, wenn sie "in ihren Lehrzielen und Einrichtungen sowie in der wissenschaftlichen Ausbildung ihrer Lehrkräfte nicht hinter den öffentlichen Schulen zurückstehen und eine Sonderung der Schüler nach den Besitzverhältnissen der Eltern nicht gefördert wird"[216]. In der Bundesrepublik gab es verschiedene Versuche, die überlieferte vertikale Gliederung des - einer vierjährigen Grundschulzeit folgenden - Sekundarschulwesens in Hauptschule, Realschule und Gymnasium zugunsten einer horizontalen, inhaltlich und organisatorisch stärker integrierten Gliederung zu modifizieren bzw. aufzugeben. Im Zuge der Forderung nach sozialer Chancengleichheit im Bildungswesen wurde in der bildungspolitischen Reformperiode der sechziger Jahre der Typus der Gesamtschule eingeführt, den der Vorwurf egalisierender Tendenzen zum vieldiskutierten Politikum machte und der in den einzelnen Bundesländern in sehr unterschiedlichem Maße etabliert wurde[217].

Die bundesdeutschen Schulen und Lehrer unterliegen der Aufsicht des Staates, die jedoch ihre Grenzen in der "pädagogische(n) Eigenverantwortung

---

213 Verba 1965b, 166

214 Vgl. für einen ausführlichen Vergleich der Bildungssysteme in den beiden Staaten die Beiträge in: Vergleich von Bildung und Erziehung 1990.

215 Vgl. hierzu den Überblick bei Theodor Berchem: Bildung und Wissenschaft in der Bundesrepublik Deutschland, in: Deutschland-Handbuch 1989, 345-369, hier 360-365

216 Vgl. Art. 7, 1 und 4 Grundgesetz 1991, 25f.

der Schule" und der "pädagogische(n) Freiheit des Lehrers" findet. Die pädagogische Freiheit, die weniger weit als die akademische Lehrfreiheit gefaßt
ist, ermöglicht dem Lehrer einen "Gestaltungsspielraum eigenverantwortli-
cher Unterrichtung und Erziehung"[218]. Gleichwohl hat die Bildungskommis-
sion des Deutschen Bildungsrates im "Strukturplan für das Bildungswesen"
von 1970 ein quasi offizielles Berufsbild des Lehrers skizziert, das der Leh-
rerausbildung zur Orientierung diente. Zu den vielfältigen Aufgaben des Lehrers gehören demnach Unterricht, Erziehung, Beratung, Kooperation, Verwaltung, Organisation, Aufsicht und Innovation; weiterhin soll er "gesicherte"
Kenntnisse und Fertigkeiten sowie allgemein anerkannte Werte vermitteln
und die Fähigkeiten der Schüler fördern; schließlich hat er widersprüchliche
Rollenerwartungen von Schülern, Eltern, Kollegen, Schulaufsicht und der
Öffentlichkeit zu erfüllen[219]. Voraussetzungen für das Lehramt sind eine Ausbildung an einer wissenschaftlichen Hochschule und ein Referendariat. In den
siebziger Jahren hob der heftig umstrittene Extremistenbeschluß die Verpflichtung zur Verfassungstreue für Lehrer wie für alle anderen Angehörigen
des öffentlichen Dienstes stärker ins allgemeine Bewußtsein. Die staatliche
Überprüfung und Ablehnung von Bewerbern für den öffentlichen Dienst
wurde vielfach als Berufsverbot kritisiert; inzwischen haben die meisten Bundesländer die mit dem Radikalenerlaß eingeführte Regelanfrage bei den Ver-
fassungsschutzämtern wieder aufgegeben.

In der DDR wurde die Einheitlichkeit des sozialistischen Bildungssystems
stets betont, das alle Bildungseinrichtungen von der Krippe für Kinder ab dem
5. Monat bis zur Universität in einem Gefüge inhaltlich und organisatorisch
aufeinander abgestimmter Institutionen zusammenfaßte[220]. Bildung und Wissenschaft wurden in Entsprechung zu dem Prinzip des demokratischen Zentra-
lismus von den staatlichen Organen zentral geplant und geleitet. Dabei war
das Ministerium für Volksbildung für die Kindergärten, die allgemeinbildenden Schulen, die Volkshochschulen, die Institute der Lehrerbildung sowie die
Einrichtungen der Jugendhilfe zuständig und das Staatssekretariat für Berufs-

---

217 Vgl. hierzu etwa Peter Reichel: Bildungspolitik, in: Handbuch des politischen Systems der
    Bundesrepublik Deutschland 1977/1978, 57-67, hier 64-66; Mundt 1987, 66-70 und 118-
    130; Theodor Berchem: Bildung und Wissenschaft in der Bundesrepublik Deutschland, in:
    Deutschland-Handbuch 1989, 345-369, hier 346-354; Oskar Anweiler: Grundzüge der Bil-
    dungspolitik und der Entwicklung des Bildungswesens seit 1945, in: Vregleich von Bildung
    und Erziehung 1990, 11-33, hier 13-18 und 22-25; Christoph Oehler: Bildungspolitik, in:
    Politik-Lexikon 1991, 61-64, hier 62f.
218 Vgl. Hans Heckel / Hermann Avenarius: Schulrechtskunde. Ein Handbuch für die Praxis,
    Rechtsprechung und Wissenschaft, Neuwied, Darmstadt 1986⁶, S. 178 und 234; zit. n. Her-
    bert Stallmann: Lehrer und Lehrerbildung in der Bundesrepublik Deutschland und in der
    DDR - Allgemeinbildende Schulen, in: Pädagogische Berufe 1990, 23-48, hier 44
219 Vgl. Dieter Schulz: Lehrerbildung und Lehrerschaft in der Bundesrepublik, in: Vergleich
    von Bildung und Erziehung 1990, 510-525, hier 516

bildung für die Berufsschulen; dem Ministerium für Hoch- und Fachschulwesen unterstanden die Universitäten und die meisten Hoch- und Fachschulen und schließlich dem Ministerium für Gesundheitswesen die Kinderkrippen. Das Herzstück des gesamten Bildungswesens der DDR war die zehnklassige allgemeinbildende polytechnische Oberschule; als allgemeine Pflichtschule trat sie in den fünfziger Jahren an die Stelle einer achtjährigen Grundschule, mit der bereits vor der Gründung der DDR in der sowjetischen Besatzungszone die tradierte Dreigliederung des deutschen Schulsystems abgeschafft worden war. Neben dieser Einheitsschule, in deren Rahmen die SED Spezialschulen und Spezialklassen zur Heranbildung hochqualifizierter Eliten eingerichtet hatte, existierten keine von privaten oder anderen nichtstaatlichen Trägern unterhaltenen Schulen; unter den Kindergärten hingegen wurde eine geringfügige Anzahl von kirchlichen Einrichtungen geduldet.

Die Vermittlung weltanschaulicher Inhalte im Sinne der führenden Einheitspartei war nicht nur für die Schulen, sondern auch für die Universitäten der DDR vorgesehen. Ein Grundlagenstudium in Marxismus-Leninismus und eine vormilitärische Ausbildung bzw. der Erwerb von Kenntnissen und Fertigkeiten im Bereich der Zivilverteidigung[221] waren für die Studenten aller Fachrichtungen obligatorisch. Der staatliche Jugendverband FDJ organisierte jährlich "Studentenbrigaden": das waren von Studierenden gebildete "Arbeitskollektive", die zwischen den Studienjahren, im "Studentensommer", für einige Wochen in der Produktion praktische Erfahrungen sammeln konnten; in diesen "Schulen der sozialistischen Arbeit" sollten außerdem "wichtige Werte und Moralnormen sozialistischer Lebensweise erlebt und ausgeprägt werden"[222].

An den allgemeinbildenden Schulen der DDR wurden zwei Arten von Lehrern unterschieden: die Unterstufenlehrer für die Klassen 1 bis 4, die nach Abschluß der zehnklassigen Oberschule ein vierjähriges Studium an einer Fachschule absolviert hatten, und die Diplomlehrer für die Klassen 5 bis 12,

---

220 Vgl. hierzu Gesetz über das einheitliche sozialistische Bildungssystem vom 25. Februar 1965, in: Gesetzblatt der DDR 1965, Teil I, 83-106; Sontheimer / Bleek 1972/1979, 176-187; Hauptabteilung Lehrerbildung des Ministeriums für Volksbildung 1986, 248f.; Handbuch zum Bildungswesen der DDR 1987, 13-23, 55-61 und 86; Pädagogisches Wörterbuch 1987, 214 und 353; Gisela Helwig: "Solides Wissen und klassenmäßige Erziehung". Zur Einführung in das Bildungssystem der DDR, in: Schule in der DDR 1988, 5-36, hier 10-20; Schneider 1988, 17 und 85f.; Dietmar Waterkamp: Bildungswesen und Bildungspolitik seit 1970, in: Die DDR in der Ära Honecker 1988, 531-545; Oskar Anweiler: Bildung und Wissenschaft in der DDR, in: Deutschland-Handbuch 1989, 370-388; Glaeßner 1989, 284-292; Günther 1989, 17-27; Oskar Anweiler: Grundzüge der Bildungspolitik und der Entwicklung des Bildungswesens seit 1945, in: Vergleich von Bildung und Erziehung 1990, 11-33, hier 13-22 und 29-32; Lemke 1991, 101-119

221 Zum allgemeinen Grundlagenstudium gehörten weiterhin die Ausbildung in Russisch sowie in mindestens einer weiteren lebenden Fremdsprache und der Sportunterricht (vgl. Günther 1989, 171).

222 Vgl. Pädagogisches Wörterbuch 1987, 366

die fünf Jahre an einer wissenschaftlichen Hochschule studiert hatten; ein zusätzlicher Vorbereitungsdienst für das Lehramt existierte nicht[223]. Gab das in der Bundesrepublik von den Lehrern geforderte Bekenntnis zur freiheitlich-demokratischen Grundordnung einen relativ breiten Rahmen für weltanschauliche Positionen vor, so war in der DDR die von der Partei definierte offizielle Ideologie in allen Details verbindlich. Bei der staatlichen Auswahl der Lehrer waren politisch-ideologische Aspekte vorherrschend, was sich in der Reihenfolge der Kriterien ausdrückte, die das Volksbildungsministerium für die Regelung des Zugangs zum Lehrerberuf vorsah: Entscheidende Bedeutung kam hier der "Persönlichkeit des Lehrers, seiner weltanschaulichen Position, politisch-moralischen Überzeugtheit und Haltung, seiner wissenschaftlichen Bildung, seinem Kulturniveau sowie seiner pädagogischen Meisterschaft"[224] zu. In der Erziehungs- und Bildungsgesellschaft der DDR waren an die Lehrer besonders hohe Anforderungen gestellt; das Bildungsgesetz von 1965 normierte ihre Aufgaben, zu denen unter anderem gehörte:

"- Die Lehrer und Erzieher in der Deutschen Demokratischen Republik tragen eine große Verantwortung für die sozialistische Bildung und Erziehung der heranwachsenden Generation. Sie erziehen die Jugend mit Klugheit, Liebe und Umsicht und bereiten sie auf das Leben im Sozialismus vor. Sie leisten einen bedeutenden Beitrag für die Entwicklung unseres Volkes zur gebildeten sozialistischen Nation. ...
- Die wichtigste gesellschaftliche Aufgabe des Lehrers und Erziehers ist eine qualifizierte sozialistische Bildungs- und Erziehungsarbeit. In seiner gesellschaftlichen Tätigkeit außerhalb des Unterrichts soll sich der Lehrer vorwiegend Aufgaben der Erziehung und der Freizeitgestaltung der Jugend zuwenden können. ...
- Die Lehrer erziehen ihre Schüler im Geiste des Sozialismus, des Friedens, zur Liebe zur Deutschen Demokratischen Republik, zur Arbeit und zu den arbeitenden Menschen. Sie erziehen sie zur Bereitschaft, die Errungenschaften ihrer sozialistischen Heimat zu verteidigen.
- Die Lehrer bereiten ihren Unterricht gewissenhaft und schöpferisch vor und führen ihn mit hoher Qualität durch. Sie bilden sich ständig und systematisch weiter. ...
- Bei der Bildung und Erziehung der Schüler arbeiten die Lehrer und Erzieher eng mit den Werktätigen, den sozialistischen Brigaden und den Neuerern zusammen.
- Die Lehrer und Erzieher fördern und nutzen die Tätigkeit der Freien Deutschen Jugend und

---

223 Vgl. Herbert Stallmann: Lehrer und Lehrerbildung in der Bundesrepublik Deutschland und in der DDR - Allgemeinbildende Schulen, in: Pädagogische Berufe 1990, 23-48, hier 24-26. Die nichtakademische Ausbildung der Lehrer für die unteren Klassen erfolgte an einem Institut für Lehrerbildung, einer staatlichen Fachschule, an der auch die Freundschaftspionierleiter und die Heimerzieher ausgebildet wurden (vgl. Pädagogisches Wörterbuch 1987, 181).

224 Direktive des Ministers für Volksbildung zur gezielten Auswahl und Vorbereitung von Bewerbern für ein Diplomlehrerstudium vom 10. Dezember 1980, in: Ministerium für Volksbildung. Hauptabteilung Lehrerbildung (Hg.): Die Lehrerbildung in der DDR. Eine Sammlung der wichtigsten Dokumente und gesetzlichen Bestimmungen für die Ausbildung der Lehrer, Erzieher und Kindergärtnerinnen, Berlin /DDR, S. 167-172, hier S. 167; zit. n. Gerlind Schmidt: Lehrerbildung und Lehrerschaft in der DDR, in: Vergleich von Bildung und Erziehung 1900, 526-538, hier 528

ihre Pionierorganisation 'Ernst Thälmann' und arbeiten mit ihnen bei der sozialistischen Erziehung der Jugend eng zusammen. ..."[225]

Die auch in der Schulordnung von 1979 kodifizierten Anforderungen an den Lehrer, unter anderem die im Arbeitsplan der Schule, im Klassenleiterplan, im Stundenplan sowie im "Zeitplan für die außerunterrichtliche Bildungs- und Erziehungsarbeit" zentral und detailliert festgelegten[226] Vorschriften engten die Gestaltungsmöglichkeiten des einzelnen Lehrers stark ein. Diese Bevormundung der Pädagogen durch die Partei hat den Unwillen und in den letzten Jahren der DDR verstärkt auch die offene Kritik der Lehrer hervorgerufen; die SED hat diese Signale ernstgenommen, das wird in dem Eingeständnis der Volksbildungsministerin Margot Honecker vom Juni 1989 deutlich, daß die bis dahin geltenden Regelungen "zu viel vorschreiben und damit die Verantwortung der Pädagogen nicht genügend berücksichtigen"[227] und daher zu verbessern seien.

Den Lehrern in der DDR war aufgetragen, über die schulische Sozialisation hinaus auch auf die Erziehung in der Familie Einfluß zu nehmen. Das Bildungsgesetz verpflichtete sie dazu, die "Eltern bei der sozialistischen Erziehung der Kinder" zu unterstützen und für "ein enges und vertrauensvolles Zusammenwirken zwischen Elternhaus und Schule" zu sorgen[228]. Diesem Ziel sollte beispielsweise der "Elternbesuch" als "wichtige Form der Zusammenarbeit von staatlichen Bildungseinrichtungen und Familie"[229] dienen, zu dem Lehrer und Erzieher verpflichtet waren. Nach der Öffnung der Archive des Ministeriums für Staatssicherheit ergaben sich Hinweise darauf, daß Lehrer über politisch 'unsichere' Schüler "Gefährdeten-Karteien" führen und den Staatssicherheitsdienst informieren mußten[230]. Kontrolliert werden konnte der Unterricht der ostdeutschen Lehrer in Hospitationen durch Kollegen, Elternvertreter oder Schulfunktionäre, zum Teil auch unangekündigt durch "Fachberater", die darauf achteten, daß der Unterricht den offiziellen ideologischen Vorgaben entsprach[231].

---

225 Gesetz über das einheitliche sozialistische Bildungssystem vom 25. Februar 1965, § 25, in: Gesetzblatt der DDR 1965, Teil I, 94

226 Vgl. Verordnung über die Sicherung einer festen Ordnung an den allgemeinbildenden polytechnischen Oberschulen - Schulordnung - vom 29. November 1979, vor allem § 6-9, in: Hauptabteilung Lehrerbildung des Ministeriums für Volksbildung 1986, 165-179, vor allem 167-170

227 Margot Honecker: Unser sozialistisches Bildungssystem - Wandlungen, Erfolge, neue Horizonte. Referat auf dem IX. Pädagogischen Kongreß vom 12.-15. Juni 1989 in Berlin, in: Deutsche Lehrerzeitung 1989/25, Dokumentation, S. 7-16; zit. n. Herbert Stallmann: Lehrer und Lehrerbildung in der Bundesrepublik Deutschland und in der DDR - Allgemeinbildende Schulen, in: Pädagogische Berufe 1990, 23-48, hier 29

228 Vgl. Gesetz über das einheitliche sozialistische Bildungssystem vom 25. Februar 1965, § 25,5, in: Gesetzblatt der DDR 1965, Teil I, 94

229 Pädagogisches Wörterbuch 1987, 96

230 Vgl.: Lehrer mußten angeblich für die Stasi Schüler bespitzeln, in: SZ vom 21.1.1992

Für die Frage nach der Durchsetzung der staatlichen Erziehungsziele in der DDR war vielleicht noch wichtiger als die Inhalte und Ziele der schulischen Sozialisation die Art, in denen der Lehrstoff vermittelt wurde: In der Schule fand "frontaler Unterricht" statt, mit militärischen Formen wie dem "Schulappell" wurde Disziplin exerziert[232], der schulische Erziehungsstil war stärker als der in der Bundesrepublik autoritär geprägt[233], das Repetieren dominierte gegenüber der Diskussion, Konflikte wurden unterdrückt, eigene Meinungen waren nicht gefragt. Dabei deckte sich der Inhalt des sozialistischen Erziehungsziels, vor allem in den Merkmalen Gehorsam, Anpassungsbereitschaft und Zurückstellen eigener Interessen zugunsten der Belange der Gemeinschaft, mit dem Stil, mit dem es von den Lehrern vermittelt wurde. Das, was die Lehrpläne als Ziel der sozialistischen Bildung vorschrieben, hatte meistens weder mit der Persönlichkeit des Lehrers noch der des Schülers viel zu tun. Es blieb ihnen äußerlich, sie sprachen davon in der dritten Person.

5.3.4 Massenmedien

Den Einfluß von Massenkommunikationsmitteln auf die politische Sozialisation haben zahlreiche Untersuchungen[234] nachgewiesen; er gilt, nachdem er lange Zeit fast ignoriert worden ist, inzwischen als evident. Die institutionellen Möglichkeiten einer staatlichen Führung, durch die Presse, durch Radio und Fernsehen sowie durch Bild- und Tonträger der Unterhaltungselektronik das disperse Publikum dieser Informationsträger zu beeinflussen, sind in

---

231 Das machte der Psychologe Dr. Harald Pätzold von der Humboldt-Universität in einem Gespräch mit dem Verfasser am 5. Oktober 1990 in Berlin deutlich. Offizielle Hinweise auf Hospitationen und Fachberater finden sich auch in: Pädagogisches Wörterbuch 1987, 173 und 123.

232 Pädagogisches Wörterbuch 1987, 141 und 325

233 Vgl. Dietmar Waterkamp: "Achtung - Sammeln!" Disziplin in der Schule der DDR, in: Schule in der DDR 1988, 37-64; Dietmar Waterkamp: Erziehung in der Schule, in: Vergleich von Bildung und Erziehung 1990, 261-277, hier 275.
Waterkamp und viele ehemalige DDR-Bürger berichten von verbreiteten Disziplinproblemen in den Schulen des sozialistischen Staates. Dagegen steht das Urteil einer (namentlich nicht genannten) "brandenburgischen Lehrerin" in einem Interview vom Herbst 1991: Ihre Arbeitssituation habe sich in der letzten Zeit dahingehend verändert, "daß wir bisher Disziplinprobleme wirklich nicht kannten. Unsere ganze gesellschaftliche Situation war eben so. Die Schüler waren über Jahrzehnte gewohnt, im Unterricht still zu sein bei all den Lehrern, die sie akzeptiert haben als solche." (Kinder der Revolution. Interview mit einer brandenburgischen Lehrerin (Fragen gestellt von Klaus Schuricht), in: DA 1992/3, 304-306, hier 304) Zutreffend ist sicherlich, daß seit dem totalen Umbruch die Diszplinprobleme in den ostdeutschen Schulen in einem dort bislang unbekannten Maße auftreten; jedoch stellt das völlige Leugnen von Disziplinproblemen für den Unterricht in der DDR eine nachträgliche Schönung dar, wie sie als 'DDR-Nostalgie' in den fünf neuen Bundesländern immer häufiger anzutreffen ist.

einem zentralistisch und autoritär regierten politischen System fraglos größer als in einer pluralistisch strukturierten liberalen Demokratie. In Westdeutschland entstand nach dem Zweiten Weltkrieg ein duales System einer privatwirtschaftlich organisierten Presse einerseits und eines öffentlich-rechtlichen Rundfunks andererseits, wobei anderen Massenmedien wie Buch und Film eine geringere Bedeutung zukam. Für die Rundfunk- und Fernsehanstalten wurde in Gesetzen geregelt, welche Gruppen in den Aufsicht führenden und entscheidenden Gremien vertreten sein sollen. In den Rundfunk- und in den Fernsehrat entsenden nach einem bestimmten Proporz die Regierungen, die Parlamente sowie die politischen, weltanschaulichen und gesellschaftlichen Gruppen ihre Vertreter; teilweise werden die Mitglieder aber auch von den Parlamenten gewählt. In diesem Proporzsystem haben sich seit den fünfziger Jahren vor allem die politischen Parteien erfolgreich um den Ausbau ihres Einflusses, etwa auf Personalentscheidungen bei Führungspositionen, bemüht[235]. Durch die Zulassung privat-kommerzieller Rundfunk- und Fernsehanbieter hat sich in den achtziger Jahren der Rundfunk selbst zu einem dualen System gewandelt. Diese neue Konkurrenz ließ auch die öffentlich-rechtlichen Anstalten die Unterhaltung auf Kosten von Information und Bildung aufwerten; andererseits wurde jedoch für die privaten Veranstalter eine "neue Unbefangenheit gegenüber dem politisch-administrativen Bereich" registriert, die sich von dem für die öffentlichrechtlichen Programme oftmals typischen Verlautbarungs- und "Stichwortgeber-Journalismus" positiv abhebt[236].

Neben den institutionellen und personalpolitischen Möglichkeiten der Einflußnahme sind andere Versuche der Instrumentalisierung des stark genutzten Mediums Fernsehen eventuell noch wirkungsvoller: Die meisten

---

234 Vgl. zum Beispiel Jürgen Hüther: Politische Sozialisation: Massenmedien, in: Handwörterbuch zur politischen Kultur der Bundesrepublik Deutschland 1981, 358-360; Rainer Geißler: Welchen Einfluß haben Massenmedien auf politisches Bewußtsein und politisches Handeln?, in: Handbuch der politischen Sozialisation 1982, 84-103; Behrmann 1983, 181-191; Max Kaase: Massenmedien, in: Westliche Industriegesellschaften 1983, 228-234; Margareta Mommsen-Reindl: Massenmedien, in: Sozialistische Systeme 1986, 278-281; Hans-Mathias Kepplinger / Rainer Mathes: Massenmedien und politische Sozialisation, in: Politische Kultur in Deutschland 1987, 183-196; Heinrich Oberreuter: Wirklichkeitskonstruktion und Wertwandel. Zum Einfluß der Massenmedien auf die politische Kultur, in: ApuZ 1987/27, 17-29; Ulrich Sarcinelli: Massenmedien und politische Bildung: Komplementärfunktion oder Konkurrenz?, in: Vierzig Jahre politische Bildung 1990, 97-108; Ulrich Sarcinelli: "Prinzip Verantwortung" als politische und pädagogische Bezugsgröße. Überlegungen zum Verhältnis von Politikwissenschaft und politischer Bildung, in: Zur Theorie und Praxis der politischen Bildung 1990, 367-378, hier 376f.; Lemke 1991, 187-197; und die dort jeweils genannte Literatur

235 Vgl. Horst Holzer: Massenkommunikation, in: Handbuch zum politischen System der Bundesrepublik Deutschland 1977/1978, 374-378; Heribert Schatz: Massenmedien in der Bundesrepublik Deutschland, in: Deutschland-Handbuch 1989, 389-401

236 Vgl. Heribert Schatz: Massenmedien in der Bundesrepublik Deutschland, in: Deutschland-Handbuch 1989, 389-401, hier 400

bundesdeutschen Politiker und die Parteien gebrauchen das Fernsehen zur eigenen Inszenierung; eine perfektionierte Öffentlichkeitsarbeit und Stäbe von professionellen Medienberatern zielen darauf, die jeweilige Sicht politischer Sachverhalte möglichst unverändert auf den Bildschirm zu bringen. Die fernsehübliche vordergründige, auf Spektakuläres fokussierende Darstellung politischer Prozesse fördert auf der einen Seite mediengerechte Ritualisierungen von Politik, auf der anderen Seite ermöglicht sie dem Zuschauer eine "symbolische Beteiligung"[237], sie vermittelt ihm das Gefühl der Partizipation und erübrigt damit tendenziell die reale Beteiligung.

In der DDR war die staatliche Lenkung und Kontrolle der Massenmedien in der offiziellen Ideologie des Marxismus-Leninismus begründet. Die zentralistische Indienstnahme von Presse, Rundfunk, Fernsehen und anderen Massenkommunikationsmitteln als Instrumente der führenden Partei zur Agitation und Propaganda, zur Schaffung eines sozialistischen Bewußtseins konnte sich auf Lenins Thesen über die Parteipresse als "kollektiver Agitator, Propagandist und Organisator"[238] und die Übertragung dieser Thesen auf alle Massenmedien stützen. Die in der Verfassung der DDR gewährleistete "Freiheit der Presse, des Rundfunks und des Fernsehens"[239] war somit nur im Sinne des Lenin-Diktums zu verstehen, daß "die Pressefreiheit in der sozialistischen Ordnung niemals die Freiheit für die Bourgeoisie, für die Feinde des Sozialismus sein kann"[240]. Eine besonders wichtige Funktion sollten die Massenkommunikationsmittel der DDR mit der scharfen politischen und ideologischen Abgrenzung gegenüber dem Westen erfüllen; der SED galten sie vor allem als "wichtiges Führungsinstrument der Partei der Arbeiterklasse im Kampf gegen alle Erscheinungsformen der bürgerlichen Ideologie"[241].

Die institutionalisierte Leitung und Kontrolle der Massenmedien durch das Politbüro der Einheitspartei erfolgte im wesentlichen über den Sekretär des Zentralkomitees der SED für Agitation und Propaganda, das Presseamt beim Vorsitzenden des Ministerrates, die monopolistische Stellung des Allgemeinen Deutschen Nachrichtendienstes, der einzigen Nachrichten- und Fotoagentur der DDR, und schließlich über die staatlichen Komitees für Rundfunk und für Fernsehen[242]. Die dominierende Stellung unter den ostdeutschen Tageszeitungen kam dem SED-Zentralorgan "Neues Deutschland" zu; dane-

---

237 Vgl. Ulrich Sarcinelli: Massenmedien und politische Bildung: Komplementärfunktion oder Konkurrenz?, in: Vierzig Jahre politische Bildung 1990, 97-108, hier 103. Sarcinelli verweist dort auf frühere eigene Verwendungen des Begriffs.
238 Zit. n. DDR Handbuch 1985, 879
239 Art. 27,2 Verfassung der DDR 1986, 78
240 Wladimir Iljitsch Lenin: Werke, Bd. 32, Berlin /DDR 1967, S. 529 (zit. n. Manfred Rexin: Massenmedien in der DDR, in: Deutschland-Handbuch 1989, 402-412, hier 403)
241 Pädagogisches Wörterbuch 1987, 250
242 Vgl. Glaeßner 1989, 221-223

ben waren mit deutlich geringeren Auflagen die Tageszeitungen der vier Blockparteien CDU, DBD, NDPD und LDPD lizensiert. Die führende Partei der Kommunisten hatte ihre Medienpolitik am Prinzip der "Massenverbundenheit der Presse" orientiert[243]; die regionalen Blätter der DDR, die in ihren Artikeln stärker als die großen Parteizeitungen von den alltäglichen Problemen der Leser handelten, waren, so das Urteil von Jürgen Kuczynski im sozialdemokratischen "Vorwärts" vom Juli 1988, "besser"[244].

Unter den 541 Zeitschriften, die im Jahr 1987 in der DDR herausgegeben wurden, befanden sich 34 kirchliche und theologische Zeitschriften[245]. In den achtziger Jahren sind verschiedene Kirchenzeitungen durch eine systemkritische Haltung aufgefallen; um diesen Periodika das Wasser abzugraben, wurde eine Zeitschrift wie die "Weißenseer Blätter" in Berlin gegründet, die von orthodoxen Marxisten geleitet wurde[246] und die Politik der SED in der Kirche propagieren sollte.

Eine besondere Situation ergab sich für die Massenmedien der DDR durch die Konkurrenz der bundesdeutschen Rundfunk- und vor allem Fernsehprogramme, die die ostdeutsche Bevölkerung in ihrer überwiegenden Mehrheit[247] Abend für Abend den Sendungen des DDR-Fernsehens vorzog. Nachdem in den sechziger Jahren FDJ-Aktivisten auf den Hausdächern die auf den Empfang westlicher Sender ausgerichteten Antennen verstellt hatten, arrangierte sich die SED-Führung Anfang der siebziger Jahre mit der Präsenz des großen westlichen Nachbarn auf den Bildschirmen des Landes und akzeptierte schließlich das weit verbreitete Fernsehverhalten, das sie ohnehin nicht

---

243 Vgl. hierzu die instruktive Untersuchung von Ellen Bos (1992, vor allem 42-90).

244 Vgl. Vorwärts vom 23. Juli 1988, S. 14; zit. n. Manfred Rexin: Massenmedien in der DDR, in: Deutschland-Handbuch 1989, 402-412, hier 410f.

245 Vgl. Manfred Rexin: Massenmedien in der DDR, in: Deutschland-Handbuch 1989, 402-412, hier 411

246 So die - auch namentlich fundierte - Einschätzung von Bärbel Bohley in einem Gespräch mit dem Verfasser am 21. Oktober 1988 in Berlin.
Die "Weißenseer Blätter" die laut eigener Angabe "im Auftrag des Weißenseer Arbeitskreises (Kirchliche Bruderschaft in Berlin Brandenburg)" herausgegeben wurden, vermischten bei Erfüllung ihrer Aufgabe auf manchmal kuriose Weise den Jargon und Sprachhabitus von Kirchenleuten mit den sehr handfesten Interessen der führenden Partei; so hieß es etwa in einem von 52 Personen, darunter Pfarrer und Kirchenfunktionäre, unterzeichneten "Offene(n) Brief an Bischof Dr. Gottfried Forck": "Solche Verdunkelung ist geschehen, indem die im Auftrag der Kirchenleitung mehr als zwei Wochen lang stattfindenden 'Fürbitt-Andachten" und 'Fürbitt-Gottesdienste' das Wort und Werk des Herrn in den Dienst eigenmächtig gewählter Wünsche und Pläne stellten. Das betrachten wir als Widerspruch zu unserem Bekenntnis (Theologische Erklärung von Barmen, These VI). Wenn sich die Kirche als eigenständige gesellschaftliche Kraft, als Forum für Aussteiger und Auswanderer zu profilieren sucht, müssen wir widersprechen. Die Kirche ist weder dazu berufen, die bestehende Gesellschaftsordnung zu rechtfertigen noch die Kritiker des Sozialismus in ihrer Kritik zu bestätigen. Vor allem kann die Kirche nicht die 'Gegenseite' sein, auf die solche überlaufen, die sich vom Sozialismus abgewandt haben und ihn nun untergraben wollen." (Weißenseer Blätter 1988/1, S. 2)

ändern konnte. Als 1985 der Bezirk Dresden verkabelt wurde, in dem wie in einer Gegend im Mecklenburgischen kein Westfernsehen empfangen werden konnte, offerierten die staatlichen Behörden den Kabelanschluß an die begehrte westlichen Programme[248]. Der Grund dafür mag gewesen sein, daß in der umgangssprachlich als "Tal der Ahnungslosen" bezeichneten Region, in der die Nachrichtensendungen und politischen Magazine aus Hamburg, Mainz oder Köln nicht verfolgt werden konnten, das Klischee vom goldenen Westen verbreiteter war als sonstwo in der DDR.

Die Informations- und Hintergrundsendungen der bundesdeutschen Fernsehanstalten, deren Berichterstattung über die Regierenden, über politische Mißstände und Skandale den in der DDR sozialisierten ostdeutschen Zuschauern ungewohnt kritisch vorkommen mußten, trugen unfreiwillig und unvermeidbar zur Zementierung des Zerrbildes bei, das die SED von der Bundesrepublik gezeichnet hatte. Und so waren zahlreiche Bürger der DDR nach der Grenzöffnung bei ihren ersten Besuchen im Westen tatsächlich überrascht, daß der Staat und die Gesellschaft, die sie vorfanden, so gar nicht dem Bild entsprachen, das sie sich aufgrund der jahrelangen Nutzung westdeutscher Fernsehprogramme und wohl auch nicht unbeeinflußt von der offiziellen Ideologie angefertigt hatten.

---

247 Im Jahr 1985 gaben 82 % von 205 im Aufnahmelager Gießen begragten Zuwanderern aus der DDR an, daß sie in der DDR fast täglich Sendungen im Westfernsehen angeschaut hatten. Diese Gruppe war nicht repräsentativ für die DDR-Bevölkerung, jedoch zeigte sie eine Tendenz an, die von zahlreichen Aussagen inzwischen bestätigt wurde (vgl. Kurt Hesse: Westmedien in der DDR, Köln 1988, S. 41; nach: Lemke 1991, 189f.).
248 Vgl. Der Spiegel vom 4.11.1985, S. 97

6. Akzeptanz und Effizienz der staatlichen Steuerungsversuche

6.1 Die reale politische Kultur in der Bundesrepublik

"Kein Deutschland gekannt zeit meines Lebens.
Zwei fremde Staaten nur, die mir verboten,
je im Namen eines Volkes der Deutsche zu sein.
Soviel Geschichte, um so zu enden?

Man spüre einmal: das Herz eines Kleist und
die Teilung des Lands. Man denke doch: welch ein Reunieren,
wenn einer, in uns, die Bühne der Geschichte aufschlüg!

Vielleicht, wer deutsch ist, lernt sich ergänzen.
Und jedes Bruchstück Verständigung
gleicht einer Zelle im nationalen Geweb,
die immer den Bauplan des Ganzen enthält."[1]
Botho Strauß, Wann war das und wo?

Die politische Kultur der Bundesrepublik Deutschland gehört zu den am gründlichsten erforschten der Welt. Die Frage nach den Ursachen für das folgenreiche Scheitern der ersten deutschen Republik, die Sorge, ob sich die Deutschen von den Schatten der Vergangenheit würden lösen können, und die Skepsis, ob die Bundesrepublik auch wirklich ein ganz normaler Staat der westlichen Staatengemeinschaft geworden sei, motivierten zahlreiche Untersuchungen. Speziell für deutsche Autoren kam, verstärkt seit Beginn der achtziger Jahre, die Frage nach der deutschen Identität als Movens hinzu, die eine lange Geschichte hat und der nach dem Zweiten Weltkrieg ebensowenig wie vor der Reichsgründung durch Bismarck ein nationalstaatlicher Rahmen gegeben war.

In den fünfziger Jahren wurde in demoskopischen Erhebungen ein passives und formal-distanziertes Verhältnis der Bundesbürger zur Politik bei einem gleichzeitig hohen politischen Informationsstand ermittelt; betont wurde immer wieder eine starke Output-Orientierung, also eine Erwartungshaltung gegenüber den Dienstleistungen und Vergünstigungen des politischen Systems und das ausgeprägte Vertrauen in Regierung und Verwaltung, wäh-

---

1   Botho Strauß: Diese Erinnerung an einen, der nur einen Tag zu Gast war. Gedicht, mit einer Nachbemerkung von Martin Walser, München, Wien 1985, München 1992, S. 50

rend ein nur geringes Interesse an einer eigenen Beteiligung festgestellt wurde[2]. Die amerikanischen Forscher konnten sich in den pessimistischen Prognosen dieser Jahre nur in sehr langfristigen Perspektiven vorstellen, daß die Westdeutschen zu überzeugten Demokraten würden. Die hohe Wahlbeteiligung in der frühen Bundesrepublik, die auf den ersten Blick im Widerspruch zu dem in Umfragen ermittelten schwachen Glauben an die eigenen Einflußmöglichkeiten gegenüber dem politischen Prozeß stand, wurde damit erklärt, daß das Wahlrecht von den Deutschen vor allem als eine Wahlpflicht aufgefaßt worden sei[3], der man zu genügen habe, als eine politische Aktivität, die, wie es in einer neueren polemischen Interpretation hieß, "nach Hitlergruß im nationalsozialistischen Deutschland und dem Strammstehen im kaiserlichen"[4] eben nun staatlich gefordert war. Für die Fünfländerstudie von Almond und Verba wurden die Bürger befragt, worauf sie in ihrem Land am meisten stolz seien; die Westdeutschen nannten am häufigsten die Eigenschaften der Bevölkerung sowie das Wirtschaftssystem und nur selten die politischen Institutionen, auf die wiederum die Briten und vor allem die Nordamerikaner am meisten stolz waren[5]. Diese Orientierung der Bundesdeutschen an der Wirtschaftsleistung, die in den fünfziger Jahren ausschlaggebend für die Systemakzeptanz war, wurde verschiedentlich[6] mit empörtem Unterton registriert; dabei wurde meist übersehen, daß es in einem zerstörten und wiederaufgebauten Land doch nahelag, daß sich die Identifikation stärker über die wirtschaftlichen Erfolge als über die neugeschaffenen politischen Institutionen herstellte, die in weiten Teilen der Bevölkerung als von den Alliierten eingepflanzt empfunden wurden.

Für die amerikanischen Wissenschaftler, die stabile demokratische Einstellungen als generell eng verbunden mit wirtschaftlichem Wohlstand ansahen, wurde die Bundesrepublik zu einem interessanten *"deviant case"*[7]; die emotionale Identifikation mit dem politischen System, die als Voraussetzung für eine stabile Demokratie gilt, hätte ihren Annahmen zufolge angesichts der wirtschaftlichen Entwicklung höher ausfallen müssen. Die Orientierung der

---

2   Vgl. Almond / Verba 1963, vor allem 428f. und 494-497. Die zugrundegelegten Interviews in Deutschland waren in den späten fünfziger Jahren durchgeführt worden.

3   Vgl. Verba 1965b, 147-150. Die These einer passiven Orientierung der Bundesdeutschen gegenüber der Politik wurde an dieser Stelle auch mit der - im Vergleich zu den USA und Großbritannien - nur formalen, nicht aktiven Mitgliedschaft in politischen Organisationen untermauert.

4   Martin Greiffenhagen: Die Bundesrepublik Deutschland 1945-1990. Reformen und Defizite der politischen Kultur, in: APuZ 1991/1-2, 16-26, hier 21

5   Vgl. Almond / Verba 1963, 102

6   Vgl. zum Beispiel den Passus "Politische Werte: Wohlstand als Ersatz für die verlorenen Paradiese?", in: Reichel 1981b, 113-118

7   Sidney Verba (1965b, 131) bezieht sich hier auf Seymour M. Lipset: Political Man, Garden City 1960, Kap. 2. Das in Umfragen ermittelte Bekenntnis der Westdeutschen zur Demokratie wurde als "lip service" (Verba 1965b, 137) interpretiert.

Bundesbürger gegenüber dem neuen demokratischen System wurde noch bis in die sechziger Jahre hinein als pragmatisch, als fast zynisch beschrieben[8]; dieser als übertrieben eingeschätzte Pragmatismus gab zu Mißtrauen Anlaß, da er die innerliche Bindung an das politische System vermissen lasse, die eine stabile Demokratie benötige. Die nüchterne, skeptische Haltung der Westdeutschen der Nachkriegszeit gegenüber allem Politischen ist vor dem Hintergrund der Erfahrung der Überpolitisierung in der nationalsozialistischen Diktatur nur zu begreiflich; darüber hinaus kann mit *Klaus von Beyme* gefragt werden,

"ob die deutschen Zyniker nicht weitgehend bloß einen in der ganzen westlichen Welt vorherrschenden Zynismus in bezug auf die nationale Identität Deutschlands nachvollzogen. Die Inkonsequenz der Haltung der westlichen Nationen, die Teilung von Nationen für ein Unrecht zu halten, sie gleichzeitig aber aus Gründen der Sicherheit und Bequemlichkeit (in der Auseinandersetzung mit dem Ostblock) in Deutschland verhältnismäßig positiv zu bewerten, kann bei den Betroffenen eigentlich nur Zynismus und Apathie in dieser Frage hervorrufen."[9]

Die Bundesbürger zeigten in den fünfziger und frühen sechziger Jahren, das läßt sich aus den Ergebnissen der amerikanischen Umfragen ablesen, noch deutliche Spuren der unpolitischen und obrigkeitsstaatlichen Traditionen der deutschen politischen Kultur. Das darf auch nicht wundernehmen; die Erwartung, diese Kontinuität könnte mit der Gründung der Republik und der Orientierung der staatlichen Sozialisation am Typus der demokratischen Persönlichkeit in kurzer Zeit gebrochen werden, war wenig realistisch: Wandlungen im Bereich der politischen Kultur vollziehen sich schwerfällig, und sie sind nur bedingt zu steuern.

Die einschneidende Veränderung der politischen Kultur der Bundesrepublik, die für die Ära Adenauer vielfach vermißt wurde, begann in den späten sechziger Jahren; sie wurde hauptsächlich initiiert von der Generation, die als erste in der Nachkriegszeit sozialisiert wurde. Nun war die Studentenrevolte, die - im Rahmen von Protestbewegungen in den anderen westlichen Ländern und insofern 'normalisierend' - neben sozialistischen Zielsetzungen namentlich Demokratisierung und Partizipation auf ihre Fahnen geschrieben hatte, nicht das linear ableitbare Resultat der staatlichen Sozialisation, die sich demokratische Gesinnung und Mündigkeit als Erziehungsziele gesetzt hatte; der Mobilisierungsschub der sechziger Jahre war auch durch sozialstrukturelle Veränderungen[10] bewirkt worden, die unabhängig von Systemzielen ein allgemeines Merkmal von modernen Industriegesellschaften sind. Des weiteren ist die an dem Gedanken der Repräsentation orientierte Idee der Demokra-

8 Vgl. Almond / Verba 1963, 429; Verba 1965b, 140-146, 153 und 162
9 von Beyme 1987, 80f.
10 Vgl. Dirk Berg-Schlosser: Entwicklung der Politischen Kultur in der Bundesrepublik Deutschland, in: APuZ 1990/7, 30-46, hier 38

tie, die der staatlich motivierten politischen Sozialisation der Achtundsechziger Generation in den fünfziger und frühen sechziger Jahren zugrundelag, prinzipiell zu unterscheiden von der Idee der partizipatorischen Demokratie[11], die sich seit der Studentenrevolte im politischen Denken der Bundesrepublik etabliert hat und von den nachfolgenden neuen sozialen Bewegungen in die Praxis umzusetzen versucht wurde.

Aber dennoch traf für die Achtundsechziger Generation erstmals zu, was fast alle Politiker seit der Gründung des westdeutschen Staates erhofft hatten, daß nämlich die Bundesbürger sich in ihrer politischen Kultur nicht mehr wie in der Vergangenheit von den Franzosen, Holländern oder Amerikanern unterschieden. Diese "neue Generation konnte sich selbständig als Teil der Wertegemeinschaft des Westens verstehen"; Jürgen Busche geht in einer bemerkenswerten Interpretation sogar soweit, indem er die radikal sozialistischen Richtungen und den linken Terrorismus als "Sonderentwicklungen" auffaßt, in der Achtundsechziger Generation die Verkörperung des Geistes "vom Geiste Adenauers" zu sehen[12]. Die Studentenrevolte kam nicht wie ein Blitz aus heiterem Himmel über die Republik; sie kann nicht losgelöst von dem Reformcharakter, den die sechziger Jahre insgesamt trugen, gesehen werden: "die Bundesrepublik der sechziger Jahre war bereits wach und in Bewegung, als die Studenten begannen, den Aufstand zu proben."[13] Gleichwohl war es doch die studentische Protestbewegung in ihren zum Teil heftigen Erscheinungsformen und nicht nur die allgemeine Aufbruchsstimmung dieses Jahrzehnts, die die Zäsur in der Entwicklung der bundesdeutschen politischen Kultur markiert hat.

Das Entstehen einer alternativen politischen Kultur, die sich selbst von der etablierten politischen Kultur zum Teil deutlich abgrenzte und somit die oben skizzierte partielle Übereinstimmung mit der Gründungsintention der Bundesrepublik verkannte, und die mit ihr verbundene, über ihre Anhänger hinaus reichende Sensibilisierung für Selbst- und Mitbestimmung machten die politische Kultur der Bundesrepublik vielfältiger, widersprüchlicher, aber auch demokratischer. Die Frage, ob der mit der antiautoritären und partizipativen Welle verbundene "Gewinn an demokratischer Substanz" den "Verlust an Konsensus, der die wichtigen politischen und sozialen Strömungen in der deutschen Gesellschaft von Anfang der Republik an weitgehend zusammengehalten hatte"[14], aufwiegt, sollte zugunsten des demokratischen Zugewinns beantwortet werden. Durch seine Pluralisierung wurde der Konsens in der bundesdeutschen politischen Kultur auf eine breitere Basis gestellt.

---

11   Vgl. zur Unterscheidung dieser beiden Demokratiebegriffe Sontheimer 1990, 48f.

12   Jürgen Busche: Keine verlorene Zeit. Was die 68er Generation in Deutschland verändert hat, in: SZ vom 16.11.1992

13   Hermann Rudolph: Eine Zeit vergessener Anfänge: Die sechziger Jahre, in: Politische Kultur und deutsche Frage 1989, 59-72, hier 60

Wohl als erster politikwissenschaftlicher Beobachter hat der Amerikaner David P. Conradt das lange Zeit dominierende Bild von der geringen politischen Unterstützung des westdeutschen demokratischen Systems und der nur formalen Partizipation seiner Bürger revidiert und auf den Wandel der politischen Kultur in der Bundesrepublik hingewiesen[15]. Die Bundesrepublik galt nun als gefestigte Demokratie, die unter den Bundesdeutschen große Unterstützungsbereitschaft fand; das Interesse und die Partizipation an der Politik hatten stark zugenommen, soziales Vertrauen und Toleranz waren gewachsen. Conradts mit Umfragedaten untermauertes Urteil über die *"remade political culture"* in der Bundesrepublik, die in jeder relevanten Hinsicht fundamentale Veränderungen im Vergleich zum Ergebnis der 1959 entstandenen Civic-Culture-Studie aufwies und sich zu einer Modelldemokratie mit politisch-kultureller Unterstützungsreserve entwickelt habe, stand in einem eigentümlichen Kontrast zu dem empirisch nicht belegten Urteil der linken Theorie, die zur selben Zeit eine Legitimationskrise dieses Demokratiemodells ausmachte[16]. Samuel H. Barnes und Max Kaase fanden in ihrer vergleichenden Political-Action-Studie[17] vor allem für die unkonventionelle Partizipation eine Angleichung der politischen Kultur der Bundesrepublik an die der anderen westlichen Demokratien heraus.

Die Demoskopie hat den starken Wandel, den die bundesdeutsche politische Kultur seit der Zäsur der späten sechziger Jahre erfahren hat, weitgehend bestätigt. Der Anteil der Befragten, die angaben, sich für Politik zu interessieren, stieg von 27 % im Jahr 1952 auf 57 % im Jahr 1983; die "gar nicht" an Politik Interessierten machten 1952 ein knappes Drittel aus, 1983 nur noch 6 %. Über Politik unterhielten sich 1952 nach ihren eigenen Angaben 17 % der Befragten "häufig", 1973, zur Zeit einer starken Politisierung, war bei dieser Antwort mit 28 % ein Höchststand erreicht, 1979 sank die entsprechende Ziffer wieder auf 23 %[18]. Auf ähnliche Weise hat die bundesdeutsche Bevölkerung in allen Bereichen "von Jahr zu Jahr höhere Werte zugunsten einer demokratischen Einstellung geliefert"[19]. Diese Veränderungen machten die westdeutsche Gesellschaft liberaler, offener, aber auch kritischer gegenüber der Politik, ihren Institutionen und Repräsentanten. Im Vergleich zur Ära Ade-

---

14 Sontheimer 1991b, 113. Der Wert und die Bedeutung des Nachkriegskonsens, der bis in die Mitte der sechziger Jahre der Bundesrepublik Stabilität verliehen hatte, wurden kontrovers diskutiert; Peter Reichel (1981b, 227) sah ein "Übermaß an Konsens" für lange Zeit als "das hervorstechendste Merkmal der bundesrepublikanischen politischen Kultur".

15 Vgl. Conradt 1974, 222-238; und noch deutlicher Conradt 1980, 212-265. Diese Einschätzung wurde bestätigt in Almond / Powell 1984, 31f. und Dalton 1984, 265-270.

16 Vgl. Conradt 1980, 263-265. Während für die Bundesrepublik 1980 eine massive Zunahme von Civic-Culture-Einstellungen festgestellt wurde, konstatierte Sidney Verba (1980, 399) im selben Band eine ständige Erosion des Vertrauens in die Regierung und eine Entfernung von der Civic Culture in den USA und in Großbritannien.

17 Vgl. Barnes / Kaase 1979

18 Allensbacher Jahrbuch der Demoskopie 1983, 339f.

nauer gelten heute Konflikte als selbstverständlicher, werden individuelle Freiheitsrechte stärker respektiert, Minderheiten und oppositionelle Meinungen eher geachtet.

Getragen wurde der Wandel der politischen Kultur weniger von Einstellungsänderungen der in den fünfziger und frühen sechziger Jahren befragten Altersgruppen als von dem Nachwachsen neuer Generationen mit anderen Überzeugungen. Wesentlichen Anteil an der Hinwendung zu demokratischeren und liberaleren Einstellungen sowie an dem Zuwachs an Partizipation hatten die jüngeren, besser ausgebildeten und unter günstigen ökonomischen Bedingungen sozialisierten Bevölkerungsgruppen, die als die Träger des seit den frühen siebziger Jahren beobachteten postmaterialistischen Wertewandels und der damit verbundenen "partizipatorischen Revolution"[20] gelten[21]. Der Einfluß der neuen sozialen Bewegungen ging über den Kreis ihrer Mitglieder hinaus: Bei einer schwachen Mobilisierungsfähigkeit fanden die neuen sozialen Bewegungen in der Bevölkerung eine relativ breite Unterstützung, die keine aktive Mitarbeit nach sich zog[22]. Somit hat das Aufschließen der Bundesrepublik zur politischen Kultur des Westens nicht trotz, sondern aufgrund der Mobilisierung durch die Protest- und Partizipationsbewegungen stattgefunden. Diese Feststellung impliziert zweierlei: Zum einen stützte sich durch das Bürgerbewußtsein, das durch diese Bewegungen gebildet wurde, die Akzeptanz des politischen Systems in der bundesdeutschen Gesellschaft nicht mehr so dominant auf die wirtschaftliche Effizienz, sondern verstärkt auch auf die demokratischen Grundlagen dieses Systems und die dadurch ermöglichten Partizipationsmöglichkeiten; zum anderen empfanden die meisten Vertreter der politischen Linken nach der Zäsur der späten sechziger Jahre und den damit verbundenen Veränderungen im politischen Bewußtsein die Bundesrepublik zunehmend als 'ihren' Staat.

---

19 Greiffenhagen 1986, 198. In dem gemeinsam mit seiner Frau verfaßten Buch "Ein schwieriges Vaterland" (1979) war Greiffenhagen noch skeptischer in bezug auf den Wandel zu demokratischeren Einstellungen gewesen. Nicht wenige Autoren stellen weiterhin die Demokratisierung der bundesdeutschen politischen Kultur in Abrede (zum Beispiel Claußen 1985, 34f.; Gaus 1986/1988, 133, 139-143).

20 Kaase, Max: Partizipatorische Revolution - Ende der Parteien?, in: Bürger und Parteien 1982, 173-189, hier 177

21 Vgl. hierzu etwa Inglehart 1977; Conradt 1980, 232f.; Klages / Herbert 1983, 37f., 50 und 89; Dalton 1984, 268f.; Roland Roth 1985b, 63; Gabriel 1986, 17-20 und 323; Karl-Werner Brand: Kontinuität und Diskontinuität in den neuen sozialen Bewegungen, in: Neue soziale Bewegungen 1987, 30-44, hier 42; Inglehart 1989, 90-96; Weidenfeld / Korte 1991, 121 und 140

22 Der Anteil von 37 % der Befragten in der Bundesrepublik, die angaben, nicht an Demonstrationen teilzunehmen, aber die neuen sozialen Bewegungen zu unterstützen, wurde allerdings von den Zahlenwerten in Frankreich, Italien, den Niederlanden und Großbritannien übertroffen (vgl. Oscar W. Gabriel: Politischer Protest und politische Unterstützung. Entsteht eine neue Subkultur des Protestes in Westeuropa?, in: PoBi 1990/3, 34-52, hier 37-39).

Dabei waren die neuen sozialen Bewegungen in ihrem Verhältnis zu den deutschen Traditionen politischer Kultur durchaus ambivalent: Während das verbreitete Gefühl der subjektiven politischen Kompetenz[23] und das politische Verhalten von den neuen sozialen Bewegungen in Richtung eines Abrükkens von den unpolitischen und obrigkeitsstaatlichen Elementen der deutschen politischen Kultur beeinflußt wurde, knüpfte ihr "ideologisch schillernde(s) Profil" auch an Traditionen der politischen Romantik und des Idealismus sowie an irrationale, lebensphilosophische und antimodernistische Strömungen an[24].

Auch wenn sich die westdeutsche politische Kultur, besonders in der zweiten Halbzeit ihrer über vierzigjährigen Entwicklung, gemessen am Maßstab einer liberalen und partizipativen Demokratie stark verbessert hat, ist es dennoch verfehlt, die Bundesrepublik als eine vorbildliche Musterdemokratie hinzustellen, wie es unter anderem Conradt[25] getan hat und wie es hie und da[26] bei allzu selbstzufriedenen Bilanzierungen anläßlich der Feierlichkeiten zum Jubiläumsjahr 1989 angeklungen ist. Das im Vergleich zur deutschen politischen Kultur vor 1945 gerechtfertigte insgesamt eher positive und optimistische Urteil über die politische Kultur der (westdeutschen oder 'alten') Bundesrepublik darf nicht übersehen lassen, daß ihr im einzelnen verschiedene Schwächen[27] anhafteten.

Diese eher marginalen als zentralen Mängel beruhten nur noch zum geringeren Teil auf dem Fortwirken deutscher Traditionen politischer Kultur; zu diesen Kontinuitäten können verschiedentlich noch anzutreffende Schwierigkeiten beim geregelten Austragen von Konflikten gerechnet werden, die weiterbestehende Tendenz zur Juridifizierung von Politik und der Hang zum politischen Romantizismus und Idyllismus. Überwiegend handelt sich bei den Defiziten der politischen Kultur jedoch um Erscheinungen, die nicht ohne

---

23 Vgl. zu dem in der Civic-Culture-Studie von Almond und Verba (1963) entwickelten Konzept der subjektiven politischen Kompetenz Oscar W. Gabriel: Demokratische Entwicklung und politische Kompetenz. Eine vergleichende Analyse des Kompetenzbewußtseins der bundesdeutschen und amerikanischen Bevölkerung, in: APuZ 1990/25, 15-26, hier 16-19.

24 Vgl. Karl-Werner Brand: Zur politischen Kultur der neuen sozialen Bewegungen, in: Politische Kultur in Deutschland 1987, 331-343, hier 332-336 und 340

25 Conradt (1980, 265) nannte Westdeutschland eine "model stable democracy".

26 Hier wäre etwa die im Auftrag der Bundesregierung konzipierte Ausstellung "Vierzig Jahre Bundesrepublik Deutschland" zu nennen (vgl. Kapitel 5.2.5 dieser Untersuchung).

27 Vgl. zu den Defiziten der politischen Kultur in der Bundesrepublik mit jeweils unterschiedlicher Nuancierung Sontheimer 1971/1991, 120-128 und 133-135; Greiffenhagen 1979, 65-101, 116-152 und 298-326; Sontheimer 1979, 7-12 und 71-126; Reichel 1981b, 110-220 passim; Werner Weidenfeld: Die Identität der Deutschen - Fragen, Positionen, Perspektiven, in: Die Identität der Deutschen 1983, 13-49, hier 31-33; Claußen 1985, 32-35; Roland Roth 1985a, 14-18; Gaus 1986/1988, 19-26, 36, 62-64 und 89-224 passim; Greiffenhagen 1986, 202-211; Grebing 1989, 19; Sontheimer 1990, 29f. und 35-54; Martin Greiffenhagen: Die Bundesrepublik 1945-1990. Reformen und Defizite der politischen Kultur, in: APuZ 1991/1-2, 16-26, hier 22-25; Greiffenhagen 1993, 448.

weiteres auf die Kontinuität von Überlieffestgestellten erungen zurückgeführt werden können und die auch in anderen westlichen Industriegesellschaften zu beobachten sind, etwa die zunehmende Fremdenfeindlichkeit, das sinkende Vertrauen in den Bundestag[28], die Unzufriedenheit mit Korruption und Skandalen in der Politik, die sinkende Wahlbeteiligung bzw. das Wählen von Protestparteien.

Das seit einiger Zeit verstärkt auftretende Unbehagen an einer auch in der Bundesrepublik wahrgenommenen *partitocrazia* und an bestimmten Versäumnissen der Regierungspolitik tangiert bislang nicht die bestehende Grundloyalität zum politischen System der Bundesrepublik. Die in den siebziger und achtziger Jahren entwickelte "pragmatische Demokratiezufriedenheit"[29] der Westdeutschen bleibt hoch, ihre affektiven Bindungen an das politische System und ihre generelle Unterstützungsbereitschaft gegenüber dem politischen System bleiben auf vergleichsweise hohem Level stabil. Der feststellbare Rückgang an Vertrauen gegenüber einzelnen Institutionen des Staates relativiert sich vor dem Hintergrund eines generellen Abnehmens loyaler Bindungen in allen pluralisierten Lebensbereichen; er indiziert keine Auflösung der nach wie vor existierenden kritischen Grundloyalität zum politischen System, die in einem Spannungsverhältnis zu anderen Loyalitäten, etwa zur Region oder zu Europa[30], steht. Bei vielen, vor allem linken Kritikern, die jahrelang eine Rückbildung der Demokratie in der Bundesrepublik beklagt und ihr restaurative Tendenzen vorgeworfen hatten, erhöhte sich sogar im Rahmen des Prozesses der deutschen Vereinigung die Systemakzeptanz.

Jedoch ist die Gefahr nicht ganz von der Hand zu weisen, daß die in den neunziger Jahren verstärkt auftretende Politikverdrossenheit ein Urmißtrauen gegenüber den Institutionen des demokratischen Staates entstehen läßt, das dann auch die bestehende Grundloyalität zum demokratischen System in Frage stellt. Die häufig beklagte und zum 'Wort des Jahres' 1992 gekürte Politikverdrossenheit der Bundesdeutschen ist im Grunde genommen eher eine Politiker- oder Parteienverdrossenheit und kann somit an eine altbekannte deutsche Tradition anknüpfen. Die Affären und Skandale, an denen im letzten Jahrzehnt in der Bundesrepublik kein Mangel war, haben es für viele nahege-

---

28 Während 64 % der Befragten in der Bundesrepublik 1981 äußerten, Vertrauen in den Bundestag zu haben, stieg der bei dieser Frage erreichte Wert 1986 auf 74 %, um dann 1988 und 1989 mit 60 % auf den tiefsten Stand der achtziger Jahre abzufallen (vgl. Emnid-Umfragen, in: Der Spiegel 1989/21, 36).

29 Werner Weidenfeld und Karl-Rudolf Korte (1991, 87-143, hier 139) belegen diesen Befund einer hohen Akzeptanz des politischen Systems der Bundesrepublik durch seine Bürger mit zahlreichen Ergebnissen von empirischen Erhebungen. Auch Wilhelm Bürklin kam in seiner Analyse der Systemakzeptanz in der Bundesrepublik zu dem Schluß, daß die "Zufriedenheit mit den demokratischen Institutionen in der Bundesrepublik... sehr hoch ausgeprägt und relativ stabil" ist (Wilhelm Bürklin: Systemakzeptanz: Bürger und Staat in der Bundesrepublik Deutschland, in: Politische Kultur und deutsche Frage 1989, 249-272, hier 272).

30 Vgl. hierzu ausführlicher Weidenfeld / Korte 1991, 145-229

legt, im Urteil über die berufsmäßigen Politiker stets den denkbar schlimmsten Fall als den wahrscheinlichen anzunehmen. Die Unzufriedenheit richtet sich weniger gegen die Politik an sich als vielmehr gegen ihr verwaltendes Personal und den als zu groß empfundenen Einfluß der Parteien; das zeigt das nach wie vor bestehende Interesse an unkonventioneller, nicht über die Parteien erfolgender Partizipation an der Politik, das zeigt beispielsweise auch der erstaunliche Erfolg von Projekten, in denen der Bürger als aktiver Souverän ernstgenommen werden soll und nach dem Zufallsprinzip ausgewählte Wahlberechtigte im Beteiligungsverfahren der sogenannten "Planungszelle" in einer Art Intensivseminar selbständig "Bürgergutachten" zur Lösung öffentlicher Probleme erstellen, die den politischen Entscheidungsorganen als Beratungsgrundlage zur Verfügung gestellt werden[31]. Mit Sicherheit würde eine stärkere verfassungsmäßige Verankerung plebiszitärer Elemente das Systemvertrauen der Bürger gegenüber ihrem Staat erhöhen; die in der frühen *political-culture*-Forschung vertretene These von einer systemstabilisierenden Apathie in demokratischen Gesellschaften trifft spätestens für die Bundesrepublik der neunziger Jahre nicht mehr zu.

Zusammenfassend beurteilt wurden die von den einzelnen Bundesländern formulierten Ziele staatlicher Sozialisation in weiten Teilen erreicht. Dies geschah nicht nur aufgrund der in dieser Untersuchung nachgezeichneten staatlichen Einflußnahme auf die Entwicklung politischer Kultur, sondern im Zusammenwirken mit anderen, nicht steuerbaren, allgemein industriegesellschaftlichen Determinanten. Durchaus lassen sich hier Versäumnisse und Mängel feststellen; so kann angesichts der in Teilen der westdeutschen Bevölkerung ausgeprägten Xenophobie, die sich in der Debatte um eine Änderung des grundrechtlich verbürgten Asylrechtes und den zeitgleich beginnenden rechtsextrem motivierten Anschlägen auf Ausländer massiv zeigte, von einer generell erfolgreichen Vermittlung des Erziehungsziels der Toleranz, das seit den ersten Landesverfassungen der vierziger Jahre zum Kernbestand der politischen Zielkultur der Bundesrepublik gehört, kaum noch die Rede sein.

Die Versuche einer staatlichen Einflußnahme auf die Prozesse der politischen Sozialisation bewirkten, zusammen mit anderen Faktoren, regional differenzierte Ergebnisse. So legten demoskopische Untersuchungen das Urteil nahe, daß in Nordrhein-Westfalen und in den Stadtstaaten liberale Einstellungen am meisten verbreitet sind, während "Bayern und Baden-Württemberg die höchsten Werte für eine Erziehung zu Gehorsam und Unterordnung liefern"[32].

---

31 Vgl. hierzu Dienel 1992. In den Projekten, die von der Forschungsstelle Bürgerbeteiligung & Planungsverfahren an der Bergischen Universität Wuppertal unter der Leitung von Peter C. Dienel seit den frühen siebziger Jahren durchgeführt werden, zeigte sich, daß die ausgewählten Kleingruppen mit ihrer urlaubsartig befristeten Tätigkeit nach kurzer Einarbeitungszeit nicht nur realisierbare Lösungsvorschläge erarbeiten konnten, sondern daß durch diese Form "partizipativer Politikberatung" bei den Betroffenen das Systemvertrauen erhöht und somit "integrative(n) Effekte" vermittelt werden konnten (vgl. Dienel 1991, 361-368).

Diese Unterschiede korrespondieren, diese Feststellung ist wohl mehr als nur semantische Spitzfindigkeit, dem jeweiligen Stellenwert, der den Erziehungszielen Mündigkeit und Toleranz, oder, wie man damals auch sagte: Duldsamkeit, in den Verfassungen der genannten Bundesländer zukommt[33]. Die reale politische Kultur der westdeutschen Bundesrepublik entsprach also nur *en gros* den Zielen der staatlich motivierten Sozialisation, während es *en détail* nicht wenige Defizite bei der Verwirklichung der politischen Zielkultur gab.

6.2 Die reale politische Kultur in der DDR

"Praxis, Esserin der Utopien."[34]

Heiner Müller, Der Bau

Die Gesellschaft der DDR war weitaus penetranteren, indiskreteren Einwirkungen durch die staatliche Einflußnahme auf die politische Sozialisation ausgesetzt als die bundesdeutsche Gesellschaft[35]. Konfrontiert mit der massiv propagierten politischen Zielkultur und dem täglich präsenten Erziehungsziel der sozialistischen Persönlichkeit entwickelten die Bürger der DDR Strategien des Rückzugs aus der Öffentlichkeit und des Arrangements zum Schutz vor den weitreichenden Ansprüchen des Staates. Anders als die westdeutsche politische Kultur bildete sich die politische Kultur in Ostdeutschland somit vor allem in der Abwehrreaktion gegen die regelnde Einmischung des repressiven politischen Systems aus. Seit Mitte der achtziger Jahre, als sich immer mehr Unzufriedenheit und Widerspruch artikulierten, teilweise sogar an der Basis und im Mittelbau der SED, spätestens jedoch seit der friedlichen Revolution vom Herbst 1989 ist evident, daß die umfassenden Sozialisations- und Integrationsstrategien der SED gescheitert sind.

Der von Abberode bis Zwönitz weiterlebende alte Adam ließ sich eben nicht zum Neuen sozialistischen Menschen umerziehen. Dennoch haben die intensiven Einwirkungen der offiziellen politischen Kultur dem individuellen

---

32   Greiffenhagen 1986, 201

33   Sofern diese sich überhaupt zu staatlichen Zielen von Erziehung und Bildung äußern: Vgl. Verfassung für das Land Nordrhein-Westfalen vom 28. Juni 1950. Zuletzt geändert durch Gesetz vom 19. Dezember 1978, Art. 7 (S. 227-248, hier 228); Landesverfassung der Freien Hansestadt Bremen vom 21. Dezember vom 21. Oktober 1947. Zuletzt geändert durch Gesetz vom 13.3.1973, Art. 26 (S. 101-128, hier 105); Verfassung des Freistaates Bayern vom 2. Dezember 1946. Zuletzt geändert durch Ges. vom 19.7.1973, Art. 131 (S. 40-72, hier 63); Verfassung des Landes Baden-Württemberg vom 11. November 1953. Zuletzt geändert durch Ges. vom 6.2.1979, Art. 12 (S. 1-24, hier 3); alle in: Verfassungen der deutschen Bundesländer 1981 (vgl. Kapitel 4.2.1)

34   Heiner Müller: Der Bau. Nach Motiven aus Erik Neutschs Roman "Die Spur der Steine", in: Geschichten aus der Produktion 1. Stücke, Prosa, Gedichte, Protokolle, Berlin 1974, 1984, S. 94

35   Vgl. zur realen politischen Kultur der DDR auch Sontheimer / Bergem 1990, 67-78.

und gesellschaftlichen Bewußtsein der Ostdeutschen tiefe Spuren eingegraben. Das Verhältnis der meisten DDR-Bürger zu ihrem Staat und der von ihm propagierten Zielkultur war ambivalent: Auf der einen Seite grenzte man sich ab, lebte in einer politischen Doppelkultur[36], zog sich in die private Sphäre, vor allem in die Familie[37] zurück; auf der anderen Seite richtete man sich in dem repressiven System ein, arrangierte sich, suchte, so gut es eben ging, seine Vorteile daraus zu ziehen. Auf die geballten Bestrebungen der herrschenden Partei, mit ihrem "Sozialisationskartell"[38] sämtliche Sphären des Lebens zu durchdringen, die Bürger umfassend zu politisieren und zu bewußt sozialistisch denkenden und handelnden Persönlichkeiten heranzubilden, reagierten die Menschen in der DDR zunehmend mit politischem Desinteresse und Teilnahmslosigkeit.

Den postulierten Pflichten der Partizipation und des Sich-Bekennens wurde in der Regel zuverlässig, wenn auch ritualisiert und meistens nur an der Minimalgrenze, nachgekommen. Die seit den sechziger Jahren in der DDR etablierte Zeitbudgetforschung hat gezeigt, daß die Ostdeutschen, anders, als es der propagierten sozialistischen Persönlichkeit mit ihrem hochentwickelten gesellschaftlichen Bewußtsein und einem daraus resultierenden freiwilligen Engagement entsprochen hätte, nur einen geringen Teil ihrer arbeitsfreien Zeit für gesellschaftlich-politische Tätigkeiten verwandt haben. Die ostdeutschen Arbeiter und Angestellten verbrachten etwa 1974 laut einer Untersuchung der DDR-Gesellschaftswissenschaften durchschnittlich 0,2 Stunden am Tag für

---

36 Vgl. hierzu ausführlicher Antonia Grunenberg: Die gespaltene Identität. Gesellschaftliches Doppelleben in der DDR, in: Die Identität der Deutschen 1983, 210-227; Irma Hanke: Anpassung, Apathie und Ritualisierung von Politik. Politische Kultur im Spiegel der Gegenwartsliteratur der DDR, in: DDR 1983, 146-168; Antonia Grunenberg: Bewußtseinslagen und Leitbilder in der DDR, in: Deutschland-Handbuch 1989, 221-238; Christiane Lemke: Eine politische Doppelkultur: Sozialisation im Zeichen konkurrierender Einflüsse, in: Politische Kultur in der DDR 1989, 81-93; Ralf Rytlewski: Ein neues Deutschland? Merkmale, Differenzierungen und Wandlungen in der politischen Kultur der DDR, in: Politische Kultur in der DDR 1989, 11-28, hier 19-26; Lemke 1991, 12; oder auch, mit anderer Terminologie, Maaz 1990, 57-79

37 Die Häuslichkeit der DDR-Bürger war einerseits Reaktion auf die Integrationsstrategien des sozialistischen Staates, andererseits wurde sie durch das Fehlen attraktiver Freizeitmöglichkeiten außerhalb der eigenen vier Wände gefördert. Untersuchungen zum Wohnverhalten in der DDR aus den siebziger Jahren haben gezeigt, daß über 70 % der Freizeit in der Wohnung verlebt wurden (vgl. Helmut Hanke 1979, 83). Spitzenreiter bei den Antworten auf die Frage "Für welche Formen von Geselligkeit und Unterhaltung interessieren Sie sich in ihrer Freizeit - unabhängig von den vorhandenen Möglichkeiten?" (mehrere Antworten möglich) war bei einer anderen Untersuchung von 1977 mit 71,8 % das "Sehen von Unterhaltungssendungen im Fernsehen" (vgl. Helmut Hanke 1979, 81). Hanke wies selbst darauf hin, daß das "Leben in den eigenen vier Wänden" eine "besondere Tradition der Lebensweise des deutschen Volkes ist und die eigene Wohnung, das geregelte Leben in der Familie, Ordnung, Sauberkeit und Gemütlichkeit in diesem Lebensbereich hoch geschätzt werden" (Helmut Hanke 1979, 123).

38 Christiane Lemke: Eine politische Doppelkultur: Sozialisation im Zeichen konkurrierender Einflüsse, in: Politische Kultur in der DDR 1989, 81-93, hier 82

gesellschaftliche Tätigkeit gegenüber beispielsweise 1,4 Stunden für den Empfang von Fernseh- und Rundfunksendungen, 0,4 Stunden für Spaziergänge, 0,4 Stunden für die Teilnahme an geselligen Zusammenkünften und 0,3 Stunden für das Lesen von Büchern, Zeitschriften und Zeitungen[39]. In einer anderen Untersuchung aus den siebziger Jahren tauchte unter 14 möglichen Antworten auf die Frage "Was interessiert Sie in der Freizeit am meisten?" die gesellschaftlich-politische Aktivität erst gar nicht auf[40]. Auch Freizeitstudien aus den achtziger Jahren ergaben, daß angesichts der wöchentlichen Arbeitszeit von 43,75 Stunden für 80 % der Werktätigen den zeitlich größten Umfang in der Freizeit "die verschiedenen Formen der Reproduktion der Arbeitskraft und der notwendigen Tätigkeiten im Haushalt und in der Familie" einnahmen, wobei vor allem der zeitliche Aufwand für die "Freizeitarbeit", etwa in den beliebten Schrebergärtenlauben, anwuchs. Ehrenamtliche gesellschaftliche Tätigkeit und politische Arbeit rangierten im Zeitbudget erst nach Unterhaltung und Information durch Massenmedien, Geselligkeit und Unterhaltung in der Familie und im Freundeskreis sowie kultureller Betätigung[41]. Die Jugendlichen in der DDR verbrachten Anfang der achtziger Jahre nur ein bis zwei Stunden (4 bis 5 %) ihrer wöchentlichen Freizeit mit gesellschaftlichen Aktivitäten[42]; beliebter waren Musik hören, Sport treiben, tanzen, fernsehen, lesen oder Kino[43]. Auffallend war dabei, daß immer mehr Jugendliche für ihre Freizeitgestaltung den informellen, also staatlich kaum beeinflußten Gruppen den Vorrang gaben[44] und sich dadurch dem monopolisierten Sozialisationsanspruch der SED zu entziehen suchten.

Die Untersuchungen zum Freizeitverhalten haben insgesamt gezeigt, daß die DDR-Bürger die zur ihrer freien Verfügung stehenden Stunden überwiegend außerhalb der staatlichen Organisationen und vor allem mit politikfernen Betätigungen verbracht haben. Den Formeln der aus staatlicher Sicht für alle verbindlichen Lehre begegnete man in der Schule, bei der Armee und im Betrieb; auch in den Zeitungen, im Fernsehen und im Radio waren sie täglich präsent. Anstatt sich nun auch noch in der Freizeit der ideologisch inspirierten gesellschaftlichen Aktivität zu widmen, wie es von der allseitig gebildeten sozialistischen Persönlichkeit erwartet wurde, zogen die meisten es vor, die Feierabende und Wochenenden mit unpolitischer Unterhaltung, Fernsehen und Lesen zu verbringen, am liebsten im Schoße der Familie, wenn möglich

---

39 Vgl. Manz 1977, 150; Helmut Hanke 1979, 77
40 Vgl. Hemut Hanke 1979, 73
41 Vgl. Helmut Hanke 1988, 435 und 438-440
42 Vgl. Voß 1981, 100
43 Das ergab eine Erhebung des Zentralinstituts für Jugendforschung Leipzig Ende der achtziger Jahre mit der Antwortposition "Das tue ich sehr gern" (vgl. Bernd Lindner: Jugend und Freizeit / Medien, in: Jugend und Jugendforschung in der DDR 1991, 99-115, hier 108).
44 Vgl. Sontheimer / Bleek 1972/1979, 165; Christiane Lemke: Jugendliche in der DDR- Freizeitpolitik und Freizeitverhalten, in: DA 1984/2, S. 166-182, hier 177; Thomas 1986, 70

in der Datsche, dem eigenen Wochenendhäuschen. Die Deutschen zwischen Elbe und Oder gaben dem Staat, was er an Pflichten von ihnen forderte, aber darüber hinaus fand sich in der Regel nur bei den Ehrgeizigsten, bei denen, die nach oben wollten, ein Interesse oder gar ein freiwilliges, über das notwendige Maß hinausgehendes Engagement für die Politik des sozialistischen Staates.

Das literarische Fanal zum Rückzug aus der Gesellschaft hatte Christa Wolf mit ihrem 1968 in der DDR erschienenen Roman "Nachdenken über Christa T." gesetzt, einem Text, der die Frage nach dem "Zu-sich-selber-Kommen des Menschen"[45] nicht im Bezug auf die sozialistische Gesellschaft beantworten kann, einem Text, dem der "Versuch, man selbst zu sein", also das Subjekt, das Individuum wichtiger ist als die Belange der Gesellschaft. In einer Untersuchung der Literatur der DDR der siebziger Jahre stellte *Irma Hanke* fest, daß in den literarischen Texten aktives Opponieren kaum beschrieben, bestenfalls als "unglaublich harmlos" geschildert wurde. Häufiger haben die Autoren

"demgegenüber Verhaltensformen des Schweigens, des 'Runterschluckens' thematisiert, und ein fast durchgängiges Motiv ist der Ausbruch: eine *individuelle Protestaktion* also: als unvermittelter Berufswechsel, als Seitensprung bei einer Ehe, als Flucht in den Selbstmord. Die Möglichkeiten des Ausbruchs sind jedoch äußerst begrenzt: der Rückzug in das eigentliche, 'private' Leben, also die Freizeit - bei Anpassung im beruflichen Dasein und Resignation im öffentlichen Bereich, oder die Beschränkung auf Außenseiterrollen: sei es als 'Künstler', sei es als 'Verweigerer', der sich in die herrschende Klasse der Arbeiter zurückzieht"[46].

Die DDR-Literatur der siebziger und noch mehr der achtziger Jahre stellte - ganz im Gegensatz zur Aufbau- und Ankunftsliteratur der fünfziger und frühen sechziger Jahre - das Individuum in den Mittelpunkt. Das "Problem der Selbstverwirklichung"[47], der Selbstfindung, der Frage nach der eigenen Stellung in der sozialistischen Gesellschaft, das die meisten dieser Romane leitmotivisch durchzieht, antizipierte die in der Gesellschaft der DDR zunehmenden Schwierigkeiten, die vorgesehene Rolle einer sozialistischen Persönlichkeit anzunehmen. Die Literaturkritik des sozialistischen Staates registrierte in den siebziger Jahren diesen verstärkten Rückzug ins Private in der ostdeutschen Gegenwartsliteratur als "das Bild einer gewissen 'Langeweile', die sich besonders bei den Debütanten bemerkbar"[48] mache. Später sollte sich zeigen,

---

45 Das Zitat von Johannes R. Becher "Was ist das: Dieses Zu-sich-selber-Kommen des Menschen?" ist dem Roman als Motto vorangestellt und durchzieht ihn leitmotivisch (vgl. Christa Wolf: Nachdenken über Christa T., Halle (Saale) 1968, Darmstadt, Neuwied 1969, Sonderausgabe 1971, 1985[24], das im Text der Untersuchung folgende Zitat: S. 9).

46 Irma Hanke: Anpassung, Apathie und Ritualisierung von Politik. Politische Kultur im Spiegel der Gegenwartsliteratur der DDR, in: DDR 1983, 146-168, hier 156f. (Hervorhebung im Original)

47 Stahl 1984, 5

48 Sigrid Stahl (1984, 4) bezieht sich hier auf: Neue deutsche Literatur 1978/9, S. 134.

daß die Literatur der DDR mit der frühen Thematisierung der Individualität die Behandlung dieses Sujets durch die Gesellschaftswissenschaften vorweggenommen hatte.

Die politische Apathie in der Gesellschaft der DDR hatte ihre Wurzeln zum einen in der unpolitischen Tradition der deutschen politischen Kultur, die in Ostdeutschland stärker lebendig blieb als in Westdeutschland; zum anderen entsprang sie - sich selbst reproduzierend - der Resignation, dem desillusionierten Sich-Abfinden mit der stets aufs neue bestätigten Aussichtslosigkeit autonomer, nicht fremdbestimmter Partizipation. Die am 17. Juni 1953 eingesetzten sowjetischen Panzer hatten jedem deutlich genug gezeigt, was unkontrollierter politischer Aktivität im Arbeiter-und-Bauern-Staat drohte. Die nicht unberechtigte Furcht vor einer 'chinesischen Lösung' in der DDR blieb bis zum Sturz des SED-Regimes durch die friedliche Revolution des Herbstes 1989 bestehen. Die kritischen Köpfe des Landes, die nach der Niederschlagung des Arbeiteraufstandes von 1953 noch drüben blieben, sahen schließlich nur noch in der Flucht ins Private, in der politischen Apathie, eine Möglichkeit ihrer Existenz. Die Ausreisenden, deren Anzahl nach dem 17. Juni anstieg, bewirkten einen "Komplex einer verlassenen Gesellschaft" in der DDR, die bereits vor ihrer Gründung ein "Auswanderungsland" gewesen war[49]. Das Gefühl, in einem ausblutenden Land zu leben, zumal in der selektiven Migration vor allem die aktivsten, markantesten Potentiale der DDR den Rücken kehrten[50], bestärkte den resignativen Grundzug in der ostdeutschen Gesellschaft.

Der politischen Enthaltsamkeit der DDR-Bürger wurde durch den Entzug von Eigenverantwortung nachgeholfen, der darin lag, daß der "vormundschaftliche Staat"[51] der Einheitspartei seine Bürger entmündigte, sich sogar in die persönlichen Angelegenheiten seiner Mündel einmischte und ihnen wichtige Entscheidungen über die Gestaltung ihres Lebensweges abnahm. Irene Böhme verglich die Beziehung zwischen dem SED-Staat und seinen Bürgern mit dem Verhältnis zwischen einem "gestrengen Vater", einer "überfürsorgliche(n) Mutter" und ihrem unwillig sich doch fügenden Kind[52]. Die regulierende Einmischung des obrigkeitlichen Staates in die individuellen Biographien wurde nicht durchweg als negativ empfunden: Diese 'Entlastung' von Autonomie und Eigenverantwortung bedeutete vielen auch Sicherheit - eine Geborgenheit freilich, die mit Entmündigung zu bezahlen war.

---

49 Auf die bereits während des Zweiten Weltkriegs einsetzende Ost-West-Migration machte der Zeithistoriker Lutz Niethammer anläßlich der Podiumsdiskussion "Vereint und doch fremd: Psychologie der Deutschen" am 26.11.1991 in der Universität München aufmerksam.
50 Auch als Folge der Massenabwanderung ergab sich in der Gesellschaft Ostdeutschlands eine "Dominanz des Kleinbürgerlichen" (Gaus 1983/1986, 36).
51 Vgl. Henrich 1989, vor allem 9-22
52 Vgl. Böhme 1986, 43

Die größten Chancen, mit der propagierten sozialistischen Zielkultur in der Gesellschaft der DDR auf Akzeptanz zu stoßen, hatte die SED dort, wo die Postulate an den sozialistischen Menschen mehr oder weniger explizit an bestehende Traditionen der deutschen politischen Kultur anknüpften. Im östlichen Teil Deutschlands, in dem die Kräfte einer staatlichen Transformation stärker als in Westdeutschland einwirkten, entwickelten sich auch die Kräfte der Konservation ausgeprägter. Das Festhalten an Überliefertem, an Bekanntem und Vertrautem als auffälliger Zug der realen politischen Kultur in der DDR ist zu einem guten Teil als immunisierende Reaktion auf die umfassenden Sozialisationsstrategien des politischen Systems zu verstehen. Dieser Schutzmechanismus machte, im Zusammenspiel mit den spezifischen ethischen und konfessionellen Dispositionen des Gebietes, das die DDR ausmachte, die ostdeutsche Gesellschaft zur konservativeren, 'deutscheren', ließ in ihrer politischen Kultur weit mehr von den politisch-kulturellen Überlieferungen der deutschen Vergangenheit weiterleben als in der offenen westdeutschen Gesellschaft, die seit den späten sechziger Jahren zur politischen Kultur des Westens aufgeschlossen hatte.

Bestärkt wurde der Konservatismus der DDR-Gesellschaft[53] durch die Pflege der Tradition, der Konvention und des 'Erbes' in der offiziellen politischen Kultur, mit der die Einheitspartei das demokratische Legitimationsdefizit ihres Staates zu kompensieren suchte. Der Rückgriff des staatlichen Sozialisationsziels auf Normvorstellungen aus der Zeit vor 1945 war somit in seiner Wirkung auf die politische Kultur ambivalent: Einerseits legitimierte er die politische Zielkultur, indem er an seit Generationen geschätzte Werte und Einstellungsmuster anknüpfte; andererseits stützte er den generellen Konservatismus, mit dem sich die ostdeutsche Gesellschaft gegen die Zumutungen des sozialistischen Systems zu schützen suchte. Das Beharrungsvermögen der politischen Kultur beruhte außerdem auf dem langsameren Pulsschlag eines Lebens in vorgezeichneten, geordneten Bahnen, das der vormundschaftliche Staat der DDR seinen Bürgern ermöglichte. Aufgrund der nicht nur touristischen, sondern auch intellektuellen und künstlerischen Abschottung des SED-Staates bestanden für die DDR-Bürger nur geringe Möglichkeiten zu Austausch und externer Anregung. Die Gesellschaft und die Kultur der DDR waren mehr als in der Bundesrepublik auf sich selbst, auf ihre Traditionen, ihren Besitzstand verwiesen, schmorten bis zu den Aufbrüchen der achtziger Jahre gewissermaßen vier Jahrzehnte lang im eigenen Saft. Nicht wenige westdeutsche Autoren fanden in den "nostalgisch verträumten Landschaften der DDR mit den bodenständigeren Menschen, die ungenierter mit dem deutschen Volksgut umgehen", noch mehr als im Westen von dem bewahrt, was ihnen als typisch deutsch galt. Diese Reisebilder zeichneten den anderen deut-

---

53 Diese Einschätzung der DDR-Gesellschaft als eine konservative wird auch von den Berichten der Oral History bestätigt (vgl. Eckart 1984; Niethammer/ von Plato / Wierling 1991).

schen Staat als "beschauliches Heimatmuseum", wobei sich eigene "romantische Sehnsüchte nach der verlorenen Vergangenheit" mit der "Zivilisations- und Kulturkritik an der bundesrepublikanischen Gesellschaft" vermischten[54]. Dabei blieb jedoch meistens außer acht, daß die verklärte Provinzialität der 'unverdorbenen', das hieß nicht verwestlichten Menschen in der DDR zum großen Teil auf der durch staatlichen Zwang geschaffenen Vorenthaltung von Freiheitlichkeit, Internationalität und Pluralismus beruhte.

Nachdem der Mauerbau vom 13. August 1961 als die einschneidende Zäsur in der Geschichte der DDR die ostdeutsche Gesellschaft nach außen abgeriegelt hatte, entstand ein "wechselseitiger Zwang zum Arrangement" (Peter Christian Ludz) zwischen der staatlichen Führung und der Gesellschaft. Die Bürger der DDR, denen bis dahin das Schlupfloch Berlin die Möglichkeit einer jederzeitigen Ausreise offengehalten hatte, fügten sich nun in die Bedingungen ihrer Existenz, die ändern zu wollen sie aufgegeben hatten; sie schlossen ihren Kompromiß mit dem System der SED, arrangierten sich mit dem Staat der DDR, der dadurch eine begrenzte Akzeptanz fand. Dabei wußte die überwiegende Mehrheit der DDR-Bürger ihre private Sphäre dem Zugriff des Staates zu entziehen und floh in individuelle, politikferne Freiräume, die die SED zuließ und die keine oppositionellen Zellen waren.

Günter Gaus, der als Ständiger Vertreter der Bundesrepublik die ostdeutsche Gesellschaft der siebziger Jahren von innen kennengelernt hatte, prägte für diese privaten Refugien den treffenden Begriff "Nischen" und für die Bevölkerung der DDR, die damals mehrheitlich in diesen Freiräumen lebte, "Nischengesellschaft"[55]. In dieser gemütlichen Lebensform sah er das 'echte Deutsche' bewahrt, während andere dort "auch viel Dumpfheit", den Mief von "Enge und Kleinbürgerlichkeit"[56] verspürten. Das eskapistische Nischendasein, in dem Gaus Anfang der achtziger Jahre die "vorherrschende Existenzform", geradezu den "Kern des Existierens in der DDR"[57] ausmachte, war mit den Leitsätzen der offiziellen politischen Kultur des sozialistischen Staates kaum zu vereinbaren. Dennoch hat die in diesem Punkt pragmatische Staats- und Parteiführung unter Erich Honecker das Bestehen der unpolitischen Nischen eher begrüßt als verurteilt, übten sie in der geschlossenen Gesellschaft der DDR doch eine willkommene Ventilfunktion aus. Jenseits der ideologischen Rhetorik goutierte man jenes Quantum an politischer Apathie, das auch von der westlichen Civic-Culture-Forschung als heilsam für die Stabilität eines politischen Systems angesehen wurde.

Die von der SED-Führung eingeräumte Möglichkeit des Nischendaseins war für die meisten Bürger der DDR die Voraussetzung für ihr Arrangement

---

54   Korte 1992b, 62 und 64
55   Vgl. die berühmt gewordenen Definition einer Nische bei Gaus 1983/1986, 117f.
56   Antonia Grunenberg: DDR. Ein Volk steht im Streß. Zwischen sozialistischem Fortschritt und industrieller Modernisierung (I), in: Die Zeit vom 28.3.1986
57   Gaus 1983/1986, 118 und 55

mit dem Regime der Einheitspartei. Die von dem vormundschaftlichen Staat geforderten Pflichten und Aktivitäten wurden nach einer stillschweigenden Übereinkunft zwischen Volk und Obrigkeit formal erfüllt, solange die Freiräume des privaten, unpolitischen Rückzugs geschützt blieben. Die Menschen in Ostdeutschland spielten die Inszenierung der SED mit: Auf dem Spielplan des Staatstheaters stand das Stück "Die weitere Entwicklung der sozialistischen Gesellschaft in der DDR"; vor den Kulissen des real existierenden Sozialismus und mit den Führern der Einheitspartei in den Hauptrollen verliehen die zu ihren Nebenrollen gezwungenen Volksdarsteller dem Staat der SED jenen Anschein von Aktivismus und Betriebsamkeit, den er zu seiner Legitimation dringend benötigte. Mehr verlangte die Ostberliner Intendanz am Ende nicht mehr von ihren Statisten; auch sie mußte sich mit den Menschen zwischen Elbe und Oder arrangieren, die sie nicht ad libitum umerziehen konnte.

Das Arrangement zwischen Staat und Staatsvolk der DDR, das auf beiderseitigem Kompromiß beruhte, schuf ein wechselseitiges Bedingungsverhältnis zwischen offizieller und realer politischer Kultur, die eher neben- als gegeneinander existierten. In dieser dualistischen und komplementären Beziehung war die politische Realkultur nicht die pure Negation der sozialistischen Zielkultur, sondern das facettenreiche Ergebnis der Auseinandersetzung mit dieser. Deshalb trifft das Urteil von Peter Bender über die ostdeutsche Gesellschaft als einer "Notgemeinschaft (der) Bürger gegen den Staat"[58] das komplexe Verhältnis von Volk und Obrigkeit in der DDR nicht; die Ostdeutschen empfanden sich überwiegend eher als Teil des Staates der SED, mit dem sie nun einmal auskommen mußten, als diesem antagonistisch gegenüberstehend. Trotzdem blieb der Dualismus von offizieller und realer politischer Kultur nicht folgenlos für die Bewußtseinshaltung der ostdeutschen Gesellschaft: Auch wenn der Marxismus-Leninismus den Bürgern der DDR ziemlich äußerlich geblieben ist und seine Propagierung keine Neuen sozialistischen Menschen schaffen konnte, bewirkte der ausgeübte Zwang, sich permanent zu Positionen und Grundsätzen bekennen zu müssen, die nicht die eigenen waren, eine psychische Deformation[59]. Somit ging das Arrangement der DDR-Bürger mit den Verhältnissen ihres Staates, das ihnen die Organisation ihrer Biographie ermöglichte, nicht völlig glatt vonstatten. Es überdeckte nicht die Doppelbödigkeit, auf der die Erfahrung des Alltags in diesem Lande stand und die das Bewußtsein seiner Bewohner grundlegend prägte.

Der Widerspruch zwischen der ideologischen Linie, der vielfältig vorgetragenen und einfachen, da alles aus einem Grunde erklärenden Bewußtseinsofferte einerseits und der täglichen Wahrnehmung der Wirklichkeit andrer-

---

58 Peter Bender: Die sieben Gesichter der DDR, in: Merkur. Deutsche Zeitschrift für europäisches Denken 1991/4, S. 292-304, hier S. 303

59 Vgl. zu den Folgen des SED-Regimes aus psychotherapeutischer Sicht jetzt vor allem Maaz 1990; Maaz 1991; in Teilen auch Moeller / Maaz 1991.

seits führte bei den meisten der sich arrangierenden Ostdeutschen zum Vorhandensein zweier verschiedener Bewußtseins- und Verhaltensebenen, zu einer Spaltung des politischen Bewußtseins in ein öffentliches und ein privates, in gewisser Weise zu einer kollektiven Schizophrenie. Die Zwiespältigkeit des Lebens in einer politischen Doppelkultur schlug sich in einer zweigleisigen Sprachentwicklung nieder: Die Beobachtung, daß in der DDR öffentliche und private, dogmatisch-formelhafte und spontane, *entre nous* gebrauchte Sprache weit auseinanderklafften, kann jeder, der das Leben in dem ostdeutschen Staat auch nur oberflächlich kennengelernt hat, bestätigen. Die These einer gespaltenen Sprachpraxis in der DDR als dem "Produkt einer pathologischen Kommunikationssituation"[60] wurde auch in einer wissenschaftlichen Untersuchung bestätigt.

Der Druck, an der Gesinnungsmaskerade des Rollenspiels im öffentlichen Leben teilzunehmen und dort die fremde Identität der sozialistischen Persönlichkeit anzunehmen, wurde mit einem differenziert abgestuften Sanktions- und Repressionsapparat ausgeübt. Jedoch war das Eingeständnis der persönlichen Beteiligung an dem allgemeinen ideologischen Mummenschanz für die Menschen in der DDR nicht angenehm. In der Regel wurde das Bewußtsein des eigenen Byzantinismus verdrängt, der erzwungene Gehorsam mit der Zeit als freiwillige Haltung angesehen[61]. Jahrzehntelang hinter Fassaden zu leben strengt an. Der Wunsch nach Überwindung der persönlichen Spaltung in eine öffentliche und eine private Existenz, nach Gewinnung einer ungeteilten, authentischen Identität, die sich nicht hinter einer konformistischen zu verstecken braucht, war ein starkes Movens für die Bereitschaft zu dem kurzzeitig massenhaften Aufbruch im Herbst 1989.

Eine eigene Identität im Sinne eines übereinstimmenden, von der politischen Führung und den Bürgern geteilten Selbstverständnisses als Staat und Gesellschaft hat es in der sozialistischen DDR nie gegeben. Erst indem sie die SED von den Schalthebeln der Macht verdrängte, im Zuge der friedlichen Revolution, empfand sich die ostdeutsche Bevölkerung erstmals als Souverän und bildete eine eigene Identität heraus, deren Selbstbewußtsein jedoch im Prozeß der deutschen Vereinigung alsbald verloren ging. Für die Zerklüftung des politischen Bewußtseins im SED-Staat, die der Aufteilung in mehrere politische Kulturen und der herrschaftssichernden Fraktionierung der DDR-

---

60   Vgl. die Arbeit von Gudorf 1981, hier 10

61   In einem anderen Zusammenhang, ohne Bezug auf die DDR, beschrieb Heinrich Popitz, wie sich die Legitimität einer Machtordnung auch bei extrem unterdrückten Gruppen herstellt: "Der Wille aber, der immer wieder gebrochen wird, läßt sich nicht durchhalten. Das Widerstreben gegen einen permanent übermächtigen Zwang stellt schließlich nicht diesen, sondern sich selbst in Frage. Damit sind die Voraussetzungen für eine Art Kehre gegeben: Der dauernd Erniedrigte rechtfertigt seine Fügsamkeit, indem er sie in Freiwilligkeit uminterpretiert, und er rechtfertigt diese Freiwilligkeit durch die Verbindlichsetzung der Ordnung, in die er sich fügt. Seine Fügsamkeit ist Dienst, den die Ordnung braucht." (Heinrich Popitz: Prozesse der Machtbildung, Tübingen 1968, S. 34)

Gesellschaft in einzelne Gruppen ohne Kommunikation untereinander[62] entsprach, prägte Hermann Rudolph den Begriff "fragmentierte Identität"[63]. Gerade in dem divergenten Selbstverständnis lag das Charakteristische der 'Identität' der ostdeutschen Gesellschaft.

Das Fundament für den Aufbau eines begrenzten Maßes an Loyalität zum Staat der Einheitspartei wurde durch äußeren Zwang geschaffen: Erst nachdem der Bau der Berliner Mauer im August 1961 die DDR vom Westen völlig abgeschottet hatte, konnte der Prozeß der inneren Konsolidierung der Gesellschaft beginnen, der dann mit der Zeit bei der großen Mehrheit der ostdeutschen Bevölkerung die Bereitschaft zur Identifikation mit ihrem Staat erhöhte. Dabei entsprach der fragmentierten Identität der DDR-Gesellschaft eine partielle Loyalität, die sich auf einzelne Aspekte, vor allem auf Output-Leistungen des politischen Systems stützte. Das Quantum an Legitimität, das die Menschen in der DDR ihrem Staat zubilligten, gründete in den greifbaren Leistungen und Erfolgen, die dieser Staat vorzuweisen hatte. Man war etwa stolz auf die unter erschwerten Bedingungen erbrachten Leistungen der eigenen Volkswirtschaft, auf das gut ausgebaute Bildungswesen und auf den mit der Zeit erreichten leidlichen Wohlstand; auch die respektablen Erfolge der DDR bei internationalen Sportwettkämpfen förderten die mittelbare, vorpolitische Zustimmung der Bürger. Die SED-Führung unter Erich Honecker erkannte in den siebziger Jahren den Wert dieser indirekten, auf individuelle Sicherheit und einen gewissen Lebensstandard gegründeten Loyalität zum politischen System und gestaltete ihre Politik entsprechend. Mit der deutlichen Verbesserung der Konsumgüterversorgung und der bedarfsorientierten Bereitstellung von Wohnraum[64] stieg nach Honeckers Machtantritt die Akzeptanz des sozialistischen Staates bei seinen Bürgern etwas an.

In dieser Zeit, in den siebziger Jahren und noch hinein bis in die achtziger Jahre, war Erich Honecker für viele Ostdeutsche ein durchaus populärer, zumindest akzeptierter Politiker, mit dessen Namen sich anfangs sogar noch Hoffnungen verbanden. Sicherlich waren die Menschen in der DDR zu einem Leben auf doppeltem Boden gezwungen, waren Anpassung und Duckmäusertum verbreitet, bei Versorgungslücken gab es Unzufriedenheit, man ahnte die Spitzeleien des Staatssicherheitsdienstes, wenn auch nicht in ihrem wirklichen Ausmaß, wußte von Denunziation und Opportunismus, fühlte sich hinter der Mauer eingesperrt. Jedoch richteten sich die Ostdeutschen in ihrer gedoppelten Existenz ein; für die Mehrheit der DDR-Bürger war damals das persön-

---

62 Diese Einschätzung einer Fraktionierung der DDR-Gesellschaft ohne eine "Interkommunikation der Subsysteme" (Niklas Luhmann) als eines Mittels der SED zur Systemstabilisierung vertrat der Psychologe Dr. Harald Pätzold von der Humboldt-Universität in einem Gespräch mit dem Verfasser am 5. Oktober 1990 in Berlin.

63 Hermann Rudolph: Wie sieht das Selbstverständnis der DDR-Gesellschaft aus?, in: Die Identität der Deutschen 1983, 193-209, hier 205

64 Vgl. hierzu beispielsweise Weber 1976/1991, 143-145; Merseburger 1988, 49f.

liche Leiden an diesen Zuständen nicht so ausgeprägt, wie es heute im Rückblick häufig den Anschein hat. Dieses Leiden, das Erschrecken über die
eigene Biographie, über vorenthaltene Lebensmöglichkeiten kam für die meisten erst nach der Öffnung zum Westen, die insofern einen Schock bedeutete.
Sicherlich gab es Dissidenten, gab es, stark zunehmend in den achtziger Jahren, Widerstand und Opposition, doch war die Mehrheit zumindest in der
ersten Dekade der Honecker-Ära nicht oppositionell.

Die Abhängigkeit der indirekten Loyalität von ökonomischen Faktoren,
ihre Bindung an einen gesicherten Lebensstandard war für die Staats- und
Parteiführung allerdings nicht ungefährlich. Als ab Mitte der achtziger Jahre
die Volkswirtschaft der DDR auch bei Ausschöpfung aller Devisenquellen auf
dem sich dynamischer entwickelnden Weltmarkt immer weniger mithalten
konnte[65], als das Warenangebot wieder dürftiger wurde und die Versorgungs-
engpässe sich mehrten, als zudem der Wohnraum spürbar knapper wurde, sank
bei wachsender Unzufriedenheit über ökonomische Mängel das Maß an Loyalität, das die Ostdeutschen ihrem Staat entgegenbringen mochten.

Unabhängig von der Unzufriedenheit über die nachlassenden ökonomischen Output-Leistungen des Systems kam wachsende Kritik und Unruhe in
der DDR-Gesellschaft in den achtziger Jahren von den alternativen, mehr und
mehr oppositionellen Gruppierungen, die sich im Umfeld der evangelischen
Kirche gebildet hatten. Die überwiegend jungen Träger dieser alternativen
politischen Kultur setzten sich bewußt und entschieden von den staatlich propagierten Wert- und Verhaltensmustern, aber auch vom politischen Eskapismus der überwiegend älteren Nischenbewohner ab. Gemeinsames Merkmal
dieser sich vor allem unter dem Dach der evangelischen Kirche organisieren-
den Gruppierungen war, daß sie sich nicht als oppositionell im Sinne einer
totalen Ablehnung jeder Form von Sozialismus in der DDR und einer Befür-
wortung der westlich-kapitalistischen Demokratieform verstanden, sondern
gegen einzelne Erscheinungen in ihrem Staat opponierten. Somit saß dieser
Teil der jüngeren Generation, der Ausdruck und Motor des kulturellen
Umbruchs im anderen deutschen Staat war, zwischen allen Stühlen: Dieser
Bevölkerungsteil gehörte weder zum realsozialistischen Establishment noch
zu denjenigen, die jede Hoffnung auf eine Verbesserung der Verhältnisse in
der DDR aufgegeben hatten und früher oder später ausreisten[66], noch zu der
Mehrheit der politisch apathischen DDR-Bürger.

Die alternativen Gruppen der DDR, die von einer engagierten Minderheit
getragen wurden, hatten für die ostdeutsche Gesellschaft eine über ihre Zirkel
hinausreichende Bedeutung insofern, als sie jedem zeigten, daß es im Staat
der SED in den achtziger Jahren durchaus möglich war, abweichende Meinungen zu artikulieren, sich nicht verbiegen zu lassen, gegen Mißstände zu prote-
stieren. Auch angespornt von den Fernsehberichten über die partizipative

---

65   Vgl. Weber 1976/1991, 167-170

Welle in der Bundesrepublik und von den Bürgerbewegungen in Osteuropa, steckten mehr und mehr Menschen in der DDR den Kopf aus ihrer Nische, artikulierten ihre Kritik, mischten sich, mutiger als zuvor, in die *res publica* ein, so daß für die Zeit ab Mitte der achtziger Jahre von einer ostdeutschen Nischengesellschaft nicht mehr die Rede sein kann. In den Jahren vor dem Ende der DDR wuchs auf diese Weise parallel zum Prozeß der Pluralisierung der politischen Kultur ein Protestpotential heran, das in dem Moment, als das Regime der SED von der Sowjetunion unter Michail Gorbatschow keine volle Rückendeckung mehr bekam, eine friedliche Revolution initiieren konnte[67]. Auch hier zeigte sich die Literatur der DDR als ein sensibler Seismograph für die gesellschaftlichen und politischen Entwicklungen: In verschiedenen Romanen und Erzählungen ostdeutscher Autoren[68] deutete sich in den achtziger Jahren literarisch der Zusammenbruch der sozialistischen Herrschaft an.

Die Wirkungen der staatlichen Einflußnahme auf die Prozesse der politischen Sozialisation sind insgesamt zwiespältig zu beurteilen: Einerseits sind die von der SED in den Begriffen der sozialistischen Lebensweise und der sozialistischen Persönlichkeit definierten Systemziele in ihrem hohen Anspruch nicht realisiert worden. Andererseits konnte die Einheitspartei einzelne Elemente ihrer politischen Zielkultur verwirklichen; dies galt besonders dort, wo sie an bestehende Traditionen anknüpfte, etwa bei den Verhaltensleitbildern Gehorsam, Disziplin und Unterordnungsbereitschaft, und bei dem impliziten Etatismus der offiziellen politischen Kultur. Die Versuche einer staatlichen Steuerung politischer Kultur waren in der DDR also *en détail* verschiedentlich erfolgreich, während sie *en gros* gescheitert sind.

---

66 Der Theologe und damalige Direktor der Sektion Theologie an der Humboldt-Universität zu Berlin, Prof. Dr. Heinrich Fink, erkannte in einem Gespräch mit dem Verfasser am 11. Oktober 1988 drei Gruppen von Ausreiseantragstellern an: 1. die 18-20jährigen mit abgeschlossener Berufsausbildung, die vor allem die Welt sehen wollten, 2. die etablierten und abgesicherten Ehepaare zwischen 30 und 40 Jahren, die "Sinnsucher", die sich fragten, ob das bereits alles gewesen sein sollte, und 3. die im Rahmen von Familienzusammenführungen Ausreisewilligen. Den Vorschlag, noch eine weitere Gruppe aufzunehmen: die kritischen Intellektuellen, die Schriftsteller und Bürgerrechtler, die - zumeist als Sozialisten - versucht haben, etwas zu verändern, und schließlich, nachdem sie immer wieder gescheitert sind, resigniert haben, ließ Fink nicht gelten: "Wer etwas verändern will, der bleibt auch!" In der Tat hatte das Ausharren, das Dableiben auch bei staatlichen Repressalien, einen ganz besonderen Stellenwert unter den alternativ und mehr oder weniger oppositionell orientierten Bürgern der DDR.

67 Vgl. zur politischen Kultur der friedlichen Revolution in der DDR ausführlicher Sontheimer / Bergem 1990, 79-84.

68 Karl-Rudolf Korte (1992, 72-75) nennt in diesem Zusammenhang exemplarisch folgende Texte: Günter de Bruyn: Neue Herrlichkeit (1984); Volker Braun: Hinze-Kunze-Roman (1985); Jürgen Fuchs: Das Ende der Feigheit (1988); Christoph Hein: Der Tangospieler (1989); Uwe Saeger: Haut von Eisen (1990).

7. Zusammenwachsen oder Dichotomie? Perspektiven für die politische Kultur im vereinigten Deutschland

"Durch keinen Verlust wird Verlust so deutlich wie durch Vergangenheitsverlust. Vielleicht entsteht so Einsamkeit."[1]

Martin Walser, Die Verteidigung der Kindheit

Die heutigen politischen Kulturen der westdeutschen und der ostdeutschen Gesellschaft sind über ihre Unterschiedlichkeit auf der inhaltlichen Ebene hinaus auch in ihrer Struktur von ganz verschiedener Beschaffenheit. Die Bundesrepublik hat eine relativ stabile, für Wandlungen offene und nach den Turbulenzen der späten sechziger und der siebziger Jahre inzwischen wieder auf "einem pluralistisch aufgefächerten Konsensus"[2] beruhende politische Kultur entwickelt, die bei verschiedenen Defiziten im einzelnen doch im großen und ganzen übereinstimmt mit den staatlichen Zielvorstellungen von den Werten, Einstellungen und Verhaltensweisen, die dem demokratischen politischen System korrespondieren und es stützen. Ganz anders die politische Kultur der DDR: Ihr auffälligstes Kennzeichen war ihre Fragmentation, die über die Pluralisierung der westdeutschen politischen Kultur weit hinausging; der Dualismus von offizieller und privater Sphäre, der dem Leben in dem ostdeutschen Staat seine spezifische Doppelbödigkeit gab, ließ keine stabile, sicher in sich ruhende politische Kultur entstehen.

Diese ungleichen, mental prägenden Voraussetzungen geben keinen günstigen Rahmen für die noch ausstehende innere Vereinigung der beiden deutschen Gesellschaften ab. Nach der Wirtschafts- und Währungsunion, der staatlichen und politischen Vereinigung sowie nach der Vermischung der westlichen und östlichen Sprachgepflogenheiten schält sich die politische Kultur als das Terrain heraus, auf dem die deutsche Teilung noch am längsten Bestand haben wird.

Die Tatsache, daß die reale politische Kultur der Bundesrepublik mit den Zielen der staatlich motivierten Sozialisation in weiten Teilen übereinstimmt, kann nun nicht ohne weiteres der Erfolgsträchtigkeit dieser Sozialisation zugeschrieben werden. Gerade in einem pluralistischen System wirken neben

---

1   Martin Walser: Die Verteidigung der Kindheit. Roman, Frankfurt a. M. 1991, S. 85
2   Sontheimer 1990, 31

den staatlichen Einflußnahmen noch eine ganze Reihe anderer, nicht zu steu-
ernder Faktoren auf die Prozesse politischer Sozialisation ein, die sich mit
Formen einer individuellen Selbstsozialisation vermischen. Aber auffallend
bleibt doch, daß die freiere staatliche Sozialisation in der Bundesrepublik, die
andere, konkurrierende Sozialisationseinflüsse prinzipiell vorsah und somit
ihre Sozialisationsinhalte auch strukturell widerspiegelte, viel weitergehend
zum gewünschten Ergebnis kam als die eher brachiale staatliche Sozialisation
im monistischen System der DDR. Eine Rolle mag dabei gespielt haben, daß
aus der Sicht der Sozialisanden ein im pluralistischen Rahmen und ohne
Anspruch auf Exklusivität angebotenes staatliches Sozialisationsziel a priori
mehr Chancen auf Erfolg hat als ein monopolistisch propagiertes, das aufgrund der Art seiner Vermittlung noch am ehesten Reaktionen der Abwehr
verursacht.

Die Unterschiede in den politischen Kulturen der Deutschen Ost und der
Deutschen West wurden verschiedentlich in Meinungsumfragen belegt[3].
Besonders aufschlußreich war eine von Eurobarometer im Jahr 1990 durchge-
führte Befragung von 15-24jährigen über die als wichtig angesehenen Erziehungsziele. Die Angaben der jungen Westdeutschen und Ostdeutschen diver-
gieren erheblich und lassen zum Teil unterschiedlich intensive Kontinuitäten
traditioneller deutscher Verhaltensleitbilder erkennen: Unter den Eigenschaften, die sie bei ihren Kindern fördern möchten, nannten 27 % der jungen
Westdeutschen und 60 % der jungen Ostdeutschen die Höflichkeit; das Gefühl
für gewissenhafte Arbeit sahen 21 % der jungen Westdeutschen und 35 % der
jungen Ostdeutschen als ein wichtiges Erziehungsziel an; ein Gefühl der
Loyalität wollten 13 % der jungen Westdeutschen und 6 % der jungen Ostdeutschen bei ihren Kindern heranbilden; schließlich hielten 23 % der jungen
Westdeutschen und 13 % der jungen Ostdeutschen die Fähigkeit, phantasie-
reich zu denken, für notwendig[4]. Auch eine andere (noch nicht veröffentlichte) Untersuchung[5] zeigte an, daß die SED im Anknüpfen ihrer Sozialisa-

---

3   Vgl. zum Beispiel die gemeinsame Erhebung von Emnid und dem Zentralinstitut für Jugend-
    forschung Leipzig, veröffentlicht in: Spiegel Spezial: Das Profil der Deutschen. Was sie ver-
    eint, was sie trennt 1991/1, S. 10-90; Ursula Feist: Zur politischen Akkulturation der verein-
    ten Deutschen. Eine Analyse aus Anlaß der ersten gesamtdeutschen Bundestagswahl, in:
    APuZ 1991/11-12, 21-32; die IPOS-Studie über Demokratiezufriedenheit (vgl.: Ostbürger
    mit Demokratie unzufrieden, in: SZ vom 23.8.1991); die Allensbach-Studie über Nähe und
    Distanz zwischen Ost und West vom September 1991 (vgl. Thomas Aders: Keine Gefühle
    von gegenseitiger Fremdheit, in: SZ vom 14./15.9. 1991); Weidenfeld / Korte 1991, passim.
    Vgl. zum Problem der mangelnden Eignung der in der westlichen politischen Kultur-For-
    schung entwickelten Instrumente und Bezugsrahmen für die ostdeutsche Bevölkerung (z. B.
    bei den Kategorien soziale Gleichheit und Gerechtigkeit oder soziales Vertrauen) Greiffen-
    hagen 1993, 448.
4   Vgl. Young Europeans in 1990, 33-35
5   So referiert im Vortrag von Bettina Westle: Nationale Identität, gehalten anläßlich der
    KSPW-Tagung zum Thema 'Politische Kultur in Ost- und Westdeutschland' am 24.6.1993 im
    Wissenschaftszentrum Berlin

tion an einzelne deutsche Traditionen politischer Kultur partiell erfolgreich war; hier nannte auf die Frage nach den hochgeschätzten Tugenden die Hälfte der Ostdeutschen, jedoch nur 20 % der Westdeutschen ökonomische Tugenden wie Fleiß, Disziplin oder Leistungsbereitschaft. Die These, daß die intensiven Sozialisationsbemühungen der SED den Rückzug in die Familie gefördert haben, wurde nach der Vereinigung von der Demoskopie bestätigt: Als Bezugspersonen nicht nur bei Problemen in der Schule und im Beruf, sondern auch bei politischen Themen und in der Freizeit nannten mehr Jugendliche in den neuen Ländern als in Westdeutschland die Mutter (72 % gegenüber 62 %) und den Vater (55 % gegenüber 48 %) als "sehr wichtig"[6].

Das Auftauchen des Rechtsextremismus in den neuen Bundesländern wurde verschiedentlich mit der Wirkung der Sozialisation in der autoritären und obrigkeitsstaatlichen DDR erklärt; allerdings vermag diese Interpretation, die die rechtsextremen Haltungen primär auf die ausgeprägte nationale Traditionspflege, den Militarismus und von Inhalten abstrahierte Strukturelemente wie absolutes und dogmatisches Denken, Freund-Feind-Schemata, Aktivismus und Fanatismus im Staat der SED zurückführt[7], dieses Phänomen, das sich auch in den westlichen Bundesländern mit ihrer liberal-demokratischen Sozialisation zeigt, nur zum Teil zu erklären: Sicherlich haben die genannten Faktoren das Entstehen des Rechtsextremismus in Ostdeutschland begünstigt, jedoch ist dieser in erster Linie als diffuses Protestverhalten in einer orientierungslosen Umbruchsphase zu verstehen.

Die deutsche Vereinigung, die sich, auch weil die Mehrheit der ostdeutschen Bürger es so wollte, als Beitritt der DDR zur Bundesrepublik und nicht als Vereinigung zweier Partner zu etwas Neuem, Drittem, vollzog, hat an die Deutschen unterschiedliche Forderungen nach Preisgabe des bislang von ihnen Gewohnten gestellt. Die Last der Anpassung, der Veränderung liegt fast ausschließlich bei den Ostdeutschen. Das "Riesenexperiment" der Vereinigung[8] von zwei politischen Systemen, die vierzig Jahre hindurch einen großen Teil ihrer ideologischen Selbstrechtfertigung aus der Abgrenzung von dem jeweils anderen System gezogen hatten, empfanden die meisten Bürger der untergegangenen DDR schon bald nach dem 3. Oktober 1990 als problematisch. Mit ihrem Land, der DDR, hatte sich der normative und institutionelle Bezugsrahmen ihres bisherigen Lebens aufgelöst, der bei aller kritischen oder

---

6   Vgl.: Jugend '92. Lebenslagen, Orientierungen und Entwicklungsperspektiven im vereinigten Deutschland. Studie im Auftrag des Jugendwerks der Deutschen Shell, 4 Bde., Opladen 1992, nach: Doppelte Perspektive. "Jugend '92": Die Shell-Studie über junge Leute in Ost und West, in: SZ vom 14./15.11.1992

7   Vgl. Armin Pfahl-Traughber: Rechtsextremismus in den neuen Bundesländern, in: APuZ 1992/3-4, 11-21, hier 19

8   Christian Meier (1991, 65) spricht von einer "ungeheuerliche(n) Zumutung", die der Vollzug der Vereinigung für die Bürger der neuen Bundesländer vor allem dadurch bedeute, daß die sozialpsychologischen Aspekte vernachlässige.

apathischen Distanz doch auch zu einem Stück der eigenen Lebensgeschichte geworden war. Bei dem eingeschlagenen Weg zur deutschen Einheit, für den die Ostdeutschen mehrheitlich votiert hatten, weil der rasche Beitritt möglichst schnellen Wohlstand versprach, den sie so lange entbehrt hatten, blieb ihnen weder Zeit noch Gelegenheit, eigene Maßstäbe einer politischen Kultur zu entwickeln - davor hatten Mahner aus der eigenen Gesellschaft gewarnt. Die Bürger der neuen Bundesländer konnten 'nur' auf das fertige Produkt der westdeutschen politischen Kultur zurückgreifen, das sich in einem vierzig Jahre währenden Prozeß und unter spezifischen, heute nicht mehr rekonstruierbaren Bedingungen zu seiner heutigen Gestalt herausgebildet hat. Bei der gewählten Form der Vereinigung blieb keine Zeit - und es gab im Westen auch den Willen dazu nicht -, über die Gestalt des neu sich bildenden Staates, über seine Verfassung und seine Rolle in der internationalen Politik zu reflektieren und zu diskutieren. Viele Argumente und das mögliche Engagement dieser unterbliebenen Debatte tauchten dann im Surrogat der Diskussion über den künftigen Regierungssitz auf. Durch den Verlust eines großen Teils der eigenen Biographie, der affektiven Heimat[9] wurden viele Ostdeutsche politisch-kulturell zu Heimatlosen.

Aufgrund der Unterschiede in den Lebensbedingungen, die noch auf geraume Zeit bestehen bleiben werden, empfinden sich die Bürger der fünf neuen Bundesländer mittlerweile als die "Deutschen zweiter Klasse"[10]. Fatal wirkte überdies der im Kontext der Eigentumsregelung der deutschen Vereinigung entstandene Eindruck einer Vereinnahmung von Besiegten durch Sieger. Der Zusammenhang von Unterstützungsbereitschaft für das politische System und wirtschaftlichem Wohlstand hat sich in der Geschichte beider deutschen Staaten gezeigt: in der Bundesrepublik während der fünfziger und in der DDR während der siebziger Jahre. Dieser Konnex, der von Ronald Inglehart als Korrelation von relativem wirtschaftlichem Wohlstand und allgemeiner Lebenszufriedenheit, einer Voraussetzung für stabile politische Systeme, belegt wurde[11], macht deutlich, welche Bedeutung der wirtschaftlichen Entwicklung in Ostdeutschland für die Systemakzeptanz in den neuen Ländern zukommt.

9　In einer Umfrage nach der Vereinigung gaben mehr Jugendliche und junge Erwachsene in den neuen Ländern an, sich mit eher guten Gefühlen (60 %) als im Zorn (40 %) an die DDR zu erinnern. Bei der spontanen Ergänzung des Satzes "Die alte DDR war für mich ..." nannten die meisten nicht Zwang oder Repression, sondern Heimat (41 %) und Ort der sozialen Sicherheit (25 %). Vgl.: Jugend '92. Lebenslagen, Orientierungen und Entwicklungsperspektiven im vereinigten Deutschland. Studie im Auftrag des Jugendwerks der Deutschen Shell, 4 Bde., Opladen 1992, nach: Doppelte Perspektive. "Jugend '92": Die Shell-Studie über junge Leute in Ost und West, in: SZ vom 14./15.11.1992

10　Vgl. Hans-Jörg Stiehler in: Stiehler / Niethammer 1991, 241

11　Vgl. Inglehart 1988a, 379-386; Inglehart 1988b, 1207-1220 und 1228f. Inglehart führte den Nachweis nur für die Stabilität demokratischer Institutionen, jedoch hat sich diese Verbindung auch in der totalitären DDR gezeigt.

Bereits zur Zeit der deutschen Zweistaatlichkeit war das Verhältnis der Deutschen in Ost und West zueinander asymmetrisch. Die Orientierung der Ostdeutschen gegenüber den Bürgern der Bundesrepublik war von Zwiespältigkeit geprägt, ständig oszillierend zwischen dem latenten Minderwertigkeitskomplex und einem fast trotzigen Stolz auf die eigenen Leistungen, zwischen kritikloser Bewunderung und dem Widerwillen gegen die protzige Arroganz im Auftreten mancher Westdeutscher in der DDR. Der Blick der DDR-Bürger durch das Guckloch des Fernsehens auf den reichen Nachbarn im Westen war stets intensiver als der Blick der Bundesdeutschen auf die DDR, der noch am ehesten durch die Perspektive von Verwandtenbesuchen vermittelt war. Dabei bleibt ungeklärt, ob die fast durchgängige Präsenz der westlichen elektronischen Medien stärker mit ihren Unterhaltungssendungen und Werbespots als "Traumfabrik"[12] oder stärker mit ihren Nachrichtensendungen und politischen Magazinen als Abschreckung gewirkt hat, die den DDR-Bürgern ungewohnt kritisch vorkommen mußten und dadurch das ostdeutsche Urteil über die Bundesrepublik eher ins Negative verzerrten. Durch die starke Rezeption des Westfernsehens war der Informationsstand der Bevölkerung der DDR über politische Ereignisse und Entwicklungen in der Bundesrepublik sehr hoch; allerdings stellten viele Ostdeutsche nach der Öffnung der Grenze fest, wie wenig ihr fernsehvermitteltes Bild vom großen Bruder im Westen mit der gesellschaftlichen Realität übereinstimmte.

Umgekehrt zeigten die Westdeutschen mehrheitlich nur wenig Interesse an den Menschen im östlichen Deutschland; sie empfanden die Geschichte des anderen deutschen Staates als alleinige Angelegenheit der Ostdeutschen. Die Erkenntnis, daß Einschnitte wie der 17. Juni 1953, der 13. August 1961 oder der 9. November 1989 die Nachkriegsentwicklung *Deutschlands*, eben nicht nur die Geschichte der DDR interpunktierten, drang kaum in das verbreitete politische Bewußtsein und Selbstverständnis der Bundesdeutschen. Vor allem den nach 1945 Geborenen waren Florenz und Paris kulturell allemal näher als Weimar oder Schwerin. Die Fremdheit der DDR und ihrer Menschen für viele Westdeutsche brachte Adam Michnik auf den Punkt, als er davon sprach, die neuen Ostbürger würden von den Westbürgern als "deutsch sprechende Polen"[13] angesehen. Auch diese distanzierte Perzeption der DDR erschwert heute die Verständigung unter den Deutschen.

Das Gefühl einer desparaten Unbehaustheit in dem westdeutschen Teilstaat, das in dem zu Anfang des 6. Kapitels zitierten Gedicht von Botho Strauß anklingt, war untypisch zumindest für die Generation der mit der Bundesrepublik Großgewordenen. Repräsentativer für die heute ca. Vierzigjähri-

---

12 Detlef Pollack: Zum Stand der DDR-Forschung, in: PVS 1993/1, 119-139, hier 131
13 Zit. von Bärbel Bohley anläßlich der Podiumsdiskussion "Ein Jahr deutsche Einheit - Zwei Jahre friedliche Revolution. Was bleibt - Was wird?" am 8.11.1991 in der Münchner Volkshochschule.

gen, die sich in dem lange ungeliebten und kritisierten Staat der Bundesrepublik schließlich doch eingerichtet hatten und plötzlich, als es ihn in seiner gewohnten Gestalt nicht mehr gab, ungeahnte Vorzüge an ihm entdeckten, ist folgende Textpassage von *Patrick Süskind*:

"Ja, ein wenig traurig bin ich, wenn ich daran denke, daß es den faden, kleinen, ungeliebten, praktischen Staat Bundesrepublik Deutschland, in dem ich groß geworden bin, künftig nicht mehr geben wird."

"Nein, die Einheit der Nation, das Nationale überhaupt war unsere Sache nicht. Wir hielten es für eine vollkommen überholte und von der Geschichte widerlegte Idee aus dem 19. Jahrhundert, auf die man getrost verzichten konnte. Ob die Deutschen in zwei, drei, vier oder einem Dutzend Staaten lebten, war uns schnuppe."[14]

Ziemlich zynisch wird von verschiedenen westdeutschen Literaten geradezu bedauert, daß sich die sechzehn Millionen Menschen in Ostdeutschland von der totalitären Diktatur des SED-Regimes befreit haben, da mit der friedlichen Revolution in der DDR und der sich anschließenden Vereinigung, wie etwa Thorsten Becker schreibt, für die Intellektuellen der "Verlust einer Denkmöglichkeit" verbunden sei, "aus der in den letzten Jahren die besten Wirkungen der deutschen Literatur entstanden" seien.[15] Andere Teilnehmer am Diskurs, zum Beispiel Jürgen Habermas[16], zeigen sich besorgt, daß durch den Beitritt der kleinbürgerlichen Gesellschaft der DDR mit ihren Muttermalen der *subject political culture* die in der Bundesrepublik aufblühende *civil society* Schaden erleiden könne. In dieser Perspektive wird "in vieler Hinsicht ... das politische Bewußtsein der Ostdeutschen ... auf dem Stand des westdeutschen der frühen 60er Jahre"[17] angesiedelt, wobei allerdings mit diesem Vergleich, der die völlig andersartigen Rahmenbedingungen politischer Kultur ausblendet, nur unzureichend erklärt werden kann, wie mit diesem vermuteten politischen Bewußtsein ein demokratisches Protestpotential entstehen und eine Diktatur in einer friedlichen Revolution gestürzt werden konnte. Martin Greiffenhagen befürchtet, daß die "Bevölkerung der DDR" die Bundesrepublik an der Skala von "Emanzipationsbewegungen und ungewöhnlichen Formen dafür", an der die Niederländer an der Spitze stehen, "nicht nur statistisch, sondern auch in der Realität ein kräftiges Stück nach rückwärts drän-

---

14 Patrick Süskind: Deutschland, eine Midlife-crisis, in: Angst vor Deutschland 1990, 111-122, hier 122 und 118

15 Thorsten Becker: Tagebuch einer Arabischen Reise, darin der Briefwechsel mit Goethe, Zürich 1991, S. 492 (zit. n. Korte 1992b, 71)

16 Vgl. Habermas' Urteil: "Nach Maßstäben einer zivilisierten politischen Kultur, die sich in der alten Bundesrepublik durchzusetzen schien, bedeutet die staatliche Vereinigung für die erweiterte Bundesrepublik nicht gerade einen Liberalisierungsschub - drüben die Wiederkehr alter Mentalitäten und hier das Anwachsen eines Wohlstandschauvinismus." (Jürgen Habermas: Wider die Logik des Krieges. Ein Plädoyer für Zurückhaltung, aber nicht gegenüber Israel, in: Die Zeit vom 15.2.1991)

17 Greiffenhagen 1993, 448

gen" werde[18]. Der Begriff des "Verfassungspatriotismus", den Dolf Sternberger unter Betonung der rechtsstaatlichen Komponente eingeführt[19] und den
Habermas unter Betonung der demokratischen Komponente wiederaufgenom-
men[20] hat, bezeichnet die Idee einer kollektiven Identifizierung über die libe-
ral-demokratische Verfassung, für die sich durch die so unerwartet auf die
Agenda der deutschen Politik zurückgekehrte Nation[21] eine identifikatorische
Konkurrenz und dadurch Legitimationsprobleme ergaben.

Im Mittelpunkt des Problems beim Zusammenwachsen der beiden politischen Kulturen in Deutschland steht die Frage nach dem Beharrungsvermögen
der jeweiligen Identität der beiden Gesellschaften. Das bundesdeutsche
Selbstverständnis wurde von der Öffnung des anderen deutschen Staates und
der Vereinigung nur wenig tangiert. Die Erweiterung der Bundesrepublik
wurde interessiert zur Kenntnis genommen, vor allem sollte sie nicht viel
kosten; ansonsten blieb die Identität der bundesrepublikanischen Gesellschaft
die alte. Das Selbstverständnis der ostdeutschen Gesellschaft, das in dem
Ausnahmezustand vom Oktober und November 1989 eine katalysierende Wirkung erfahren hatte, war nur kurzzeitig von dem Bewußtsein der erfolgreichen
Revolution erfüllt. Tragender Pfeiler des neuen Wir-Gefühls war schon bald
nicht mehr die verblassende Erinnerung an den Aufstand von 1989, sondern
die Abgrenzung zur westdeutschen Gesellschaft. Auf diese somit per Negation definierte kollektive Identität, die teilweise von DDR-Nostalgie begleitet
wird, sind die Bürger der neuen Bundesländer um so mehr verwiesen, je stärker sie "westdeutsche(n) Besatzer-Allüren"[22] wahrzunehmen meinen. Die Tatsache, daß 1993, im Jahr 3 nach der Vereinigung, bei steigender Tendenz fast
40 % der 14jährigen in den neuen Bundesländern die traditionelle, wenn auch
ideologisch entrümpelte Jugendweihe empfangen haben[23], ist in diesem
Zusammenhang nicht als Indiz für ein Post-festum-Bekenntnis der Jugendlichen zur untergegangenen DDR zu werten: Hier handelt es sich vielmehr um

---

18 Martin Greiffenhagen: Die Bundesrepublik Deutschland 1945-1990. Reformen und Defizite
    der politischen Kultur, in: APuZ 1991/1-2, 16-26, hier 23
    Nur wenige Jahre zuvor war dagegen die umgekehrte Annahme laut geworden: Günter Gaus
    (1986/1988, 210) spekulierte Mitte der achtziger Jahre, daß durch eine Vereinigung der bei-
    den deutschen Staaten "die Welt der Westdeutschen... radikal verändert" würde; die "mittel-
    deutschen Nischenbewohner... gestatteten es nicht", daß es noch länger eine "deutsche
    Nation ohne Linke" gäbe.
19 Vgl. Dolf Sternberger: Rede zur 25-Jahr-Feier der Akademie für Politische Bildung in Tut-
    zing, in: FAZ vom 31.8.1982
20 Vgl. Jürgen Habermas: Eine Art Schadensabwicklung. Die apologetischen Tendenzen in der
    deutschen Zeitgeschichtsschreibung, in: Die Zeit vom 11.7.1986; ders.: Faktizität und Gel-
    tung. Beiträge zur Diskurstheorie des Rechts und des demokratischen Rechtsstaats,
    Frankfurt a. M. 1992, S. 642f.
21 Vgl. hierzu Meier 1990, vor allem 46-57; Meier 1991, vor allem 28-41
22 Gregor Gysi; zit. n. Ursula Feist: Zur politischen Akkulturation der vereinten Deutschen.
    Eine Analyse aus Anlaß der ersten gesamtdeutschen Bundestagswahl, in: APuZ 1991/11-12,
    21-32, hier 32

einen Ritus in einer entkirchlichten Gesellschaft, der mehr aufgrund seines Charakters als Familien- und Geschenkefest denn aufgrund seines Inhaltes und seiner Vorgeschichte eine gewisse Renaissance erlebt.

In den siebziger Jahren stellte Arthur M. Hanhardt die These auf, die beiden deutschen politischen Kulturen lägen um so weiter auseinander, je weiter die sozialistische Persönlichkeit in der DDR verwirklicht werde[24]. Der in der vorliegenden Untersuchung verdeutlichte Befund, daß sich die politische Kultur der DDR, als die konservativere von beiden, weniger von der gemeinsamen Ausgangslage des Jahres 1945 entfernt hat als die flexiblere politische Kultur der Bundesrepublik, legt es nun eher nahe, zu konstatieren, daß die beiden politischen Kulturen heute dort am meisten auseinanderliegen, wo sich die westdeutsche politische Kultur von der tradierten politischen Kultur entfernt hat.

Die unterschiedlichen, teilweise gegensätzlichen mentalen Dispositionen der Deutschen sprechen nicht für ein rasches Amalgamieren der beiden politischen Kulturen im vereinigten Deutschland. Die in der Bundesrepublik entwickelte politische Kultur erscheint im Vergleich zu ihrem Pendant aus der DDR als so stabil, auch so weit akzeptiert bei den Westdeutschen, daß nicht zu erwarten steht, daß sie durch den Prozeß des Zusammenwachsens der beiden Gesellschaften besondere Veränderungen erfahren wird.

Bei der Frage nach der Perseveranz oder Flexibilität der politischen Kultur der ostdeutschen Gesellschaft kommt es entscheidend darauf an, wie stark sich die spezifische Identität der Bürger in den neuen Ländern in Abgrenzung von den Bürgern der alten Bundesländer ausprägen wird. Diese Identitätsbildung hängt unter anderem von der weiteren Entwicklung der politischen Probleme im Zuge der deutschen Vereinigung ab: von der Eigentumsregelung und der Verwirklichung der Angleichung der Lebensverhältnisse, von der emotionsgeladenen Diskussion um frühere Inoffizielle Mitarbeiter des Staatssicherheitsdienstes der DDR, von der juristischen und vor allem politisch-moralischen Behandlung der Regierungskriminalität der Ostberliner Führung und von den diversen Versuchen einer 'Aufarbeitung' von Schuld und Mitschuld am Unrechtsregime der SED. Vieles, unter anderem auch die Entwicklung der westdeutschen politischen Kultur mit ihrer nach dem Nachwachsen einer neuen Generation in den späten sechziger Jahren gesetzten Zäsur, spricht indes dafür, daß der gegenwärtige dichotomische Charakter der deutschen politischen Kultur noch mindestens für die Dauer einer Generation, der Gene-

---

23 Von den ca. 80.000 Teilnehmern an der Jugendweihe im Frühjahr 1993 haben sich allein 70.000 bei der "Interessenvereinigung Jugendweihe e. V." angemeldet, der Nachfolgeorganisation des Zentralen Jugendweiheausschusses in der DDR; die übrigen nahmen an "Jugendfeiern" diverser konkurrierender Verbände der Konfessionslosen und Freidenker teil (vgl. Matthias Hartmann: Jugendweihe '93, in: DA 1993/5, 523-526, hier 523).

24 Vgl. Hanhardt 1976, 43

ration der in den beiden politischen Systemen vor der Vereinigung Sozialisierten erhalten bleiben wird.

Das Zusammenwachsen der zwei politischen Kulturen im vereinigten Deutschland kann gelingen, wenn in beiden Gesellschaften die Bereitschaft wächst zum Annehmen in der Unterschiedlichkeit, zu gegenseitigem Verständnis, zur Empathie. Dann kann das Paradoxon, daß die Einheit Deutschlands seine Teilung vertieft hat, überwunden werden.

Literaturverzeichnis[*]

A. Dokumente und demoskopische Quellen

Allensbacher Jahrbuch der Demoskopie, hg. von Elisabeth Noelle-Neumann (für 1983: Elisabeth Noelle-Neumann und Edgar Piel), Institut für Demoskopie Allensbach, Wien, München u. a. *1976, 1977,* München *1983*

Bundesgesetzblatt, hg. vom Bundesminister der Justiz, Bonn *1949/1950-1990*

Datenreport 1989. Zahlen und Fakten über die Bundesrepublik Deutschland, hg. vom Statistischen Bundesamt in Zusammenarbeit mit dem Sonderforschungsbereich 3 der Universitäten Frankfurt und Mannheim, Bonn 1989, durchgesehener und aktualisierter Neudruck *1990*

DDR. Dokumente zur Geschichte der Deutschen Demokratischen Republik 1945-1985, hg. von Hermann Weber, München *1986*

Der Besuch von Generalsekretär Honecker in der Bundesrepublik Deutschland. Dokumentation zum Arbeitsbesuch des Generalsekretärs der SED und Staatsratsvorsitzenden der DDR, Erich Honecker, in der Bundesrepublik Deutschland im September 1987, hg. vom Bundesministerium für innerdeutsche Beziehungen, Bonn *1988*

Die Deutschen und ihr Vaterland, Hg.: Infratest Kommunikationsforschung / Die Welt, München, Bonn *1988*

Die Grünen. Das Bundesprogramm (1980), Bonn

Die Lehrerbildung in der DDR. Eine Sammlung der wichtigsten Dokumente und gesetzlichen Bestimmungen für die Ausbildung der Lehrer, Erzieher und Kindergärtnerinnen, hg. vom Ministerrat der Deutschen Demokratischen Republik. Ministerium für Volksbildung, Berlin /DDR *1977*

Die Opposition in der DDR. Entwürfe für einen anderen Sozialismus. Texte, Programme, Statuten von Neues Forum, Demokratischer Aufbruch, Demokratie Jetzt, SDP, Böhlener Plattform und Grüne Partei in der DDR, mit Beiträgen von Ibrahim Böhme u. a., hg. von Gerhard Rein, Berlin *1989*

---

[*] Um die Bibliographie übersichtlich zu halten, sind nicht alle in den Fußnoten genannten Titel hier erneut aufgeführt. Des weiteren wurden die verwendeten Aufsätze, die in den bibliographierten Sammelbänden und Periodika erschienen sind, bis auf einige Ausnahmen nicht als eigene Titel aufgeführt.

Die Verfassung des Deutschen Reichs vom 11. August *1919*, von Gerhard Anschütz, Berlin 1933, Darmstadt *1960*

Dokumente der Sozialistischen Einheitspartei Deutschlands. Beschlüsse und Erklärungen des Zentralkomitees sowie seines Politbüros und seines Sekretariats, hg. vom Zentralsekretariat der Sozialistischen Einheitspartei Deutschlands, Bde. 1-21, Berlin /DDR *1948-1989*

Eine Generation später. Bundesrepublik Deutschland 1953-1979, hg. von Elisabeth Noelle-Neumann und Edgar Piel, Institut für Demoskopie Allensbach, München u. a. *1983*

Freiburger Thesen der F.D.P. zur Gesellschaftspolitik (beschlossen auf dem F.D.P.-Parteitag vom 25.-27. Oktober *1971* in Freiburg/i.B.), Bonn

Gesetzblatt der Deutschen Demokratischen Republik, hg. von der Regierungskanzlei der Deutschen Demokratischen Republik (1949-1954), vom Büro des Präsidiums des Ministerrates der Deutschen Demokratischen Republik (1955-1961), vom Büro des Ministerrates (1962-1974), vom Sekretariat des Ministerrates (1975-1990), Berlin /DDR *1949-1990*

Grundgesetz für die Bundesrepublik Deutschland mit Einigungsvertrag (ohne Anl.), Vertrag über die abschließende Regelung in bezug auf Deutschland, Bundesverfassungsgerichtsgesetz, Konvention zum Schutze der Menschenrechte, Bundeswahlgesetz, Bundeswahlordnung, Wahlprüfungsgesetz und Bundespräsidentenwahlgesetz, Parteiengesetz, Europawahlgesetz, Europaabgeordnetengesetz, Parlamentarische Geschäftsordnungen. Textausgabe mit ausführlichen Verweisungen und einem Sachverzeichnis, 50., neubearbeitete Auflage, Stand: 1. August 1991, München *1991*

Grundsatzprogramm der Christlich Demokratischen Union Deutschlands. Freiheit - Solidarität - Gerechtigkeit. Beschlossen vom 26. Bundesparteitag Ludwigshafen 23.-25. Oktober *1978*, Bonn

Grundsatzprogramm der Christlich Sozialen Union (1976), München

Grundsatzprogramm der Sozialdemokratischen Partei Deutschlands. Beschlossen vom Außerordentlichen Parteitag der Sozialdemokratischen Partei Deutschlands in Bad Godesberg vom 13. bis 15. November *1959*, Bonn

Grundsatzprogramm der Sozialdemokratischen Partei Deutschlands. Beschlossen vom Programm-Parteitag der Sozialdemokratischen Partei Deutschlands am 20. Dezember *1989* in Berlin, Bonn

Innerdeutsche Beziehungen. Die Entwicklung der Beziehungen zwischen der Bundesrepublik Deutschland und der Deutschen Demokratischen Republik 1980-1986. Eine Dokumentation, hg. vom Bundesministerium für innerdeutsche Beziehungen, Bonn *1986*

Jahrbuch der öffentlichen Meinung, hg. von Elisabeth Noelle und Erich Peter Neumann, Institut für Demoskopie Allensbach, Allensbach am Bodensee *1956, 1957,* Allensbach und Bonn *1965, 1967, 1974*

Jugendforschung in der Bundesrepublik. Ein Bericht des SINUS-Instituts im Auftrag des Bundesministers für Jugend, Familie und Gesundheit, Opladen *1984*

Kieler Thesen zu Wirtschaft im sozialen Rechtsstaat - zu Bürger, Staat, Demokratie - zu Bildung und Beschäftigung der jungen Generation. Beschlossen auf dem 28. ordentlichen Bundesparteitag *der F.D.P.* vom 6. bis 8. November *1977* in Kiel, Bonn

Lehr- und Bildungspläne 1921-1974, hg. von Hubert Hettwer, Bad Heilbronn / Obb. *1976*

Materialien zum Bericht zur Lage der Nation im geteilten Deutschland 1987, hg. vom Bundesministerium für innerdeutsche Beziehungen, Bonn *1987*

Parteilehrjahr der SED. Studienmaterial Marxistisch-leninistische Schulung der Kandidaten der SED, ausgearbeitet von einem Autorenkollektiv unter Leitung von Wolfgang Schneider, 8. Auflage, Berlin /DDR *1984*

Programm der Sozialistischen Einheitspartei Deutschlands, Berlin /DDR *1976*

Programme der politischen Parteien in der Bundesrepublik Deutschland, 2 Bde., von Theo Stammen in Zusammenarbeit mit Hans-Georg Heppel / Gerhard Hirscher / Rainer Kunz / Herbert Maier, 4., gründlich bearbeitete Auflage, München *1984*

Protokoll der Verhandlungen der Parteitage der Sozialistischen Einheitspartei Deutschlands (I.-XI.), Berlin /DDR *1949-1986*

Statistisches Jahrbuch der Deutschen Demokratischen Republik, hg. von der Staatlichen Zentralverwaltung für Statistik, Berlin /DDR *1956-1989*

Statistisches Jahrbuch für das vereinte Deutschland, hg. vom Statistischen Bundesamt, Stuttgart *1991*

Statistisches Jahrbuch für die Bundesrepublik Deutschland, hg. vom Statistischen Bundesamt, Stuttgart *1952-1990*

Statut der Sozialistischen Einheitspartei Deutschlands, Berlin /DDR *1976*

Verfassung der DDR. Text, Einführung, Kommentar, Hinweise auf das Grundgesetz, bearbeitet von Gerd Joachim Sieger, 6. überarbeitete Auflage, München *1986*

Verfassungen der deutschen Bundesländer mit Gesetzen über die Landesverfassungsgerichte. Textausgabe mit ausführlichem Sachverzeichnis. Einführung von Prof. Dr. Christian Pestalozza, 2. Auflage, München *1981*

Verträge zur deutschen Einheit. Textausgabe, Bonn *1991*

"Wir sind das Volk!" Flugschriften, Aufrufe und Texte einer deutschen Revolution, hg. von Charles Schüddekopf, mit einem Nachwort von Lutz Niethammer, Reinbek bei Hamburg *1990*

Young Europeans in 1990, Eurobarometer 34.2, Report undertaken on behalf of the TASK FORCE for "Human Resources, Education, Training and Youth" by INRA (EUROPE) European Coordination Office SA/NV, Brüssel 1991

Zahlenspiegel. Bundesrepublik Deutschland / Deutsche Demokratische Republik. Ein Vergleich, hg. vom Bundesministerium für innerdeutsche Beziehungen, Bonn *1986*

Zukunftschance Freiheit. Liberales Manifest für eine Gesellschaft im Umbruch. Beschlossen vom Bundesparteitag der F.D.P. am 23./24. Februar *1985* in Saarbrücken, Bonn

B. Handbücher und Sammelbände

Alltag im anderen Deutschland, hg. von Werner Filmer und Heribert Schwan, Düsseldorf, Wien *1985*

Angst vor Deutschland, hg. von Ulrich Wickert, 2. Auflage, Hamburg *1990*

Antisemitismus in der politischen Kultur nach 1945, hg. von Werner Bergmann und Rainer Erb, Opladen *1990*

Aufbruch in eine andere DDR. Reformer und Oppositionelle zur Zukunft ihres Landes, hg. von Hubertus Knabe, Reinbek bei Hamburg *1989*

Blickpunkt Gesellschaft. Einstellungen und Verhalten der Bundesbürger, hg. von Walter Müller, Peter Ph. Mohler, Barbara Erbslöh und Martina Wasmer, Opladen *1990*

Bürger und Parteien. Ansichten und Analysen einer schwierigen Beziehung, hg. und eingeleitet von Joachim Raschke, Opladen *1982*

Bundesrepublikanisches Lesebuch. Drei Jahrzehnte geistiger Auseinandersetzung, hg. von Hermann Glaser, München, Wien *1978,* Frankfurt a. M. *1980*

Bundesrepublik Deutschland. Geschichte - Bewußtsein, Red.: Will Cremer und Imke Commichau, Bonn *1989*

Bundesrepublik Deutschland und Deutsche Demokratische Republik. Die beiden deutschen Staaten im Vergleich, hg. von Eckhard Jesse, Berlin *1980*

Bundeswehr und Gesellschaft. Ein Wörterbuch, hg. von Ralf Zoll, Ekkehart Lippert, Tjarck Rössler, Opladen *1977*

Das Ende eines Experiments. Umbruch in der DDR und deutsche Einheit, hg. von Rolf Reißig und Gert-Joachim Glaeßner, Berlin *1991*

Das Hochschulwesen in der Bundesrepublik Deutschland, hg. von Ulrich Teichler, Weinheim *1990*

Das Wissenschaftssystem in der DDR, hg. vom Institut für Gesellschaft und Wissenschaft, Erlangen, 2., überarbeitete Auflage, Frankfurt a. M., New York *1977/1979*

DDR, mit Beiträgen von Walter Sperling u. a., Red.: Hans-Georg Wehling, Stuttgart u. a. *1983*

DDR. Das politische, wirtschaftliche und soziale System, hg. von Heinz Rausch, 7. Auflage, München *1988*

DDR Handbuch, 3., überarbeitete und erweiterte Auflage, wissenschaftliche Leitung: Hartmut Zimmermann unter Mitarbeit von Horst Ulrich und Michael Fehlauer, hg. vom Bundesministerium für innerdeutsche Beziehungen, 2 Bde., Köln *1985*

DDR-Jugend. Politisches Bewußtsein und Lebensalltag, hg. von Barbara Hille und Walter Jaide, Opladen *1990*

DDR-Jugend heute. Zustandsbeschreibung - Forschungsbefunde - Bildungsanregungen, hg. von Dietrich Zitzlaff, Stuttgart *1986*

DDR - Von der friedlichen Revolution zur deutschen Vereinigung, hg. von Göttrik Wewer, Opladen *1990*

Deutschland-Handbuch. Eine doppelte Bilanz 1949-1989, hg. von Werner Weidenfeld und Hartmut Zimmermann, Bonn *1989*

Deutschland. Eine Nation - doppelte Geschichte. Materialien zum deutschen Selbstverständnis. Band 5 der Arbeitsergebnisse der Sudiengruppe Deutschlandforschung, hg. von Werner Weidenfeld, mit Beiträgen von Bodo von Borries u. a., Käln *1993*

Die Bundesrepublik. Eine historische Bilanz, hg. von Robert Hettlage, München *1990*

Die DDR in der Ära Honecker. Politik - Kultur - Gesellschaft, hg. von Gert-Joachim Glaeßner, Opladen *1988*

Die deutsche Einheit. Vom Traum zur Wirklichkeit, hg. von Guido Knopp und Ekkehard Kuhn, Erlangen u. a. *1990*

Die Frage nach der deutschen Identität. Ergebnisse einer Fachtagung der Bundeszentrale für politische Bildung, Red.: Will Cremer, Gernot Dallinger, Bonn *1985*

Die Geschichte ist offen. DDR 1990: Hoffnung auf eine neue Republik. Schriftsteller aus der DDR über die Zukunft ihres Landes, hg. von Michael Naumann, Reinbek bei Hamburg *1990*

Die Gestaltung der deutschen Einheit. Geschichte - Politik - Gesellschaft, hg. von Eckhard Jesse und Armin Mitter, Bonn *1992*

Die Identität der Deutschen, hg. von Werner Weidenfeld, Bonn *1983*

Die Mitte. Vermessungen in Politik und Kultur, hg. von Bernd Guggenberger und Klaus Hansen, Opladen *1992*

Die politische Grundordnung der Bundesrepublik Deutschland in Politik- und Geschichtsbüchern, mit Beiträgen von Manfred Hättich u. a., hg. im Auftrag der Konrad-Adenauer-Stiftung, Melle *1985*

Die zweite deutsche Demokratie. Ursprünge - Probleme - Perspektiven, hg. von Rainer A. Roth und Walter Seifert, Köln, Wien *1990*

Einheit - Freiheit - Selbstbestimmung. Die Deutsche Frage im historisch-politischen Bewußtsein, hg. von Karl-Ernst Jeismann, Bonn *1987*

Ein ganz normaler Staat? Perspektiven nach 40 Jahren Bundesrepublik, hg. Wilhelm Bleek und Hanns Maull, München *1989*

Ein Staat kommt in die Jahre. 40 Jahre Bundesrepublik, hg. von Günther Fetzer und Bernhard Michalowski, München *1989*

Erfahrungsorientierte Methoden der politischen Bildung, hg. von der Bundeszentrale für politische Bildung, Bonn *1988*

Experiment Vereinigung. Ein sozialer Großversuch, hg. von Bernd Giesen und Claus Leggewie, Berlin *1991*

Grundlagen der politischen Kultur des Westens. Ringvorlesung an der Freien Universität Berlin, hg. von Klaus W. Kempfer und Alexander Schwan, Berlin, New York *1987*

Grundlagen unserer Demokratie, Red.: Will Cremer und Imke Commichau, Bonn *1988*

Grundwerte in Staat und Gesellschaft, hg. von Günter Gorschenek, München *1977*

Handbuch der politischen Sozialisation, hg. von Bernhard Claußen und Klaus Wasmund, Braunschweig *1982*

Handbuch des politischen Systems der Bundesrepublik Deutschland, hg. von Kurt Sontheimer und Hans H. Röhring, 2. Auflage, München *1977/1978*

Handbuch Deutsche Demokratische Republik, Jubiläumsausgabe 1984, hg. von der Lexikonredaktion des VEB Bibliographisches Institut Leipzig, 2. Auflage, Leipzig *1984*

Handbuch gesellschaftlicher Organisationen in der DDR. Massenorganisationen, Verbände, Vereinigungen, Gesellschaften, Komitees, Ligen, hg. von der Akademie für Staats- und Rechtswissenschaft der DDR Potsdam-Babelsberg, Leitung der Red.: Richard Mand, Berlin /DDR *1985*

Handbuch Politikwissenschaft. Grundlagen - Forschungsstand - Perspektiven, hg. von Axel Görlitz und Rainer Prätorius, Reinbek bei Hamburg *1987*

Handbuch zum Bildungswesen der DDR, von Dietmar Waterkamp, mit einem Vorwort von Oskar Anweiler, Berlin *1987*

Handbuch zur deutsch-deutschen Wirklichkeit. Bundesrepublik Deutschland / Deutsche Demokratische Republik im Kulturvergleich, hg. von Wolfgang R. Langenbucher, Ralf Rytlewski und Bernd Weyergraf, Stuttgart *1983/ 1988*

Handbuch zur politischen Bildung, hg. von Wolfgang W. Mickel und Dietrich Zitzlaff, Bonn *1988*

Handlexikon zur Politikwissenschaft, hg. von Wolfgang W. Mickel in Verbindung mit Dietrich Zitzlaff, Bonn *1986*

Handwörterbuch des politischen Systems der Bundesrepublik Deutschland, hg. von Uwe Andersen und Wichard Woyke, Opladen *1993*

Handwörterbuch zur deutschen Einheit, hg. von Werner Weidenfeld und Karl-Rudolf Korte, Frankfurt a. M., New York *1992*

Handwörterbuch zur politischen Kultur der Bundesrepublik Deutschland. Ein Lehr- und Nachschlagewerk, hg. von Martin Greiffenhagen, Sylvia Greiffenhagen und Rainer Prätorius, Opladen *1981*

Jugend und Jugendforschung in der DDR. Gesellschaftswissenschaftliche Situation, Sozialisation und Mentalitätsentwicklung in den achtziger Jahren, hg. von Walter Friedrich und Hartmut Griese, Opladen *1991*

Kirchen und Gesellschaft in beiden deutschen Staaten, hg. von Gisela Helwig und Detlef Urban, Köln *1987*

Leipzig im Oktober: Kirchen und alternative Gruppen im Umbruch der DDR. Analysen zur Wende, hg. von Wolf-Jürgen Grabner, Christiane Heinze und Detlef Pollack, mit einem Vorwort von Friedrich Magirius, Berlin *1990*

Lernen - Helfen - Fleißigsein. Kindermedien und Kinderkultur in der DDR, hg. von Jan-Uwe Rogge und Klaus Jensen, Köln *1987*

Militärlexikon der DDR, hg. vom Militärverlag der Deutschen Demokratischen Republik, 2. Auflage, Berlin /DDR *1973*

Nachdenken über Deutschland. Materialien zur politischen Kultur der Deutschen Frage, hg. von Werner Weidenfeld, Köln *1985*

Neue soziale Bewegungen in der Bundesrepublik Deutschland, hg. von Roland Roth und Dieter Rucht, Bonn *1987*

Pädagogische Berufe in der Bundesrepublik Deutschland und in der Deutschen Demokratischen Republik, hg. von Siegfried Baske, Berlin *1990*

Pädagogisches Wörterbuch, hg. von Hans-Joachim Laabs u. a., Berlin /DDR *1987*

Pluralismus im Widerstreit. Wertwandel und Orientierungsprobleme in der politischen Kultur der Bundesrepublik Deutschland, hg. von Christoph Böhr, Jürgen Fuchs und Roland Koch, Krefeld *1982*

Politik-Lexikon, hg. von Everhard Holtmann unter Mitarbeit von Ulrich Brinkmann und Heinrich Pehle, München, Wien 1991

Politikwissenschaft. Theorien - Methoden - Begriffe, hg. von Dieter Nohlen und Rainer-Olaf Schultze (Pipers Wörterbuch zur Politik, hg. von Dieter Nohlen, Bd. 1), 2 Teilbde., 2. Auflage, München *1985/1987*

Politische Kultur in der DDR, mit Beiträgen von Ralf Rytlewski u. a., Red.: Hans-Georg Wehling, Stuttgart u. a. *1989*

Politische Kultur in Deutschland. Bilanz und Perspektiven der Forschung, hg. von Dirk Berg-Schlosser und Jakob Schissler, Opladen *1987*

Politische Kultur und deutsche Frage. Materialien zum Staats- und Nationalbewußtsein in der Bundesrepublik Deutschland, hg. von Werner Weidenfeld, mit Beiträgen von Wilhelm Bleek u. a., Köln *1989*

Politische Kultur und publizistische Verantwortung, mit Beiträgen zum Thema: Massenmedien und politische Kultur in Deutschland, hg. von Heinz J. Kiefer, Bochum *1990*

Politische Sozialisation Jugendlicher in Ost und West, hg. von Bernhard Claußen, Bonn *1989*

Regionale politische Kultur, mit Beiträgen von Hans-Georg Wehling u. a., Red.: Hans-Georg Wehling, Stuttgart u. a. *1985*

Reise ins andere Deutschland, hg. von Theo Sommer, Reinbek bei Hamburg *1986*

Revolution in Deutschland? 1789-1989. Sieben Beiträge, hg. von Manfred Hettling, Göttingen *1991*

Schule in der DDR, hg. von Gisela Helwig, Köln *1988*

Schule und Erwachsenenbildung. Schulische politische Bildung unter außerschulischen Bedingungen. Ergebnisse eines Projektes, hg. von der Bundeszentrale für politische Bildung, Bonn *1987*

Schwierigkeiten mit der Demokratie, hg. von der Akademie für politische Bildung, Tutzing, Jürgen Weber, München *1987*

Sozialistische Systeme. Politik - Wirtschaft - Gesellschaft, hg. von Klaus Ziemer (Pipers Wörterbuch zur Politik, hg. von Dieter Nohlen, Bd. 4), München *1986*

Vergleich von Bildung und Erziehung in der Bundesrepublik Deutschland und in der Deutschen Demokratischen Republik. Materialien zur Lage der Nation, hg. vom Bundesministerium für innerdeutsche Beziehungen, Leitung der wissenschaftlichen Kommission: Oskar Anweiler, Köln *1990*

Vergleichende Bildungsforschung. DDR, Osteuropa und interkulturelle Perspektiven. Festschrift für Oskar Anweiler zum 60. Geburtstag, hg. von Bernhard Dilger, Friedrich Kuebart, Hans-Peter Schäfer, Berlin *1986*

Vierzig Jahre DDR ...und die Bürger melden sich zu Wort, von Bärbel Bohley, Jürgen Fuchs, Katja Havemann, Rolf Henrich, Ralf Hirsch, Reinhard Weißhuhn u. a., Berlin *1989*

Vierzig Jahre politische Bildung in der Demokratie. Dokumentation. Kongreß im Berliner Reichstag vom 10.-12. November 1989, hg. von der Bundeszentrale für politische Bildung, Bonn *1990*

Vorbilder für Deutsche. Ein Lesebuch, hg. von Peter Glotz und Wolfgang R. Langenbucher, überarbeitete Neuausgabe, München *1974/1986*

Wertwandel und gesellschaftlicher Wandel, hg. von Helmut Klages und Peter Kmieciak, Frankfurt a. M., New York *1979*

Westliche Industriegesellschaften. Wirtschaft - Gesellschaft - Politik, hg. von Manfred G. Schmidt (Pipers Wörterbuch zur Politik, hg. von Dieter Nohlen, Bd. 2), München *1983*

(Wieder-) Vereinigungsprozeß in Deutschland, mit Beiträgen von Hans von Mangoldt u. a., Red.: Hans-Georg Wehling, Stuttgart u. a. *1990*

Wir Kollaborateure. Der Westen und die deutschen Vergangenheiten, hg. von Cora Stephan, Reinbek bei Hamburg *1992*

Wissenschaftlicher Kommunismus, von einem Autorenkollektiv unter Leitung von P. N. Fedossejew, 2. Auflage, Berlin /DDR *1973*

Wissenschaftlicher Sozialismus. Lehrbuch für das marxistisch-leninistische Grundlagenstudium, hg. von Günther Großer (Leiter), Rolf Reißig und Gerhard Wolter, Berlin /DDR *1988*

Wörterbuch der DDR-Pädagogik, von Johannes Niermann unter Mitarbeit von M. Monika Niermann, Heidelberg *1974*

Wörterbuch der marxistisch-leninistischen Philosophie, von Alfred Kosing, Berlin /DDR *1985*

Wörterbuch des wissenschaftlichen Kommunismus, hg. unter der Leitung von Rolf Schönefeld, erarbeitet im Auftrag des Rates für Wissenschaftlichen Kommunismus an der Akademie für Gesellschaftswissenschaften beim Zentralkomitee der SED, Berlin /DDR *1982*

Wörterbuch Staat und Politik, hg. von Dieter Nohlen, München *1991*

Zur Situation der politischen Bildung in der Schule. Ergebnisse einer Fachtagung der Bundeszentrale für politische Bildung, hg. von ders., Bonn *1982*

Zur Theorie und Praxis der politischen Bildung, hg. von der Bundeszentrale für politische Bildung, Bonn *1990*

C. Allgemeine Darstellungen, Monographien und einzelne Aufsätze

Albrecht, Ulrich: Zum Militär in der DDR. Anstelle einer Einleitung, in: Studiengruppe Militärpolitik (Hg.): Die Nationale Volksarmee. Ein Anti-Weißbuch zum Militär in der DDR, Reinbek bei Hamburg *1976*, S. 7-20

von Alemann, Ulrich: Politische Moral und politische Kultur in der Bundesrepublik - Vergiften oder reinigen Skandale die Politik?, in: Gewerkschaftliche Monatshefte *1985/5*, S. 258-269

Almond, Gabriel A.: Comparative Political Systems, in: The Journal of Politics, Bd. 18, *1956*, S. 391-409

Almond, Gabriel A.: Introduction: A Functional Approach to Comparative Politics, in: ders. / James S. Coleman (Hg.): The Politics of the Developing Areas, Princeton, New Jersey *1960*, S. 3-64

Almond, Gabriel A.: The Intellectual History of the Civic Culture Concept, in: ders. / Sidney Verba (Hg.): The Civic Culture Revisited, Boston, Toronto *1980*, S. 1-24

Almond, Gabriel A.: Politische Kultur-Forschung - Rückblick und Ausblick, in: Dirk Berg-Schlosser / Jakob Schissler (Hg.): Politische Kultur in Deutschland. Bilanz und Perspektiven der Forschung, Opladen *1987*, S. 27-38

Almond, Gabriel A. / G. Bingham *Powell,* Jr.: Comparative Politics. A Developmental Approach, Boston *1966*

Almond, Gabriel A. / G. Bingham *Powell,* Jr.: Political Socialization and Political Culture, in: dies. (Hg.): Comparative Politics Today: A World View, 3. Auflage, Boston, Toronto *1984,* S. 30-44

Almond, Gabriel A. / Sidney *Verba:* The Civic Culture. Political Attitudes and Democracy in Five Nations, Princeton, New Jersey *1963*

Anweiler, Oskar: Politische Steuerung - gesellschaftlicher Pluralismus - pädagogische Autonomie im Bildungs- und Erziehungswesen sozialistischer Staaten, in: ders. (Hg.): Staatliche Steuerung und Eigendynamik im Bildungs- und Erziehungswesen osteuropäischer Staaten und der DDR, Berlin *1986,* S. 9-28

Arnold, Alfred: Was formt die Persönlichkeit? Zur Dialektik von philosophischen und psychologischen Aspekten in der marxistisch-leninistischen Persönlichkeitsauffassung, Berlin /DDR *1976*

Backes, Uwe / Eckhard *Jesse:* Politischer Extremismus in der Bundesrepublik Deutschland, 2. durchgesehene Auflage, Bonn *1989/1990*

Bahrmann, Hannes / Christoph *Links:* Wir sind das Volk. Die DDR im Aufbruch - Eine Chronik, Berlin u. a. *1990*

Baier, Lothar u. a.: Die Früchte der Revolte. Über die Veränderung der politischen Kultur durch die Studentenbewegung, Berlin *1988*

Baker, Kendall L. / Russel J. *Dalton* / Kai *Hildebrandt:* Germany Transformed. Political Culture and the New Politics, Cambridge u. a. *1981*

Barnard, F. M.: Culture and Political Development: Herder's Suggestive Insights, in: The American Political Science Review, Juni *1969,* S. 379-397

Barnes, Samuel H. / Max *Kaase* u. a.: Political Action. Mass Participation in Five Western Democracies, Beverly Hills, London *1979*

Baumann, Manfred / Wolfgang *Eisenhuth* / Eberhard *Klinger* / Gerhard *Meyendorf* / Günter *Schulze* / Horst *Strietzel* (Leitung eines Autorenkollektivs): Schulbuchgestaltung in der DDR, Berlin /DDR *1984*

Beck, Thomas: Liebe zum Sozialismus - Haß auf den Klassenfeind. Sozialistisches Wehrmotiv und Wehrerziehung in der DDR, Lüneburg *1983*

Beer, Samuel H.: The Analysis of Political Systems, in: ders. / Adam B. Ulam (Hg.): Patterns of Government. The Major Political Systems of Europe, New York *1958,* S. 1-51

Behr, Wolfgang: Bundesrepublik Deutschland - Deutsche Demokratische Republik. Systemvergleich Politik - Wirtschaft - Gesellschaft. Mit einem Kapitel: Der Systemvergleich Bundesrepublik - DDR in der politischen Bildung, 2. erweiterte und aktualisierte Auflage, Stuttgart u. a. *1979/1985*

Behrmann, Gisela: Sozialisationsfelder des politischen Lernens in Kindheit und Jugend. Konzepte und Ergebnisse amerikanischer und deutscher Studien zur politischen Sozialisation, Dissertation, Bonn *1983*

Belitz-Demiriz, Hannelore / Dieter *Voigt:* Die Sozialstruktur der promovierten Intelligenz in der DDR und in der Bundesrepublik 1950-1982: Der Einfluß der politischen Systeme auf die unterschiedliche Entwicklung in den beiden deutschen Staaten, 2 Bde., Bochum *1990*

Belwe, Katharina: Soziale Isolation und Einsamkeit in der DDR, Bonn *1986*

Bender, Peter: Deutsche Parallelen. Anmerkungen zu einer gemeinsamen Geschichte zweier getrennter Staaten, Berlin *1989*

Benz, Wolfgang: Die Gründung der Bundesrepublik. Von der Bizone zum souveränen Staat, 3. Auflage, München *1984/1989*

Benz, Wolfgang: Potsdam 1945. Besatzungswirtschaft und Neuaufbau im Vier-Zonen-Deutschland, München *1986*

Bergem, Wolfgang: Politische Kultur in der DDR, Magisterarbeit, München *1987,* vervielfältigtes Manuskript

Bergmann, Werner / Rainer *Erb:* Antisemitismus in der Bundesrepublik Deutschland. Ergebnisse der empirischen Forschung von 1946-1989, Opladen *1991*

Berg-Schlosser, Dirk: Politische Kultur. Eine neue Dimension politikwissenschaftlicher Analyse, München *1972*

Berg-Schlosser, Dirk: Forum "Politische Kultur" der PVS, in: Politische Vierteljahresschrift *1981/1,* S. 110-117

Berg-Schlosser, Dirk: Politische Kultur, in: Dieter Nohlen / Rainer-Olaf Schultze (Hg.): Politikwissenschaft. Theorien - Methoden - Begriffe (Pipers Wörterbuch zur Politik, hg. von Dieter Nohlen, Bd. 1), 2. Auflage, München *1985/1987,* S. 746-751

Berg-Schlosser, Dirk: Politische Kultur, in: Wolfgang W. Mickel (Hg.) in Verbindung mit Dietrich Zitzlaff: Handlexikon zur Politikwissenschaft, Bonn *1986,* S. 385-388

Berg-Schlosser, Dirk / Jakob *Schissler:* Perspektiven der Politischen Kultur-Forschung, in: dies. (Hg.): Politische Kultur in Deutschland. Bilanz und Perspektiven der Forschung, Opladen *1987a,* S. 429-434

Berg-Schlosser, Dirk / Jakob *Schissler:* Politische Kultur in Deutschland - Forschungsgegenstand, Methoden und Rahmenbedingungen, in: dies. (Hg.): Politische Kultur in Deutschland. Bilanz und Perspektiven der Forschung, Opladen *1987b,* S. 11-26

von Beyme, Klaus: Die politischen Theorien der Gegenwart. Eine Einführung, München *1972*

von Beyme, Klaus: Das politische System der Bundesrepublik Deutschland nach der Vereinigung, 6., vollständig überarbeitete Ausgabe, München *1979/1991*

von Beyme, Klaus: Politische Kultur, in: ders. / Ernst-Otto Czempiel / Peter Graf Kielmannsegg / Peter Schmoock (Hg.): Politikwissenschaft. Eine Grundlegung, Bd. 2: Der demokratische Verfassungsstaat, Stuttgart u. a. *1987,* S. 70-86

von Beyme, Klaus: Der Vergleich in der Politikwissenschaft, München *1988*

von Beyme, Klaus / Helga *Michalsky:* Kultur, politische, in: Wolfgang R. Langenbucher / Ralf Rytlewski / Bernd Weyergraf (Hg.): Handbuch zur deutsch-deutschen Wirklichkeit. Bundesrepublik Deutschland / Deutsche Demokratische Republik im Kulturvergleich, Stuttgart *1983/1988,* S. 352-356

Blackbourn, David / Geoff *Eley:* Mythen deutscher Geschichtsschreibung. Die gescheiterte bürgerliche Revolution von 1848, Frankfurt a. M. u. a. *1980*

Blanke, Burckhard: Zum Verhältnis Militär - Partei - Gesellschaft in der DDR, in: Arbeitskreis für Wehrforschung (Hg.): Die Nationale Volksarmee der DDR im Rahmen des Warschauer Paktes, München *1980,* S. 187-216

Bluhm, William T.: Ideologies and Attitudes: Modern Political Culture, Englewood Cliffs, New Jersey *1974*

Böhme, Irene: Die das drüben. Sieben Kapitel DDR, Berlin *1986a*

Böhme, Irene: Tradition im kulturellen Alltag der DDR, in: Barbara Baerns (Hg.): Die DDR in Deutschland, Köln *1986b,* S. 47-58

Bölling, Klaus: Die fernen Nachbarn. Erfahrungen in der DDR, Hamburg *1983*

Bos, Ellen: Leserbriefe in Tageszeitungen der DDR. Zur "Massenverbundenheit" der Presse 1949-1989, Opladen *1992*

Brämer, Rainer: Anspruch und Wirklichkeit sozialistischer Bildung. Beiträge zur Soziologie des DDR-Bildungswesens, München *1983 von der Brelie-Lewien,* Doris: Abendland und Sozialismus. Zur Kontinuität politisch-kultureller Denkhaltungen im Katholizismus von der Weimarer Republik zur frühen Nachkriegszeit, in: Detlef Lehnert / Klaus Megerle (Hg.): Politische Teilkulturen zwischen Integration und Polarisierung. Zur politischen Kultur in der Weimarer Republik, Opladen *1990,* S. 188-218

Brown, Archie: Introduction, in: ders. / Jack Gray (Hg.): Political Culture and Political Change in Communist States, Thetford, Norfolk *1977,* S. 1-24

Brown, Archie: Conclusions, in: ders. (Hg.) Political Culture and Communist Studies, London, Basingstoke *1984,* S. 149-204

vom Bruch, Rüdiger: Gelehrtenpolitik und politische Kultur im späten Kaiserreich, in: Gustav Schmidt / Jörn Rüsen (Hg. unter Mitarbeit von Ursula Lehmkuhl): Gelehrtenpolitik und politische Kultur in Deutschland 1830-1930. Referate und Diskussionsbeiträge, Bochum *1986,* S. 77-106

Brüggemann, Heinz / Heide *Gerstenberger* / Wilfried *Gottschalch* / Ulrich K. *Preuß:* Über den Mangel an politischer Kultur in Deutschland, Berlin *1978*

Büscher, Wolfgang / Peter *Wensierski:* Null Bock auf DDR. Aussteigerjugend im anderen Deutschland, Reinbek bei Hamburg *1984*

Burens, Peter-Claus: Die DDR und der "Prager Frühling". Bedeutung und Auswirkungen der tschechoslowakischen Erneuerungsbewegung für die Innenpolitik der DDR im Jahr 1968, Berlin *1981*

Bußhoff, Heinrich: Zum Konzept der politischen Kultur, in: Gesellschaft, Staat, Erziehung. Blätter für politische Bildung und Erziehung, *1971,* S. 71-82

Chilton, Stephen: Defining Political Culture, in: Western Political Quarterly, *1988/3,* S. 419-445

Claußen, Bernhard: Methodik der politischen Bildung. Von der pragmatischen Vermittlungstechnologie zur praxisorientierten Theorie der Kultivierung emanzipatorischen politischen Lernens, Opladen *1981*

Claußen, Bernhard: Politische Sozialisation und politische Kultur, in: Gerd Koch (Hg.): Experiment: Politische Kultur. Berichte aus einem neuen gesellschaftlichen Alltag, Frankfurt a. M. *1985,* S. 26-43

Claußen, Bernhard: Politische Persönlichkeit und politische Repräsentation. Zur demokratietheoretischen Bedeutung subjektiver Faktoren und ihrer Sozialisationsgeschichte, Frankfurt a. M. *1988*

Conradt, David P.: West Germany: A Remade Political Culture? Some Evidence from Survey Archives, in: Comparative Political Studies, Juli *1974,* S. 222-238

Conradt, David P.: Changing German Political Culture, in: Gabriel A. Almond / Sidney Verba (Hg.): The Civic Culture Revisited, Boston, Toronto *1980*, S. 212-272

Craig, Gordon A.: Über die Deutschen, aus dem Amerikanischen von Hermann Stiehl, München *1982/1985*

Dalton, Russell J.: Politics in West Germany, in: Gabriel A. Almond / G. Bingham Powell, Jr. (Hg.): Comparative Politics Today: A World View, 3. Auflage, Boston, Toronto *1984*, S. 247-296

Dias, Patrick V.: Der Begriff 'Politische Kultur' in der Politikwissenschaft, in: Dieter Oberndörfer (Hg.): Systemtheorie, Systemanalyse und Entwicklungsländerforschung. Einführung und Kritik, Berlin *1971*, S. 409-448

Dienel, Peter C.: Erträge der "Planungszelle" für Gemeinde und Bürger - Erfahrungen mit partizipativer Politikberatung, in: Peter Antalovsky und Gemeinderatskommission 'Forum Stadtverfassung' (Hg.): Die Bürger und ihre Stadt. Direkte Demokratie in der Kommunalpolitik, Wien *1991*, S. 361-372

Dienel, Peter C.: Die Planungszelle. Der Bürger plant seine Umwelt. Eine Alternative zur Establishment-Demokratie, 3., durchgesehene und erweiterte Auflage, Opladen *1992*

Dittmer, Lowell: Political Culture and Political Symbolism: Toward a Theoretical Synthesis, in: World Politics. A Quarterly Journal of International Relations, Juli *1977/4*, S. 552-583

von Dohnanyi, Klaus: Das deutsche Wagnis, München *1990*

Dolff, Helmuth (Hg.): Die deutschen Volkshochschulen. Ihre Rechtsstellung, Aufgaben und Organisationen, 2. Auflage, Düsseldorf *1969/1973*

Drefenstedt, Edgar / Gerhart *Neuner* (Leiter eines Autorenkollektivs): Lehrplanwerk und Unterrichtsgestaltung, 3. Auflage, Berlin /DDR *1969/1970*

Eckart, Gabriele: So sehe ick die Sache. Protokolle aus der DDR. Leben im Havelländischen Obstanbaugebiet, Köln *1984*

Edelman, Murray: Politik als Ritual. Die symbolische Funktion staatlicher Institutionen und politischen Handelns, mit einem Vorwort zur Neuausgabe, Frankfurt a. M., New York *1976/1990*

Eder, Klaus: Geschichte als Lernprozeß? Zur Pathogenese politischer Modernität in Deutschland, Frankfurt a. M. *1985*

Ehring, Klaus / Martin *Dallwitz*: Schwerter zu Pflugscharen. Friedensbewegung in der DDR, Reinbek bei Hamburg *1982*

Eley, Geoff: Wilhelminismus, Nationalismus, Faschismus. Zur historischen Kontinuität in Deutschland, aus dem Englischen übersetzt von Reinhart Kößler, Münster *1991*

Elkins, David J. / Richard E. B. *Simeon:* A Cause in Search of Its Effect, or What Does Political Culture Explain?, in: Comparative Politics, Bd. 11, *1979,* S. 127-145

Ellwein, Thomas: Krisen und Reformen. Die Bundesrepublik seit den sechziger Jahren, München *1989*

Emmerich, Wolfgang: Kleine Literaturgeschichte der DDR, 3., korrigierte Auflage, Darmstadt, Neuwied *1981/1985*

Erdmann, Karl-Dietrich: Luther über Obrigkeit, Gehorsam und Widerstand, in: Hartmut Löwe / Claus-Jürgen Roepke (Hg.): Luther und die Folgen. Beiträge zur sozialgeschichtlichen Bedeutung der lutherischen Reformation, München *1983,* S. 28-59

Faltin, Inge: Norm - Milieu - Politische Kultur. Normative Vernetzungen in Gesellschaft und Politik der Bundesrepublik, Opladen *1990*

Fehr, Helmut: Sozialistische Lebensweise und gegenkulturelle Orientierungen, in: Ilse Spittmann-Rühle / Gisela Helwig (Hg.): Lebensbedingungen in der DDR. Siebzehnte Tagung zum Stand der DDR-Forschung in der Bundesrepublik 12. bis 15. Juni 1984, Köln *1984,* S. 73-82

Fenner, Christian: Politische Kultur, in: Manfred G. Schmidt (Hg.): Westliche Industriegesellschaften. Wirtschaft - Gesellschaft - Politik (Pipers Wörterbuch zur Politik, hg. von Dieter Nohlen, Bd. 2), München *1983,* S. 343-351

Fenner, Christian: Parteiensysteme und politische Kultur, in: Österreichische Zeitschrift für Politikwissenschaft, Bd. 13, *1984,* S. 37-52

Fenner, Christian: Politische Kultur, in: Dieter Nohlen (Hg.): Wörterbuch Staat und Politik, München *1991,* S. 510-517

Fetscher, Iring: Utopien - Illusionen - Hoffnungen. Plädoyer für eine politische Kultur in Deutschland, Stuttgart *1990*

Filipec, Jindrich / Ladislav *Hrzal:* Politische Kultur des Sozialismus und Herausbildung der Persönlichkeit, in: Jahrbuch für Soziologie und Sozialpolitik 1988. Theoretische Grundprobleme der Erforschung der Lebensweise im Sozialismus, Berlin /DDR *1988,* S. 150-163

Fischer, Alexander: Militärische Tradition in der DDR, in: Arbeitskreis für Wehrforschung (Hg.): Die Nationale Volksarmee der DDR im Rahmen des Warschauer Paktes, München *1980,* S. 96-111

Förster, Peter / Günter *Roski:* DDR zwischen Wende und Wahl. Meinungsforscher analysieren den Umbruch, Berlin *1990*

Förtsch, Eckart: Preußen-Bild und historische Traditionen in der DDR, in: Jens Hacker / Horst Rögner-Francke (Hg.): Die DDR und die Tradition, Heidelberg *1981*, S. 113-132

Fricke, Karl Wilhelm: Opposition und Widerstand in der DDR. Ein politischer Report, Köln *1984*

Fricke, Karl Wilhelm: Die DDR-Staatssicherheit. Entwicklung, Strukturen, Aktionsfelder, 3., aktualisierte und ergänzte Auflage, Köln *1989*

Friedrich-Ebert-Stiftung (Hg.): Wehrpropaganda und Wehrerziehung in der DDR, Bonn *1982*

Fuchs, Dieter: Die Unterstützung des politischen Systems in der Bundesrepublik Deutschland, Opladen *1989*

Gabriel, Oscar W.: Politische Kultur - Zum Schlagwort deformiert, in: Politische Vierteljahresschrift *1981*/2, S. 204-209

Gabriel, Oscar W.: Politische Kultur, Postmaterialismus und Materialismus in der Bundesrepublik Deutschland, Opladen *1986*

Galkin, Alexander A.: Herrschaftselite - Politisches Verhalten - Politische Kultur. Zur politischen Soziologie des heutigen Kapitalismus, Übersetzung aus dem Russischen von Gert Meyer, Frankfurt a. M. *1986*

Gauck, Joachim: Die Stasi-Akten. Das unheimliche Erbe der DDR, bearbeitet von Margarethe Steinhausen und Hubertus Knabe, Reinbek bei Hamburg *1991*

Gaus, Günter: Wo Deutschland liegt. Eine Ortsbestimmung, Hamburg *1983*, München *1986*

Gaus, Günter: Die Welt der Westdeutschen. Kritische Betrachtungen, Köln *1986/1988*

Gebhardt, Jürgen: Politische Kultur und Zivilreligion, in: Dirk Berg-Schlosser / Jakob Schissler (Hg.): Politische Kultur in Deutschland. Bilanz und Perspektiven der Forschung, Opladen *1987*, S. 49-60

Gerstenberger, Heide: Zur Ideologie eines kritischen Begriffs, in: Politische Vierteljahresschrift *1981*/1, S. 117-122

Gerth, Werner: Zur Geschichte der marxistischen soziologischen Jugendforschung in der DDR, in: Jahrbuch für Soziologie und Sozialpolitik 1989. Zur Geschichte marxistischen soziologischen und sozialpolitischen Denkens, Berlin /DDR *1989*, S. 264-276

Glaeßner, Gert-Joachim: Die andere deutsche Republik. Gesellschaft und Politik in der DDR, Opladen *1989*

Glaeßner, Gert-Joachim: Der schwierige Weg zur Demokratie. Vom Ende der DDR zur deutschen Einheit, 2., durchgesehene Auflage, Opladen *1991/ 1992*

Glaeßner, Gert-Joachim / Irmhild *Rudolph:* Macht durch Wissen. Zum Zusammenhang von Bildungspolitik, Bildungssystem und Kaderqualifizierung in der DDR. Eine politisch-soziologische Untersuchung, Opladen *1978*

Glaser, Hermann: Kleine Kulturgeschichte der Bundesrepublik Deutschland, München, Wien *1991*

Goodsell, Charles T.: The Architecture of Parliaments: Legislative Houses and Political Culture, in: British Journal of Political Science *1988/3*, S. 287-302

Gransow, Volker: Political Culture in the GDR: Propositions for Empirical Research, in: Margy Gerber u. a. (Hg.): Studies in GDR Culture and Society. Proceedings of the Sixth International Symposion on the German Democratic Republic, Washington *1981*, S. 1-19

Gray, Jack: Conclusion, in: Archie Brown / ders. (Hg.): Political Culture and Political Change in Communist States, Thetford, Norfolk *1977*, S. 253-272

Grebing, Helga: Demokratie ohne Demokraten? Politisches Denken, Einstellungen und Mentalitäten in der Nachkriegszeit, in: Everhard Holtmann (Hg.): Wie neu war der Neubeginn? Zum deutschen Kontinuitätsproblem nach 1945, Erlangen *1989*, S. 6-19

Greiffenhagen, Martin und Sylvia: Ein schwieriges Vaterland. Zur Politischen Kultur Deutschlands, München *1979*

Greiffenhagen, Martin: Von Potsdam nach Bonn. Zehn Kapitel zur politischen Kultur Deutschlands, München *1986*

Greiffenhagen, Martin: Politische Kultur, in: Axel Görlitz / Rainer Prätorius (Hg.): Handbuch Politikwissenschaft. Grundlagen - Forschungsstand - Perspektiven, Reinbek bei Hamburg *1987*, S. 409-415

Greiffenhagen, Martin: Eine Nation - zwei politische Kulturen. Eine Zwischenbilanz, in: Universitas. Zeitschrift für interdisziplinäre Wissenschaft *1991/10*, S. 980-988

Greiffenhagen, Martin und Sylvia: Politische Kultur, in: Uwe Andersen / Wichard Woyke (Hg.): Handwörterbuch des politischen Systems der Bundesrepublik Deutschland, Opladen *1993*, S. 445-450

Grimm, Siegfried: ... der Bundesrepublik treu zu dienen. Die geistige Rüstung der Bundeswehr. Mit einem Geleitwort von Wolf Graf von Baudissin, Düsseldorf *1970*

Grimm, Susanne: Aktuelle Entwicklungstendenzen familialer und schulischer Sozialisation in der Bundesrepublik Deutschland, in: Stefan Hradil (Hg.): Sozialstruktur im Umbruch. Karl Martin Bolte zum 60. Geburtstag, Opladen *1985,* S. 287-304

Gross, Johannes: Phönix in Asche. Kapitel zum westdeutschen Stil, 3. Auflage, Stuttgart *1989*

Grosser, Alfred: Das Deutschland im Westen. Eine Bilanz nach 40 Jahren, mit einem Nachwort zur Taschenbuchausgabe, aus dem Französischen von Reinhard Kreuz und Marianne Punstin, München, Wien *1985,* München *1988*

Grunenberg, Antonia: Aufbruch der inneren Mauer. Politik und Kultur in der DDR 1971-1990, Bremen *1990*

Gudorf, Odilo: Sprache als Politik. Untersuchung zur öffentlichen Sprache und Kommunikationsstruktur in der DDR, Köln *1981*

Günther, Karl-Heinz (Leiter eines Autorenkollektivs): Das Bildungswesen der Deutschen Demokratischen Republik. Gemeinschaftsarbeit der Akademie der Pädagogischen Wissenschaften, des Zentralinstituts für Fachschulwesen, des Zentralinstituts für Hochschulbildung und der Humboldt-Universität, 3., bearbeitete Auflage, Berlin /DDR *1989*

Hanhardt, Arthur M., Jr.: East Germany: From Goals to Realities, in: Ivan Volgyes (Hg.): Political Socialization in Eastern Europe. A Comparative Framework, New York u. a. *1975,* S. 66-91

Hanhardt, Arthur M., Jr.: Socialization and Integration Strategies: The Case of the Federal Republic of Germany and the German Democratic Republic, in: Ray Edward Johnston (Hg.): The Politics of Division, Partition, and Unification, New York u. a. *1976,* S. 40-54

Hanke, Helmut: Freizeit in der DDR, Berlin /DDR *1979*

Hanke, Helmut: Freizeit und Kulturverhalten, in: Jahrbuch für Soziologie und Sozialpolitik 1988. Theoretische Grundprobleme der Erforschung der Lebensweise im Sozialismus, Berlin /DDR *1988,* S. 432-446

Hanke, Irma: Alltag und Politik. Zur politischen Kultur einer unpolitischen Gesellschaft. Eine Untersuchung zur erzählenden Gegenwartsliteratur in der DDR in den 70er Jahren, Opladen *1987*

Hartenstein, Wolfgang / Günter *Schubert:* Mitlaufen oder Mitbestimmen. Untersuchung zum demokratischen Bewußtsein und zur politischen Tradition, mit einem Deutungsversuch von Alexander Mitscherlich, Frankfurt a. M. *1961*

Hauptabteilung Lehrerbildung des Ministeriums für Volksbildung (Hg.): Studienmaterial Grundlagen der Pädagogik. Für die Ausbildung von Lehrern an Universitäten und Hoch- und Fachschulen der DDR, 9. Auflage, Berlin /DDR *1986*

Heitzer, Heinz: Die historischen Traditionen der Deutschen Demokratischen Republik in ihrer ganzen Vielfalt und Breite vermitteln, in: Gesetzmäßigkeiten unserer Epoche - Triebkräfte und Werte des Sozialismus. Diskussionsreden auf der Gesellschaftswissenschaftlichen Konferenz des ZK der SED am 15. und 16. Dezember 1983 in Berlin, Berlin /DDR *1984*, S. 137-146

Henkel, Rüdiger: Rückzug ins Private. Individuelle Antworten auf den "Realen Sozialismus", Bonn *1980*

Henrich, Rolf: Der vormundschaftliche Staat. Vom Versagen des real existierenden Sozialismus, Reinbek bei Hamburg *1989*

Herlemann, Horst: Politische Kultur, in: Klaus Ziemer (Hg.): Sozialistische Systeme. Politik - Wirtschaft - Gesellschaft (Pipers Wörterbuch zur Politik, hg. von Dieter Nohlen, Bd. 4), München *1986*, S. 338-343

Herles, Wolfgang: Nationalrausch. Szenen aus dem gesamtdeutschen Machtkampf, München *1990*

Heuer, Uwe-Jens: Marxismus und Demokratie, Berlin /DDR *1989*

Hille, Babara: Familie und Sozialisation in der DDR, Opladen *1985*

Hillenbrand, Martin J.: Germany in an Era of Transition (The Atlantic Papers-Special Issue) *1983*

Holzweißig, Gunter: Massenmedien in der DDR, Berlin *1983*

Honecker, Margot: Zur Bildungspolitik und Pädagogik in der Deutschen Demokratischen Republik. Ausgewählte Reden und Schriften, Berlin / DDR *1986*

Hübner, Werner / Willi *Effenberger:* Wehrpolitische Massenarbeit unter Führung der Partei. Probleme - Erfahrungen - Aufgaben, Berlin /DDR *1982*

Hüfner, Klaus / Jens *Naumann* / Helmut *Köhler* / Gottfried *Pfeffer:* Hochkonjunktur und Flaute. Bildungspolitik in der Bundesrepublik Deutschland 1967-1980, Stuttgart *1986*

Hüttenberger, Peter: Politische Kultur und politische Enwicklung, in: Aus Politik und Zeitgeschichte *1974/1*, S. 21-29

Hurrelmann, Klaus: Einführung in die Sozialisationstheorie. Über den Zusammenhang von Sozialstruktur und Persönlichkeit, Weinheim, Basel *1986* von *Ilsemann*, Carl-Gero: Die Bundeswehr in der Demokratie. Zeit der Inneren Führung. Mit einer Einführung von General a. D. Johann Adolf Graf Kielmannsegg, Hamburg *1971*

Ilter, Karl / Albrecht *Herrmann* / Helmut *Stolz* (Hg. im Auftrag des Ministeriums für Volksbildung): Handreichung zur sozialistischen Wehrerziehung, Berlin /DDR *1974*

Immerfall, Stefan: Politische Kultur als historische Makrovariante. Zur vergleichenden Entwicklungsanalyse geschichtlicher Kontextbedingungen, in: Detlef Lehnert / Klaus Megerle (Hg.): Politische Teilkulturen zwischen Integration und Polarisierung. Zur politischen Kultur in der Weimarer Republik, Opladen *1990*, S. 26-42

Inglehart, Ronald: The Silent Revolution. Changing Values and Political Styles among Western Publics, Princeton, New Jersey *1977*

Inglehart, Ronald: Politische Kultur und stabile Demokratie, in: Politische Vierteljahresschrift *1988a/3*, S. 369-387

Inglehart, Ronald: The Renaissance of Political Culture, in: American Political Science Review, *1988b/4*, S. 1203-1230

Inglehart, Ronald: Kultureller Umbruch. Wertwandel in der westlichen Welt, aus dem Englischen von Ute Mäurer, Frankfurt a. M., New York *1989*

Iwand, Wolf Michael: Paradigma Politische Kultur. Konzepte, Methoden, Ergebnisse der Political Culture-Forschung in der Bundesrepublik. Ein Forschungsbericht, Opladen *1985*

Jaeger, Joachim W.: Humor und Satire in der DDR. Ein Versuch zur Theorie, Frankfurt a. M. *1984*

Jänicke, Sieglinde / Dieter *Segert:* Hab' ich auch was zu sagen? Nachdenken über Demokratie, 2. Auflage, Berlin /DDR *1988*

Jansen, Mechtild: Der Einfluß der Frauenbewegung auf die politische Kultur der Bundesrepublik, in: Blätter für deutsche und internationale Politik *1986/3*, S. 289-305

Jaspers, Karl: Wohin treibt die Bundesrepublik? Tatsachen - Gefahren - Chancen, mit einer Einführung von Kurt Sontheimer, 10. Auflage, München *1966/1988*

Jegorow, Anatoli / Otto *Reinhold* (Leiter eines Autorenkollektivs): Die sozialistische Gesellschaft der Gegenwart. Gesetzmäßigkeiten und Merkmale des entwickelten Sozialismus, Berlin /DDR *1984*

Jungermann, Peter: Die Wehrideologie der SED und das Leitbild der Nationalen Volksarmee vom sozialistischen deutschen Soldaten, Stuttgart *1973*

Kaase, Max: Sinn oder Unsinn des Konzepts "Politische Kultur" für die Vergleichende Politikforschung, oder auch: Der Versuch, einen Pudding an die Wand zu nageln, in: ders. / Hans-Dieter Klingemann (Hg.): Wahlen und politisches System. Analysen aus Anlaß der Bundestagswahl 1980, Opladen *1983,* S. 144-171

Kendschek, Hardo: Die "Staatsbürgerkunde" in der DDR - Handlungsspielräume zwischen Staatsideologie und gesellschaftlichem Alltag, in: Gegenwartskunde. Gesellschaft, Staat, Erziehung *1990/2,* S. 191-202

Kimminich, Otto: Politische Kultur - Schlagwort oder Maßstab für politisches Handeln?, in: Politische Studien *1987/292,* S. 137-151

Kistler, Helmut: Die Bundesrepublik Deutschland. Vorgeschichte und Geschichte 1945-1983, mit Beiträgen von Fritz Peter Habel, Peter Hüttenberger, Heinz Lampert, Hans-Joachim Merk, Bonn *1985/1990*

Klages, Helmut / Gerhard *Franz* / Willi *Herbert:* Sozialpsychologie der Wohlfahrtsgesellschaft. Zur Dynamik von Wertorientierungen, Einstellungen und Ansprüchen, Frankfurt a. M., New York *1987*

Klages, Helmut / Willi *Herbert:* Wertorientierung und Staatsbezug. Untersuchungen zur politischen Kultur in der Bundesrepublik Deutschland, Frankfurt a. M., New York *1983*

Kleßmann, Christoph: Die doppelte Staatsgründung. Deutsche Geschichte 1945-1955, 4. ergänzte Auflage, Bonn *1986*

Kleßmann, Christoph: Zwei Staaten, eine Nation. Deutsche Geschichte 1955-1970, Bonn *1988*

Klinger, Fred: Soziale Auswirkungen und lebensweltliche Zusammenhänge der sozialistischen Rationalisierung, in: Ilse Spittmann-Rühle / Gisela Helwig (Hg.): Lebensbedingungen in der DDR. Siebzehnte Tagung zum Stand der DDR-Forschung in der Bundesrepublik Deutschland 12. bis 15. Juni 1984, Köln *1984,* S. 23-36

Knoll, Joachim H. / Dieter *Lenzen* / Jan *Hofmann:* Von der "sozialistischen Persönlichkeit" zum mündigen Bürger: Bildung und Erziehung nach der Wende. Statements, in: Landeszentrale für politische Bildung NRW (Hg.): Von der Einigung zur Einheit. Probleme und Perspektiven des deutschen Einigungsprozesses, Düsseldorf *1991,* S. 253-282

Ködderitzsch, Peter / Leo A. *Müller:* Rechtsextremismus in der DDR, Göttingen *1990*

Königsdorf, Helga: Adieu DDR. Protokolle eines Abschieds, Reinbek bei Hamburg *1990*

Korfes, Gunhild: Soziologische Untersuchung von Ursachen der Herausbildung sozialer Gefährdung - dargestellt an der Entwicklung von Jugendlichen im Lehrlingsalter, Dissertation, Berlin /DDR *1987*

Korte, Karl-Rudolf: Der Standort der Deutschen. Akzentverlagerungen der deutschen Frage in der Bundesrepublik Deutschland seit den siebziger Jahren, Köln *1990*

Korte, Karl-Rudolf: Politische Kultur, in: Werner Weidenfeld / ders. (Hg.): Handwörterbuch zur deutschen Einheit, Frankfurt a. M., New York *1992a*, S. 557-563

Korte, Karl-Rudolf: Über Deutschland schreiben. Schriftsteller sehen ihren Staat, München *1992b*

Kosing, Alfred (Leiter eines Autorenkollektivs): Dialektik des Sozialismus, 4. Auflage, Berlin /DDR *1981/1984*

Krisch, Henry: Politische Kultur in der Deutschen Demokratischen Republik, in: Ilse Spittmann-Rühle / Gisela Helwig (Hg.): Lebensbedingungen in der DDR. Siebzehnte Tagung zum Stand der DDR-Forschung in der Bundesrepublik Deutschland 12. bis 15. Juni 1984, Köln *1984*, S. 3-12

Krisch, Henry: The German Democratic Republic: The Search for Identity, Boulder u. a. *1985*

Kudera, Sabine: Politische Kleinbürgerlichkeit. Ein eimpirischer Beitrag zur Analyse politischen Bewußtseins in der Bundesrepublik Deutschland, in: Zeitschrift für Soziologie *1988/4*, S. 249-263

Kühnl, Reinhard: Die Französische Revolution und der "deutsche Weg". Belastungen und Chancen einer politischen Tradition, in: Blätter für deutsche und internationale Politik *1989/1*, S. 105-119

Laitin, David D. & Aaron *Wildavsky:* Political Culture and Political Preferencs, in: American Political Science Review *1988/2*, S. 589-596

Lapp, Peter J.: Der politische Stellenwert der Traditionspflege in der DDR, in: Jens Hacker / Horst Rögner-Francke (Hg.): Die DDR und die Tradition, Heidelberg *1981*, S. 11-36

Lehmbruch, Gerhard: Proporzdemokratie. Politische System und politische Kultur in der Schweiz und in Österreich, Tübingen *1967*

Lehnert, Detlef / Klaus *Megerle:* Politische Identität und nationale Gedenktage, in: dies. (Hg.): Politische Identität und nationale Gedenktage. Zur politischen Kultur in der Weimarer Republik, Opladen *1989*, S. 9-30

Leif, Thomas: Die strategische (Ohn-) Macht der Friedensbewegung. Kommunikations- und Entscheidungsstrukturen in den achtziger Jahren, Opladen *1990*

Lemke, Christiane: Die Ursachen des Umbruchs 1989. Politische Sozialisation in der ehemaligen DDR, Opladen *1991*

Leonhard, Wolfgang: Das kurze Leben der DDR. Berichte und Kommentare aus vier Jahrzehnten, Stuttgart *1990*

Lijphart, Arend: The Structure of Inference, in: Gabriel A. Almond / Sidney Verba (Hg.): The Civic Culture Revisited, Boston, Toronto *1980,* S. 37-56

Löwenthal, Richard: Der romantische Rückfall, Stuttgart u. a. *1970*

Lohmann, Ulrich: Soziale Grundrechte in der Sowjetunion und in der Deutschen Demokratischen Republik, in: Politik und Kultur, *1988/6,* S. 41-52

Luchterhandt, Otto: Der verstaatlichte Mensch. Die Grundpflichten des Bürgers in der DDR, München *1985*

Maaz, Hans-Joachim: Der Gefühlsstau. Ein Psychogramm der DDR, Berlin *1990*

Maaz, Hans-Joachim: Das gestürzte Volk oder die verunglückte Einheit, Berlin *1991*

Maaz, Hans-Joachim: Die Entrüstung. Deutschland, Deutschland, Stasi, Schuld und Sündenbock, Berlin *1992*

McAuly, Mary: Political Culture and Communist Politics: One Step Forward, Two Steps Back, in: Archie Brown / Jack Gray (Hg.): Political Culture and Communist Studies, London, Basingstoke *1984,* S. 13-39

Manz, Günter (Leiter eines Autorenkollektivs): Lebensweise und Lebensniveau im Sozialismus, Berlin *1977*

Manz, Günter (Leiter eines Autorenkollektivs): Lebensweise im Sozialismus, Berlin /DDR *1983*

Manz, Günter / Renate Walther: Notwendige Bedürfnisse und Lebensweise, in: Jahrbuch für Soziologie und Sozialpolitik 1988. Theoretische Grundprobleme der Erforschung der Lebensweise im Sozialismus, Berlin /DDR *1988,* S. 98-107

Meier, Christian: Deutsche Einheit als Herausforderung. Welche Fundamente für welche Republik?, München, Wien *1990*

Meier, Christian: Die Nation die keine sein will, München, Wien *1991*

Menge, Marlies: Die Sachsen - Das Staatsvolk der DDR, München *1985*

Merseburger, Peter: Grenzgänger. Innenansichten der anderen deutschen Republik, München *1988*

Mieskes, Hans: Die Pädagogik der DDR in Theorie, Forschung und Praxis. Entwicklung und Entwicklungsstand, 2 Bde., Oberursel /Ts. *1971*

Mitscherlich, Alexander und Margarete: Die Unfähigkeit zu trauern. Grundlagen kollektiven Verhaltens, Neuausgabe 1977, 10. Auflage, München *1967/1987*

Mitter, Wolfgang: Die DDR und die Tradition im Bildungswesen, in: Jens Hacker / Horst Rögner-Francke (Hg.): Die DDR und die Tradition, Heidelberg *1981,* S. 37-56

Moeller, Michael Lukas / Hans-Joachim *Maaz:* Die Einheit beginnt zu zweit. Ein deutsch-deutsches Zwiegespräch, Berlin 1991

Mohler, Peter Ph.: Wertewandel in Deutschland: 1917-1971 (Abitur 1917-1971), in: Hans Dieter Klingemann (Hg.): Computerunterstützte Inhaltsanalyse in der empirischen Sozialforschung, Frankfurt a. M. *1984,* S. 279-308

Müller, Helmut L.: Deutschlands politische Generationen, in: Die politische Meinung. Monatsschriften zu Fragen der Zeit *1991a/259,* S. 79-85

Müller, Helmut L.: Ein Staat - zwei Kulturen? Was im vereinten Deutschland noch zusammenwachsen muß, in: Europäische Rundschau. Vierteljahreszeitschrift für Politik, Wirtschaft und Zeitgeschichte *1991b/3,* S. 147-153

Münch, Paul (Hg.): Ordnung, Fleiß und Sparsamkeit. Texte und Dokumente zur Entstehung der "bürgerlichen Tugenden", München *1984*

Mundt, Jörn W.: Die Bildung der Herrschaft und die Herrschaft der Bildung. Über das Bildungswesen in Deutschland, Frankfurt a. M., New York *1987*

Nawrocki, Joachim: Bewaffnete Organe in der DDR: Nationale Volksarmee und andere militärische sowie paramilitärische Verbände. Aufbau, Bewaffnung, Aufgaben: Berichte aus dem Alltag, Berlin *1979*

Nettl, Peter J.: Political Mobilization. A Sociological Analysis of Methods and Concepts, London *1967*

Neuner, Gerhard: Zur Theorie der sozialistischen Allgemeinbildung, Berlin / DDR *1973*

Niethammer, Lutz / Alexander *von Plato* / Dorothee *Wierling:* Die volkseigene Erfahrung. Eine Archäologie des Lebens in der Industrieprovinz der DDR. 30 biographische Eröffnungen, Berlin *1991*

Nipperdey, Thomas: Luther und die Bildung der Deutschen, in: Hartmut Löwe / Claus-Jürgen Roepke (Hg.): Luther und die Folgen. Beiträge zur sozialgeschichtlichen Bedeutung der lutherischen Reformation, München *1983,* S. 13-27

Noelle-Neumann, Elisabeth: Werden wir alle Proletarier? Wertewandel in unserer Gesellschaft, 2. Auflage, Zürich *1978/1979*

Opp de Hipt, Manfred: Denkbilder in der Politik. Der Staat in der Sprache von CDU und SPD, Opladen *1987*

Opp de Hipt, Manfred: "Werden und Wachsen unseres Arbeiter-und-Bauern-Staates". Denkbilder vom Staat in der DDR, in: Ralf Rytlewski (Hg.): Politik und Gesellschaft in sozialistischen Ländern. Ergebnisse und Probleme der Sozialistische Länder-Forschung, Opladen *1989,* S. 221-245

Pappi, Franz Urban: Politische Kultur. Forschungsparadigma, Fragestellungen, Untersuchungsmöglichkeiten, in: Max Kaase (Hg.): Politische Wissenschaft und politische Ordnung. Analysen zu Theorie und Empirie demokratischer Regierungsweise. Festschrift zum 65. Geburtstag von Rudolf Wildenmann, Opladen *1986,* S. 279-291

Pateman, Carole: Political Culture, Political Structure and Political Change, in: British Journal of Political Science, *1971/3,* S. 291-305

Pateman, Carole: The Civic Culture: A Philosophic Critique, in: Gabriel A. Almond / Sidney Verba (Hg.): The Civic Culture Revisited, Boston, Toronto *1980,* S. 57-102

Petzoldt, Gerlinde: Zeitverhalten in der DDR als Gegenstand wissenschaftlicher Forschung, in: Jahrbuch für Soziologie und Sozialpolitik 1989. Zur Geschichte marxistischen soziologischen und sozialpolitischen Denkens, Berlin /DDR *1989,* S. 202-214

Plessner, Helmut: Die verspätete Nation. Über die Verführbarkeit bürgerlichen Geistes (*1935*/1959), in: Gesammelte Schriften, Bd. 6, Frankfurt a. M. *1982,* S. 7-223

Pye, Lucian W.: Introduction: Political Culture and Political Development, in: ders. / Sidney Verba (Hg.): Political Culture and Political Development, Princeton, New Jersey *1965,* S. 3-26

Pye, Lucian W.: Political Culture, in: David L. Sills (Hg.): International Encyclopedia of the Social Sciences, Bd. 12, o. O. *1968,* S. 218-225

Rausch, Heinz: Politische Kultur in der Bundesrepublik Deutschland, Berlin *1980*

Rehm, Walter: Militärtradition in der DDR, in: Jens Hacker / Horst Rögner-Francke (Hg.): Die DDR und die Tradition, Heidelberg *1981,* S. 163-187

Reichel, Peter: Politische Kultur, in: Kurt Sontheimer / Hans H. Röhring (Hg.): Handbuch des politischen Systems der Bundesrepublik Deutschland, 2. Auflage, München *1977/1978*

Reichel, Peter: Politische Kultur - mehr als ein Schlagwort? Anmerkungen zu einem komplexen Gegenstand und fragwürdigen Begriff, in: Politische Vierteljahresschrift *1980/4,* S. 382-399

Reichel, Peter: Politische Kultur, in: Martin Greiffenhagen / Sylvia Greiffenhagen / Rainer Prätorius (Hg.): Handwörterbuch zur politischen Kultur der Bundesrepublik Deutschland, Opladen *1981a*, S. 319-330

Reichel, Peter: Politische Kultur der Bundesrepublik, Opladen *1981b*

Reichel, Peter: Politische Kultur zwischen Polemik und Ideologiekritik. Ein Schlußwort zum PVS-Forum, in: Politische Vierteljahresschrift *1981c*/4, S. 415-422

Reichel, Peter: Politische Kultur. Zur Geschichte eines Problems und zur Popularisierung eines Begriffs, in: Aus Politik und Zeitgeschichte *1982/* 42, S. 13-26

Reichel, Peter: Politische Kultur, in: Everhard Holtmann (Hg. unter Mitarbeit von Ulrich Brinkmann und Heinrich Pehle): Politik-Lexikon, München, Wien *1991*, S. 473-476

Rein, Gerhard: Die protestantische Revolution 1987-1990. Ein deutsches Lesebuch, mit Graphiken von Manfred Butzmann und Martin Hoffmann, Berlin *1990*

Reinhold, Otto: Kann man ohne Arbeit ohne glücklich leben?, Berlin /DDR *1979*

Reitinger, Herbert: Die Rolle der Kirche im politischen Prozeß der DDR 1970 bis 1990, München *1991*

Richert, Ernst: Revolutionäre und evolutionäre Tendenzen im DDR-Gesellschaftsprozeß. Ein Versuch über den Befund und sein Selbstverständnis, in: Akademie für politische Bildung, Tutzing (Hg.): Sozialstruktur und Sozialplanung in der DDR. Achte Tagung zum Stand der DDR-Forschung in der Bundesrepublik 20. bis 23. Mai 1975, Tutzing *1975*, S. 19-45

Rodejohann-Recke, Heidrun: "Sozialistische Wehrerziehung" in der DDR, in: Studiengruppe Militärpolitik (Hg.): Die Nationale Volksarmee. Ein Anti-Weißbuch zum Militär in der DDR, Reinbek bei Hamburg *1976*, S. 100-133

Röhrich, Wilfried: Die verspätete Demokratie. Zur politischen Kultur der Bundesrepublik Deutschland, Köln *1983*

Röhrich, Wilfried: Die Demokratie der Westdeutschen. Geschichte und Klima einer Republik, München *1988*

Rogalla von Bieberstein, Johannes: Preußentum und Sozialismus, in: Paul Gerhard Klussmann / Heinrich Mohr (Hg.): Deutsche Misere einst und jetzt. Die deutsche Misere als Thema der Gegenwartsliteratur. Das Preußensyndrom in der Literatur der DDR, Bonn *1982*, S. 227-242

Rogge, Jan-Uwe / Klaus *Jensen*: Lernen - Helfen - Fleißigsein. Kindermedien und Kinderkultur in der DDR, Köln *1987*

Rohe, Karl: Politische Kultur und der kulturelle Aspekt von politischer Wirklichkeit. Konzeptionelle und typologische Überlegungen zu Gegenstand und Fragestellung Politischer Kultur-Forschung, in: Dirk Berg-Schlosser / Jakob Schissler (Hg.): Politische Kultur in Deutschland. Bilanz und Perspektiven der Forschung, Opladen *1987,* S. 39-48

Rohe, Karl: Politische Kultur und ihre Analyse. Probleme und Perspektiven der politischen Kulturforschung, in: Historische Zeitschrift *1990/2,* S. 321-346

Rohe, Karl: Ein Staat - zweierlei politische Kultur?, in: Landeszentrale für politische Bildung NRW (Hg.): Von der Einigung zur Einheit. Probleme und Perspektiven des deutschen Einigungsprozesses, Düsseldorf *1991,* S. 221-236

Roth, Rainer A.: Was ist typisch deutsch? Image und Selbstverständnis der Deutschen, Freiburg, Würzburg *1979*

Roth, Roland: Auf dem Wege zur Bürgergesellschaft? Argumente und Thesen zur Politischen Kultur der Bundesrepublik, in: Gerd Koch (Hg.): Experiment: Politische Kultur. Berichte aus einem neuen gesellschaftlichen Alltag, Frankfurt a. M. *1985a,* S. 10-25

Roth, Roland: Neue Soziale Bewegungen - eine neue Kraft in der politischen Kultur der Bundesrepublik, in: Gerd Koch (Hg.): Experiment: Politische Kultur. Berichte aus einem neuen gesellschaftlichen Alltag, Frankfurt a. M. *1985b,* S. 59-69

Rudolph, Hermann: Die Gesellschaft der DDR - eine deutsche Möglichkeit? Anmerkungen zum Leben im anderen Deutschland, München *1972*

Rudolph, Wolfgang (Leiter eines Autorenkollektivs): Berufspädagogik, Berlin /DDR *1987*

Rytlewski, Ralf: Führt die Perestroika auch zur Umgestaltung der Sozialistische Länder-Forschung? Plädoyer für mehr politische Kulturforschung, in: ders. (Hg.): Politik und Gesellschaft in sozialistischen Ländern. Ergebnisse und Probleme der Sozialistische Länder-Forschung, Opladen *1989,* S. 15-36

Rytlewski, Ralf / Gabriele *Husner:* Zwischen permanenter Zuwendung und sanftem Zwang. Studenten in der DDR seit dem VIII. Parteitag der SED, in: Ilse Spittmann-Rühle / Gisela Helwig (Hg.): Lebensbedingungen in der DDR. Siebzehnte Tagung zum Stand der DDR-Forschung in der Bundesrepublik Deutschland 12. bis 15. Juni 1984, Köln *1984,* S. 135-147

Sarcinelli, Ulrich: Symbolische Politik und politische Kultur. Das Kommunikationsritual als politische Wirklichkeit, in: Politische Vierteljahresschrift *1989/2,* S. 292-309

Sauermann, Ekkehard: Revolutionäre Erziehung und revolutionäre Bewegung. Marx, Engels, Lenin über die Erziehung der Arbeiterklasse, Berlin / DDR *1985*

Schirmer, Dietmar: Politisch-kulturelle Deutungsmuster: Vorstellungen von der Welt der Politik in der Weimarer Republik, in: Detlef Lehnert / Klaus Megerle (Hg.): Politische Identität und nationale Gedenktage. Zur politischen Kultur in der Weimarer Republik, Opladen *1989,* S. 31-60

Schissler, Jakob: Zu einigen Problemen der politischen Kultur der Bundesrepublik Deutschland, in: Zeitschrift für Politik *1978/2,* S. 154-167

Schissler, Jakob: Anmerkungen zur deutschen politischen Kultur, in: Politische Vierteljahresschrift *1981/2,* S. 199-204

Schissler, Jakob: Aspekte der politischen Kultur im Deutschland der Gegenwart, in: Beiträge zur Konfliktforschung *1990/3,* S. 5-32

Schliwa, Harald: Die Dialektik von Individuum und Gesellschaft bei der weiteren Gestaltung der entwickelten sozialistischen Gesellschaft in der DDR, in: Jugendhilfe *1988/9,* S. 225-228 (Teil 1) und *1988/10,* S. 257-261 (Teil 2)

Schmitt, Rüdiger: Die Friedensbewegung in der Bundesrepublik Deutschland. Ursachen und Bedingungen der Mobilisierung einer neuen sozialen Bewegung, Opladen *1990*

Schneider, Gottfried (Leiter eines Autorenkollektivs): Erwachsenenbildung, Berlin /DDR *1988*

Schneider, Peter: Extreme Mittellage. Eine Reise durch das deutsche Nationalgefühl, Reinbek bei Hamburg *1990*

Schneider, Rolf: Volk ohne Trauer. Notizen nach dem Untergang der DDR, Göttingen *1992*

Schössler, Dietmar: Die sozialistische Wehrerziehung in der DDR - System, Funktionen, rüstungskontrollpolitische Aspekte, in: Arbeitskreis für Wehrforschung (Hg.): Die Nationale Volksarmee der DDR im Rahmen des Warschauer Paktes, München *1980,* S. 161-186

Schröder, Jürgen: Die DDR und die deutsche Klassik, in: Jens Hacker / Horst Rögner-Francke (Hg.): Die DDR und die Tradition, Heidelberg *1981,* S. 57-78

Schüttemeyer, Suzanne S.: Bundestag und Bürger im Spiegel der Demoskopie. Eine Sekundäranalyse zur Parlamentsperzeption in der Bundesrepublik, Opladen *1986*

Schumann, Hans-Gerd: Nationalkultur zwischen Einheitlichkeit und Segmentierung. Methodologische Anmerkungen zur historischen Erforschung "Politischer Kultur", in: Detlef Lehnert / Klaus Megerle (Hg.): Politische Teilkulturen zwischen Integration und Polarisierung. Zur politischen Kultur in der Weimarer Republik, Opladen *1990,* S. 19-25

von See, Klaus: Die Ideen von 1789 und die Ideen von 1914. Völkisches Denken zwischen Französischer Revolution und Erstem Weltkrieg, Frankfurt a. M. *1975*

Shell, Kurt L.: Politische Kultur - Ist der Begriff noch zu retten?, in: Politische Vierteljahresschrift *1981/2,* S. 195-199

Sontheimer, Kurt: Antidemokratisches Denken in der Weimarer Republik. Die politischen Ideen des deutschen Nationalismus zwischen 1918 und 1933, München *1962* und 1968, 2. Auflage der Taschenbuchausgabe, München 1978, *1983*

Sontheimer, Kurt: Grundzüge des politischen Systems der Bundesrepublik Deutschland, 14. Auflage, München *1971/1991*

Sontheimer, Kurt: Das Elend unserer Intellektuellen. Linke Theorie in der Bundesrepublik Deutschland, Hamburg *1976*

Sontheimer, Kurt: Die verunsicherte Republik. Die Bundesrepublik nach 30 Jahren, München *1979*

Sontheimer, Kurt: Der unbehagliche Bürger. Vom deutschen Umgang mit der Demokratie, Zürich 1980

Sontheimer, Kurt: Zeitenwende? Die Bundesrepublik zwischen alter und alternativer Politik, Hamburg *1983*

Sontheimer, Kurt: Gibt es eine nationale Identität der Deutschen?, in: Barbara Baerns (Hg.): Die DDR in Deutschland, Köln *1986,* S. 9-25

Sontheimer, Kurt: Die Lust am Untergang. Die Intellektuellen und die Politik, in: Universitas. Zeitschrift für Wissenschaft, Kunst und Literatur *1989/10,* S. 971-979

Sontheimer, Kurt: Deutschlands politische Kultur, München *1990*

Sontheimer, Kurt: Die Adenauer-Ära. Grundlegung der Bundesrepublik, München *1991a*

Sontheimer, Kurt: Von Deutschlands Republik. Politische Essays, Stuttgart *1991b*

Sontheimer, Kurt / Wolfgang *Bergem:* Die Politische Kultur der DDR, in: Kurt Sontheimer: Deutschlands politische Kultur, München *1990,* S. 60-88

Sontheimer, Kurt / Wilhelm Bleek: Die DDR. Politik - Gesellschaft - Wirtschaft, 5. erweiterte, neubearbeitete Auflage, Hamburg *1972/1979*

Spittmann, Ilse: Die DDR unter Honecker, Köln *1990*

Stahl, Sigrid: Der Ausbruch des Subjekts aus gesellschaftlicher Konformität. Ansätze literarischer Verweigerung am Beispiel der DDR-Prosa der zweiten Hälfte der siebziger Jahre, Frankfurt a. M. *1984*

Staritz, Dieter: Die Gründung der DDR. Von der sowjetischen Besatzungszone zum sozialistischen Staat, München *1984*

Staritz, Dieter: Geschichte der DDR 1949-1985, Frankfurt a. M. *1985*

Steitz, Lilo: Sozialistische Lebensweise und demokratische Aktivität, Berlin / DDR *1987*

Stern, Fritz: Kulturpessimismus als politische Gefahr. Eine Analyse nationaler Ideologie in Deutschland, Bern, Stuttgart *1963*, München *1986*

Stiehler, Hans Jörg / Lutz Niethammer: Zwischen Traum und Trauma: Mentalitäten und Befindlichkeiten nach dem Zusammenbruch des SED-Staates. Statements, in: Landeszentrale für politische Bildung NRW (Hg.): Von der Einigung zur Einheit. Probleme und Perspektiven des deutschen Einigungsprozesses, Düsseldorf *1991*, S. 237-251

Thaysen, Uwe: Der Runde Tisch. Oder: Wo blieb das Volk? Der Weg der DDR in die Demokratie, Opladen *1990*

Thomas, Rüdiger: Jugend und Gesellschaft in der DDR, in: Barbara Baerns (Hg.): Die DDR in Deutschland, Köln *1986*, S. 59-77

Thurn, Hans Peter: Kultursoziologie - Zur Begriffsgeschichte der Disziplin, in: Kölner Zeitschrift für Soziologie und Sozialpsychologie *1979/3*, S. 422-449

Timmermann, Heiner: Bundesrepublik - DDR. Grundzüge im Vergleich. Vorgeschichte - Politik - Wirtschaft - Soziales - Recht - Außen- und Sicherheitspolitik, Opladen *1984*

Trommsdorff, Gisela: Kulturvergleichende Sozialisationsforschung, in: Gisela Trommsdorff (Hg.): Sozialisation im Kulturvergleich, Stuttgart *1989*, S. 6-24

Uehlinger, Hans-Martin: Politische Partizipation in der Bundesrepublik. Strukturen und Erklärungsmodelle, Opladen *1988*

Verba, Sidney: Conclusion: Comparative Political Culture, in: Lucian W. Pye / ders. (Hg.): Political Culture and Political Development, Princeton, New Jersey *1965a*, S. 512-560

Verba, Sidney: Germany: The Remaking of Political Culture, in: Lucian W. Pye / ders. (Hg.): Political Culture and Political Development, Princeton, New Jersey *1965b*, S. 130-170

Verba, Sidney: On Revisiting the Civic Culture: A Personal Postscript, in: Gabriel A. Almond / ders. (Hg.): The Civic Culture Revisited, Boston, Toronto *1980*, S. 394-410

Voigt, Dieter: Montagearbeiter in der DDR. Eine empirische Untersuchung über Industrie-Bauarbeiter in den volkseigenen Großbetrieben, Darmstadt, Neuwied *1973*

Voigt, Dieter / Sabine *Meck:* Leistungsprinzip und Gesellschaftssystem, in: Dieter Voigt (Hg.): Die Gesellschaft der DDR. Untersuchungen zu ausgewählten Bereichen, Berlin *1984*, S. 11-45

Vondung, Klaus: Die Apokalypse in Deutschland, München *1988*

Voß, Peter (Leiter eines Autorenkollektivs): Die Freizeit der Jugend, Berlin / DDR *1981*

Waterkamp, Dieter: Das Einheitsprinzip im Bildungswesen der DDR. Eine historisch-systemtheoretische Untersuchung, Köln, Wien *1985*

Weber, Hermann: DDR. Grundriß der Geschichte 1945-1990, vollständig überarbeitete und ergänzte Neuauflage, Hannover *1976/1991*

Weber, Hermann: Die DDR 1945-1986, München *1988*

Weede, Erich: Ideen, Ideologie und politische Kultur des Westens, in: Zeitschrift für Politik *1989/1*, S. 27-43

Wehling, Hans-Georg: Die Genese der politischen Kultur Baden-Württembergs, in: Jörg Thierfelder / Uwe Uffelmann (Bearb. und Red.): Der Weg zum Südweststaat, Karlsruhe *1991a*, S. 324-340

Wehling, Hans-Georg: Ein Bindestrich-Land? Verbundenes und Unverbundenes in der politischen Kultur Baden-Württembergs, in: Hans-Georg Wehling u. a.: Baden-Württemberg. Eine politische Landeskunde, Teil II, Stuttgart u. a. *1991b*, S. 13-26

Weidenfeld, Werner: Ratlose Normalität. Die Deutschen auf der Suche nach sich selbst, Osnabrück, Zürich *1984*

Weidenfeld, Werner: Der deutsche Weg, Berlin *1990*

Weidenfeld, Werner / Karl-Rudolf *Korte:* Die Deutschen. Profil einer Nation, Stuttgart *1991*

Weidig, Rudi (Leiter eines Autorenkollektivs): Sozialstruktur der DDR, Berlin /DDR *1988*

Werner, Fred: Exkurs: Wehrdienstverweigerung in der DDR - Ein Informationsbericht, in: Studiengruppe Militärpolitik (Hg.): Die Nationale Volksarmee. Ein Anti-Weißbuch zum Militär in der DDR, Reinbek bei Hamburg *1976,* S. 155-174

Wiatr, Jerzy J.: The Civic Culture from a Marxist-Sociological Perspective, in: Gabriel A. Almond / Sidney Verba (Hg.): The Civic Culture Revisited, Boston, Toronto *1980,* S. 103-123

Wiedemann, Erich: Die deutschen Ängste. Ein Volk in Moll, 6. Auflage, Frankfurt a. M., Berlin *1988/1989*

Wildavsky, Aaron: Choosing Preferences by Constructing Institutions: A Cultural Theory of Preference Formation, in: American Political Science Review, *1987/1,* S. 3-21

Zander, Helmut: Die Christen und die Friedensbewegung in den beiden deutschen Staaten. Beiträge zu einem Vergleich für die Jahre 1978-1987, Berlin *1989*

Ziermann, Christa / Edgar *Drefenstedt* / Werner *Jehser:* Die geistige Kultur der sozialistischen Gesellschaft, Berlin /DDR *1976*

Zwick, Michael: Neue soziale Bewegungen als politische Subkultur: Zielsetzungen, Anhängerschaft, Mobilisierung - eine empirische Analyse, Frankfurt a. M., New York *1990*

D. Periodika

APuZ: Aus Politik und Zeitgeschichte. Beilage zur Wochenzeitung Das Parlament, Bonn

DA: Deutschland Archiv. (bis 1990/6:) Zeitschrift für Fragen der DDR und der Deutschlandpolitik, (1990/7-12:) Zeitschrift für deutsche Einheit, (ab 1991/1:) Zeitschrift für das vereinigte Deutschland, Köln

Der Spiegel. Das deutsche Nachrichten-Magazin, Hamburg

Die Zeit. Wochenzeitung für Politik, Wirtschaft, Handel und Kultur, Hamburg

DZfPh: Deutsche Zeitschrift für Philosophie, Berlin

FAZ: Frankfurter Allgemeine Zeitung für Deutschland, Frankfurt a. M.

ND: Neues Deutschland. (bis 17.12.1989:) Organ des Zentralkomitees der Sozialistischen Einheitspartei Deutschlands, (ab 18.12.1989:) Sozialistische Tageszeitung, Berlin

NG/FH: Die Neue Gesellschaft. Frankfurter Hefte, Bonn

PoBi: Politische Bildung. Beiträge zur wissenschaftlichen Grundlegung und zur Unterrichtspraxis mit MATERIALIEN (für den Unterricht), Stuttgart

PVS: Politische Vierteljahresschrift. Zeitschrift der Deutschen Vereinigung für Politische Wissenschaft, Opladen

SZ: Süddeutsche Zeitung. Münchner neueste Nachrichten aus Politik, Kultur, Wirtschaft, Sport, München

Aus dem Programm Politikwissenschaft

Ulrich Albrecht

Die Abwicklung der DDR

Die „2 + 4-Verhandlungen".
Ein Insider-Bericht

1992. 214 S. Kart.
ISBN 3-531-12322-X

Aus der Sicht eines Beteiligten berichtet der Autor über die Verhandlungen zur Regelung der „äußeren" Fragen der deutschen Einigung, die 2+4-Gespräche. Die wesentlichen Positionen in der Außenpolitik der neuen, demokratischen DDR und ihre Entwicklung in den einzelnen Gesprächsrunden werden dargestellt, der Niedergang der revolutionären Führungsschicht aus der Dissidentenbewegung sowie der Untergang des Völkerrechtssubjekts DDR geschildert.

Gerda Haufe /
Karl Bruckmeier (Hrsg.)

Die Bürgerbewegungen in der DDR und in den ostdeutschen Bundesländern

1993. 326 S. Kart.
ISBN 3-531-12479-X

In dieser empirischen Untersuchung wird die Entwicklung der oppositionellen Bürgerbewegungen von der Endphase der DDR bis zur Findung ihrer neuen politischen Rollen in der Bundesrepublik nachgezeichnet und interpretiert. Während üblicherweise diese Entwicklung als organisatorischer Zusammenschluß (zuerst im Bündnis 90, danach im Bündnis 90/Die Grünen) beschrieben wird, ist die Perspektive hier eine andere: Die Bürgerbewegungen werden als eigenständige politische und soziale Bewegungen begriffen, deren

Entwicklung noch immer nicht abgeschlossen ist. Sie haben vielmehr musterbildende Bedeutung für lokal aktive Basisgruppen, die auch in Zukunft Bewegungscharakter behalten werden.

Gert-Joachim Glaeßner

Der schwierige Weg zur Demokratie

Vom Ende der DDR zur deutschen Einheit

2., durchges. Aufl. 1992.
230 S. Kart.
ISBN 3-531-12318-1

Dieses Buch untersucht die Ursachen für den Zusammenbruch und Sturz des politischen Systems in der DDR und beschreibt den komplizierten und widerspruchsvollen Weg des Übergangs zur Demokratie. Neben den inneren Aspekten werden auch die europäischen Konsequenzen des Weges zur staatlichen Vereinigung Deutschlands dargestellt und analysiert. Besondere Beachtung wird schließlich den Problemen des sozialen und kulturellen Zusammenwachsens zweier höchst unterschiedlicher Teilgesellschaften gewidmet.

WESTDEUTSCHER
VERLAG
OPLADEN · WIESBADEN

Aus dem Programm Politikwissenschaft

Klaus von Beyme

Die politischen Theorien der Gegenwart

Eine Einführung
7., neubearb. Aufl. 1992.
259 S. Kart.
ISBN 3-531-12361-0

Diese Einführung gibt einen systematischen Überblick über die politischen Theorien im 20. Jahrhundert. Vom Standpunkt des Methodenpluralismus aus führt es in die Vielfalt und Dynamik politischer Theoriebildung ein. Es werden methodische Ansätze in Beziehung zu den großen metatheoretischen Schulen gesetzt. Die Grundbegriffe der Politik wie Staat, Macht, politisches System, politische Kultur, Demokratie, Pluralismus werden in ihrer Genesis analysiert und auf ihre Anwendbarkeit hin getestet. Das Buch hält die Mitte zwischen einem Szientismus, der Wissenschaft nur für Wissenschaftler treibt, und einer Common-Sense-Ideologie, die eine relative Unabhängigkeit wissenschaftlicher Theorie von Umgangssprache und Erlebnisinhalten nicht anerkennen will.

Martin Greiffenhagen /
Sylvia Greiffenhagen /
Rainer Prätorius (Hrsg.)

Handwörterbuch zur politischen Kultur der Bundesrepublik Deutschland

Ein Lehr- und Nachschlagewerk
1981. 557 S. (Studienbücher zur Sozialwissenschaft, Bd. 45) Pb.
ISBN 3-531-21516-7

Joachim Jens Hesse /
Thomas Ellwein

Das Regierungssystem der Bundesrepublik Deutschland

Band 1: Text, Band 2: Materialien
7., vollständig neubearb. u. erw. Aufl. 1992. Bd. 1: 507 S., Bd. 2: 691 S. Kart. im Schuber
ISBN 3-531-11192-2

Das Standardwerk über das Regierungssystem der Bundesrepublik Deutschland wurde für die siebente Auflage umfassend überarbeitet und auf den neuesten Stand gebracht. Allgemeinverständlich geschrieben, vereint das Lehrbuch die Vorzüge einer kompakten Gesamtdarstellung mit denen eines Handbuchs und Nachschlagewerkes. Materiell gilt der „doppelten Herausforderung" des Regierungssystems - durch die deutsche Vereinigung und den europäischen Integrationsprozeß - das besondere Interesse. Formal kehrt die Darstellung zu der zweibändigen Ausgabe der ersten Auflagen zurück. Der Textband wird daher durch einen Materialband ergänzt, der für die Entwicklung und Beurteilung des Regierungssystems zentrale Informationen und Dokumente enthält.

WESTDEUTSCHER
VERLAG
OPLADEN · WIESBADEN

MIX
Papier aus verantwortungsvollen Quellen
Paper from responsible sources
FSC
www.fsc.org
FSC® C105338

If you have any concerns about our products,
you can contact us on
ProductSafety@springernature.com

In case Publisher is established outside the EU,
the EU authorized representative is:
Springer Nature Customer Service Center GmbH
Europaplatz 3, 69115 Heidelberg, Germany

Printed by Libri Plureos GmbH
in Hamburg, Germany